REFORMAS E DEMOCRATIZAÇÃO DA EDUCAÇÃO SUPERIOR NO BRASIL E NA AMÉRICA LATINA

MARIA DE FÁTIMA COSTA DE PAULA
NORBERTO FERNÁNDEZ LAMARRA
(Organizadores)

Reformas e Democratização da Educação Superior no Brasil e na América Latina

DIRETOR EDITORIAL:
Marcelo C. Araújo

REVISÃO:
Paola Goussain de S. Macahiba

EDITOR:
Avelino Grassi

DIAGRAMAÇÃO:
Simone Godoy

COORDENAÇÃO EDITORIAL:
Ana Lúcia de Castro Leite

CAPA:
Alfredo Castillo

COPIDESQUE:
Mônica Reis

© Idéias & Letras, 2011

Editora Idéias & Letras
Rua Pe. Claro Monteiro, 342 – Centro
12570-000 Aparecida-SP
Tel. (12) 3104-2000 – Fax (12) 3104-2036
Televendas: 0800 16 00 04
vendas@ideiaseletras.com.br
www.ideiaseletras.com.br

**Dados Internacionais de Catalogação na Publicação (CIP)
(Câmara Brasileira do Livro, SP, Brasil)**

Reformas e democratização da educação superior no Brasil e na América Latina/ Maria de Fátima Costa de Paula, Norberto Fernández Lamarra, (organizadores). – Aparecida, SP: Idéias & Letras, 2011.
Vários autores. Bibliografia.

ISBN 978-85-7698-117-6

1. Ensino superior - América Latina   2. Ensino superior - América Latina - Avaliação   3. Ensino superior - América Latina - História   4. Ensino superior e Estado - América Latina   5. Política e educação - América Latina   6. Reforma do ensino - América Latina   I. Paula, Maria de Fátima Costa de. II. Lamarra, Norberto Fernández.

11-08806   CDD-378.81

Índices para catálogo sistemático:
1. América Latina : Educação superior 378.81

Sumário

Introdução: Reformas e democratização da
        educação superior na América Latina – 9
        Maria de Fátima Costa de Paula
        Norberto Fernández Lamarra

1. Educação superior e inclusão social na América Latina:
        um estudo comparado entre Brasil e Argentina – 53
        Maria de Fátima Costa de Paula

2. Masificación y enseñanza superior: una inclusión excluyente.
        Algunas hipótesis y conceptos clave – 97
        Ana María Ezcurra

3. Educação superior: democratização, acesso e permanência
        com qualidade – 121
        José Dias Sobrinho

4. Políticas de educação superior no Brasil:
        mudanças e continuidades – 153
        Alfredo Macedo Gomes
        João Ferreira de Oliveira
        Luiz Fernandes Dourado

5. A expansão da educação superior brasileira:
        tendências e desafios – 191
        Dilvo Ristoff

6. Políticas para a democratização do acesso e a inclusão social na educação superior do Brasil – 217
   Maria do Carmo de Lacerda Peixoto

7. Políticas de expansão e interiorização da educação superior no Brasil – 245
   Pedro Antônio de Melo

8. A educação a distância no contexto da reforma da educação superior no Brasil – 277
   Marcio Luiz Bunte de Carvalho
   Liamara Scortegagna
   Fernando Spanhol

9. Reformas e avaliação da educação superior no Brasil (1995-2009) – 297
   Gladys Beatriz Barreyro
   José Carlos Rothen

10. Ingresso na educação superior pública na Argentina: da década menemista (1989-1999) ao pós-neoliberalismo contemporâneo – 319
    Mário Luiz Neves de Azevedo
    Afrânio Mendes Catani

11. Democratizar la universidad: un ensayo permanente – 347
    Silvina Feeney
    Mónica Marquina
    Eduardo Rinesi

12. Inclusión en los estudios universitarios en el conurbano
    bonaerense: la construcción de una concepción integral
    desde una perspectiva de gestión – 371
    Carlos Mundt
    Celina Curti
    Cristina Tommasi

Introdução

Reformas e democratização da educação superior na América Latina

Maria de Fátima Costa de Paula[1]
Norberto Fernández Lamarra[2]

A ideia deste livro nasceu a partir do projeto de pós-doutorado de uma das organizadoras, Maria de Fátima Costa de Paula, sobre "Educação Superior e Inclusão Social na América Latina: um estudo comparado entre Brasil e Argentina", iniciado em 2009, sob a supervisão de Norberto Fernández Lamarra, o outro organizador desta coletânea. Na verdade, esta parceria já vem desde 2007, quando nos conhecemos em Buenos Aires, no I Encuentro Latinoamericano de Estudios Comparados en Educación, promovido pela Sociedad Argentina de Estudios Comparados en Educación (SAECE), a qual Norberto preside. Desde então, esta associação tem produzido muitos frutos, entre os quais este livro.

---

[1] Pesquisadora do Conselho Nacional de Desenvolvimento Científico e Tecnológico (CNPq), Professora da Faculdade de Educação e do Programa de Pós-Graduação em Educação da Universidade Federal Fluminense (UFF) e Coordenadora do Núcleo de Estudos e Pesquisas em Educação Superior da UFF.

[2] Diretor de Pós-Graduação da Universidad Nacional de Tres de Febrero (UNTREF); Diretor do Núcleo Interdisciplinar de Formação e Estudos para o Desenvolvimento da Educação (NIFEDE/UNTREF); Diretor do Programa de Pós-Graduação em Políticas e Administração da Educação (UNTREF); Diretor do Programa Interinstitucional de Doutorado em Educação (UNTREF-UNLA); Presidente da Sociedade Argentina de Estudos Comparados em Educação (SAECE).

O interesse comum pela problemática da educação superior na América Latina nos uniu. Assim, o tema desta coletânea, que reúne especialistas renomados no campo das políticas públicas de educação superior do Brasil e da Argentina, trata de uma problemática da maior relevância: reformas e democratização da educação superior, seus limites e possibilidades.

Esse tema, antigo e ao mesmo tempo atual, continua urgente, inconcluso e esperando aportes, políticas e soluções que deem conta deste problema tão indispensável para o desenvolvimento humano sustentável, com equidade e justiça social, dos países da América Latina, uma das regiões mais desiguais do planeta Terra. Nesse sentido, a democratização da educação superior, com garantia de acesso, permanência e sucesso nas instituições de educação superior das camadas marginalizadas socialmente, representa um problema central ainda a ser resolvido na maioria dos países da América Latina, em especial Brasil e Argentina – casos analisados neste livro.

A realidade mostra que a iniquidade nos países da América Latina está se expandindo em muitas áreas, inclusive na educação, e é no nível da educação superior que ela se manifesta mais intensamente. As estatísticas demonstram que nas universidades públicas há um crescente incremento dos estudantes que pertencem a famílias com renda *per capita* e de origem social mais elevada e uma menor incidência de trabalhadores e estudantes de classes populares (RAMA, 2006, p. 96 e 107). Em outras palavras, podemos afirmar que a condição socioeconômica é fator fundamental relacionado aos níveis de desigualdade no ingresso e na permanência na educação superior, associada a outros fatores, como geográficos, étnico-raciais e físicos.

Cabe ressaltar ainda, como causas da exclusão e desigualdade no acesso ao ensino superior, os escassos orçamentos dedicados à educação superior pública, a qualidade deficiente dos níveis de ensino básico e médio públicos, também associada ao financiamento público, a privatização e mercantilização da educação superior e a incapacidade de vastos setores sociais de pagar pelas matrículas.

Contudo, é importante frisar que além dos fatores externos, há fatores internos às instituições de educação superior que também influenciam na reprodução das desigualdades educacionais e sociais, dificultando o acesso e a permanência dos estudantes e provocando um alto índice de abandono. Entre eles, podemos citar sistemas de ingresso muito seletivos em alguns casos, como o do Brasil, currículos pouco flexíveis e distantes das realidades dos alunos, falta de preparo pedagógico dos professores para lidar com os alunos – sobretudo os iniciantes –, falta de acompanhamento dos estudantes com dificuldades e debilidades acadêmicas, insuficiência de políticas de assistência estudantil e de políticas afirmativas e compensatórias.

Durante as últimas décadas, as políticas para o desenvolvimento da América Latina e Caribe têm sido pouco efetivas na promoção da inclusão social, na participação e equidade nas sociedades. Frente ao desafio da desigualdade, as políticas governamentais não podem estar centradas apenas no crescimento econômico, devendo ser orientadas para os princípios de redução das desigualdades, do aumento da justiça social, participação, cidadania. E, nesse sentido, a educação e, especificamente, a educação superior desempenham papel central.

É importante ressaltar que o incremento de matrículas na educação superior não significa necessariamente a inclusão social das camadas marginalizadas. Para isso, as políticas de ação afirmativa, expansão e interiorização com qualidade da rede pública devem ser intensificadas, para incluir os setores excluídos socialmente nas universidades, em especial as públicas. Além destas políticas, as próprias Instituições de Educação Superior (IES) devem propor alternativas e reformas que colaborem para a permanência e o sucesso dos estudantes excluídos socialmente. Para tanto, as IES devem estar abertas ao novo, à mudança, o que, muitas vezes, significa a destituição de antigos privilégios de casta e de classe, incluindo posturas corporativistas (no pior sentido do termo) e individualistas, que não visam o bem comum, muito menos a inserção na universidade dos segmentos historicamente marginalizados.

Em geral, as instituições universitárias têm se posicionado a reboque dos projetos e políticas governamentais para o setor e têm sido pouco propositivas no sentido da busca, formulação e concretização de estratégias inovadoras. Em alguns casos, determinados segmentos universitários que se dizem progressistas e de esquerda assumem posições de resistência às mudanças e às reformas propostas pelos governos nacionais, como tem ocorrido no Brasil, obstaculizando as iniciativas de democratização da educação superior. Nesse sentido, a inovação tem se constituído uma exceção no cenário universitário. A universidade deveria ser instância decisiva de inovação, tanto para si mesma como para o conjunto da sociedade, respondendo às demandas e desafios colocados pelo social. Assim, a democratização da educação superior continua sendo um antigo, atual e futuro desafio a ser enfrentado pela universidade, desafio este que requer novas e inovadoras respostas e não a repetição de velhos e ultrapassados enfoques e preconceitos.

Tal abertura para o novo esteve presente no mais importante movimento de reforma universitária da América Latina no século XX – o movimento reformista impulsionado pelos jovens estudantes da Universidad de Córdoba, em 1918. Lá estiveram presentes, com muita força, as reivindicações para a democratização da universidade e a sua abertura para a sociedade. Propostas fundamentais, como autonomia universitária, cogoverno de docentes e estudantes, com um professorado designado por concurso e com renovação periódica, inovação pedagógica, centralidade dos estudantes e dos jovens como destinatários e protagonistas da universidade, solidariedade com o povo e os trabalhadores, compromisso da universidade com a transformação social, foram gestadas no âmbito deste movimento reformista, que teve forte impacto sobre a realidade latino-americana.

Esse é o tipo de pensamento crítico e criativo, antecipador do futuro, a serviço de uma sociedade democrática e que deve ser assumido e concretizado, por meio das práticas cotidianas, pela universidade que se quer inovadora e inserida na construção de nações soberanas.

Este livro, elaborado com este espírito, enfocando os casos do Brasil e da Argentina, e visando dar suporte às reflexões e políticas em prol das reformas e da democratização da educação superior na América Latina, constitui-se de 12 capítulos.

O capítulo que abre a coletânea, de autoria de Maria de Fátima Costa de Paula, versa sobre "Educação superior e inclusão social na América Latina: um estudo comparado entre Brasil e Argentina". Nele a autora traça um panorama detalhado da educação superior no Brasil e na Argentina, das origens à atualidade, mostrando os números e estatísticas recentes sobre a educação superior nos dois países. Neste panorama são abordados aspectos relativos à história da educação superior, perfil das instituições de ensino superior, diversificação do ensino superior, influência das políticas neoliberais sobre a educação superior, entre outros. A seguir, são abordadas as desigualdades existentes no acesso e permanência na educação superior, no Brasil e na Argentina. Finalmente, são analisadas as políticas públicas de inclusão dos estudantes na educação superior, em ambos os países, apontando seus alcances e limites. A análise tem como objetivo aprofundar as semelhanças e diferenças existentes entre a educação superior no Brasil e na Argentina, no contexto da América Latina, à luz dos aspectos externos e internos que influenciam a exclusão / inclusão dos estudantes no ensino superior.

Das mais de 2 mil instituições de educação superior existentes no Brasil, atualmente, 89% são privadas e apenas 11% públicas, sendo este sistema de ensino superior majoritariamente não universitário e constituído de faculdades em sua maior parte privadas com fins lucrativos, de qualidade questionável, que se dedicam fundamentalmente ao ensino e se orientam a outorgar um diploma de curso superior mais aligeirado aos alunos. No universo das IES privadas, apenas cerca de 30% são privadas sem fins lucrativos e com níveis de qualidade mais elevados, como as confessionais e comunitárias. Com relação às matrículas, segundo dados do INEP/MEC de 2007, 74,6% encontram-se em instituições privadas e 25,4% nas IES públicas.[3] Acrescente-se a isso que as IES públicas oferecem 63% de suas vagas no período diurno e apenas 37% no período noturno, acontecendo quase o contrário nas IES privadas (DIAS SOBRINHO & BRITO, 2008, p. 493). A partir destes dados, o sistema de educação superior brasileiro apresenta-se como um dos mais privatizados e elitizados da América Latina.

O sistema de educação superior na Argentina é de caráter binário e está integrado por dois subsistemas: universitário e não universitário. Segundo dados da Secretaria de Políticas Universitárias do Ministério de Educação, Ciência e Tecnologia da Argentina, o subsistema universitário é constituído de um total de 107 instituições, sendo 88 universidades [40 nacionais, 45 privadas, 1 universidade provincial (Universidad Autónoma de Entre Ríos), 1 universidade estrangeira (Universidad de Bologna) e 1 internacional (Facultad Latinoamericana de Ciencias Sociales – FLACSO)] e 19 institutos universitários (7 estatais e 12 privados).[4] O subsistema não universitário é composto de um total de 1955 institutos de educação superior, sendo 1.076 de gestão privada e 879 de gestão estatal.[5] Com relação às matrículas, ocorre fenômeno inverso ao caso brasileiro: 75% delas encontram-se nas instituições públicas e apenas 25% nas privadas (GAZZOLA, 2008).[6] Cabe ressaltar, ainda,

---

[3] BRASIL, MEC/INEP. *Resumo técnico. Censo da educação superior 2007*. Brasília: DF, 2009. Disponível em: http://www.inep.gov.br. Acesso em: 25 de outubro de 2009.
[4] Ministerio de Educación, Secretaría de Políticas Universitarias. Disponível em: http://www.me.gob.ar/spu/. Acesso em: 26/10/2009.
[5] Informação obtida a partir da exposição de Carlos Pérez Rasetti (SPU/IIPE) sobre "La expansión de la educación superior", no Seminário Internacional "Expansión de la Educación Superior", promovido pela Secretaria de Políticas Universitárias do Ministério de Educação da Argentina, em 19 de junho de 2009.
[6] Fonte: IESALC / MESALC, dados de 2006.

que a taxa bruta de matrícula na educação superior, na Argentina, é de 54%, contra apenas 24% no Brasil (UNESCO, 2007. In: LÓPEZ SEGRERA, 2008, p. 274).

Quanto à expansão do sistema de educação superior argentino em seu conjunto, isto é, o universitário e o não universitário, o primeiro domina o cenário, com 73,5% de matrículas contra 26,5% de alunos no nível terciário não universitário (MOLLIS, 2008, p. 519). Esta tendência do sistema argentino é altamente significativa quando comparada com países como Brasil e México, que mostram um comportamento inverso, com universidades públicas elitistas e uma oferta massificada de ensino superior pelas instituições terciárias privadas, muitas de qualidade duvidosa.

O sistema educacional brasileiro é excludente desde os níveis anteriores ao universitário. Assim, as diferenças na conclusão do ensino médio por setor social são esmagadoras: um jovem com idade entre 20 e 25 anos, localizado no decil 10 de renda, possui 36 vezes mais possibilidades de terminar o ensino médio do que um localizado no decil 1. Isto coloca o Brasil na posição de um dos países mais desiguais na conclusão do ensino médio na América Latina (SVERDLICK, FERRARI e JAIMOVICH, 2005, p. 39).

Na educação superior, o quadro de desigualdade se perpetua, havendo uma nítida relação entre renda familiar e possibilidades de acesso ao ensino superior. À desigualdade social no nível de acesso à educação superior no Brasil, soma-se a desigualdade relacionada à origem racial. Há uma clara superrepresentação de brancos nas IES brasileiras em relação aos outros grupos raciais, sendo a cor dos *campi* universitários diferente da cor da sociedade.

Uma análise comparativa da composição social do ensino superior, assim como do ensino médio, no âmbito da América Latina, aponta a Argentina como um dos países mais igualitários, ou seja, onde a matrícula é mais equilibrada entre os diferentes setores econômicos, ainda que, no caso do ensino superior argentino, quase 60% das matrículas se concentrem nos dois quintis superiores (SVERDLICK, FERRARI e JAIMOVICH, 2005, p. 87-88).

No caso brasileiro, a seleção é maior para a entrada no sistema de educação superior do que no seu interior, pois existe o funil do vestibular, ainda que haja uma alta taxa de evasão em determinados cursos e/ou instituições. Na Argentina, por outro lado, a seleção é maior no interior do sistema, pois o acesso, em geral, é irrestrito ou aberto, não havendo exames rigorosos para o ingresso dos estudantes nas instituições de ensino superior. Nesse sentido, a maior exclusão se dá ao longo do percurso na universidade, com um elevado índice de abandono dos estudantes.

Como políticas públicas para a democratização do acesso ao ensino superior, no Brasil, predominam, no âmbito das universidades públicas, as políticas de ação afirmativa (entre elas a reserva de vagas para negros, pardos, índios e deficientes – política de cotas) e o plano de Reestruturação e Expansão das Universidade Federais (REUNI), com ampliação do número de vagas nestas instituições; no âmbito das instituições privadas, há uma política de oferta de bolsas de estudos para os alunos, com destaque para o Programa Universidade para Todos (PROUNI), que tem oferecido, desde que foi criado, uma quantidade significativa de bolsas para estudantes de baixa renda.

No caso argentino – embora haja diversos programas e projetos com objetivo de facilitar o acesso e a permanência dos estudantes de baixa renda e que demonstrem bom desempenho acadêmico na educação superior, muitos deles de iniciativa recente –, a modalidade que tem prevalecido é a bolsa, outorgada a estudantes de instituições públicas, ainda que estas sejam gratuitas, no sentido de cobrir os gastos dos alunos ao longo do desenvolvimento dos estudos. Os beneficiários são estudantes cujo perfil socioeconômico se insere nos setores de pobres e "novos pobres", ou seja, setores médios empobrecidos. Nesse caso, as próprias características do Programa Nacional de Bolsas Universitárias são contrárias à incorporação de alunos em situação de pobreza estrutural. Além disso, a cobertura é muito baixa, havendo grande defasagem entre a demanda e a oferta de bolsas (CHIROLEU, 2008, p. 49-50).

No caso brasileiro, embora o PROUNI tenha outorgado um número significativo de bolsas, havendo maior cobertura, a proposta pode representar um aprofundamento da privatização do sistema de ensino superior, uma vez que funciona como mecanismo de recuperação financeira das instituições privadas, que deixam de pagar elevadas quantias ao Estado (renúncia fiscal) em troca de vagas ociosas destinadas aos alunos carentes. Para estas instituições, a medida pode significar uma ajuda financeira considerável, tendo em vista o alto índice de inadimplência e evasão dos alunos. Para os estudantes, por outro lado, o PROUNI pode significar um arremedo de formação, pois serão encaminhados para faculdades que, em sua maioria, não realizam pesquisa e oferecem um ensino de qualidade questionável. Não se pode confundir de forma alguma democratização do acesso e inclusão social com estatísticas e números esvaziados de sentido formativo, sem priorizar a qualidade da formação oferecida.

Em ambos os casos, no Brasil e na Argentina, ainda que tais políticas públicas apresentem avanços no sentido do ingresso de um maior número de estudantes no ensino superior, há limitações que precisam ser superadas. Uma delas, e talvez a mais importante, é que o acesso não garante a permanência dos estudantes no sistema. Isso requer investimento significativo em assistência estudantil, incluindo o aumento considerável do número de bolsas para atender à demanda e favorecer a permanência dos estudantes no ensino superior; a reestruturação curricular dos cursos e disciplinas; o acompanhamento didático adequado dos alunos; a melhor formação pedagógica dos docentes, entre outras medidas a serem implementadas nas instituições de educação superior.

O segundo capítulo desta coletânea, de autoria de Ana María Ezcurra, intitulado "Masificación y enseñanza superior: una inclusión excluyente. Algunas hipótesis y conceptos clave", traz um aporte teórico fundamental para a compreensão dos fenômenos da inclusão/exclusão na educação superior. O texto demonstra que a massificação da educação superior na América Latina e em outros países do mundo foi acompanhada de outras tendências estruturais, como a deserção universitária e a desigualdade social, ou seja, as camadas socialmente desfavorecidas, que acumulam um menor capital econômico, social e cultural, têm maior dificuldade de acesso e permanência na educação superior. Nesse sentido, o fenômeno da massificação do ensino superior na América Latina, segundo a autora, tem se processado por meio de uma inclusão excludente; portanto, a massificação da educação superior não pode ser confundida com democratização da educação superior.

Desde fins dos anos 1980, a América Latina mostrou uma alta substancial da matrícula, um processo que recrudesceu em meados da década de 1990 (RAMA, 2006). Assim, o Instituto Internacional para a Educação Superior na América Latina e Caribe (IESALC) aponta que entre 1994 e 2006 essa matrícula teve uma taxa de crescimento notável, de 125,6% – de aproximadamente 7.544.000 alunos para 17.017.000 (Gazzola, 2008). Uma expansão que, segundo a Comissão Econômica para América Latina e Caribe, favoreceu setores sociais em desvantagem (CEPAL, 2007). Não obstante, como nos Estados Unidos, a CEPAL também observa uma deserção muito maior nos segmentos de baixa renda e assinala que os avanços na graduação envolveram uma parte exígua dos estudantes de menores recursos, beneficiando quase exclusivamente aqueles dos estratos médios e altos. Em especial, a CEPAL sublinha o caso dos alunos de primeira geração em educação superior, os quais nenhum dos pais teve experiência neste nível de ensino. Nesse caso, a porcentagem de alunos que consegue graduar-se é mínima: só 3,1% dos estudantes cujos pais possuem até o primário incompleto, 5,9% quando os pais alcançam até o ensino médio incompleto e 5,4% se finalizam o ciclo secundário, uma porcentagem que sobe para 71,6% no caso de pais com estudos superiores completos (CEPAL, 2007).

Segundo a autora:

> La masificación de la Educación Superior en América Latina, al igual que en Estados Unidos, supone brechas agudas en las tasas de graduación según *status* socioeconómico. Entonces, y más en general, a escala global, la hipótesis es que aquel ciclo notable de masificación entraña una inclusión excluyente, según clases y sectores sociales. Es decir, socialmente condicionada.

Conforme Ana María Ezcurra, a visão predominante sobre o fracasso dos estudantes na universidade recai sobre os próprios estudantes: nessa perspectiva, falham os alunos, não as instituições (TINTO, 2005). Por fim, os estabelecimentos são descartados de fato como condicionantes de peso (BAREFOOT *et al.,* 2005). Uma visão dominante nos docentes, mas também nos estabelecimentos e nas políticas públicas. Por isso, as intervenções mais comuns se dirigem aos estudantes e, normalmente, consistem em atividades de apoio, como tutorias.

Por outro lado, trata-se de uma perspectiva encobridora, que preserva o *status quo*. Com efeito, se mascara o papel substancial das instituições na *construção do fracasso acadêmico.* Um papel muito realçado nos Estados Unidos, país em que desde inícios dos anos 1980 se desenvolveu um movimento acadêmico poderoso, de alcance nacional, em torno da problemática da deserção e do primeiro ano de graduação (EZCURRA, 2007).

A esse respeito, uma hipótese básica é que as instituições não só são outro fator causal, mas também conformam um *condicionante primordial,* decisivo para o desempenho acadêmico e a permanência. Nesse marco, outra hipótese, também crucial, é que esse *status* recai, sobretudo, no *ensino* e, em particular, nas *experiências acadêmicas cotidianas.*

De acordo com a autora, o ensino dominante implica numa lógica de *reprodução da desigualdade cultural socialmente condicionada.* Desigualdade que, por outro lado, é um componente estrutural, decisivo, da chamada nova questão social latino-americana, corolário do paradigma neoliberal na região (EZCURRA, 1998).

Nesse marco, além das dificuldades acadêmicas, um fator primordial é o econômico, que pode representar uma barreira "fatal" para a graduação – inclusive quando o ensino é gratuito (ALTBACH *et al.*, 2009, p. 49). "Ante ello, una hipótesis adicional es que la visión de la Educación Superior como bien privado, negociable y global, últimamente muy difundida e influyente, puede desencadenar impactos excluyentes severos – al reforzar esa valla económica." A visão da educação superior como bem privado reduz a participação de segmentos sociais desfavorecidos, comportando um fator adicional e muito potente, agora de ordem econômica, que condiciona uma reprodução ampliada das desigualdades (ALTBACH *et.al.*, 2009; TILAK, 2009).

O terceiro capítulo do livro, "Educação Superior: democratização, acesso e permanência com qualidade", de José Dias Sobrinho, traz uma discussão sobre qualidade e democratização da educação superior, enfocando, entre outros aspectos, a relação entre educação superior, qualidade e formação; faces da exclusão e políticas públicas de inclusão social; equidade e inclusão como constitutivos essenciais da qualidade da educação; expansão das matrículas, acesso e permanência na educação superior; contextos, dificuldades e limites da democratização do acesso; expansão da educação superior num cenário de transformações e instabilidades; algumas modalidades de políticas públicas de democratização da educação superior.

Nesse capítulo, o autor considera que a democratização é um dos problemas mais importantes e urgentes da agenda atual da educação superior, tendo como pressuposto básico o princípio da educação como bem público, direito social e dever do estado. Nesse sentido, "o direito social à educação de qualidade é um aspecto essencial e prioritário da construção da sociedade, de consolidação da identidade nacional, e um instrumento de inclusão socioeconômica. Por isso, assegurá-lo adequadamente é dever indeclinável do estado".

Para o autor, qualidade e quantidade não são fatores que se excluem, ao contrário, a qualidade da educação depende da inclusão de amplos setores sociais no sistema de ensino. Entretanto, é importante ressaltar que a democratização da educação superior não se limita à ampliação de oportunidades de acesso. Além da expansão das matrículas e da inclusão social das camadas marginalizadas no sistema de educação superior, devem lhes ser assegurados também os meios de permanência.

O conceito de qualidade está vinculado a diferentes concepções de mundo, não sendo neutro nem homogêneo:

> Portanto, as noções de qualidade da educação superior têm muito a ver com as posições relativas e responsabilidades públicas e privadas dos indivíduos e dos grupos, suas expectativas de futuro, interesses e projetos particulares ou corporativos, concepções de desenvolvimento social e econômico, oportunidades de emprego e de *promoção social*, necessidades existenciais e sonhos, enfim, com as condições básicas para uma vida digna e construtiva.

No caso brasileiro, algumas formas de exclusão são evidentes e quantificáveis. Por exemplo, considerando-se que apenas cerca de 13% dos jovens na faixa etária entre 18 e 24 anos estão matriculados na educação superior, conclui-se que 87% deles estão à margem do ensino superior. Cerca de 16% dos adolescentes brasileiros, da faixa etária entre 15 e 17 anos, estão fora das salas de aula. Somente 32% dos brasileiros têm ensino médio completo. Esses números revelam a gravidade do panorama educativo brasileiro e a amplidão das assimetrias sociais.

Segundo José Dias Sobrinho:

> Há também um outro tipo de exclusão, menos evidente e muito mais sutil: a exclusão por dentro do sistema. Difícil de se enquadrar em estatísticas, caracteriza-se de duas maneiras muitas vezes combinadas: pela autoexclusão e pela oferta de um ensino precário, casos em que

os parcos conhecimentos não vão produzir efeitos significativos para a melhoria de vida de indivíduos e grupos condenados a viverem nas periferias da sociedade.

No caso específico da educação superior, a diferenciação das IES e dos cursos em níveis distintos de qualidade vem reforçar a exclusão dos segmentos marginalizados socialmente, pois para as IES e cursos de melhor qualidade, em geral, dirigem-se os alunos com maior capital econômico, social e cultural e para as camadas desfavorecidas socialmente sobram as IES e cursos de menor qualidade e prestígio social, o que também tende a preservar as assimetrias no mundo do trabalho, havendo por parte dos sistemas de ensino superior a reprodução ampliada das desigualdades sociais existentes na sociedade.[7]

Nesse sentido, a qualidade educativa tem forte sentido social, que ultrapassa o sentido meramente estatístico, técnico, produtivista e mercadológico. O alcance da qualidade na educação superior depende da realização das finalidades públicas da socialização solidária, crítica e criativa e do desenvolvimento intelectual, ético e cultural dos cidadãos e, correlativamente, da nação.

O quarto capítulo do livro, de Alfredo Macedo Gomes, João Ferreira de Oliveira e Luiz Fernandes Dourado, sobre "Políticas de educação superior no Brasil: mudanças e continuidades", analisa as políticas de educação superior no Brasil nos anos 1990 e 2000, considerando os programas, os projetos e as ações implementados nos governos de Fernando Henrique Cardoso (1995-2002) e Luiz Inácio Lula da Silva (2003-2008) que tiveram e vem tendo significativo impacto no proces-

---

[7] Consultar a este respeito, especialmente, as obras de Pierre Bourdieu, entre elas o clássico: BOURDIEU, Pierre & PASSERON, Jean-Claude (1970). *La reproduction; éléments pour une théorie du système d'enseignement*. Paris: Les Éditions de Minuit. Ver também: BOURDIEU, P. e PASSERON, J. (2003). *Los herederos. Los estudiantes y la cultura*. Buenos Aires: Siglo XXI Editores; e BOURDIEU, P. (2005). *Capital cultural, escuela y espacio social*. Buenos Aires: Siglo XXI Editores.

so de reconfiguração da educação superior, com destaque para a expansão desse nível de ensino tanto no setor público como no setor privado. De modo mais específico, os autores investigam a lógica que orientou as políticas de educação superior no governo FHC, assim como as possíveis mudanças e continuidades no governo de Lula.

Na visão dos autores, as políticas de educação superior desde a segunda metade da década de 1990 basearam-se na associação de três princípios fundamentais: *flexibilidade, competitividade e avaliação*, visando instituir um sistema de educação superior diversificado e diferenciado que rompesse com o modelo instituído pela reforma universitária de 1968, fundada no princípio da indissociabilidade entre ensino, pesquisa e extensão e na ideia de universidade como modelo de organização acadêmico-institucional para oferta de cursos de nível superior, em contraposição às instituições isoladas. Segundo eles:

> Assim, a educação superior passou a receber uma espécie de choque de mercado. Tal processo passou a ser categorizado de mercantilização ou de quase mercado, na medida em que o sistema de ensino superior passou a ser orientado e estruturado, basicamente, pelos sinais de mercado e pelos interesses dos empresários da área de ensino, uma vez que o governo, por meio de certas iniciativas, instituíra as condições para a regulação pelo mercado do setor, especialmente no tocante à sua expansão. A competitividade mercantil foi incorporada, pois, à lógica das políticas do Governo Federal na medida em que houve um processo indutor de criação de instituições e de cursos, da adoção de uma perspectiva de tratamento dos alunos como clientes e/ou consumidores de produtos acadêmicos, da ênfase em uma expansão via IES, cursos e financiamento privados, da redução de gastos nas IFES, dentre outras.

Tal lógica, indutora do pragmatismo mercadológico, implicou um processo excludente de expansão das oportunidades educacionais, na medida em que a referida expansão não democratizou efetivamente o acesso à educação superior.

Nesse processo de ajustamento, de sobrevivência e de rearticulação institucional, a universidade foi assumindo perfil mais funcional e pragmático, o que vem distanciando-a paulatinamente do *ideal de universidade* como *instituição social* orientada pela e para a esfera pública, pela cultura acadêmico-institucional historicamente fundada e pelo papel que desempenha no processo de democratização e emancipação da sociedade. O perfil assumido tornou-a orientada pela lógica da universidade operacional, pragmática (CHAUÍ, 1999). "Os constrangimentos do mercado e do Estado ao projeto de constituição de uma universidade autônoma foram a tônica nesse período em análise", segundo os autores.

No governo Lula, articulado ao discurso da democratização da educação superior pública, gratuita e de qualidade, todo um conjunto de políticas e programas passou a ser implementado e/ou reorientado, objetivando ampliar o acesso aos cursos de educação superior, inclusive de estudantes das classes sociais menos favorecidas. Nessa direção, destacam-se os seguintes programas, projetos e ações: SINAES, PROUNI (Programa Universidade para Todos), ampliação do FIES (Financiamento Estudantil), REUNI (Programa de Apoio a Planos de Reestruturação e Expansão das Universidades Federais), o Projeto de Reforma da Educação Superior em tramitação no Congresso Nacional (PL n. 7200/2006), que buscaram, de modo geral, expandir o sistema federal, mas também apoiar o crescimento das IES do setor privado. Enquanto o SINAES buscou instituir um novo formato para o processo de avaliação e regulação da educação superior, o PROUNI buscou ampliar o número de bolsas em IES privadas com recursos do fundo público; ao mesmo tempo, todavia, o REUNI, assim como a criação e expansão dos IFETs (Institutos Federais de Educação, Ciência e Tecnologia) promoveram uma expansão e diversificação no sistema federal de educação superior.

Os autores concluem o seu texto afirmando que:

> É fundamental aprofundar o debate acerca do financiamento público da educação superior brasileira e de seu papel social frente ao contexto econômico, político e cultural que se quer construir. A dialética mais geral da função do fundo público, no que se refere à reprodução do capital e da força de trabalho, também se aplica à educação superior. A (des)mercantilização das IES públicas, como contraponto às políticas implementadas nas duas últimas décadas, constitui-se imperativo nas opções a serem estabelecidas para a utilização do fundo público. É necessário demarcar, claramente, como vai se utilizar e distribuir a riqueza pública produzida e estabelecer formas de controle institucionais desses recursos. Sem essa alteração no relacionamento Estado-educação superior pública torna-se impossível reverter o processo de privatização, mercantilização e mercadorização que pautou a reestruturação iniciada em 1995, com forte continuidade nos dias atuais.

Em seu artigo "A expansão da educação superior brasileira: tendências e desafios", Dilvo Ristoff apresenta um amplo panorama da educação superior no Brasil, decifrando numa linguagem clara o que dizem os números da educação superior, na atualidade. Nesse sentido, aponta e discute as dez principais tendências da educação superior brasileira nos anos pós-LDB (Lei de Diretrizes e Bases da Educação Nacional, de 1996), concluindo o seu texto com os grandes desafios do presente, que brotam diretamente das dez grandes tendências apontadas.

As dez tendências discutidas pelo autor são: expansão, privatização, diversificação, centralização, desequilíbrio regional, ampliação das oportunidades de acesso, desequilíbrio de oferta, ociosidade de vagas, corrida por titulação, lento incremento da taxa de escolarização. No espaço desta introdução, destacaremos alguns aspectos que consideramos mais significativos relacionados à democratização da educação superior no Brasil.

Fôssemos considerar unicamente o crescimento das matrículas durante os seis primeiros anos do mandato do Presidente Lula, no período 2003-2008, teríamos um aumento de cerca de 30%. Pela primeira vez na história, as matrículas presenciais da educação superior brasileira superaram os 5 milhões de matrículas. Se somarmos a este número as matrículas de educação a distância (EAD), chegamos hoje a cerca de 5.9 milhões de matrículas. O crescimento observado na modalidade a distância nos últimos anos é impressionante, passando a ter forte impacto sobre a representação percentual frente ao total das matrículas. De uma representação inexpressiva em 2003, a EAD passou a representar 12,5% do total das matrículas, indicando claramente uma opção do atual governo por fazer uso desta modalidade como um meio de se aproximar das metas estabelecidas para a educação superior no Plano Nacional de Educação (PNE), aprovado em 2001: (1) elevar a taxa de escolarização para 30% até 2011, aí considerados exclusivamente os jovens de 18 a 24 anos; (2) elevar a taxa de matrícula nas IES públicas para 40% do total dos matriculados; e (3) desenvolver um sistema nacional de avaliação para monitorar o plano de expansão e assegurar a sua qualidade.

Para atingir a meta prevista no PNE de ter, até 2011, 40% das matrículas da educação superior no setor público, o Brasil vem fazendo um grande esforço nos últimos anos, segundo o autor: interiorizou as universidades federais existentes, criando mais de 100 novos *campi*; criou uma dúzia de universidades federais, totalmente novas, entre elas a Universidade Federal da Fronteira Sul, nos três estados da região Sul, a Unipampa, em dez cidades do Rio Grande do Sul, a UFABC, no estado de São Paulo, a Universidade Federal do Recôncavo Bahiano, no estado da Bahia, a Universidade Luso-Afro-Brasileira, no estado do Ceará, a Universidade da Integração Amazônica, em Santarém, no estado do Pará, e a Universidade da Integração Latino-Americana (Unila) – uma universidade bilíngue, situada na cidade de Foz do Iguaçu e que deverá ter alunos e professores de toda a América Latina. Foram também criadas várias universidades a partir de *campi* avançados e extensões existentes. Acrescente-se a estas a criação de novos Centros Federais de Educação Tecnológica e a transformação de muitos deles em Institutos Federais, com uma ênfase maior na educação superior e na formação de professores de física, química, biologia e matemática, as áreas mais carentes na docência da educação básica.

Para Dilvo, "se a palavra de ordem da década passada foi *expandir*, a desta década precisa ser *democratizar*". O que significa criar oportunidades para que os milhares de jovens pobres, filhos da classe trabalhadora e estudantes das escolas públicas, tenham acesso à educação superior. Não basta mais expandir o setor privado – as vagas continuarão ociosas; não basta aumentar as vagas no setor público – apenas facilitarão o acesso e a permanência dos mais favorecidos socialmente.

> Precisamos vencer a afirmação secular, repetida cotidianamente na grande mídia e em textos acadêmicos mundo afora, de que o *campus* é um espelho da sociedade e de que ele a reflete em todas as suas peculiaridades, privilégios, comoções e injustiças. Os dados mostram que o *campus* pode até ser um espelho da sociedade, mas é com certeza do tipo que distorce. Contas feitas, a conclusão a que se chega é uma só: sob muitos aspectos, os cursos de graduação não reproduzem, mas hipertrofiam as desigualdades sociais existentes.

A oportunidade de acesso para estudantes pobres é um bom exemplo. Estudantes com renda familiar de até três salários mínimos, que representam 50% da população brasileira, na Enfermagem e Educação Física – cursos com percentuais mais próximos da sociedade – representam apenas cerca de 30%. Esta distorção se torna mais gritante na Odontologia e na Medicina, onde os 50% passam a ser apenas 10,5% e 8,8%, respectivamente. Ou seja, como ressaltam os casos da Enfermagem e da Educação Física, mesmo o que no *campus* mais se aproxima da realidade está profundamente distorcido, e para pior.

Quando se olha a questão pelo viés dos mais ricos (mais de dez mínimos de renda familiar), percebe-se que uma pequena minoria na sociedade se torna uma grande maioria no *campus*. É bom lembrar que na sociedade esse grupo representa 11,8%. Na Enfermagem, é verdade, ele representa algo bastante próximo a 15%; na Odontologia e na Medicina, no entanto, os 11,8% de ricos se tornam 52% e 67%, respectivamente.

Com intensidade ainda mais dramática, o espelho do *campus* distorce as proporções dos estudantes originários das escolas públicas – grupo fortemente sub-representado tanto na educação superior pública como na privada: nas IFES e nas IES privadas sua representação é de cerca de 43%, isto é, inferior à metade dos 89% representados por eles no ensino médio. Nos cursos, a desproporção pode ser maior: apenas 18% dos estudantes de Odontologia e 34% dos estudantes de Medicina cursaram todo o ensino médio em escola pública. É necessário inferir, portanto, que para um aluno originário do ensino médio privado e pago a oportunidade de chegar à educação superior, em especial em cursos de alta demanda, é várias vezes superior a de seus colegas originários da escola pública e gratuita. Nesse sentido, para o autor:

> Só com políticas de expansão, combinadas com a democratização do acesso e da permanência, como as em implantação, é possível fazer com que o *campus* deixe de ser este espelho que aguça as nossas distorções e se torne uma lâmpada que ilumine os caminhos rumo à igualdade de oportunidade para todos. Dizer que o *campus* apenas reflete a sociedade equivale a atribuir-lhe um papel passivo que, como demonstram os dados, ele certamente não tem. Significa também retirar dele o papel de agente capaz de interferir de um modo mais desejável na realidade existente.

No capítulo "Políticas para a democratização do acesso e a inclusão social na educação superior do Brasil", Maria do Carmo de Lacerda Peixoto discute o cenário de expansão e inclusão social na América Latina e

Caribe, para a seguir trazer uma discussão teórica sobre os conceitos de inclusão/exclusão social, problematizando-os. Em continuidade, analisa o caso da educação superior no Brasil, caracterizando o processo de expansão que ocorreu no final do século XX e início do século XXI, enfocando as políticas que vêm sendo implementadas com o objetivo de ampliar o acesso à educação superior e para equacionar os desafios representados pela inclusão social nesse contexto.

As desigualdades econômicas e sociais, características de grande parte das sociedades modernas, tornam a inclusão das populações marginalizadas uma exigência para a formulação das políticas públicas das nações. Nos seus diversos aspectos – pobreza, etnia, gênero – a inclusão social tem predominado no discurso político contemporâneo, tendo em vista o papel por ela cumprido na constituição da cidadania e na consolidação da democracia em bases justas.

Analisadas sob o ponto de vista da equidade e da inclusão social, as reformas da educação superior na América Latina e Caribe permitem perceber que, embora no discurso essa temática seja vista como necessária, na prática das políticas que foram propostas, ela não se concretizou na maioria dos países da região, segundo a autora. O que se verificou, em grande parte deles, foi a expansão da oferta de vagas, com aumento da ordem de quase três vezes no número de matrículas entre 1980 e 2005 (FERNÁNDEZ LAMARRA, 2007). Nessa expansão foi priorizada a criação e a ampliação da oferta de vagas em instituições privadas, em detrimento da extensão da participação do sistema público na educação superior. Prioridade que, evidentemente, promoveu restrições no acesso a esse nível de ensino de estudantes oriundos de famílias pobres, os quais, além de enfrentarem dificuldades financeiras e sociais para esse acesso, receberam, muitas vezes, um ensino de qualidade inferior na educação básica. Dessa maneira, são bastante desiguais as condições que eles enfrentam para competir nos processos seletivos de ingresso à educação superior e para nela demonstrar o desempenho necessário.

Os processos sociais e escolares que ocorrem tanto durante a seleção para o ingresso como no decorrer dos cursos, bem como a ausência de mecanismos de políticas destinados a reduzir a seletividade social nos processos de seleção, a despeito do aumento da oferta de vagas, concorrem também para a manutenção dessas desigualdades educacionais.

A permanência nos cursos – além de ser uma questão inerente à gestão das instituições de educação superior – é também componente importante a ser considerado no processo de inclusão. Nesse sentido, ela deve ser também objeto de políticas educacionais, com a formulação de medidas destinadas a proporcionar condições adequadas para que os alunos provenientes de famílias mais pobres possam frequentar o ensino superior e ter um bom desempenho nessa etapa de formação. Em artigo anterior (PEIXOTO, 2008), em que analisou a presença dessa temática nas reformas da educação superior na América Latina e Caribe, a autora constata que poucos países da região formularam políticas para abordar esta problemática de maneira adequada. O Uruguai é uma dessas exceções, porque instituiu o Fundo de Solidariedade, em 1994, destinado a financiar um sistema de bolsas para estudantes da Universidade de la República, constituído pelos aportes anuais efetuados pelos egressos da educação superior, transcorridos dez anos da emissão ou da revalidação de seus títulos por aquela universidade.

Componente importante do processo de inclusão na educação superior é o desenvolvimento de programas de assistência estudantil. Muitos estudantes dependem desses programas para moradia, alimentação, deslocamento de casa para a universidade, compra de livros etc. As avaliações realizadas indicam que eles produzem bons resultados no que diz respeito à garantia de permanência e à conclusão dos cursos, mas ainda precisam ser intensificados e aprimorados.

Nas políticas educacionais dos países da América Latina e Caribe, por sua vez, só muito recentemente a questão da permanência está se tornando objeto de políticas. No Brasil, o Plano Nacional de Educação estabeleceu que as instituições de educação superior públicas fossem estimuladas a adotar programas de assistência estudantil, como bolsa de trabalho e outros, destinados a apoiar alunos carentes que demonstrem ter bom desempenho acadêmico. Apenas para o orçamento de 2009, contudo, o Governo Federal definiu previsão de recursos com esta finalidade no orçamento das instituições federais de ensino superior. Instituições estaduais que instituíram a reserva de vagas para o ingresso estão também tendo de equacionar os problemas que os estudantes selecionados por esse sistema têm de enfrentar para garantir o desempenho adequado nos cursos. Segundo Peixoto, "há um caminho ainda longo a percorrer e que, ao mesmo tempo, exige ações urgentes das sociedades".

O sétimo capítulo da coletânea, "Políticas de expansão e interiorização da educação superior no Brasil", de Pedro Antônio de Melo, analisa o processo de expansão da educação superior brasileira a partir da LDB – Lei de Diretrizes e Bases da Educação Nacional (1996), do Plano Nacional de Educação (2001) e do Plano de Desenvolvimento da Educação (2007). O referido texto aponta também as principais transformações ocorridas nos últimos anos, identificando pelo menos três pilares para o fenômeno da expansão da educação superior no Brasil: 1) a expansão das universidades federais através do REUNI; 2) o Programa Universidade para Todos – PROUNI, ampliando a acesso nas instituições privadas; e 3) a Universidade Aberta do Brasil – UAB, com o desenvolvimento considerável da educação a distância nos últimos anos, considerada pelo autor como um elemento importantíssimo na interiorização e democratização do acesso à educação superior.

Segundo Melo, na categoria presencial, estão em funcionamento 23.488 cursos de graduação em todo o país. Destaca-se o incremento de 10.645 novas vagas nas Instituições Federais de Ensino Superior (IFES) e registra-se o ingresso de 151.640 novos estudantes, sendo que 12,7% dessas matrículas foram oferecidas no interior do país. Em 2007, estavam matriculados 4.880.381 alunos na educação superior, e o principal crescimento ocorreu nas regiões Norte (8,4%) e Nordeste (7,2%). No mesmo período, também houve um aumento no número de vagas nos cursos de Educação Tecnológica, 394.120 (MEC/INEP, 2009).

De 2003 a 2006, a educação a distância cresceu aproximadamente 571% no Brasil. Tal fato é marcante, principalmente pelo expressivo aumento do número de alunos matriculados no período: 315% (MEC/INEP, 2009).

A expansão da EAD no país só foi possível graças à implementação de ações que incentivaram o uso de tecnologias inovadoras em universidades. A aplicação de recursos vultosos pela iniciativa pública e privada nesse sistema permitiu, de acordo com Barros Nunes (2009), promover oportunidades educacionais para grandes contingentes populacionais.

A Universidade Aberta do Brasil (UAB) foi criada pelo Ministério da Educação em 2005 e tem como prioridade a formação de professores em efetivo exercício da educação básica e que ainda não têm graduação. A UAB é formada por instituições universitárias federais, estaduais e municipais, além dos Institutos Federais de Educação, Ciência e Tecnologia – IFETs.

O programa Universidade Aberta do Brasil já disponibilizou milhares de vagas em cursos superiores, na modalidade EAD, e, segundo Pedro Melo, "a intenção do Governo Federal é clara: utilizar essa ferramenta para expandir, objetivando atingir a meta de interiorização e democratização do acesso à educação superior prevista no PNE, mas, principalmente, aumentar a oferta de ensino público e gratuito no país".

Os dados sobre educação superior a distância levantados pelo INEP apontam para números muito expressivos em 2007. Num total de 97 instituições, foram oferecidos 408 cursos de graduação, isso representa um incremento no número de vagas, na ordem de 89,4% em relação a 2006. As matrículas aumentaram 78,5% no mesmo período. Os dados apontam para um crescimento exponencial nesta categoria, 908,2% em apenas cinco anos. O total de alunos matriculados em 2002 era de 40.714 e, em 2007, esse número saltou para 369.766 (MEC/INEP, 2009).

Segundo o autor, o estado da arte da expansão da educação superior deixa evidente que a Lei de Diretrizes e Bases da Educação Nacional, o Plano Nacional de Educação e o Plano de Desenvolvimento da Educação se transformaram nos principais vetores da consolidação do processo de expansão da educação superior brasileira.

Os investimentos governamentais na criação de novas universidades, novos *campi,* e o incremento da educação a distância são demonstrações inequívocas de que há um processo de expansão sendo pensado e colocado em prática. O Programa de Apoio a Planos de Reestruturação e Expansão das Universidades Federais – REUNI, por exemplo, prevê o investimento de mais de 2 bilhões de reais entre os anos de 2008 e 2011, e promete reestruturar as universidades, aumentar o número de cursos e criar pelo menos mais 125 mil vagas na educação superior pública (REUNI, 2009).

Na concepção de Pedro Melo, "os dados permitem observar que a estrutura montada pelo governo para atender à demanda reprimida nesta modalidade educacional está, de certa maneira, logrando sucesso a partir da conjugação de esforços empreendidos pelos Programas UAB, PROUNI e REUNI".

O oitavo capítulo do livro, "A educação a distância no contexto da reforma da educação superior no Brasil", de autoria de Marcio Luiz Bunte de Carvalho, Liamara Scortegagna e Fernando Spanhol, faz um percurso sobre a história do ensino superior no país, traz um panorama atual da educação superior no Brasil, para, a seguir, enfocar a educação a distância como forma de democratização e inclusão social.

A primeira referência à EAD na legislação brasileira se deu com o advento da Lei n. 9.394 (Lei de Diretrizes e Bases da Educação), aprovada em 20 de dezembro de 1996. A criação desta regulamentação e a inclusão nas disposições transitórias dos itens da chamada "década da educação", que, entre outras providências, determina que até 2011 todos os professores que atuam em sala de aula devem possuir licenciatura, fomentaram na época o início dos primeiros programas formais de uso de EAD para a formação em serviço de professores da rede pública em alguns estados, bem como a utilização de ambientes virtuais para a oferta de cursos livres (extensão) e de pós-graduação *lato sensu*.

Segundo os autores, os resultados do ENADE de 2008 (Exame Nacional de Desempenho de Estudantes), que integra o Sistema Nacional de Avaliação da Educação Superior (Sinaes) e tem o objetivo de aferir o rendimento dos alunos dos cursos de graduação, apresentaram as boas médias dos alunos de EAD comparados com os alunos dos cursos presenciais. Em alguns cursos, os resultados dos alunos de EAD foram melhores e, em outros nos quais os alunos dos cursos presenciais tiveram desempenho melhor, esta diferença não foi significativa. Isso serve para desmitificar o fato de a EAD ser considerada, por parte da comunidade educacional, como uma modalidade de ensino menor e de qualidade questionável.

Segundo o CensoEAD.br (2009), 215 instituições ofertam EAD no Brasil; destas, 173 credenciadas pelo sistema de educação/MEC (portanto podem oferecer cursos superiores) e 42 oferecem cursos livres, que foram responsáveis por mais de 2 milhões de alunos no Brasil no ano de 2008.

As IES credenciadas pelo MEC têm hoje mais de 1 milhão de alunos na EAD, sendo 75% (801.785 alunos) no setor privado e apenas 25% (273.487 alunos) no setor público. (CensoEAD.br, 2009). Assim, a tendência de expansão da educação superior no Brasil, tanto no âmbito do ensino presencial como na modalidade de EAD, tem se dado fundamentalmente pela via privada.

Em relação ao nível educacional, no Brasil, 786.718 (74%) alunos estão matriculados no ensino superior a distância (IES credenciadas) e 283.291 (26%) alunos frequentam a educação básica e cursos técnicos[8] (CensoEAD.br, 2009). Ou seja, há clara predominância de matrículas e oferta de EAD no nível superior, em relação aos demais níveis de ensino.

---

[8] Dados de 2008.

Segundo os autores, mesmo com aumento considerável da EAD, de acordo com o MEC/INEP (2009) apenas 30% dos municípios brasileiros têm acesso ao ensino superior. Os 70% dos municípios excluídos desta oferta representam o alvo de qualquer programa que tenha como objetivo ampliar a taxa de cobertura do ensino superior no Brasil.

A necessidade de ampliação da educação superior gratuita e de qualidade no Brasil tem ocasionado a formulação de políticas públicas para a expansão do setor público no que se refere, inclusive, à oferta de EAD. Assim, a SEED – Secretaria de Educação a Distância, do Ministério da Educação, foi criada em 1996, com o objetivo de desenvolver programas que incentivam a implantação de infraestrutura tecnológica nas escolas públicas, bem como a regularização e acompanhamento da EAD no país.

Parcerias entre o poder público estadual e municipal criaram, no Estado do Rio de Janeiro, o CEDERJ – Centro de Educação Superior a Distância do Estado do Rio de Janeiro, que reuniu seis universidades públicas no estado. Outro exemplo de parceria é o Projeto Veredas, da Secretaria de Educação do Estado de Minas Gerais, com instituições públicas e privadas, articuladas à oferta de graduação a distância em Pedagogia.

A criação da Universidade Aberta do Brasil pelo MEC, em 2005, na concepção dos autores, representa "um modelo em busca da qualidade em EAD". A UAB não é uma nova universidade pública, mas a articulação formada a partir de instituições públicas já existentes. Participam desta articulação três atores principais: o primeiro deles é o responsável pela criação e manutenção dos polos de apoio presencial, tipicamente são as prefeituras, mas temos alguns exemplos de governos estaduais que desempenham este papel. O segundo ator são as IPES – Instituições Públicas de Ensino Superior, que são responsáveis por ministrar os cursos nos polos. O terceiro ator é o MEC, responsável pela articulação, financiamento, acompanhamento e avaliação.

Atualmente a UAB tem polos em todo o território nacional, possui acordo operacional com 74 Instituições Públicas de Ensino Superior, sendo 45 Universidades Federais, 18 Universidades Estaduais e 11 Institutos Federais de Educação Tecnológica; este conjunto de instituições oferece 418 cursos, nos 557 polos. Em agosto de 2009 havia 170 mil estudantes de graduação distribuídos nos polos. A meta da UAB é chegar a oferecer 800 mil vagas, distribuídas em mil polos até 2013 (UAB, 2009).

No texto "Reformas e avaliação da educação superior no Brasil (1995-2009)", Gladys Beatriz Barreyro e José Carlos Rothen discutem as políticas de avaliação da educação superior desenvolvidas entre 1995 e 2009, considerando o contexto de reformas do Estado e da Educação Superior em que elas são desenvolvidas, durante os governos de Fernando Henrique Cardoso e Luiz Inácio Lula da Silva. Também serão considerados a prevalência de uma ou outra concepção de avaliação (formativa ou regulatória) durante o período em foco e o papel dos exames em larga escala – "Provão" e ENADE – aplicados no período.

Na concepção dos autores, no governo FHC o Estado avaliador desponta com força, ocupando papel importante na avaliação da educação superior nesse cenário. Em tal contexto, a política governamental em relação à avaliação da educação superior deixou de ser a de estimular, assessorar e financiar a autoavaliação das Instituições de Educação Superior e passou a ser a de utilizá-la para regular e controlar as Instituições, via mercado. Isto é, o resultado da avaliação era reificado na informação que o MEC oferecia ao mercado consumidor de educação superior sobre a qualidade dos cursos.

Nesse caso, deu-se prioridade ao Exame Nacional de Cursos – conhecido como Provão – como instrumento de avaliação dos cursos de graduação. Na verdade, os resultados do Provão foram amplamente divulgados pela mídia, produzindo um ranqueamento das instituições, sem, contudo, servir como mecanismo de controle da qualidade dos cursos, ao contrário, o exame não serviu para o aprimoramento das IES nem para frear a proliferação indiscriminada de cursos no governo FHC.

No primeiro Governo Lula (2003-2006), houve a instalação de uma comissão para elaborar uma nova proposta de avaliação para a educação superior. A "Comissão Especial de Avaliação" (CEA), composta majoritariamente de acadêmicos de instituições públicas (muitos dos quais haviam participado do PAIUB), apresentou ao final dos seus trabalhos uma proposta de avaliação com enfoque emancipatório, a qual recebeu a designação de Sistema Nacional de Avaliação da Educação Superior (SINAES).[9]

Com o SINAES, objetivou-se separar a avaliação da regulação, embora a primeira seja o elemento que fundamenta a segunda. Contudo, no processo de operacionalização do SINAES, muito da sua concepção original foi perdida, havendo um retorno a uma avaliação mais regulatória do que emancipatória.

O Exame Nacional de Cursos (Provão) foi extinto pela medida provisória n. 147, de 15 de dezembro de 2003, assinada pelo Presidente Lula e pelo ex-Ministro da Educação Cristovam Buarque. Em sua substituição, foi instituído o SINAES, através da Lei n. 10.861, de 14 de abril de 2004. Como parte do SINAES, foi criado o Exame Nacional de Desempenho Estudantil (ENADE), avaliação por amostragem introduzida ao início e ao final dos cursos de graduação, com o intuito de avaliar o que estes agregaram aos estudantes, ou seja, pretende avaliar processo e não apenas produto, como era o caso do Provão – uma única prova aplicada ao final dos cursos de graduação tendo como alvo os formandos.

---

[9] Esta comissão foi presidida por José Dias Sobrinho.

De acordo com os autores:

> Em síntese, no primeiro governo Lula, houve uma institucionalização da avaliação pela via da aprovação da lei que instituiu o SINAES, mudando o foco da avaliação de uma prova centralizada para a avaliação institucional com outros instrumentos. Fomentou-se uma avaliação formativa com participação da comunidade através da autoavaliação institucional realizada pelas Comissões Próprias de Avalização (CPA's). A lei do SINAES afirma o caráter de bem público da educação superior, se diferenciando das concepções mercadológicas do governo anterior.

Segundo a análise dos autores, no segundo governo Lula, a concepção regulatória da avaliação consolida-se nas práticas do MEC. Ainda no primeiro governo, as diretrizes oficiais ora adotavam a visão formativa, ora a visão regulatória, apontando para o embate de concepções nos bastidores do Ministério. Gladys e José Carlos nos chamam atenção para o retorno dos *rankings*, por meio dos resultados do ENADE divulgados pela mídia, neste segundo governo. Estes *rankings* entre cursos e instituições de educação superior não traduzem necessariamente a qualidade destes nem induzem mecanismos de aprimoramento dos mesmos.

Em setembro de 2008, iniciou o retorno dos mecanismos de competição, tendo como referência as avaliações realizadas pelo Ministério. Com efeito, nesse momento foi criado o CPC – Conceito Preliminar de Curso, baseado fundamentalmente na nota do ENADE e em insumos como: infraestrutura institucional, organização de planos de ensino, qualificação docente e dedicação ao curso. Esses insumos, obtidos de respostas dos alunos ao questionário socioeconômico do ENADE, substituem as avaliações *in loco* (BARREYRO, 2008). Das 3 mil visitas *in loco* previstas por ano, apenas 1.800 foram realizadas, sendo visitados só os cursos que obtiveram conceito inferior a três, ferindo, assim, a lei vigente e perdendo-se um dos eixos centrais do SINAES: a avaliação formativa. Segundo os autores:

Em síntese, no segundo governo Lula, a prevalência dos resultados do ENADE, na supervisão do sistema e na criação de conceitos e índices, indica um paulatino retorno das concepções de avaliação para a regulação. Com a divulgação do *ranking* de instituições – pela primeira vez elaborado pelo próprio Ministério – tem-se o retorno de práticas competitivas, que foram a marca registrada do Provão, no governo anterior.

O décimo capítulo do livro, de autoria de Mário Luiz Neves de Azevedo e Afrânio Mendes Catani, intitulado "Ingresso na educação superior pública na Argentina: da década menemista (1989-1999) ao pós-neoliberalismo contemporâneo", explora algumas dimensões das modalidades de ingresso e permanência nas universidades nacionais da Argentina.

Nos anos 1990, nas gestões "menemistas", houve uma marcante reforma de Estado, com a hegemonia da política econômica ultraliberal afetando todos os setores do Estado e transformando radicalmente, por consequência, a relação entre o mercado e a sociedade (política e civil).

O sistema universitário argentino é, reconhecidamente, massivo e, majoritariamente, público. Assim, este sistema, em 2007 – aí incluídos e considerados as universidades e os institutos universitários públicos e privados –, apresentava 1.567.519 alunos matriculados, sendo 1.270.755 na esfera pública e 296.764 em instituições privadas, demonstrando que 81,07% da população estudantil matriculada em cursos de graduação encontra-se em ambiente público e gratuito.[10]

Segundo os autores, três fatos relevantes para a educação superior, na Argentina, "representam os marcos do modelo menemista de universidade": a) a criação, em 1993, da Secretaria de Políticas Universitárias (SPU), a partir da qual o menemismo operou vigorosas iniciativas no

---

[10] Fonte: Anuario 2007 de Estadísticas Universitarias. (Cabe ressaltar que estes dados não abrangem o subsistema superior não universitário.)

campo universitário; b) a política de formação do Fundo para o Melhoramento da Qualidade Universitária (FOMEC), financiado pelo Banco Mundial, iniciado em agosto de 1995; e c) a promulgação da Lei de Educação Superior n. 24.521, em 1995.

O conjunto das universidades nacionais sob o "menemismo" não deixou de crescer. De 1989 a 1999, houve um acréscimo de 390.759 alunos nas universidades, isto é, a população estudantil aumentou em 59,08%, passando de 661.315 para 1.052.074 estudantes. Esse desenvolvimento demográfico no quadro das universidades públicas, em termos relativos, demonstra que a Argentina, mesmo sob governo de orientação liberal ortodoxa, deu continuidade à opção pela massificação da educação superior.

De acordo com essa tendência histórica de inserção, no período posterior ao menemismo (1999 a 2007), há continuidade no crescimento da oferta de vagas públicas nas universidades nacionais. Em 2007, havia 1.243.298 alunos matriculados, ou seja, um acréscimo de 191.224 matrículas em relação a 1999, correspondendo a um crescimento de 18,16%.

O crescimento, no interstício de nove anos, da oferta de vagas no conjunto das universidades públicas argentinas foi de 33,71%; ou seja, havia, em 1989, 170.619 matrículas e chegou-se à cifra de 228.139 novos ingressantes, em 1998. Neste mesmo período, as grandes universidades expandiram suas vagas em 24,25% e as universidades medianas em 60,39%. As pequenas universidades saíram do patamar de 13.064 ingressantes, em 1989, e atingiram 46.093 matrículas, em 1999, significando uma expansão de 252,82%. Devemos observar que o potencial de crescimento das pequenas universidades não se esgotou, pois elas se classificam justamente na categoria de novas instituições criadas na gestão Menem, localizadas principalmente na conurbação bonaerense. Assim, contraditoriamente às políticas de restrição ao acesso ao ensino superior gestionadas pelo Banco Mundial, a tendência de massificação da universidade pública argentina permaneceu no período menemista.

Nos anos pós-menemistas, as matrículas nas universidades nacionais continuaram a crescer, bem como a quantidade de graduados (ou egressados).

Na Argentina, a evasão mostra-se como um problema delicado, pois mesmo com um crescimento significativo da população universitária, que passa de 661.315 estudantes em 1989 para 892.759 em 1997, o número de concluintes ficou estável ao longo desses nove anos. Em 1989, formaram-se 33.143 estudantes; em 1994, foram 35.995 graduados; em 1995, formaram-se 35.546 e, em 1997, o número de novos profissionais chegou a 34.503.

Concluindo, os autores citam uma análise de Krotsch com relação ao comportamento do sistema universitário argentino. A este respeito, Krotsch assinala dois aspectos relevantes: "por um lado, a criação de novas universidades e, por outro, a criação de novas carreiras em universidades atualmente existentes". No primeiro caso se trata, fundamentalmente, da demanda de criação de novas universidades em nível municipal, na área metropolitana. Esta demanda surge, geralmente, por um padrão tradicional de universidade de cunho profissionalizante, que impede a possibilidade de se pensar em novas ofertas inovadoras e experimentais ligadas às necessidades sócio-produtivas da região. Por outro lado, o segundo aspecto, referindo-se à dinâmica da criação de carreiras, apresenta um padrão similar tanto nas universidades públicas como nas privadas. São as carreiras tradicionais que, sob a forma presencial ou a distância, parecem constituir-se no fator que dinamiza a expansão do sistema e das instituições" (KROTSCH, 2009, p. 4).

O artigo "Democratizar la universidad: un ensayo permanente", de Silvina Feeney, Mónica Marquina e Eduardo Rinesi, traz a trajetória da Universidad Nacional de General Sarmiento (UNGS), enfocando o seu perfil, estrutura e vocação democratizadora. Os autores relatam, entre outros aspectos, as políticas que têm sido implementadas no âmbito da instituição para a democratização do acesso e para a permanência dos estudantes, incluindo o trabalho em conjunto com as escolas médias, o apoio aos estudantes da universidade, a revisão da oferta formativa da UNGS e os desafios atuais enfrentados pela instituição.

Durante os anos 1990, o sistema universitário argentino protagoniza um processo de ampliação, diversificação e heterogeneização considerável, sustentado sobre uma importante expansão do sistema de pós-graduação, um forte aumento da quantidade de instituições universitárias privadas e um grande desenvolvimento, também, do sistema de universidades públicas. Este último cresceu fortemente no interior do país (onde foram criadas várias universidades nacionais) e, sobretudo, no conurbano bonaerense, onde um conjunto de universidades novas (de Quilmes, La Matanza, General San Martín, Tres de Febrero, Lanús e o ex-partido de General Sarmiento) redefiniram seriamente o mapa universitário nacional, com estruturas organizativas distintas das convencionais (a UNSAM se organizou em escolas; a UNLM, em departamentos; a UNGS, em institutos), sistemas de ingresso com base em cursos de nivelamento e carreiras bastante novas (e distintas daquelas nas quais tende a concentrar-se a matrícula nas grandes universidades).

Localizadas (em geral por pressão das próprias dirigências políticas locais) em zonas às vezes muito pobres da periferia da cidade de Buenos Aires, e orientadas para uma população estudantil que até então havia tido poucas possibilidades de aceder a estudos superiores, muitas destas universidades, quase independentemente dos múltiplos motivos que determinaram a sua fundação (vocação descentralizadora, busca de diversidade e de competência...), se converteram em fatores efetivos de democratização da educação de qualidade em contextos muito desfavorecidos e transformaram, de fato, às vezes muito significativamente, a relação das populações de suas áreas de referência mais imediata com o sistema educativo e as representações dos jovens sobre seu direito à educação.

A Universidad Nacional de General Sarmiento (UNGS) foi criada pela Lei n. 24.082, sancionada em 20 de maio de 1992 e promulgada em 10 de junho de 1993. O projeto institucional da UNGS conseguiu distinguir-se, muito nitidamente, tanto do modelo universitário argentino mais tradicional, propondo uma maneira diferente de conceber a articulação entre as funções de formação, pesquisa e extensão, como das propostas locais que aspiravam à geração de uma oferta de carreiras (sobretudo de carreiras "curtas"), que dariam respostas imediatas às demandas dos jovens e dos atores econômicos da região, tendendo à geração de titulações que garantissem uma "saída laboral rápida" para os egressos.

A área de influência da UNGS integra o chamado "segundo cordão" do conurbano (GBA2), que registra os níveis de pobreza e indigência mais altos da grande Buenos Aires e do país. Em outubro de 2002, 64,7 % dos lares e 74,4 % das pessoas do GBA2 encontravam-se abaixo da linha de pobreza, contra 41,2 % dos lares e 51,7 % das pessoas do GBA1 e 45,7 % e 57,5 % da população urbana total do país. Os níveis e anos de escolaridade alcançados pela população em dita área são baixos em termos relativos, sendo os jovens aspirantes a ingressar na UNGS majoritariamente provenientes de lares cujo clima educativo é predominantemente baixo ou muito baixo.

As estratégias por meio das quais a UNGS vem tratando de atender ao desafio de democratizar a educação universitária são variadas. Distinguem-se três: as estratégias para facilitar a transição do ensino médio para a universidade, as estratégias para melhorar o curso de ingresso à universidade e as estratégias de acompanhamento dos estudantes ao longo de seus estudos propriamente universitários, e sobretudo durante o ano que (de acordo com uma tendência que ultrapassa largamente a UNGS e que também se verifica nela) se revela como mais problemático e no qual se concentra a maior quantidade de fracassos e de abandonos dos estudos: o primeiro.

Neste momento, a UNGS mantém vínculos de cooperação interinstitucional sistemáticos com mais de 60 escolas médias, em coordenação com equipes diretivas, desenvolvendo diversas atividades. Assim, nos últimos anos, têm se desenvolvido jornadas de intercâmbio e reflexão com diretores de escolas, atividades de cooperação da biblioteca da UNGS com as das escolas, jornadas ou seminários conjuntos entre pesquisadores da UNGS e professores de escolas médias, atividades de aperfeiçoamento para diretores e docentes, "olimpíadas", concursos e outras atividades destinadas a promover o interesse dos estudantes das escolas médias em determinados campos disciplinares ou temas relevantes etc.

A UNGS dedica uma massa importante de recursos próprios para o financiamento de bolsas de estudo e, além disso, busca enriquecer este sistema, complementando-o com as opções que oferecem os governos nacional e provincial. Por outro lado, a universidade entrega de maneira gratuita em alguns casos, e de modo amplamente subsidiado em outros, boa parte dos materiais de leitura obrigatória nos cursos dos primeiros anos, editados em forma de livros, em uma coleção de "Textos Básicos" de alta qualidade. Ao mesmo tempo, a UNGS tem gerado diversos dispositivos de informação, orientação e apoio para facilitar os processos de aprendizagem dos estudantes, que contam com tutores individuais e grupais, sistemas de assessoramento a cargo de pesquisadores e docentes, oficinas sobre técnicas de estudos, amplos horários de consulta e serviços de orientação geral, vocacional e pedagógica. Também há que assinalar a importância do cuidado que tem a universidade no auxílio à busca de emprego.

O capítulo que encerra esta coletânea, de autoria de Carlos Mundt, Celina Curti e Cristina Tommasi, intitulado "Inclusión en los estudios universitarios en el conurbano bonaerense: la construcción de una concepción integral desde una perspectiva de gestión", expõe distintos aspectos do processo de trabalho institucional que realiza a Universidad Nacional de Tres de Febrero (UNTREF), tendo como meta a inclusão crescente da população estudantil que aspira ingressar em suas carreiras.

O texto enfoca os primeiros passos na compreensão desta problemática, uma etapa de transição, durante a qual se formularam conceitos que derivaram em novas ações, e uma etapa avançada, que se caracteriza pela construção de uma nova concepção das políticas de inclusão.

A abertura de novas universidades públicas no conurbano bonaerense tem significado um desafio ao papel da universidade em novos contextos socioculturais. As universidades nacionais desta região absorvem algo mais de 100 mil alunos que representam 23% dos estudantes universitários da Grande Buenos Aires, área que abrange 12 milhões de habitantes. Destes, 10 milhões residem no conurbano que rodeia a capital e que tem se constituído com um perfil particular ao longo de todo o século XX, por meio de uma história da qual os atuais estudantes de novo ingresso são herdeiros e, às vezes, vítimas.

Nessas condições, para uma instituição como a universidade, o termo inclusão tem vários significados. "El primero de ellos, un tránsito o proceso que conlleva hacerse cargo de una historia. El segundo, un lugar o un espacio que apunta a una meta o propósito. El tercero, una política que expresa el deseo de incluir."

"Incluir es un concepto que se autodestruye en cuanto adquiere formas retóricas. Todo discurso sobre la inclusión que esté vacío del propósito y de la acción de incluir es excluyente. Y esa misión institucional de estas nuevas universidades es de una dimensión muchísimo más compleja que sólo levantar edificios e instalar imaginarios." A esta tarefa têm se dedicado os autores deste texto nos últimos cinco anos da gestão acadêmica da UNTREF.

Desde seu início em 1997, a UNTREF é uma das receptoras do interesse pelos estudos superiores de amplos setores da população que, até uma década atrás, não incluíam esta alternativa de futuro em seu imaginário social.

A UNTREF determinou que os aspirantes a ingressar em todas as suas carreiras deveriam cursar de maneira presencial e serem aprovados em um curso de ingresso. A lógica de ingresso seguia repetindo a mecânica de longa data estabelecida nas universidades tradicionais da Argentina, que respondia a outras realidades socioculturais e educativas. Foi necessário, então, empreender ações complementares, que ajudaram esses aspirantes a desenvolver-se melhor na instituição universitária, por meio: da informação que lhes era passada; do ensino acerca de como e quando obter a informação; da criação de classes de apoio para reforçar conhecimentos e capacidades no momento de enfrentar o exame final; e do trabalho sobre a escolha de sua carreira, mediante palestras informativas acerca do plano de estudos, do futuro profissional, do mercado laboral, ofertadas pelo Serviço de Orientação Educacional, Vocacional e Ocupacional (SOEVO).

O projeto de tutoria começou no ano de 2005 como uma ação de acompanhamento aos alunos em quatro carreiras de baixa matrícula, tendo como objetivo a sua retenção por intermédio do seguimento no curso de ingresso. As ações tutoriais se estenderam posteriormente às carreiras de graduação, na convicção de que se deve atender aos estudantes nas diferentes instâncias de sua carreira acadêmica e não exclusivamente no início da mesma.

A Secretaria Acadêmica, as áreas do Curso de Ingresso e o Serviço de Orientação Educacional, Vocacional e Ocupacional instrumentalizaram os eixos do Projeto UNIMEDIA[11], que envolveu os estudantes do nível secundário das escolas da região, assim como os docentes, e se propôs incluir também os pais como participantes relevantes. Nesse sentido, cabe destacar a solidez que dava a essa proposta o trabalho interinstitucional realizado desde o ano 2003 entre a Secretaria Acadêmica da UNTREF, as autoridades educativas provinciais e os diretores de onze escolas de nível médio.

---

[11] O Programa UNIMEDIA foi proposto e apoiado pelo Ministério de Cultura e Educação durante três anos, logo foi interrompido e a Universidad Nacional de Tres de Febrero decidiu continuá-lo com financiamento próprio dada a avaliação de seu impacto.

Com o propósito de fortalecer o acesso e a inserção dos estudantes nas carreiras de graduação, se desenvolve, durante o primeiro ano, uma área de estudos gerais, que tem como meta elevar o capital cultural e simbólico dos recém-ingressados. Esta área é integrada por quatro cursos que apoiam a formação em temas fundamentais para a compreensão da sociedade, da cultura e da história, obrigatórios para os estudantes de todas as carreiras. Este espaço se criou com a finalidade de estimular nos estudantes uma atitude criativa para a análise reflexiva da complexidade da sociedade atual e do lugar que ocupam dentro dela.

Isso levou os autores deste texto, a partir de 2005, a visualizar o ingresso à universidade mais como uma *etapa de transição* do que como um momento entre duas instâncias claramente diferenciadas e desvinculadas. A nova perspectiva na abordagem do problema gerou um aprofundamento dos projetos de articulação com o nível médio e de integração de conhecimentos no primeiro ano dos estudos universitários. Dessa maneira, tem sido criado um espaço acadêmico fluido que abarca os três anos localizados entre o penúltimo ano da escola secundária e o segundo ano das carreiras universitárias. "Un espacio de transición que vaya conformando una articulación entre saberes, metodologías, contenidos y lógicas institucionales." Esta tarefa, de difícil realização, só pode desenvolver-se na medida em que o centro de atenção e de interesse se focaliza no aluno e não nas diferentes instâncias institucionais que ele deve percorrer para desprender-se de uma etapa concluída e instalar-se – no só estar inscrito – em outra de maiores responsabilidades.

Dessa lógica, que não renuncia à tensão entre os fins históricos da universidade e as demandas da sociedade, nasceu este percurso em torno da ideia de inclusão e as consequências derivadas de transformá-la em fatos por meio de ações. "Por eso, fuimos construyendo un proyecto de gestión que articula la práctica docente, la atención a las características socioculturales de estos estudiantes de nuevo ingreso y la investigación-acción en una política institucional."

Estas experiências inovadoras da UNGS e da UNTREF, no sentido da inclusão dos estudantes do conurbano bonaerense na universidade, por meio de uma política ampliada de intercâmbio com o ensino médio, são muito significativas, pois trazem novas luzes, que iluminam o caminho em direção à democratização da educação superior, abrindo possibilidades concretas para a inclusão de setores historicamente marginalizados neste nível de ensino.

No Brasil e na Argentina, assim como em outros países da América Latina, estão sendo implementadas reformas, visando a democratização do acesso à educação superior, que precisam ser aprofundadas e aperfeiçoadas na direção de uma maior inclusão social. Tais reformas devem priorizar não apenas o acesso dos segmentos sociais marginalizados à universidade, mas também a permanência dos mesmos no sistema de educação superior.

Ao lado disto, a reforma da educação superior deve ser articulada com a reestruturação da educação pública fundamental e média, no sentido do alcance da qualidade, e com reformas sociais profundas, que conduzam a uma melhor distribuição de renda, para que os filhos das classes trabalhadoras possam chegar à universidade em condições de permanecerem. Só buscando maior equidade em termos de resultados poderemos falar efetivamente em políticas de democratização da educação superior, do contrário o que teremos é um arremedo de democracia, que amplia o acesso, mas não garante a permanência e a inclusão social das camadas marginalizadas.

Referências bibliográficas

ALTBACH, P., REISBERG, L. y RUMBLEY, L. (2009). *Trends in global higher education: Tracking an academic revolution*. París: UNESCO – World Conference on Higher Education 2009.

BAREFOOT, B., GARDNER, J., CUTRIGHT, M., MORRIS, L., SCHROEDER, Ch., SCHWARTZ, S., SIEGEL, M. y SWING, R.

(2005). *Achieving and sustaining institutional excellence for the first year of college.* San Francisco: Jossey-Bass.

BARREYRO, G. B. (2008). De exames, índices e mídia. *Avaliação.* Campinas; Sorocaba, vol. 13, n. 3. p. 863-868.

BARROS NUNES. I. (2009). A História do EaD no mundo. In: LITTO, Fredric Michael; FORMIGA, Manuel Marcos Maciel (orgs.). *Educação a Distância: o estado da arte.* São Paulo: Pearson Education do Brasil.

BOURDIEU, P. y PASSERON, J. C. (1970). *La reproduction; éléments pour une théorie du système d'enseignement.* Paris: Les Éditions de Minuit.

BOURDIEU, P. y PASSERON, J. C. (2003). *Los herederos. Los estudiantes y la cultura.* Buenos Aires: Siglo XXI Editores.

BOURDIEU, P. (2005). *Capital cultural, escuela y espacio social.* Buenos Aires: Siglo XXI Editores.

CENSOEAD.br. (2009) . *Relatório analítico da aprendizagem a distância no Brasil.* ABED.

CHAUÍ, M. (1999). A universidade em ruínas. In: TRINDADE, H. (org.). *Universidade em ruínas na república dos professores.* Petrópolis: Vozes / Rio Grande do Sul: CIPEDES, p. 211-222.

CHIROLEU, A. (2008). La inclusión en la educación superior como política pública. Sus alcances en Argentina y Brasil. *Alternativas* – Serie: Espacio Pedagógico, San Luis, Argentina, 13(52): 39-52.

COMISIÓN ECONÓMICA PARA AMÉRICA LATINA Y EL CARIBE. CEPAL. (2007). *Panorama social de América Latina 2007.* Santiago de Chile: Autor.

DIAS SOBRINHO, J. y BRITO, M. R. F. (2008). La educación superior en Brasil: principales tendencias y desafíos. *Avaliação, Revista da Avaliação da Educação Superior,* Campinas; Sorocaba, 13 (2), 487-507.

EZCURRA, A. M. (1998). *Qué es el neoliberalismo. Evolución y límites de un modelo excluyente.* Buenos Aires: Lugar Editorial.

EZCURRA, A. M. (2007). *Los estudiantes de nuevo ingreso: democratización y responsabilidad de las instituciones universitarias.* Universidad de San Pablo: Cuadernos de Pedagogía Universitaria.

FERNÁNDEZ LAMARRA, N. (2007). Hacía uma nueva agenda de la educación superior en América Latina. Algunos desafios políticos, sociales e acadêmicos, *Avaliação/RAIES*, vol. 12, n. 1, mar. 45-72.

KROTSCH, Pedro (2009). Presentación. *Pensamiento Universitário.* Buenos Aires: año 12, n. 12, p. 3-5, octubre.

LÓPEZ SEGRERA, F. (2008). Tendencias de la educación superior en el mundo y en América Latina y el Caribe. *Avaliação, Revista da Avaliação da Educação Superior,* Campinas; Sorocaba, 13 (2), 267-291.

MOLLIS, M. (2008). Las reformas de la educación superior en Argentina para el nuevo milenio. *Avaliação, Revista da Avalição da Educação Superior,* Campinas; Sorocaba, 13(2), 509-532.

PEIXOTO, M. do C. de L. (2008). Reformas da educação superior na América Latina e Caribe, inclusão, equidade, diversificação e diferenciação. In: GAZZOLA, Ana Lúcia e DIDRIKSON, Axel. *Tendencias de la educación superior en América Latina.* Caracas: IESALC/UNESCO, cd-rom.

RAMA, C. (2006). *La tercera reforma de la educación superior en América Latina.* Buenos Aires: Fondo de Cultura Económica.

RASETTI, C. P. (2009). *La expansión de la educación superior.* Seminario Internacional "Expansión de la Educación Superior", Ministerio de Educación de Argentina: Secretaría de Políticas Universitarias, Buenos Aires, 19 de junio.

SVERDLICK, I., FERRARI, P. y JAIMOVICH, A. (2005). *Desigualdade e inclusão no ensino superior;* um estudo comparado em cinco países da América Latina. Rio de Janeiro – Buenos Aires: Laboratório de Políticas Públicas: OLPEd: PPCor, Série Ensaios e Investigacións, n. 10.

TILAK, J. (2009). *Higher education: a public good or a commodity for trade?* In: BERGAN, S., GUARGA, R., EGRON POLAK, E., DIAS SOBRINHO, J., TANDON, R. y TILAK, J. Public Responsability for Higher Education (15-41). Paris: UNESCO – World Conference on Higher Education 2009.

TINTO, V. (2005). *Research and practice of student retention: what next?* Washington D.C.: Pell Institute for the Study of Opportunity in Higher Education.

Fontes eletrônicas

ARGENTINA, Ministerio de Educación, Secretaría de Políticas Universitarias. (2009). Acesso em 26/10/2009, http://www.me.gob.ar/spu/.

ARGENTINA, Ministerio de Educación, Secretaría de Políticas Universitarias (2009). *Anuario 2007 de Estadísticas Universitarias.* Consultado em 09/11/2009, http://www.me.gob.ar/spu/.

BRASIL, MEC/INEP (2009). *Resumo técnico. Censo da educação superior 2007.* Brasília : DF. Acesso em 25 /10/ 2009, http://www.inep.gov.br.

BRASIL, MEC/INEP (2009). *Censo da educação superior.* Brasília : DF. Acesso em 05 /04/ 2009, http://www.inep.gov.br/superior/censosuperior/.

GAZZOLA, A. L. (2008). *Panorama de la educación superior en América Latina y el Caribe.* Cartagena de Indias: UNESCO / IESALC. Acesso em setembro de 2008, http://www.iesalc.unesco.org.ve.

REUNI. Reestruturação e Expansão das Universidades Federais. (2009). *O que é REUNI*: apresentação. Acesso em: 11/03/2009, http://reuni.mec.gov.br/index.php?option=com_content&task=view&id=15&Itemid=2.

UAB. Universidade Aberta do Brasil (2009). Acesso em 20/10/ 2009, http://www.uab.mec.gov.br.

1. Educação superior e inclusão social na América Latina: um estudo comparado entre Brasil e Argentina

Maria de Fátima Costa de Paula[1]

1. Introdução

A região da América Latina e Caribe possui os piores índices de distribuição de renda do mundo e apresenta um dos mais altos níveis de injustiça social, se considerarmos a distribuição de renda um elemento central da justiça social (APONTE-HERNÁNDEZ et. al., 2008).

A realidade mostra que a iniquidade nos países da América Latina está se expandindo em muitas áreas, inclusive na educação, e é no nível da educação superior que ela se manifesta mais intensamente. As estatísticas demonstram que nas universidades públicas há crescente incremento dos estudantes que pertencem a famílias com renda *per capita* e origem social mais elevada e menor incidência de trabalhadores e estudantes de classes populares (RAMA, 2006, p. 96 e 107). Em outras palavras, podemos afirmar que a condição socioeconômica é fator fundamental relacionado aos níveis de desigualdade no ingresso e na

---

[1] Pesquisadora do Conselho Nacional de Desenvolvimento Científico e Tecnológico (CNPq), Professora da Faculdade de Educação e do Programa de Pós-Graduação em Educação da Universidade Federal Fluminense (UFF) e Coordenadora do Núcleo de Estudos e Pesquisas em Educação Superior da UFF.

permanência na educação superior, associada a outros fatores, como geográficos, étnico-raciais e físicos.

Cabe ressaltar ainda, como causas da exclusão e desigualdade no acesso ao ensino superior, os escassos orçamentos dedicados à educação superior pública, a qualidade deficiente dos níveis de ensino básico e médio públicos, também associada ao financiamento público, a privatização e mercantilização da educação superior e a incapacidade de vastos setores sociais de pagar pelas matrículas.

Contudo, é importante frisar que além dos fatores externos, há fatores internos às instituições de educação superior que também influenciam na reprodução das desigualdades educacionais e sociais, dificultando o acesso e a permanência dos estudantes e provocando um elevado índice de abandono. Entre eles, podemos citar sistemas de ingresso muito seletivos em alguns casos, como o do Brasil, currículos pouco flexíveis e distantes das realidades dos alunos, falta de preparo pedagógico dos professores para lidar com os alunos, sobretudo os iniciantes, falta de acompanhamento dos estudantes com dificuldades e debilidades acadêmicas, insuficiência de políticas de assistência estudantil e de políticas afirmativas e compensatórias.

Considerando alguns indicadores, como renda *per capita*, coeficiente de Gini[2], quantas vezes a renda do segmento mais rico é maior do que a do segmento mais pobre da população, porcentagem da renda nacional concentrada nos 10% mais ricos da população e porcentagem da população que vive baixo da linha de pobreza[3], o Brasil apresenta um dos piores índices da América Latina e Caribe (APONTE-HERNÁNDEZ, 2008).

---

[2] Uma das maneiras de expressar a desigualdade que existe entre grupos da população nos países e a sua comparação tem sido o Coeficiente de Gini, que pode ser utilizado para estimar as diferenças de renda existentes nas sociedades, também refletindo as desigualdades de distribuição de outras variáveis econômicas e sociais.

[3] Definida como aquela cuja renda é inferior ao custo de uma cesta básica de alimentos.

Comparando o Brasil com a Argentina, o nosso país apresenta maiores índices de desigualdade em todos os quesitos: enquanto a renda *per capita* da Argentina é 8,060, a do Brasil é 3,468; enquanto o coeficiente de Gini na Argentina é 0,53, no Brasil é 0,58; enquanto a renda do segmento mais rico na Argentina é 16 vezes maior que a do mais pobre, no Brasil é 29 vezes maior; na Argentina, os 10% mais ricos concentram 35% da renda nacional e no Brasil, 45% da renda nacional; na Argentina, 26% das pessoas vivem abaixo da linha da pobreza e no Brasil, 36% (*Ibidem*).

Com relação à educação, também a Argentina possui índices e indicadores melhores do que os do Brasil. Assim, enquanto a Argentina apresenta uma taxa de analfabetismo, na população de mais de 15 anos, de 2,5%, no Brasil esta taxa sobe para 10,4%[4] (GAZZOLA, 2008). Na Argentina, a taxa bruta de participação da população em geral, na educação, é de 38,2%, enquanto no Brasil é apenas de 11,2%. A Argentina possui uma taxa de escolaridade, na população adulta, de 96,8%, o Brasil possui 85,8% da sua população adulta escolarizada. No que se refere à educação superior, 48% da população argentina chega ao ensino superior, enquanto apenas 16,5% da população brasileira ingressa no nível superior. Com relação ao quadro de desigualdade no acesso ao ensino superior, a Argentina apresenta 41,7% do segmento mais rico nas instituições de educação superior (IES), contra 1,1% do segmento mais pobre; no Brasil, esta diferença é maior, ou seja, 56,6% dos alunos matriculados nas IES pertencem ao estrato social mais rico e apenas 0,8% têm origem no segmento mais pobre da população[5] (APONTE-HERNÁNDEZ, 2008).

Embora a Argentina seja um dos países da América Latina que menos investe na educação superior, na ciência e na pesquisa, em termos de porcentagem de Produto Interno Bruto, em comparação com outros

---

[4] Fonte: CEPAL (2005).
[5] Fonte: CEPAL (2005, 2006, 2007).

países como Chile, Brasil, Venezuela e México, com menor renda *per capita*, aquele país apresenta índices de acesso ao ensino superior, sobretudo pela via pública, bastante melhores, possuindo uma das maiores coberturas da América Latina na educação superior.[6] Ainda assim, estudos demonstram que os principais beneficiários da educação superior pública e gratuita, na Argentina, são os estudantes ricos e de classe média, tendo o sistema universitário um efeito distributivo regressivo para os pobres (DELFINO[7] *apud* RAMA, 2006, p. 129-130).

Durante as últimas décadas, as políticas para o desenvolvimento da América Latina e Caribe têm sido pouco efetivas em promover a inclusão social, a participação e a equidade nas sociedades. Frente ao desafio da desigualdade, as políticas governamentais não podem estar centradas apenas no crescimento econômico, devendo ser orientadas para os princípios de redução das desigualdades, do aumento da justiça social, participação, cidadania. E, nesse sentido, a educação e, especificamente, a educação superior desempenham papel central.

As políticas de inclusão e diminuição das desigualdades sociais não podem deixar de priorizar o acesso à educação e aos bens culturais, em especial o acesso e a permanência na educação superior. O acesso e a permanência no ensino superior devem ser considerados elementos centrais nos aspectos relacionados à relevância e responsabilidade social das instituições de educação superior, pois o cidadão bem formado poderá ter melhores oportunidades de trabalho e renda, sendo peça-chave na consolidação de uma nação desenvolvida e democrática.

---

[6] Embora o sistema de educação superior da Argentina apresente majoritariamente acesso irrestrito e gratuito – com cobertura elevada –, ele possui um alto índice de abandono dos estudantes ao longo do percurso universitário.

[7] DELFINO, José A. *Educación superior gratuita y equidad*. Buenos Aires, Documento de trabajo n. 98, área de Estudios de la Educación Superior, Universidad de Belgrano, octubre de 2002.

Nesse sentido, a democratização da educação superior em países como Brasil e Argentina, com inclusão das camadas sociais marginalizadas, é fundamental para a construção de uma América Latina mais justa, igualitária e sintonizada com a sociedade do conhecimento. Na região com as maiores desigualdades sociais do planeta Terra, o acesso ao conhecimento é condição indispensável para a superação das desigualdades e para o alcance do desenvolvimento humano sustentável, com equidade e justiça social.

2. Panorama da educação superior no Brasil e na Argentina

A universidade propriamente dita, no Brasil, formou-se na primeira metade do século XX, como foi o caso da Universidade do Rio de Janeiro (URJ), criada em 1920, e da Universidade de São Paulo (USP), fundada em 1934. Nesse sentido, a principal ideia adotada para o ensino superior brasileiro, desde a chegada da Corte portuguesa ao Rio de Janeiro, foi a recusa da criação de uma universidade, havendo a fundação de faculdades isoladas – Direito, Medicina, Politécnica (para formar engenheiros), num primeiro momento. Essa posição foi assumida por muitos governantes brasileiros, fazendo com que a Assembleia Geral Legislativa deixasse de aprovar 42 projetos de criação de uma universidade no período imperial (CUNHA, 1986, p. 137).

A criação tardia da universidade no Brasil contrasta com outros casos da América Latina, como o da Argentina, cuja primeira universidade – Universidad de Córdoba –, originada em 1613[8], foi protagonista do Movimento Reformista. Outras universidades tradicionais, como a

---

[8] Segundo Fernández Lamarra (2005, p. 117), as origens da educação superior na Argentina remontam à criação de um colégio jesuítico em 1613, onde atualmente é a Província de Córdoba. Em 1622, se outorga ao dito colégio a qualidade de universidade. Em 1858, a Universidad de Córdoba se nacionaliza.

Universidad de Buenos Aires e a Universidad de la Plata foram criadas, respectivamente, em 1821 e 1905 (MOLLIS, 2008, p. 518). Segundo a autora, a denominada *etapa fundacional* (1613-1970) se distingue pela criação das universidades que cimentaram o sistema universitário protagonista do Movimento Reformista na Argentina (*Ibidem*).

O movimento reformista, ocorrido na Universidade de Córdoba, constituiu-se no primeiro grande questionamento da universidade no âmbito da América Latina, repercutindo sobre todas as universidades argentinas e muitas latino-americanas. As suas principais propostas foram: a) autonomia universitária; b) cogoverno de docentes e estudantes; c) coexistência da universidade profissionalizante com a científica; d) cátedras livres; e) renovação pedagógica; f) extensão universitária; g) centralidade dos estudantes e dos jovens como destinatários e protagonistas da universidade; h) solidariedade com o povo e os trabalhadores; i) compromisso da universidade com a transformação social; j) democratização da educação superior, mediante a sua gratuidade (FERNÁNDEZ LAMARRA, 2005, p. 118).

No final do século XVIII, a universidade iluminista foi sacudida pela Revolução de 1789, antiuniversitária por excelência, pois condenou a instituição universitária como um aparato do Antigo Regime, colocando em seu lugar escolas profissionais de ensino superior. Da França e da Prússia emergiram, no início do século XIX, as primeiras universidades modernas e laicas: a napoleônica, para formar quadros para o Estado, e a de Berlim, com ênfase na integração entre ensino e pesquisa e na busca da autonomia intelectual diante do Estado e da Igreja.

O padrão francês napoleônico influenciou as universidades tradicionais da América Espanhola e inspirou a formação tardia das primeiras faculdades profissionais no Brasil, no século XIX.

A partir de fins da década de 1950, a universidade brasileira começa a sofrer muitas críticas, entre elas o alto grau de elitismo da instituição, voltada, até então, fundamentalmente, para os segmentos das classes dominantes. A sua estrutura de poder também foi muito questionada, sobretudo pelo movimento estudantil, "ator revolucionário"[9] por excelência dos anos 1960.

Podemos estabelecer algumas correlações entre o movimento reformista de Córdoba, ocorrido em 1918, e o dos anos 1960, quando o movimento estudantil e os professores mais progressistas, identificados com a reformulação estrutural da universidade e da sociedade, questionaram as estruturas de poder das universidades e o seu caráter elitista, reivindicando a sua abertura e democratização.

No caso brasileiro, com o golpe de Estado de 1964, tais reivindicações foram distorcidas e absorvidas pelos técnicos do Ministério da Educação (MEC) e pelos consultores norte-americanos que os auxiliaram na reforma das nossas universidades. Após os Acordos MEC/USAID, respectivamente de 1965 e 1967, e o Plano Atcon, de 1966, a influência norte-americana sobre a universidade brasileira se faz sentir de forma mais acentuada. Nesse sentido, a concepção norte-americana influenciou não apenas as universidades europeias, como as alemãs, mas também as universidades latino-americanas, como as brasileiras. No Brasil, esta concepção será amplamente difundida a partir da Reforma Universitária de 1968, atingindo a estrutura organizacional e as finalidades de todas as universidades (PAULA, 2002).

Assim é que a Lei n. 5.540, responsável pela Reforma de 1968, instituída no auge da ditadura militar, incorporou várias características da concepção universitária norte-americana, a saber: a) vínculo linear entre educação e desenvolvimento econômico, entre educação e mercado de trabalho; b) estímulo às parcerias entre universidade e setor produtivo; c) instituição do vestibular unificado, do ciclo básico ou primeiro ciclo geral, dos cursos de curta duração, do regime de créditos e da matrícula por disciplinas, todas estas medidas visando uma maior

---

[9] Expressão cunhada por Antonio Cândido de Mello e Souza.

racionalização para as universidades; d) fim da cátedra e instituição do sistema departamental; e) criação da carreira docente aberta e do regime de dedicação exclusiva; f) expansão do ensino superior, por intermédio da ampliação do número de vagas nas universidades públicas e da proliferação de instituições privadas; g) a ideia moderna de extensão universitária; h) ênfase nas dimensões técnica e administrativa do processo de reformulação da educação superior, no sentido da despolitização da mesma (PAULA, 2002).

Na Argentina, a partir de 1966, o golpe militar afetou especialmente as universidades nacionais, que tiveram a sua autonomia comprometida, gerando acontecimentos "infames como a denominada 'Noche de los Bastones Largos', na qual foram reprimidos e encarcerados estudantes e docentes, originando-se um primeiro êxodo de educadores e pesquisadores para outras instituições e para o exterior" (FERNÁNDEZ LAMARRA, 2007, p. 162). Em 1973 se estabeleceu um novo governo democrático, deposto em 1976 por outro golpe militar. A ditadura implantada pelos militares perseguiu, de forma sangrenta, docentes e estudantes, gerando um segundo êxodo (muito grave e numeroso) de docentes, pesquisadores e estudantes para outras instituições e para o exterior (*Ibidem*).

A educação superior brasileira, sobretudo a partir dos anos 1990, tem recebido forte influência das políticas neoliberais e dos organismos internacionais do capital, como o Fundo Monetário Internacional, o Banco Mundial, a Organização Mundial do Comércio, entre outros. Da internacionalização da educação superior, passamos ao comércio dos serviços educacionais. Ou seja, a educação superior deixou de ser vista como dever de Estado e direito do cidadão, sendo concebida como serviço, mercadoria, perdendo assim o seu caráter eminentemente público. Nesse contexto, deu-se um vazio de Estado no financiamento das instituições públicas de educação superior, o que provocou, por um lado, a proliferação indiscriminada de instituições privadas e, por outro, a privatização interna do ensino, da pesquisa e da extensão nas universidades públicas.

A política neoliberal do Estado para as universidades brasileiras, aprofundada pelos governos Fernando Collor e Fernando Henrique Cardoso, apresentou como características pouco investimento no campo da pesquisa científica e tecnológica e um abandono em relação ao ensino universitário público, sobretudo de graduação, base da formação superior. Paradoxalmente, verificou-se uma crescente intervenção do Estado e do MEC nas universidades, via sistema de avaliação e outras medidas autoritárias, ferindo a autonomia das instituições universitárias, inscrita no artigo 207 da Constituição Federal de 1988 (PAULA, 2003).

Acentuaram-se o aligeiramento e a fragmentação do processo de formação, por meio dos cursos de curta duração, cursos sequenciais, cursos para tecnólogos, cursos de educação a distância, mestrados profissionais, muitas dessas medidas instituídas pela Lei de Diretrizes e Bases da Educação, n. 9.394, de 1996.

A Argentina, como a América Latina em geral, também foi muito afetada pelas políticas neoliberais. Desde 1995, os organismos internacionais do capital, como o Banco Mundial e o Banco Interamericano de Desenvolvimento, propuseram uma agenda para a educação superior que incluiu: "a diminuição de subsídios estatais para a educação e a ciência (...), a expansão das instituições e da matrícula privadas, a promulgação de uma Lei de Educação Superior (...) e, por último, a criação de órgãos ou agentes centrais para avaliar e acreditar as instituições universitárias" (MOLLIS, 2008, p. 509-510).

A Lei de Educação Superior n. 24.521, de 1995, introduziu mudanças substantivas no sistema de educação superior argentino, no que se refere aos conceitos de autonomia, financiamento e governo. Como exemplo, autoriza as instituições universitárias a estabelecer o regime de acesso, permanência e saída de seus estudantes de forma autônoma; autoriza a cada universidade que fixe o seu próprio regime salarial docente e de administração de pessoal, assegurando o manejo descentralizado dos fundos; promove a constituição de "sociedades, fundações ou outras formas de associação civil" destinadas a apoiar a gestão financeira e a facilitar as relações das universidades e/ou faculdades com o meio; aumenta o número de representantes nos órgãos colegiados das instituições. Houve ainda, a partir desta Lei, a explosão da pós-graduação paga, como reflexo da demanda por uma maior capacitação e especialização dos estudantes ao término do ciclo universitário (MOLLIS, 2008, p. 512).

Segundo a autora, esta reforma se produziu no contexto das políticas neoliberais que "sustentaram a desregulação orientada pela liberdade dos mercados em seu correlato com a liberdade outorgada às universidades para cobrar taxas, pagar salários diferenciados e desenhar regimes de admissão (...) sob a tendência do governo de controlar e 'avaliar' o desempenho das instituições universitárias" (2008, p. 513-514). Nesse sentido, a reforma dos anos 1990, na Argentina, à semelhança da ocorrida no Brasil no mesmo período, deu autonomia às instituições de educação superior para buscarem fontes de financiamento diversificadas do Estado, para se diferenciarem em tipos de instituições de qualidade distinta, havendo o fortalecimento de um processo de avaliação centralizado em órgãos como a Comissão Nacional de Avaliação e Acreditação Universitária (CONEAU), criada pela Lei n. 24.521/1995.

O sistema de educação superior no Brasil é diversificado, com instituições distintas em termos de qualidade e prestígio, objetivos, finalidades educativas, entre outros aspectos. Segundo dados do Censo da Educação Superior de 2007, realizado pelo Instituto Nacional de Estudos e Pesquisas Educacionais Anísio Teixeira do Ministério da Educação (INEP/MEC), temos 2.281 instituições de educação superior, incluindo as que oferecem ensino de graduação presencial e a distância, sendo 249 públicas (federais, estaduais e municipais) e 2.032 privadas.

Ou seja, do total de instituições, 89% são privadas e apenas 11% públicas. Do conjunto das instituições públicas, 4,6% são federais, 3,6% estaduais e 2,7% municipais.[10]

As instituições de educação superior (IES) se organizam como universidades (instituições complexas que se ocupam do ensino, extensão, pesquisa e pós-graduação, em geral envolvendo diversos setores do conhecimento, embora se admitam universidades especializadas em determinada área), centros universitários (instituições de complexidade intermediária, com vocação para um ensino de excelência, mas sem obrigação com a pesquisa) e faculdades (aqui estão incluídos faculdades, escolas, institutos, faculdades integradas, centros federais de educação tecnológica e faculdades de tecnologia, segundo o Decreto 5.773 de 2006). Em termos de organização acadêmica, as faculdades perfazem cerca de 2 mil estabelecimentos, correspondendo a 86,7% das IES, enquanto as universidades e centros universitários respondem por 8% e 5,3%, respectivamente. O maior número de faculdades (92,5%) e de centros universitários (96,7%) está vinculado ao setor privado, enquanto as universidades estão distribuídas em proporção aproximada entre setor público e privado.[11]

No universo das privadas, a grande maioria compõe-se de instituições com fins lucrativos, de qualidade duvidosa, que se dedicam fundamentalmente ao ensino e estão orientadas a fornecer um diploma de curso superior mais aligeirado aos alunos, sendo a menor parte constituída de instituições privadas sem fins lucrativos, com níveis de qualidade mais elevados.[12]

---

[10] BRASIL, MEC/INEP. *Resumo técnico. Censo da educação superior 2007*. Brasília: DF, 2009. Disponível em: http://www.inep.gov.br. Acesso em: 25 de outubro de 2009.
[11] *Ibibem*.
[12] Estima-se que dos 89% de IES privadas, 70% sejam privadas mercantis, com fins fundamentalmente lucrativos, mais do que educativos, oferecendo cerca de 30 mil cursos privados mercantis.

Os dados apresentados demonstram que o conjunto da educação superior brasileira é um dos mais privatizados da América Latina e do mundo, tendo perdido muito do significado de bem público de qualidade, com exceção das IES públicas e das IES de natureza comunitária e confessional.

O crescimento das matrículas no ensino superior, no Brasil, em especial no setor privado, atinge grande incremento a partir de 1996, no governo Fernando Henrique Cardoso, com o apoio da Lei de Diretrizes e Bases da Educação Nacional. Em 2006[13], contávamos com 4.802.072 alunos matriculados no ensino superior, maior índice de matrículas da América Latina e Caribe, seguido do México (2.709.255) e da Argentina (2.173.960) (GAZZOLA, 2008). Cerca de 60% das matrículas na educação superior, na região da América Latina e Caribe, concentram-se nesses três países.

Segundo dados do INEP/MEC de 2007, possuímos 4.880.381 estudantes matriculados na educação superior, dos quais 74,6% encontram-se em instituições privadas e 25,4% nas IES públicas (12,6% nas federais, 9,9% nas estaduais e 2,9% nas municipais).[14] Acrescente-se a isso que as IES públicas oferecem 63% das suas vagas no período diurno e apenas 37% no período noturno, acontecendo praticamente o contrário nas IES privadas. Outro dado relevante para o cenário de exclusão social do ensino superior, no Brasil – quando comparado a outros países da América Latina, como a Argentina, e do mundo –, é o fato de apenas cerca de 12% dos estudantes entre 18 e 24 anos estarem matriculados na educação superior, possuindo o nosso país uma taxa bruta de matrícula no ensino superior[15] de aproximadamente 20%, segundo as últimas cifras do Instituto de Estatísticas da UNESCO (DIAS SOBRINHO & BRITO, 2008, p. 493).

---

[13] Fonte: IESALC / MESALC.
[14] BRASIL, MEC/INEP. *Resumo técnico. Censo da educação superior 2007.* Brasília: DF, 2009. Disponível em: http://www.inep.gov.br. Acesso em: 25 de outubro de 2009.
[15] A taxa bruta de matrícula na educação superior corresponde ao total de estudantes matriculados no ensino superior sobre o total da população com idade entre 18 e 24 anos.

Esses dados sinalizam que o sistema de educação superior brasileiro é um dos mais elitistas da América Latina e do mundo.

A maior parte dos estudantes que ingressa no ensino superior brasileiro o faz pela via privada, em instituições de qualidade duvidosa, que não realizam pesquisa nem extensão. Os alunos trabalhadores e provenientes das classes sociais menos favorecidas econômica e socialmente não encontram muitas possibilidades de ingresso nas universidades públicas, de maior qualidade, que se dedicam ao ensino, à pesquisa e à extensão, com um corpo docente mais qualificado. Já que as vagas nestas instituições são limitadas, a concorrência é grande e existe o "funil do vestibular", que deixa de fora muitos dos estudantes de baixa renda, provenientes do ensino médio público, quase sempre sem qualidade. Inversa e injustamente, os alunos provenientes das classes sociais mais abastadas, que cursaram o ensino médio em escolas particulares de elite, chegam com muito mais facilidade às universidades públicas, sobretudo aos cursos de maior prestígio social, como Medicina, Engenharias, Direito, Odontologia, entre outros.

Nesse sentido, a diferenciação do sistema de educação superior acaba reforçando as desigualdades do sistema capitalista, pois para os estudantes de baixa renda sobram os cursos superiores aligeirados, de curta duração, tão questionados e criticados no passado, que ressurgem com uma nova roupagem (por exemplo, os cursos de formação de tecnólogos). Essas iniciativas oferecem alternativas mais acessíveis e menos custosas (em termos de tempo, dinheiro, investimento intelectual) aos "clientes" que procuram o ensino superior. Além da diluição do sentido da formação universitária, essa diferenciação da educação superior produz uma divisão do campo universitário e dos "clientes" que procuram o ensino superior: de um lado, instituições de excelência, que aliam ensino e pesquisa de alto nível, atendendo principalmente as elites dominantes e classes médias; de outro lado, instituições de qualidade questionável, que em geral não se ocupam da pesquisa, atendendo os estudantes com menor capital econômico, social e cultural. Dentro de uma mesma instituição de ensino superior, os alunos com menor capital econômico, social e cultural, em geral, dirigem-se para os cursos mais aligeirados, que exigem menos investimento material e cultural, enquanto que as elites dominantes e as classes médias continuam chegando majoritariamente aos cursos de mais *status* profissional, que trazem maiores possibilidades em termos de mercado de trabalho, exigindo um acúmulo maior de capital econômico, social e cultural. Isso demonstra que essa diferenciação, ao invés de contribuir para democratizar o ensino superior, na verdade, reproduz e reforça as desigualdades sociais do sistema capitalista.[16]

O sistema de educação superior na Argentina é de caráter binário e está integrado por dois subsistemas: universitário e não universitário.

A diversificação e a privatização da educação superior argentina, da mesma forma que o caso brasileiro, se intensificam a partir dos anos 1990. Entre 1990 e 1996 foram criadas 22 novas universidades privadas e 12 nacionais (a maioria delas na Grande Buenos Aires) – mais de um terço das atualmente existentes – e um alto número de instituições não universitárias, assim como novas carreiras profissionais de graduação, com títulos muito diversos, além da multiplicação rápida da pós-graduação (FERNÁNDEZ LAMARRA, 2007, p. 21). Dessa maneira, foi se configurando um conjunto de instituições de educação superior altamente heterogêneo, em que coexistem instituições universitárias e não universitárias, universidades tradicionais e novas, públicas e privadas, católicas e laicas, de elite e de massas, profissionalizantes e de pesquisa, com níveis de qualidade também muito distintos.

---

[16] A esse respeito, consultar as obras de Pierre Bourdieu, sobretudo o clássico: BOURDIEU, Pierre & PASSERON, Jean-Claude. *La reproduction; éléments pour une théorie du système d'enseignement*. Paris: Les Èditions de Minuit, 1970.

Segundo Mollis (2008, p. 514), esta diversificação produziu dois subsistemas desarticulados entre si, com significativas superposições quanto aos títulos e diplomas oferecidos no nível universitário e não universitário e uma fragmentação visível no conjunto do sistema. Tal situação se produziu como consequência de políticas educativas fragmentadas e implementadas por distintos governos, em função de interesses, projetos políticos e modelos econômicos diferentes para a educação.

A Lei de Educação Superior 24.521 de 1995, que, pela primeira vez, pretende regular e articular os subsistemas universitário e não universitário, distingue quatro tipos de instituições: universidades, institutos universitários, colégios universitários e institutos terciários, que passam a ser chamados de institutos de educação superior, voltados para a formação docente, humanística, social, técnico-profissional ou artística (art. 1· e 5·). As universidades devem realizar atividades em uma variedade de áreas disciplinares não afins, os institutos universitários delimitam a sua oferta acadêmica a apenas uma área disciplinar e os colégios universitários, por sua vez, surgem da articulação entre as instituições de nível superior e uma ou mais universidades do país para acreditar as suas carreiras e os seus programas de formação e capacitação (art. 27 e 29).

O subsistema de educação superior não universitário é composto fundamentalmente por institutos superiores de formação docente e por institutos superiores de formação técnico-profissional. Cabe ressaltar que, desde fins do século XIX e princípios do século XX, foram criados esses institutos. Os de formação docente para os níveis médio e superior tiveram um grande desenvolvimento quantitativo na educação argentina. Por isso, até a atualidade, a maior parte dos professores é formada nesses institutos não universitários (FERNÁNDEZ LAMARRA, 2005, p. 118).

Segundo dados da Secretaría de Políticas Universitarias do Ministerio de Educación, Ciencia y Tecnología da Republica Argentina, o subsistema universitário é constituído de um total de 107 instituições, sendo 88 universidades [40 nacionais, 45 privadas, 1 universidade provincial (Universidad Autónoma de Entre Ríos), 1 universidade estrangeira (Universidad de Bologna) e 1 internacional (Facultad Latinoamericana de Ciencias Sociales – FLACSO)] e 19 institutos universitários (7 estatais e 12 privados).[17] O subsistema não universitário é composto de um total de 1955 institutos de educación superior, sendo 1076 de gestão privada e 879 de gestão estatal.[18]

Portanto, ao contrário do Brasil, em que 89% das IES são privadas, na Argentina há um equilíbrio entre o número de instituições públicas e privadas de educação superior, com pequeno predomínio das últimas.

Com relação às matrículas, ocorre fenômeno inverso ao caso brasileiro: 75% delas encontram-se nas instituições públicas e apenas 25% nas privadas[19] (GAZZOLA, 2008). Enquanto o crescimento das matrículas nas IES privadas, no período de 1995 a 2005, foi de 12,4% no Brasil, na Argentina foi de apenas 0,3%. Esses dados nos remetem ao caráter predominantemente público e gratuito da educação superior argentina.

Do total de estudantes matriculados na educação superior Argentina, 1.539.742 estudam no sistema universitário, estando 83,5% deles nas universidades e institutos universitários estatais e

---

[17] Ministerio de Educación, Secretaría de Políticas Universitarias. Disponível em: http://www.me.gob.ar/spu/. Acesso em: 26/10/2009.
[18] Informação obtida a partir da exposição de Carlos Pérez Rasetti (SPU/IIPE) sobre "La expansión de la educación superior", no Seminario Internacional "Expansión de la Educación Superior", promovido pela Secretaría de Políticas Universitarias do Ministerio de Educación da Argentina, em 19 de junho de 2009.
[19] Fonte: IESALC / MESALC, dados de 2006.

16,5% nas universidades e institutos universitários privados; os demais alunos encontram-se nos institutos de educação superior não universitários, sendo a maior parte das matrículas feita no setor terciário estatal.[20]

Quanto à expansão do sistema de educação superior em seu conjunto, ou seja, o universitário e o não universitário, o primeiro domina o cenário, com 73,5% de matrículas, contra 26,5% de alunos no nível terciário não universitário (MOLLIS, 2008, p. 519). Tal tendência do sistema argentino é altamente significativa quando comparada com países como Brasil e México, que mostram um comportamento inverso, com universidades públicas elitistas e uma oferta massificada de ensino superior pelas instituições terciárias privadas, muitas de qualidade duvidosa, que não realizam pesquisa nem extensão.

Cabe ressaltar, ainda, que a taxa bruta de matrícula na educação superior, na Argentina, é de 54%, contra apenas 24% no Brasil (UNESCO, 2007, in: LÓPEZ SEGRERA, 2008, p. 274).[21]

Os dados selecionados apontam para o caráter mais democrático e menos elitista da educação superior argentina, quando comparada com a brasileira.

---

[20] Dos 555.155 estudantes matriculados nos Institutos de Educação Superior, 322.169 estão no setor de gestão estatal e 232.986 no setor de gestão privada. Informação obtida a partir da exposição de Carlos Pérez Rasetti (SPU/IIPE) sobre "La expansión de la educación superior", no Seminario Internacional "Expansión de la Educación Superior", promovido pela Secretaría de Políticas Universitarias do Ministerio de Educación da Argentina, em 19 de junho de 2009.

[21] Segundo dados do Anuário Estatístico de 2007, da Secretaría de Políticas Universitarias, essa taxa bruta de escolarização na educação superior argentina foi um pouco menor (46,4%). Disponível em: http://www.me.gob.ar/spu/. Acesso em: 26/10/2009.

3. Desigualdades no acesso à educação superior no Brasil e na Argentina

No Brasil, existem grandes desigualdades com relação ao acesso à educação superior, tanto no que diz respeito ao aspecto socioeconômico e origem social dos estudantes como no que diz respeito à raça dos mesmos. Essas desigualdades, que reproduzem de forma ampliada as desigualdades sociais existentes na sociedade brasileira como um todo, se agravam no contexto de um sistema de educação superior, como descrito anteriormente, extremamente privatizado e elitista, com um mecanismo de ingresso altamente seletivo, feito fundamentalmente por meio do vestibular.[22]

O acesso às universidades públicas e gratuitas, de melhor qualidade acadêmica, é mais difícil do que nas instituições privadas, com menor nível de qualidade, salvo algumas universidades confessionais e comunitárias. Nas primeiras, há grande concorrência por uma vaga, sobretudo nos cursos de maior prestígio social, e um menor número de vagas ociosas do que nas instituições privadas. O grande número de vagas ociosas nas instituições privadas deve-se, fundamentalmente, à sua grande expansão e ao seu elevado custo, estando muitos estudantes impossibilitados de pagar por elas, pois os seus critérios e exames de seleção possuem, em geral, níveis muito menores de exigência e há menos candidatos concorrendo a uma vaga, nos diferentes cursos. Assim,

---

[22] O vestibular é o mecanismo seletivo predominante nas IES públicas, enquanto nas IES privadas há uma variedade maior de critérios e exames de seleção. Atualmente há uma política do Ministério da Educação que pretende outorgar ao Exame Nacional do Ensino Médio (ENEM) a prerrogativa de instância avaliadora por excelência dos estudantes que aspiram ingressar no ensino superior. Várias universidades brasileiras têm aderido à política proposta pelo Governo Lula, havendo uma tendência de destituir o vestibular da sua hegemonia como mecanismo de ingresso à educação superior, podendo ser substituído por outras formas de ingresso, em especial nas universidades públicas.

a grande seletividade no acesso ao setor público deve-se ao vestibular e, no setor privado, ao seu custo, ficando de fora do sistema de educação superior um número considerável de pessoas candidatas ou potenciais candidatas a uma vaga.

O sistema educacional brasileiro é excludente desde os níveis anteriores ao universitário. Assim, as diferenças na conclusão do ensino médio por setor social são esmagadoras: um jovem com idade entre 20 e 25 anos, localizado no decil 10 de renda, possui 36 vezes mais possibilidades de terminar o ensino médio do que um localizado no decil 1. Isso coloca o Brasil na posição de um dos países mais desiguais na conclusão do ensino médio na América Latina (SVERDLICK, FERRARI e JAIMOVICH, 2005, p. 39).

Na educação superior, o quadro de desigualdade se perpetua, havendo uma nítida relação entre renda familiar e possibilidades de acesso ao ensino superior: enquanto os quintis mais altos (IV e V) possuem uma representação próxima de 80% nas instituições públicas e de 90% nas privadas, os quintis inferiores (I e II) chegam a uma representação de 7% no caso das instituições públicas e de 2,6% nas privadas. A seletividade social é maior nas instituições privadas: nelas, a concentração estudantil em torno do V quintil de renda (74 %) é maior do que no caso das públicas (59,2%) (*Ibidem*, p. 41-42).

À desigualdade social no nível de acesso à educação superior no Brasil soma-se a desigualdade relacionada à origem racial. Embora os negros representem apenas 2% dos estudantes universitários, constituem 5,7% da população brasileira, e os pardos, que constituem 12% dos estudantes nas IES, representam 39,5% do total dos brasileiros. Ou seja, ainda que 45,2% da população brasileira seja negra e parda, apenas cerca de 14% dos estudantes brasileiros em nível superior são negros e pardos. Ao contrário, os brancos perfazem 53,8% da população, mas representam quase 85% das matrículas nas instituições de educação superior (RAMA, 2006, p. 121-122). Há uma clara super-representação de brancos nas IES brasileiras em relação aos outros grupos raciais, sendo a cor dos *campi* universitários diferente da cor da sociedade.

Há também significativas diferenças entre o setor público e privado no que diz respeito à origem racial dos estudantes. Segundo o Exame Nacional de Cursos (Provão)[23], 4,4% dos estudantes das universidades federais se declararam negros e 30% pardos. Nas instituições privadas, as estatísticas do Provão apontaram para 3,1% de negros e 16,5% de pardos (RAMA, 2006, p.122). Segundo Petrucelli (2004), a proporção de brancos nas IES privadas é maior que nas públicas: nas primeiras, os brancos representam 82,4% do total de estudantes, enquanto nas públicas são 71%. No que se refere à população parda, seus componentes representam 13,7% nas instituições privadas e 23,9% nas públicas. Nesse sentido, também no que diz respeito à raça, há maiores desigualdades nas instituições privadas do que nas públicas.

Além dos problemas relacionados ao acesso na educação superior, muitos estudantes brasileiros que ingressam no sistema se evadem, sendo estimado em 40% o índice de abandono[24] (DIAS SOBRINHO e BRITO, 2008, p. 494). Isso se deve aos fatores externos, como carência

---

[23] O Exame Nacional de Cursos (Provão), criado no Governo Fernando Henrique Cardoso, que avaliava o desempenho dos cursos de graduação fundamentalmente por meio de uma prova realizada pelos estudantes formandos ao final de seus cursos, foi extinto no Governo Lula. Em seu lugar, foi instituído o Exame Nacional de Desempenho Estudantil (ENADE), avaliação por amostragem introduzida ao início e ao final dos cursos de graduação, com o intuito de avaliar o que estes agregaram aos estudantes, ou seja, pretende avaliar processo e não apenas produto, como era o caso do Provão. Contudo, a mesma lógica avaliativa do Provão permanece no ENADE, pois tem criado um *ranking* entre cursos e instituições de educação superior, que não necessariamente traduz a qualidade destes ou induz mecanismos de aprimoramento dos mesmos.

[24] Segundo dados do INEP/MEC, o percentual de conclusão nos cursos de graduação, calculado pela razão entre o número de concluintes em 2007 e o de ingressantes quatro anos antes, foi de 58,1% e a maior proporção foi observada entre os alunos das IES federais (72,6%), seguido este percentual pelos alunos das estaduais (63,8%) e das municipais (62,4%). As IES privadas, como nos últimos anos, apresentaram o menor percentual de conclusão nos cursos de graduação presencial em 2007, com 55,4% de concluintes. Disponível em: http://www.inep.gov.br. Acesso em: 25/10/2009.

socioeconômica com impossibilidade de permanência no ensino superior, mesmo gratuito[25], ausência de acúmulo suficiente de capital social e cultural (também decorrente da baixa qualidade do ensino fundamental e médio), e a fatores internos às instituições de educação superior, como currículos pouco flexíveis e distantes da realidade dos estudantes e falta de preparo pedagógico dos professores para lidar com os alunos, sobretudo os iniciantes. Esse cenário reforça o argumento de que a democratização da educação superior só será atingida por meio de políticas direcionadas à permanência dos estudantes no sistema, para que haja a inclusão efetiva dos segmentos marginalizados.

Com base nos dados expostos, pode-se concluir que, mesmo com o grande crescimento das matrículas na educação superior nas últimas décadas e com a incorporação de um número crescente de estudantes provenientes de grupos social e economicamente desfavorecidos, o sistema de educação superior brasileiro permanece muito elitista, sendo o Brasil um dos países da América Latina com os maiores níveis de desigualdade no âmbito do ensino superior e do ensino médio.

No caso da Argentina, não existe uma prova nacional comum para os ingressantes na educação superior – como ocorre em outros países da América Latina e Europa –, sendo o acesso regulado pelas próprias IES, sejam públicas ou privadas. As modalidades de seleção são muito diferentes segundo as universidades, faculdades ou áreas acadêmicas.

A Lei de Educação Superior de 1995 estabelece como condição para o acesso nas IES que os estudantes tenham sido aprovados no nível médio ou polimodal (art. 7). Em casos excepcionais, podem ingressar

---

[25] No momento atual, 25% dos jovens brasileiros entre 18 e 24 anos são tão pobres que não poderiam se manter em uma instituição de educação superior, ainda que fosse gratuita. Assim, as principais causas que dificultam a democratização da educação superior são econômicas: a crescente deterioração das rendas das famílias de classe média e a grande porcentagem de pobres na sociedade brasileira, em um contexto de baixa expansão do emprego (DIAS SOBRINHO e BRITO, 2008, p. 494).

pessoas com mais de 25 anos não possuidoras de diploma de nível médio, desde que demonstrem, por meio de avaliações, que possuem condições de realizar os estudos que se propõem iniciar. No caso das universidades nacionais com mais de 50 mil alunos, a referida lei estabelece que o regime de admissão e permanência será definido no âmbito de cada faculdade ou unidade acadêmica (art. 50).[26]

Segundo Sigal[27] (1995 *apud* FERNÁNDEZ LAMARRA, 2003, p. 75-76), as distintas modalidades de acesso na Argentina podem ser categorizadas em três grandes grupos: com ingresso irrestrito, com ingresso mediante provas de exame e sem cotas, e com ingresso mediante provas e cotas.

O ingresso irrestrito tem prevalecido nas etapas de governo e universidades democráticas. Isto ocorreu com o peronismo – já que em 1952 se estabeleceu o regime de ingresso irrestrito – com os governos democráticos entre 1958 e 1966, com os governos peronistas de 1973-1976 e, novamente, com a restauração da democracia em 1983. Nos períodos de governos militares (1955-1958, 1966-1973 e 1976-1983) se implantaram regimes de exames de ingresso às vezes com cotas e muito limitadores. Em particular durante a última ditadura militar, isso se refletiu na redução da matrícula universitária e no incremento da não universitária, que não estava submetida a ingressos restritivos e com cotas (FERNÁNDEZ LAMARRA, 2003, p. 74).

Em algumas universidades tradicionais, como Universidade de Buenos Aires, Universidade Nacional de Córdoba e Universidade Nacional de La Plata, o ingresso é irrestrito; por outro lado, é de caráter

---

[26] O artigo 27 da Lei de Educação Superior n. 24.521 de 1995 estabelece que as universidades têm autonomia para definir o regime de admissão, permanência e promoção dos estudantes.

[27] SIGAL, Víctor. *El acesso a la educación superior.* Buenos Aires: SPU – Ministerio de Cultura y Educación, 1995.

seletivo sem cotas nas novas universidades nacionais da grande Buenos Aires, como UN Gral. Sarmiento, UN Gral. San Martín, UN Lanús e UN de Tres de Febrero. Isso demonstra a predominância do sistema de ingresso irrestrito nas universidades grandes e tradicionais – mais submetidas à pressão de suas federações estudantis e de sua vida política interna – e do regime de ingresso seletivo nas novas universidades da Grande Buenos Aires, menos influenciadas internamente pelos estudantes e outros atores políticos (*Ibidem*, p. 76).

Nas universidades privadas, os critérios vigentes são, também, diversos: aquelas que tendem a uma maior seletividade aplicam sistemas de cursos e/ou exames de ingresso, às vezes com cotas. Outras utilizam cursos de ambientação não seletivos ou possibilitam o ingresso direto. Nas instituições não universitárias, o critério predominante é o do ingresso direto, exceto nos casos em que a inscrição supera as vagas disponíveis, como ocorre nas de maior prestígio acadêmico (FERNÁNDEZ LAMARRA, 2003, p. 78).

Apesar do ingresso irrestrito sem cotas ser a forma majoritária de ingresso na Argentina, é preciso ressaltar a existência de formas de seleção no interior das universidades. Assim, no sistema de educação superior argentino, há elevadas taxas de abandono – da ordem de 50% no primeiro ano de estudos universitários – e diminutas taxas de graduação.[28]

---

[28] Segundo documento da Secretaría de Políticas Universitarias – *Algunas consideraciones acerca de la información estadística para el estudio de la deserción estudiantil*, relativo ao Seminario Internacional "Diagnóstico y experiencias para la disminución de la deserción estudiantil" – realizado em 29 e 30 de outubro de 2008, o principal limite para o cálculo da taxa de deserção de todo o sistema universitário está no fato da SPU não dispor de informação sobre o aluno, condição necessária para estudos de cortes. Há apenas informações sobre o número de novos inscritos e de reinscritos, portanto só pode ser dimensionada a retenção do título com relação ao ano inicial e não a retenção do aluno. Não se pode equiparar conceitualmente o percentual de não reinscritos para um determinado título com deserção, pois o aluno pode ter mudado de carreira, faculdade ou instituição e permanecer no sistema, pode ser egresso ou ter saído do sistema.

A evolução do número de egressos das universidades nacionais demonstra, nos últimos anos, que o total se mantém relativamente constante, apesar do crescimento no número de matrículas. Ao contrário, no caso das universidades privadas, a relação entre o número de estudantes e o número de egressos é muito maior, havendo, portanto, maior taxa de graduação (FERNÁNDEZ LAMARRA, 2003, p. 117-118).

O problema da evasão e das baixas taxas de graduação na educação superior argentina está relacionado a fatores externos e internos ao sistema universitário. Como fatores externos, encontram-se os problemas socioeconômicos, já que a maior parte dos estudantes que abandona os estudos pertence às classes sociais menos favorecidas, como no Brasil. Muitos desses estudantes trabalham em atividades que não têm nenhuma relação com os seus estudos. Devem ser ressaltados, ainda, o baixo capital cultural dos estudantes concluintes do ensino médio que ingressam na universidade, uma vez que majoritariamente este ingresso é irrestrito e aberto, e a falta de uma política expressiva de incentivo à permanência dos alunos nas IES, com reduzida quantidade de bolsas e assistência estudantil. Como fatores internos às instituições de educação superior, destacam-se a insuficiente formação pedagógica dos docentes que atuam na graduação, sobretudo nos anos iniciais, os currículos pouco flexíveis e distanciados da realidade dos estudantes, as carreiras de graduação muito extensas, entre outros.

Altbach, referindo-se ao modelo de ensino da Universidade de Buenos Aires (UBA), chega a utilizar o termo "a sobrevivência do mais apto" para descrever o processo de darwinismo social ocorrido no interior da universidade, com as suas elevadas taxas de evasão. O autor ressalta, em seu artigo, as precárias condições de ensino e aprendizagem, com a maioria dos professores de tempo parcial (na maior parte das faculdades, menos de 20% dos professores pertencem ao regime de dedicação exclusiva, ao contrário do Brasil, que no caso das universidades públicas trabalham em sua maioria sob o regime de dedicação exclusiva); os baixos salários dos professores e a falta de segurança no trabalho; as instalações completamente inadequadas para estudantes e professores, no que diz respeito a bibliotecas, laboratórios, acesso à internet etc.; os cursos repletos de estudantes no ciclo básico comum, com uma taxa de abandono de 60%. Ainda de acordo com Altbach, os estudantes bem-sucedidos tendem a ser de famílias socialmente privilegiadas e assim a universidade reproduz as desigualdades sociais, ainda que possua uma ideologia igualitária. Finalmente, o autor aponta que a UBA funciona como uma "praia de estacionamento" para os jovens com dificuldades de encontrar trabalho no mercado de trabalho argentino, absorvendo "demanda ao mesmo tempo que amortiza as potenciais inquietutes sociais" (ALTBACH, s/d, mimeo).

Também no caso da Argentina, pode-se observar a existência de uma relação entre oportunidades de acesso à educação superior e nível socioeconômico dos estudantes. A distribuição da matrícula universitária na Argentina se concentra principalmente nos quintis IV e V. Contudo, em comparação com o Brasil, a Argentina possui uma distribuição mais equilibrada entre os diferentes níveis de renda, particularmente nos quintis III, IV e V, apresentando setores médios relativamente amplos e maior mobilidade social (SVERDLICK, FERRARI e JAIMOVICH, 2005, p. 30).

Assim, as pessoas localizadas no decil 10 de renda possuem, no caso da Argentina, sete vezes mais chances de finalizar o nível médio de estudos do que as localizadas no menor decil. Esta diferença é uma das mais baixas entre os países da América Latina, sendo o nível médio da Argentina um dos mais igualitários. No caso do Brasil, como vimos, esta diferença era de 36 vezes (*Ibidem*, p. 29).

Em relação ao sistema educacional cursado durante o ensino médio, 58,2% dos estudantes universitários provêm de escolas médias do setor público, enquanto os 41,7% restantes provêm de escolas secundárias privadas. Dos 58,2%, 62,7% vão para o segmento universitário público e 36,1% para o privado; e dos 41,7%, 63,9% dirigem-se para o segmento universitário privado e 37,1% para o público. Nesse sentido, há um autorrecrutamento tanto nas universidades públicas como nas privadas: a maioria dos estudantes das universidades públicas tem a sua origem em colégios secundários públicos, enquanto a maioria dos estudantes de universidades particulares frequentou anteriormente escolas também privadas (*Ibidem*, p. 31). Estes dados apontam para uma maior mobilidade e democratização do sistema educacional argentino como um todo, quando comparado ao brasileiro, em que se dá fenômeno inverso: para as universidades públicas de excelência dirigem-se majoritariamente os estudantes provenientes do ensino médio privado de elite, especialmente para os cursos de maior prestígio social, enquanto que para as IES privadas dirigem-se majoritariamente os concluintes do ensino médio público de menor qualidade, em especial para os cursos de menor prestígio social.

Uma análise comparativa da composição social do ensino superior, assim como do ensino médio, no âmbito da América Latina, aponta a Argentina como um dos países mais igualitários, ou seja, onde a matrícula é mais equilibrada entre os diferentes setores econômicos, ainda que no caso do ensino superior argentino quase 60% das matrículas se concentrem nos dois quintis superiores (*Ibidem*, p. 87-88).

4. As políticas públicas de inclusão dos estudantes na educação superior: seus alcances e limites no Brasil e na Argentina

4.1. As políticas de democratização do acesso ao ensino superior do governo Lula

Diante do cenário de exclusão, elitização e segmentação da educação superior brasileira analisado anteriormente, uma das prioridades da Reforma Universitária do Governo Lula tem sido a promoção de medidas voltadas para a ampliação do acesso ao ensino superior.

Das políticas de democratização do acesso ao ensino superior propostas pelo governo Lula, serão destacados as Políticas de Ação Afirmativa, o Programa de Apoio a Planos de Reestruturação e Expansão das Universidades Federais (REUNI) e o Programa Universidade para Todos (PROUNI).

As políticas de ação afirmativa

Segundo projeto de Lei n. 3.627/04, encaminhado pelo governo Lula ao Congresso Nacional, as instituições públicas federais de educação superior deverão reservar em cada concurso de seleção para ingresso nos seus cursos de graduação, no mínimo, 50% de vagas para alunos que cursaram integralmente o ensino médio em escolas públicas, incluindo nessa cota os afrodescendentes e indígenas, de acordo com a proporção de negros, pardos e índios na população do Estado onde está instalada a universidade, conforme os dados do censo do IBGE.

Após tramitar no Congresso Nacional por quatro anos, finalmente o projeto de Lei n. 3.627/2004 foi aprovado em novembro de 2008, no dia em que se comemora a Consciência Negra. Na nova versão da lei, foi incluído o corte de renda para beneficiar os estudantes das classes sociais desfavorecidas economicamente, unindo a cota social à cota racial, importante mudança introduzida no Projeto de Lei n. 3.627/2004.

No Projeto de Lei n. 7.200/2006, que trata da Reforma da Educação Superior, também está explicitada a preocupação do atual governo com as políticas de ação afirmativa e assistência estudantil, no âmbito das universidades federais[29], no sentido de favorecer o ingresso e a permanência, nessas instituições, de estudantes pro-

---

[29] Vide o item Das políticas de democratização do acesso e de assistência estudantil, capítulo III, seção V, do Projeto de Lei n. 7.200/2006, p. 14-15.

venientes do ensino médio público, afrodescendentes e indígenas, segmentos que têm estado historicamente à margem da educação superior pública.

O debate sobre as políticas de ação afirmativa tem sido focado na política de cotas para ingresso dos estudantes nas instituições de ensino superior, contudo algumas universidades públicas têm proposto outras alternativas que contribuem para a inserção dos pobres, negros e índios na educação superior.

Este é o caso, por exemplo, da Universidade de São Paulo (USP), que adota o INCLUSP (Programa de Inclusão Social da USP), tendo como objetivo combinar a inclusão social com o mérito acadêmico. Com essa medida, o aluno que estudou todo o ensino médio na rede pública pode conseguir inscrição gratuita para o vestibular, somar até três bônus na nota, dependendo do desempenho obtido em outras duas avaliações (ENEM[30] e PASUSP[31]), além de contar com bolsas de apoio e incentivo para auxiliar sua permanência durante os estudos (PENIN, 2004).

Seguindo a mesma linha da USP, a Universidade Estadual de Campinas (UNICAMP) adota o Programa de Ação Afirmativa e de Inclusão Social (PAAIS), visando estimular o ingresso de estudantes da rede pública, assim como de negros, pardos e índios na UNICAMP.

Uma importante alternativa para facilitar o acesso de jovens pobres e trabalhadores nas universidades públicas é a criação de mais cursos noturnos, o que vem sendo promovido pela Universidade Federal de Minas Gerais (UFMG). Constatou-se que os estudantes da rede pública optam por cursos noturnos, uma vez que necessitam trabalhar.

---

[30] Exame Nacional de Ensino Médio.
[31] Programa de Avaliação Seriada da Universidade de São Paulo.

O Programa de Apoio a Planos de Reestruturação e Expansão das Universidades Federais (REUNI)

Uma das ações do atual governo na direção da democratização do ensino superior foi a instituição do REUNI, através do Decreto n. 6.096, de 24 de abril de 2007, tendo como objetivo, de acordo com seu artigo 1: "criar condições para a ampliação do acesso e permanência na educação superior, no nível de graduação, pelo melhor aproveitamento da estrutura física e de recursos humanos existentes nas universidades federais".

O REUNI também tem como objetivos a elevação da taxa média de conclusão dos cursos presenciais de graduação para 90% e da relação de alunos de graduação por professor para 18%, num prazo de cinco anos (art. 1, § 1), praticamente dobrando a relação de alunos por professores em cursos presenciais de graduação, podendo levar à precarização das condições de ensino.

O REUNI possui como diretrizes (art. 2) a redução das taxas de evasão, a ocupação de vagas ociosas e o aumento de vagas de ingresso, especialmente no período noturno; a ampliação de políticas de inclusão e assistência estudantil; a articulação da pós-graduação com a graduação e da educação superior com a educação básica.

Como parte do REUNI, tem havido um processo de expansão das universidades federais por todo o Brasil, com a criação de inúmeros *campi* no interior dos Estados onde estão situadas essas universidades, favorecendo um processo de interiorização do ensino superior.

Todavia, o REUNI tem sido alvo de duras críticas no meio acadêmico e estudantil, pois existe a preocupação de que o processo de ampliação de vagas nas universidades públicas se dê com o sacrifício da qualidade, transformando tais instituições em "escolões" de terceiro grau, o que poderia comprometer a excelência da formação universitária, da pesquisa e da extensão.

No Projeto de Lei n. 7.200/2006, há uma preocupação com o fortalecimento do setor público de educação superior e com a regulação do setor privado mercantil, por meio do sistema de avaliação. No caso do setor público, o seu fortalecimento inclui investimentos no parque federal existente, favorecendo a sua reestruturação e expansão, o que tem envolvido a contratação de novos docentes; além disso, têm sido criadas, no governo Lula, mais de uma dezena de universidades federais.[32]

A criação das novas universidades federais e a expansão das universidades federais já existentes podem representar oportunidades importantes de democratização do acesso ao ensino superior pela via pública, que, sem dúvida, é a que oferece melhores condições de ensino, pesquisa e extensão, salvo honrosas exceções, como as confessionais católicas e comunitárias.

Há que se destacar também o incentivo à política de interiorização universitária, o que permitirá o acesso à universidade de pessoas que vivem no interior e que não têm condições de se deslocar para os grandes centros urbanos em busca do ensino superior.

O Programa Universidade para Todos (PROUNI)

O Programa Universidade para Todos (PROUNI) foi lançado em 2004 e institucionalizado pela Lei n. 11.096/2005, com a finalidade de concessão de bolsas de estudos integrais e parciais a estudantes de cursos de graduação e de cursos sequenciais de formação específica, em instituições privadas de educação superior.

---

[32] Entre elas: Universidade Federal do ABC (Santo André-SP), Universidade Federal do Recôncavo da Bahia (Cruz das Almas-BA), Universidade Federal da Grande Dourados (Dourados-MS), Universidade Federal do Triângulo Mineiro (Uberaba-MG), Universidade Federal de Alfenas (Alfenas-MG), Universidade Federal Rural do Semi-Árido (Mossoró-RN), Universidade Federal dos Vales do Jequitinhonha e Mucuri (Diamantina-MG), Universidade Federal do Pampa (Bagé-RS), Universidade Federal do Vale do São Francisco (Petrolina-PE), Universidade Federal do Tocantins (Palmas-TO), Universidade Federal da Integração Latino-Americana (Foz do Iguaçu-PR).

Para ter acesso às bolsas oferecidas pelo PROUNI, o estudante deve participar do Exame Nacional do Ensino Médio (ENEM) e obter a nota mínima nesse exame. Deve ter renda familiar de um (bolsa integral) a três salários mínimos (bolsa parcial) por pessoa e satisfazer a uma das condições abaixo:

– ter cursado o ensino médio completo em escola pública ou em escola privada com bolsa integral da instituição;

– ter cursado o ensino médio parcialmente em escola pública e parcialmente em escola privada com bolsa integral da instituição;

– ser professor da rede pública de ensino básico, em efetivo exercício, integrando o quadro permanente da instituição, e estar concorrendo à vaga em curso de licenciatura, normal superior ou pedagogia. Nesse caso, a renda familiar por pessoa não é considerada.

O PROUNI reserva bolsas às pessoas com deficiência e aos autodeclarados pretos, pardos e índios. O percentual de bolsas destinadas aos cotistas é igual àquele de cidadãos pretos, pardos e índios, por Unidade da Federação, segundo o último censo do Instituto Brasileiro de Geografia e Estatística (IBGE). O candidato cotista também deve se enquadrar nos demais critérios de seleção do programa.

A adesão ao PROUNI isenta as instituições privadas de ensino superior do pagamento de quatro tributos: Imposto de Renda das Pessoas Jurídicas (IRPJ), Contribuição Social sobre o Lucro Líquido (CSLL), Contribuição Social para o Financiamento da Seguridade Social (COFINS) e Contribuição para o Programa de Integração Social (PIS).

Segundo dados do Ministério da Educação (MEC), o PROUNI já ofertou, de 2005 a 2008, 639.802 bolsas de estudos, assim distribuídas por ano: 112.275 em 2005, 138.668 em 2006, 163.854 em 2007 e 225.005 em 2008, sendo a maior parte delas bolsas integrais.[33]

---

[33] Disponível em: http://portal.mec.gov.br/prouni/arquivos/pdf. Acesso em: 01/05/2009.

Nem todos os cursos de instituições privadas de ensino superior com avaliação insatisfatória pelo Sistema Nacional de Avaliação da Educação Superior (SINAES), por dois ou três anos consecutivos, foram descredenciados pelo MEC, continuando a fazer parte do PROUNI, situação que precisa ser revista pelo Ministério. Um dos fatores que perpetuam essa prática está relacionado ao *lobby* realizado pelos representantes das instituições privadas junto ao MEC e ao Conselho Nacional de Educação (CNE).

Recentemente, têm sido apontadas irregularidades, pelo Tribunal de Contas da União, no processo de concessão de bolsas do PROUNI. Foram identificadas falhas na comprovação e na fiscalização da renda dos alunos beneficiados, ou seja, têm sido beneficiados estudantes com renda superior à permitida por lei.

O PROUNI pretende resolver o grave problema do acesso estimulando a renúncia fiscal, renúncia pouco transparente para a sociedade sobre um dinheiro que, investido nas instituições públicas, poderia impulsionar programas de expansão e modernização, aumentando significativamente o número de vagas nas universidades públicas.

Ao invés de promover a democratização do acesso à educação superior para os excluídos do sistema, a privatização realizada pelo PROUNI (MANCEBO, 2004) cristaliza a segmentação e a diferenciação da educação superior, pois destina aos pobres um ensino de menor qualidade nas instituições privadas, que, salvo exceções, visam sobretudo o lucro financeiro, possuindo uma concepção mercantil do ensino superior e ocupando-se mais do treinamento do que da formação, compreendida no seu sentido amplo. Os excluídos da educação superior devem entrar pela "porta da frente", tendo um ensino de qualidade nas universidades públicas. Para tal, as políticas paliativas e eleitoreiras não trarão soluções consistentes, só construídas, de fato, com um investimento maciço por parte do Estado na educação pública fundamental, média e superior (PAULA, 2006).

4.2. As políticas de inclusão na educação superior da Argentina

Com relação às políticas de inclusão dos estudantes na educação superior argentina, podemos destacar, a partir de 1996, o Programa Nacional de Bolsas Universitárias e o Programa de Créditos para a Educação Superior (vigente de 1996 até 2000). A partir de 2000, se incorporam como subprogramas do primeiro linhas especiais de ajuda a indígenas, deficientes, alunos destacados em olimpíadas internacionais e aqueles que optam por carreiras de oferta única (CHIROLEU, 2008, p. 47).

O Programa Nacional de Crédito Educativo, que, na Argentina, a partir de 2000, concentrou as suas atividades no redesenho do sistema de créditos universitários e na recuperação da carteira de devedores, funcionou de forma semelhante ao Programa de Financiamento Estudantil (FIES)[34], ainda ativo no Brasil, direcionado aos estudantes das instituições privadas de ensino superior que não possuem recursos financeiros para pagar as elevadas mensalidades destas instituições.

O Programa Nacional de Bolsas Universitárias, criado pela Resolução Ministerial n. 464/96, surge com a finalidade de promover a igualdade de oportunidades no âmbito da educação superior, por meio da implementação de um sistema de bolsas que facilite o acesso e a permanência dos alunos de escassos recursos econômicos e bom desempenho acadêmico, matriculados em universidades e institutos universitários nacionais nos estudos presenciais de graduação. Alunos que cursam o ensino secundário que pretendem ingresar numa universidade ou instituto universitário no ano imediatamente pos-

---

[34] Criado em 1999 sobre a base do Programa de Crédito Educativo, o FIES tem experimentado um forte crescimento, tanto no número de instituições cadastradas no Programa como no número de estudantes.

terior ao chamado da convocatória também podem ser destinatários da bolsa.[35]

Os requisitos para obtenção da bolsa são: idade (menores de 30 anos), regularidade nos estudos, média (superior a sete) e renda familiar (deve ser menor do que $1.750 pesos). Quanto ao valor da bolsa, a partir de 2002, é de $2500 pesos anuais, pagos em cotas mensais. No que se refere às características socioeconômicas dos bolsistas, em 2005, cerca de 10% pertenciam a famílias indigentes e 36% a famílias pobres. Isso supõe certa primazia do segmento denominado "novos pobres", ou seja, setores médios empobrecidos (CHIROLEU, 2008, p. 47).

É importante ressaltar que há uma enorme defasagem entre a oferta e a demanda no Programa de Bolsas, o que impõe um nível de exigência alto para a obtenção de uma bolsa. De fato, os recursos atendem apenas 0,5% da matrícula total e 22% dos candidatos que concorrem às bolsas (CROVETTO, 1999, p. 216). Essa situação vem se repetindo desde o primeiro ano de estabelecimento do Programa. Por exemplo, em 2006, se apresentaram 29.142 candidatos, dos quais 15.442 reuniam os requisitos solicitados, mas só foram aprovados 6.966 e, finalmente, foram concedidas 6.528 bolsas (CHIROLEU, 2008, p. 47). A defasagem entre a oferta e a demanda permanece, apesar da quantidade crescente do número de bolsas que tem sido ofertado desde que o Programa foi criado, em 1996.[36]

No âmbito da Secretaria de Políticas Universitárias do Ministério da Educação da Argentina, o Programa de Bolsas Bicentenário para Carreiras Científicas e Técnicas beneficiará 30 mil jovens que desejam cursar carreiras prioritárias para o desenvolvimento econômico e

---

[35] Ministerio de Educación de Argentina, Secretaría de Políticas Universitarias, Anuario 2007 de Estadísticas Univeristarias, Programas Especiales (cap. 6), Programa Nacional de Becas Universitarias. Disponível em: http://www.me.gob.ar/spu/. Acesso em: 09/11/2009.

[36] Segundo o *Anuario 2007 de Estadísticas Univeristarias*, de 1996 até 2008, a quantidade de bolsas se multiplicou mais de sete vezes. Em 2008, foram ofertadas 11.352 bolsas. *Ibidem*.

produtivo do país. O programa outorgará bolsas de estudo a alunos de baixos recursos que ingressem no sistema educativo superior, nas áreas das carreiras vinculadas às ciências aplicadas, ciências naturais, ciências exatas e às ciencias básicas (carreiras de graduação, *tecnicaturas* universitárias e não universitárias e formação docente terciária). O Programa de Bolsas Bicentenário para Carreiras Científicas e Técnicas visa incentivar a permanência e a finalização dos estudos em campos--chave para o desenvolvimento do país. Seus objetivos específicos são: melhorar a retenção dos estudantes de baixa renda ao longo do percurso na educação superior; melhorar o rendimento acadêmico dos bolsistas; incrementar progressivamente a taxa de egressos das carreiras prioritárias e tecnicaturas científico-técnicas universitárias e não universitárias.[37]

Dentro dos programas especiais promovidos pela Secretaria de Políticas Universitárias da Argentina, destaca-se o Programa de Qualidade Universitária, que apresenta como objetivos gerais: promover e melhorar a qualidade dos processos de ensino e aprendizagem e seus resultados para a formação de recursos humanos de alta qualidade, tanto profissionais como científicos; promover e melhorar a qualidade dos processos de produção e transferência de conhecimentos, contribuindo para a consolidação de um sistema nacional de inovação; promover e melhorar a qualidade do sistema em seus graus de articulação e integração, com relação às demandas e necessidades da sociedade; promover e melhorar a qualidade institucional, fortalecendo as capacidades e mecanismos de gestão das universidades sobre seus distintos processos.[38]

---

[37] Disponível em: http://www.becasbicentenario.gov.ar/. Acesso em: 09 de novembro de 2009.
[38] Ministerio de Educación de Argentina, Secretaría de Políticas Universitarias, *Anuario 2007 de Estadísticas Universitarias*, Programas Especiales (cap. 6), Programa de Calidad Universitaria. Disponível em: http://www.me.gob.ar/spu/. Acesso em: 09/11/2009.

No marco do Programa de Qualidade Universitária, encontram-se os seguintes projetos: projetos de melhoria das carreiras de interesse público, englobando a melhoria do ensino de engenharia (PROMEI I e II), agronomia (PROMAGRO), veterinária (PROMVET), bioquímica e farmácia (PROMFYB); projetos de apoio, englobando o apoio à formação de técnicos informáticos; intercâmbio entre universidades nacionais (INTER-U); projeto de intercâmbio em engenharia com a França (ARFITEC); projeto de apoio à melhoria do ensino de primeiro ano de carreiras de graduação em ciências exatas e naturais, ciências econômicas e informática, no sentido de uma maior retenção e rendimento acadêmico dos estudantes (PACENI); apoio às carreiras de ciências sociais, incluindo Licenciatura em Sociologia, em Ciência Política, em Comunicação Social e em Trabalho Social (PROSOC).[39]

Ainda no âmbito do Programa de Qualidade Universitária encontra-se o Programa Nacional de Bolsas TIC's. Tal programa prevê um investimento da ordem de 52 milhões de pesos no quinquênio 2009-2013, outorgando 6.700 módulos anuais de bolsas a 1.750 alunos, com quantias que oscilam de 5 mil pesos anuais no primeiro ano de bolsa até 12 mil pesos por ano no quinto ano. O objetivo do programa é formar recursos humanos em carreiras de graduação da área das Tecnologias da Informação e das Comunicações (TIC's), com a finalidade de assegurar a consolidação do sistema científico e tecnológico, a partir da incorporação, no sistema universitário, de uma porcentagem dos graduados como futuros docentes-investigadores. Nesse sentido, estas bolsas têm como objetivo facilitar o acesso e a permanência de estudantes de escassos recursos e bom desempenho acadêmico nos cursos de graduação destas áreas. As carreiras incorporadas a este programa são: Licenciatura em Informática, Licenciatura em Sistemas, Licenciatura em Ciências

---

[39] *Ibidem.*

da Computação, Engenharia Informática, Engenharia em Sistemas, Engenharia em Computação, Engenharia Eletrônica e Engenharia em Telecomunicações.[40]

O Programa de Qualidade Universitária tem realizado ações no sentido da contratação de professores em algumas universidades, como Universidad Nacional de Cuyo, Universidad Nacional del Sur e Universidad Nacional de la Patagonia Austral. Em outras, como Universidad Nacional de Córdoba, Universidad Nacional de la Plata e Universidad Nacional del Nordeste, tem sido ampliado o percentual de professores com dedicação exclusiva, nos últimos anos.[41]

O Programa de Qualidade Universitária, com seus respectivos projetos e ações, é de iniciativa recente e ainda não há dados nem estudos consolidados sobre o seu impacto no processo de inclusão e democratização da educação superior argentina.

5. Considerações finais

Comparando o caso brasileiro com o argentino, percebemos que há diferenças e semelhanças importantes entre eles, no que diz respeito ao acesso e à permanência na educação superior.

O sistema de educação superior argentino é mais igualitário que o brasileiro, apresentando maior cobertura, sobretudo no setor universitário público, de maior qualidade, enquanto que no caso brasileiro as matrículas se concentram na rede privada, de menor qualidade. Este elevado índice de privatização e elitização do sistema de ensino superior brasileiro deixa de fora das universidades um grande contingente de pessoas das classes sociais menos favorecidas, excluindo também os afrodescendentes e indígenas. Assim, a cor dos *campi* univeristários

---

[40] *Ibidem.*
[41] *Ibidem.*

é diferente da cor da sociedade, havendo uma super-representação de brancos no sistema de educação superior brasileiro.

Apesar das diferenças, em ambos os sistemas a educação superior reproduz as desigualdades sociais, já que os estudantes das classes dominantes têm mais chances de se graduarem, em especial nos cursos de maior prestígio social, que oferecem melhores oportunidades no âmbito do mercado de trabalho. Ao passo que os estudantes provenientes das classes desfavorecidas social e economicamente têm mais dificuldades de romper as barreiras da formação universitária.

No caso brasileiro, a seleção é maior para a entrada no sistema de educação superior do que no seu interior, pois existe o funil do vestibular, ainda que haja uma alta taxa de evasão em determinados cursos e/ou instituições. Na Argentina, por outro lado, a seleção é maior no interior do sistema, pois o acesso, em geral, é irrestrito ou aberto, não havendo exames rigorosos para o ingresso dos estudantes nas instituições de ensino superior. Nesse sentido, a maior exclusão se dá ao longo do percurso na universidade, com um elevado índice de abandono, sobretudo nos cursos e faculdades com maior número de estudantes.

Como políticas públicas para a democratização do acesso ao ensino superior, no Brasil, predominam, no âmbito das universidades públicas, as políticas de ação afirmativa (entre elas a reserva de vagas para negros, pardos, índios e deficientes – política de cotas) e a proposta de expansão e reestruturação das universidade federais (REUNI), com ampliação do número de vagas nestas instituições; no âmbito das instituições privadas, há uma política de oferta de bolsas de estudos para os alunos, com destaque para o Programa Universidade para Todos (PROUNI), que tem oferecido, desde que foi criado, uma quantidade significativa de bolsas para estudantes de baixa renda.

No caso argentino, embora haja diversos programas e projetos com objetivo de facilitar o acesso e a permanência dos estudantes de baixa renda e que demonstrem bom desempenho acadêmico na educação superior, muitos deles de iniciativa recente, a modalidade que tem prevalecido é a bolsa, outorgada a estudantes de instituições públicas, ainda que estas sejam gratuitas, no sentido de cobrir os gastos dos alunos ao longo do desenvolvimento dos estudos. Os beneficiários são estudantes cujo perfil socioeconômico se insere nos setores de pobres e "novos pobres", ou seja, setores médios empobrecidos. Nesse caso, as próprias características do Programa Nacional de Bolsas Universitárias são contrárias à incorporação de alunos em situação de pobreza estrutural. Além disso, a cobertura é muito baixa, havendo uma grande defasagem entre a demanda e a oferta de bolsas (CHIROLEU, 2008, p. 49-50).

No caso brasileiro, embora o PROUNI tenha outorgado um número significativo de bolsas, havendo maior cobertura, a proposta pode representar um aprofundamento da privatização do sistema de ensino superior, uma vez que funciona como mecanismo de recuperação financeira das instituições privadas, que deixam de pagar elevadas quantias ao Estado (renúncia fiscal) em troca de vagas ociosas destinadas aos alunos carentes. Para tais instituições, a medida pode significar uma ajuda financeira considerável, tendo em vista o alto índice de inadimplência e evasão dos alunos. Para os estudantes, por outro lado, o PROUNI pode significar um arremedo de formação, pois serão encaminhados para faculdades que, em sua maioria, não realizam pesquisa e oferecem um ensino de qualidade questionável. É fundamental não se confundir democratização do acesso e inclusão social com estatísticas e números esvaziados de sentido formativo, com intuito político eleitoreiro, sem priorizar a qualidade da formação oferecida.

Em ambos os casos, no Brasil e na Argentina, ainda que tais políticas públicas apresentem avanços no sentido do ingresso de um maior número de estudantes no ensino superior, elas possuem limitações que precisam ser superadas. Uma delas, e talvez a mais importante, é que o acesso não garante a permanência dos estudantes no sistema. Isso requer investimento significativo em assistência estudantil, incluindo aumento considerável do número de bolsas para atender a demanda por ensino superior, auxílio transporte, alimentação, moradia, entre outros; reestruturação curricular dos cursos e disciplinas; acompanhamento didático adequado dos alunos; melhor formação pedagógica dos docentes, entre outras medidas a serem implementadas nas instituições de educação superior.

É importante ressaltar que o incremento de matrículas na educação superior não significa necessariamente a inclusão social das camadas marginalizadas. Para isso, as políticas de ação afirmativa, expansão e interiorização com qualidade da rede pública devem ser intensificadas, para incluir os setores excluídos socialmente nas universidades, em especial as públicas.

Ao lado disso, a reforma da educação superior deve ser articulada com a reestruturação da educação pública fundamental e média, no sentido do alcance da qualidade, e com reformas sociais profundas que conduzam a uma melhor distribuição de renda, para que os filhos das classes trabalhadoras possam chegar à universidade em condições de permanecerem. Só buscando maior equidade em termos de resultados, poderemos falar efetivamente em políticas de democratização da educação superior, do contrário o que teremos é um arremedo de democracia que amplia o acesso, mas não garante a permanência e a inclusão social das camadas marginalizadas.

Referências bibliográficas

ALTBACH, P. G. (s/d). *La supervivencia del más apto:* el modelo de la Universidad de Buenos Aires para el futuro de la educación superior. Texto mimeografado.

BRASIL, Congresso Nacional (2006). *Projeto de Lei n. 7.200/2006. Reforma da Educação Superior.* Estabelece normas gerais da educação superior, regula a educação superior no sistema federal de ensino, altera as Leis n. 9.394/96, 8.958/94, 9.504/97, 9.532/97, 9.870/99 e dá outras providências.

BRASIL, Diário Oficial da União, Atos do Poder Executivo (2007). *Decreto n. 6.096,* de 24 de abril de 2007. Institui o Programa de Apoio a Planos de Reestruturação e Expansão das Universidades Federais (REUNI).

BRASIL, Presidência da República, Casa Civil, Subchefia para Assuntos Jurídicos (2005). *Lei n. 11.096, de 13/01/2005.* Institui o Programa Universidade para Todos (PROUNI), que regula a atuação de entidades beneficentes de assistência social no ensino superior, altera a Lei n. 10.891, de 9 de julho de 2004 e dá outras providências.

BOURDIEU, P. & PASSERON, J. C. (1970). *La reproduction: éléments pour une théorie du système d' enseignement.* Paris: Les Èditions de Minuit.

CHIROLEU, A. (2008). La inclusión en la educación superior como política pública. Sus alcances en Argentina y Brasil. *Alternativas* – Serie: Espacio Pedagógico, San Luis, Argentina, 13(52): 39-52.

CROVETTO. N. (1999). *Becas y créditos estudiantiles como instrumentos para fortalecer la equidad.* In: E. SÁNCHEZ MARTÍNEZ (ed.). La educación superior en la Argentina. Transformaciones, debates, desafíos. Buenos Aires: Ministerio de Cultura y Educación, Secretaría de Políticas Universitarias.

CUNHA, L. A. (1986). *A universidade temporã; da colônia à era de Vargas* (2. ed). Rio de Janeiro: Livraria Francisco Alves Editora S.A..

DIAS SOBRINHO, J.; BRITO, M. R. F. (2008). La educación superior en Brasil: principales tendencias y desafíos. *Avaliação, Revista da Avaliação da Educação Superior,* Campinas; Sorocaba, 13 (2), p. 487-507.

DELFINO, J. A. (2002). *Educación superior gratuita y equidad.* Buenos Aires: Universidad de Belgrano, Documento de trabajo n. 98, área de Estudios de la Educación Superior.

FERNÁNDEZ LAMARRA, N. (2003). *La educación superior argentina em debate. Situación, problemas y perspectivas.* Buenos Aires: Eudeba, IESALC.

FERNÁNDEZ LAMARRA, N. (2005). *La evaluación y la acreditación universitaria en Argentina*. In: N. FERNÁNDEZ LAMARRA y J. G. MORA (coords.). Educación superior – Convergencia entre América Latina e Europa; procesos de evaluación y acreditación de la calidad (117-134). Buenos Aires: EDUNTREF.

_____. (2007). *Educación superior y calidad en América Latina y Argentina*; los procesos de evaluación y acreditación. Buenos Aires: EDUNTREF.

LÓPEZ SEGRERA, F. (2008). Tendencias de la educación superior en el mundo y en América Latina y el Caribe. *Avaliação, Revista da Avaliação da Educação Superior,* Campinas; Sorocaba, 13 (2), 267-291.

MANCEBO, D. (2004). "Universidade para Todos": a privatização em questão. *Pro-Posições,* Campinas, 15(3), p. 75-90.

MOLLIS, M. (2008). Las reformas de la educación superior en Argentina para el nuevo milenio. *Avaliação, Revista da Avaliação da Educação Superior,* Campinas; Sorocaba, 13(2), p. 509-532.

PAULA, M. F. C. (2002). *A modernização da universidade e a transformação da* intelligentzia *universitária*. Florianópolis: Insular.

_____. (2003). A perda da identidade e da autonomia da universidade brasileira no contexto do neoliberalismo. *Avaliação, Revista da Rede de Avaliação Institucional da Educação Superior,* Campinas, 8(4), p. 53- 67.

_____. (2006). As propostas de democratização do acesso ao ensino superior do governo Lula: reflexões para o debate. *Avaliação, Revista da Rede de Avaliação Institucional da Educação Superior,* Campinas, 11(1), p. 133-147.

PENIN, S. T. S. (2004). "A USP e a ampliação do acesso à universidade pública." In: M. C. L. PEIXOTO. (org.) *Universidade e Democracia: experiências e alternativas para a ampliação do acesso à universidade pública brasileira* (115-138). Belo Horizonte: Editora UFMG.

PETRUCELLI, J. L. (2004). *Mapa da cor no ensino superior brasileiro.* Rio de Janeiro: Programa Políticas da Cor na Educação Brasileira – LPP, UERJ, SEPPIR, Série Ensaios & Pesquisas, n. 1.

RAMA, C. (2006). *La tercera reforma de la educación superior en América Latina.* Buenos Aires: Fondo de Cultura Económica.

RASETTI, C. P. (2009). *La expansión de la educación superior.* Seminario Internacional "Expansión de la Educación Superior", Ministerio de Educación da Argentina: Secretaría de Políticas Universitarias, Buenos Aires, 19 de junho.

SIGAL, V. (1995). *El acesso a la educación superior.* Buenos Aires: SPU – Ministerio de Cultura y Educación.

SVERDLICK, I., FERRARI, P., JAIMOVICH, A. (2005). *Desigualdade e inclusão no ensino superior;* um estudo comparado em cinco países da América Latina. Rio de Janeiro; Buenos Aires: Laboratório de Políticas Públicas: OLPEd, PPCor, Série Ensaios e Pesquisas, n. 10.

Fontes eletrônicas

APONTE-HERNÁNDEZ, Eduardo *et. al.* (2008). *Desiguald, inclusión y equidad en la educación superior en América Latina y el Caribe: tendencias y escenario alternativo en el horizonte 2021.* In: Tendencias de la educación superior en América Latina. Consultado em setembro de 2008, http://www.iesalc.unesco.org.ve.

ARGENTINA, Ministerio de Educación, Secretaría de Políticas Universitarias (2009). *Ley de Educación Superior n. 24.521 de 1995.* Consultado em setembro e outubro de 2009, http://www.me.gob.ar/spu/legislacion.

ARGENTINA, Ministerio de Educación, Secretaría de Políticas Universitarias (2009). Consultado em 26/10/2009, http://www.me.gob.ar/spu/.

ARGENTINA, Ministerio de Educación, Secretaría de Políticas

Universitarias (2009). *Anuario 2007 de Estadísticas Universitarias*. Consultado em 09/11/2009, http://www.me.gob.ar/spu/.

BRASIL, MEC (2004). *Projeto de Lei n.3627/2004*. Institui o Sistema Especial de Reserva de Vagas para estudantes egressos de escolas públicas, em especial negros e indígenas, nas instituições públicas federais de educação superior e dá outras providências. Consultado em 26 de maio de 2004, http:// www.mec.gov.br.

BRASIL, MEC/INEP (2009). *Resumo técnico. Censo da educação superior 2007*. Brasília: DF. Consultado em 25 de outubro de 2009, http://www.inep.gov.br.

GAZZOLA, A. L. (2008). *Panorama de la educación superior en América Latina y el Caribe*. Cartagena de Indias: UNESCO / IESALC. Consultado em setembro de 2008, http://www.iesalc.unesco.org.ve.

2. Masificación y enseñanza superior: una inclusión excluyente. Algunas hipótesis y conceptos clave

Ana María Ezcurra[1]

1. La masificación: una tendencia decisiva

En los últimos cuarenta años tuvo lugar una masificación intensa, continua y sin precedentes de la Educación Superior en el mundo. Una tendencia estructural, nuclear y global.

En efecto, la ampliación de la matrícula a escala planetaria resultó notable. Así, se pasó de 28.6 millones de estudiantes en 1970 a 100.8 millones en 2000, y a 152.5 millones en 2007 (UNESCO, 2009a).[2] Ello también se refleja en la Tasa Bruta de Matrícula,[3] que se elevó del 9% en 1970 al 19% en 2000, y al 26% en 2007.

---

[1] Universidad Nacional de General Sarmiento, Buenos Aires, Argentina. anaezcurra@ciudad.com.ar.
[2] Los datos cuantitativos incluidos en el presente apartado corresponden al documento citado de la UNESCO (2009a), salvo aclaración.
[3] La UNESCO define a la Tasa Bruta de Matrícula *(Gross Enrolment Ratio, GER)* como el número de alumnos matriculados de un determinado nivel educativo, independientemente de la edad, expresado como porcentaje de la población del grupo de edad teórica correspondiente a ese tramo de enseñanza. Para la Educación Superior, la población incluye al grupo de cinco años que sigue a la edad teórica de salida del ciclo secundario.

Sin embargo, y en materia de distribución de inscripciones a nivel mundial, entre países, se observa que la mejora se dio, sobre todo, en los de ingresos medios, mientras que sólo fue marginal en los de ingresos bajos – como en el África Sub-Sahara.[4] Entonces, una desigualdad internacional considerable.

Por su lado, América Latina exhibió una suba muy importante. En efecto, la Tasa Bruta de Matrícula escaló del 6% en 1970 al 23% en 2000 (+17%), y al 34% en 2007 (+11%).[5] No obstante, el *stock* de egresados,[6] así como los flujos de graduación,[7] son bajos[8] – al igual que países como Sudáfrica, Filipinas, Croacia y Arabia Saudita, entre otros.[9] Por ende, inscripciones en alza, pero egreso escaso. Entonces, la masificación en la región se asocia con un problema relevante de abandono – un tema que se retoma más adelante.

Por otra parte, y como es sabido, Estados Unidos fue el primer país que alcanzó una Educación Superior masiva. Así, ya en 1969 alrededor del 40% del grupo de edad se registraba en el tramo. Enseguida siguió Canadá y luego, en los años 1980, fue el turno de Europa Occidental. Por eso, dada esa alta matriculación, más tasas de nacimientos declinantes, en dicha región: América del Norte y Europa Occidental, la suba resultó menor en términos comparados – con países de ingresos

---

[4] Así, en los países de ingresos "medios altos", y entre 2000 y 2007, la Tasa Bruta de Matrícula subió aproximadamente del 29% al 44% (+15%), y en los de ingresos "medios bajos" del 12% al 20% (+8%). En cambio, en los de ingresos bajos solamente creció del 5% al 7% (+2%). En África Sub-Sahara las cifras son aún menores: del 4% al 5.6% (+1.6%).

[5] Argentina, del 53% al 67%; Brasil, del 16% al 30%; Colombia, del 23% al 32%; Chile, del 37% al 52%; El Salvador, del 17% al 22%; México, del 20% al 27%; Uruguay, del 34% al 64%.

[6] El porcentaje de población (25 años y más) que culminó alguna educación terciaria.

[7] Número de personas que se graduaron en 2007 por 100.000 habitantes.

[8] El *stock* de egresados en Argentina, 11.1%; Brasil, 8.1%; Colombia, 9.7%; Costa Rica, 15%; El Salvador, 10.6%; México, 14.9%; Uruguay, 9.6%.

[9] En el mundo, hay países con *stock* bajo pero que a la vez poseen flujos altos, como Italia, Rumania, Malasia, República Checa, Hungría y Portugal, entre otros.

medios. En efecto, ascendió del 64% en 2000 al 71% en 2007 (+7%) – en Estados Unidos del 77% al 84% (+7%). Una cobertura sumamente elevada. Por su lado, Europa Central y Oriental pasó del 41% en 2000 al 62% en 2007 (+21%). Por ello, por su fuerte matriculación, ambas regiones son consideradas líderes globales en el rubro, a pesar del progreso mayor, y más rápido, que se dio en otras zonas a nivel mundial (Altbach *et al*, 2009).

A la vez, la masificación no sólo fue aguda, sino que además continuará. Así lo sostiene la Organización para la Cooperación y el Desarrollo Económico (OCDE), que identificó hasta el año 2030 algunas tendencias demográficas propias del ciclo, detectadas en los países miembros pero que prevalecen a escala planetaria. Entre ellas, precisamente, un incremento persistente de la matrícula, y también de los sistemas educativos (Altbach *et al*, 2009). Martin Trow (2005) coincide, y argumenta que la mayoría de los países se encamina hacia una participación de masas o universal.[10]

En suma, una tendencia *estructural, intensa, vertebral* y *global,* que *perdurará*. Además, la masificación es la "realidad central", la "fuerza principal" que moldeó los cambios radicales que transformaron la Educación Superior en el último medio siglo, una "revolución académica" (Altbach *et al*, 2009:5,165). Entonces, la masificación como *causa nodal,* nuclear, que explica buena parte de esos cambios sustanciales del tramo.

---

[10] Como es sabido, Martin Trow es el autor que distinguió tres etapas básicas respecto de la participación estudiantil en Educación Superior: de elite, de masas y universal.

2. Otra tendencia estructural: deserción universitaria y desigualdad social

Una primera hipótesis, crucial, es que ese ciclo extraordinario de masificación, que abrió el ingreso a grupos de población antes excluidos, entraña otra tendencia estructural, medular: *altas tasas de deserción*. Un fenómeno macrosocial, de gran alcance. Al respecto, otra hipótesis primordial, organizadora del esquema conceptual aquí propuesto, es que la deserción universitaria, en ese contexto de masificación, supone una *desigualdad social aguda* y *creciente*.

Así, en el caso de Estados Unidos, y como se anotó en trabajos previos, en los últimos 20 años continuó el alza en el ingreso (Ezcurra, 2009a, 2007). Un proceso que benefició, en especial, a estudiantes de bajos recursos y, en general, de un *status* socioeconómico desfavorecido (Engstrom y Tinto, 2007, Choy, 2002). Sin embargo, Vincent Tinto, de la Universidad de Siracusa, un teórico muy influyente en el mundo en materia de deserción universitaria, subraya que tal logro es sólo aparente, ya que el abandono en esos segmentos sociales es mucho mayor, y podría haber crecido en la última década (Tinto, 2004). Por eso, recalca que la presunta puerta abierta a la Educación Superior para aquellos estratos no es tal, sino que se trata de una puerta giratoria. Otras investigaciones revelan resultados similares (Astin y Oseguera, 2005, Choy, 2002). Por ejemplo, un estudio longitudinal de orden nacional con una cohorte que egresó de la escuela media en 1982, mostró que en 1992 sólo concluyó el 13.0% de los alumnos de esas franjas, en contraste con el 57.0% de los de mayor *status* (Cabrera *et al*, 2001).

Por su lado, y desde fines de los años 1980, América Latina mostró un alza sustancial de la matrícula, un proceso que recrudeció a mediados de la década de 1990 (Rama, 2006). Así, el Instituto Internacional para la Educación Superior en América Latina y el Caribe (IESALC), de la UNESCO, apunta que entre 1994 y 2006 esa matrícula tuvo una tasa de crecimiento notable, del 125.6% - de aproximadamente 7.544.000 alumnos a alrededor de 17.017.000 (Gazzola, 2008). Una expansión que según la Comisión Económica para América Latina y el Caribe favoreció a sectores sociales en desventaja – de ingresos más bajos (CEPAL, 2007). No obstante, y al igual que en Estados Unidos, la CEPAL también observa una deserción mucho mayor en esos segmentos, y así señala que los avances en la graduación involucraron a una parte exigua de los estudiantes de menores recursos, mientras que beneficiaron casi exclusivamente a los de estratos medios y altos. En especial, la CEPAL subraya el caso de los alumnos de primera generación en Educación Superior – o sea, que ninguno de los padres tuvo experiencia en el nivel. Es que el porcentaje que consigue graduarse es mínimo: sólo el 3.1% de los estudiantes cuyos padres poseen hasta primaria incompleta, el 5.9% cuando los padres alcanzan hasta media incompleta y el 5.4% si finalizan el ciclo secundario, un porcentaje que sube al 71.6% en el caso de padres con estudios superiores completos (CEPAL, 2007).

En suma, la masificación de la Educación Superior en América Latina, al igual que en Estados Unidos, supone brechas agudas en las tasas de graduación según *status* socioeconómico. Entonces, y más en general, a escala global, la hipótesis es que aquel ciclo notable de masificación entraña una *inclusión excluyente,* según clases y sectores sociales. Es decir, *socialmente condicionada.*

Una tendencia estructural central, pues, pero que no ha sido suficientemente resaltada. Más aún, resulta omitida e incluso encubierta por discursos y políticas, actualmente muy difundidos, que interpretan a la Educación Superior como bien privado, negociable y global – asunto que se retoma más adelante.

En ese marco, no obstante, la problemática va despuntando. Por ejemplo, uno de los documentos preparatorios de la última Conferencia Mundial de Educación Superior (París, julio de 2009), anota el tema (Altbach *et al,* 2009). En efecto, argumenta que el acceso es más que el ingreso, y que el verdadero progreso depende de altos niveles de finalización del tramo en todos los grupos de población. Por eso, señala que en contraste con el último reporte sobre Educación Superior de la UNESCO, de 1998, ahora se admite que el acceso no sólo implica (a) y se mide con la matrícula, sino que también refiere a la graduación.[11] En esa línea, indica que no habrá éxito en lograr una Educación Superior más inclusiva si porcentajes considerables de esos nuevos estudiantes fracasan. Entonces, recorta y jerarquiza la cuestión del abandono, que además interpreta como corolario de la desigualdad social – también en países con matriculación elevada. Así, puntualiza que la investigación muestra repetidamente que las franjas en desventaja, una vez inscriptas, tienen posibilidades considerablemente menores de continuar hasta la graduación. Una *inclusión excluyente,* una *selectividad social.*

3. Dificultades académicas y desigualdad cultural: un componente primario de abandono

3.1. La preparación académica: un factor causal crítico

¿Por qué esa exclusión? Es decir ¿cuáles son sus factores causales?

Al respecto, una hipótesis clave es que en América Latina y en Estados Unidos irrumpen *dificultades académicas* serias, en expansión, y que afectan sobre todo a esos segmentos sociales – un *status* desfavorecido. Por otra parte, una hipótesis asociada, también nodal, mantiene que esas dificultades son un *factor dominante,* pero no exclusivo, de deserción en dichas franjas. Por ende, se afirma el carácter por lo regular *educativo* del abandono en Educación Superior, si bien en marcos de *sobredeterminación* – varios factores condicionantes convergentes.

---

[11] Sin embargo, cabe anotar que el Comunicado Final de esa Conferencia 2009 mantiene una visión estrecha del acceso, que es equiparado al ingreso, aunque también consigna el tema de la graduación como objetivo (UNESCO 2009b, ítem 9).

¿Por qué tales dificultades académicas? Ellas se ligan, por un lado, con aquellos cambios en el perfil del alumnado, propios de la masificación. En particular, el ingreso de estratos antes excluidos.

En ese marco, otra hipótesis es que se propaga una *preparación académica insuficiente* en contingentes de población estudiantil amplios y crecientes – en especial, en esas franjas. Por lo tanto, la preparación para los estudios superiores se enlaza firmemente con el *status* socioeconómico y, por consiguiente, conlleva una *desigualdad intensa,* con disparidades de preparación sustantivas entre segmentos sociales.

En Estados Unidos, ello fue corroborado por diversos estudios. Por ejemplo, Patrick Terenzini, Alberto Cabrera y Elena Bernal (2001) afirman que la relación es directa y lineal: a menor *status,* menor preparación. Otro ejemplo es una investigación de Alberto Cabrera, Steven La Nasa y Kurt Burkum (2001), que hizo el seguimiento de una cohorte de estudiantes que terminó la escuela media en 1982, y también revela que los recursos académicos[12] exhiben una distribución muy disímil según condición social. En efecto, sólo el 23.0% de los alumnos de *status* más bajo tiene recursos altos, un porcentaje que se eleva al 66.0% en los estratos superiores.

Además, aquella limitación acarrea impactos, severos. Así, un *corpus* de investigación sólido funda la hipótesis de que la preparación académica en el punto de partida es un *factor decisivo* en la permanencia y la deserción. Más todavía, y según ese *corpus,* se trata del condicionante *prevalente,* el más eficaz en la terminación del grado – siempre en la esfera del perfil del alumnado (Kuh *et al,* 2006, Adelman, 2006, 1999, Gladieux y Swail, 1998).

---

[12] El concepto es usado por los autores según la construcción de Clifford Adelman (2006, 1999). Se trata de una medida agregada, un índice construido por el autor, que incluye al currículo de la escuela media como variable crítica. A ello se agregan otras dos, de menor peso: ciertas habilidades cognitivas y las notas logradas en el ciclo secundario (promedio y ranking).

Por otra parte, la preparación académica es factor causal, sí, pero también constituye un resultado – de condiciones sociales de producción. En esa línea, dicho *corpus* plantea que tal preparación es fruto, sobre todo, de la escuela secundaria, de su intensidad y calidad, que a su turno se liga férreamente con el *status* social (Kuh *et al*, 2006, Adelman, 2006, 1999, Astin y Oseguera, 2005, Choy, 2002, Cabrera *et al*, 2001).

3.2. Ciclo medio y capital cultural

Por un lado, cabe apuntar que aquella masificación deviene, en buena medida, de avances en el tramo medio. En primer lugar, progresos en la matrícula. En efecto, y según el *Global Education Digest 2009,* de la UNESCO, la Tasa Bruta de Matrícula en la secundaria superior, a escala global, pasó del 45.5% en 1999 al 54.3% en 2007 – una mejora de casi 9% en pocos años. Incluso, el alza fue aún más vigorosa en ciertas regiones. Es el caso de América Latina y el Caribe, que subió del 61.6% al 73.5% (+11.9%), y del Este de Asia y el Pacífico, que creció del 46.3% al 62.9% (+16.6%). Entonces, ambas regiones, así como Asia Central (89.2% en 2007) y Europa Central y Oriental (85.4% en 2007), se van aproximando a América del Norte y Europa Occidental, que evidencian una inscripción altísima (97.7% en 2007).

A la vez, y de cara a la demanda potencial de Educación Superior, la UNESCO evalúa que las tasas de graduación[13] en el ciclo medio dan mejor información que la matrícula. No obstante, el dato no se recolecta globalmente, aunque sí en algunos países. En ese marco, América del Norte y Europa Occidental consiguen tasas elevadas, que exceden el

---

[13] La Tasa Bruta de Graduación es calculada por la UNESCO como el número de egresados de un determinado nivel educativo, independientemente de su edad, expresado como porcentaje de la población en edad teórica de graduación en ese nivel.

70% en casi todos los países incluidos – y en nueve de ellos superan el 90%. También son altas en Europa Central y Oriental – alrededor de la mitad de los diecisiete países considerados sobrepasan el 80%.

En cambio, un "patrón muy diferente" se da en América Latina y el Caribe, donde la mitad de los países cae por debajo del 50% (UNESCO, 2009a:20). Por lo tanto, nuestra región aún padece un abandono escolar serio. A pesar de ello, hubo avances. Así, y por un lado, la CEPAL (2007) constata que entre 1990 y 2005 tuvo lugar un alza fuerte en el ingreso: del 53.3% en el primer ciclo (o "baja secundaria"), y del 74.5% en el segundo (o "alta secundaria"). Además, registra una suba aún más firme en el egreso: del 83.0%, con la consiguiente caída en la deserción. Un progreso que favoreció, en especial, a franjas sociales en desventaja. En efecto, en ese período el aumento en la graduación que se dio en el estrato más bajo de recursos monetarios, el Quintil 1,[14] fue sustancial: del 159.4%, mucho mayor que el promedio (83.0%).

Por consiguiente, una mayor inclusión escolar. A la vez, sin embargo, una tesis clave es que en los años 1990 se afianzó la *segmentación de la oferta educativa* y, en particular, del tramo medio. En otros términos, se robusteció la división en *circuitos de calidad muy dispar,* según *condición social* (CEPAL, 2002). Entonces, clases y sectores en desventaja ingresan (al) y terminan el ciclo en trayectos también en desventaja, de menor y baja calidad.

Según la CEPAL, una segregación escolar (CEPAL, 2007). El Banco Mundial ahora coincide. En efecto, desde los años 2000 el Banco Mundial jerarquiza con fuerza al nivel secundario, ahora catalogado como piedra angular de los sistemas educativos en el siglo XXI (Ezcurra, 2009b). Un acento que comporta un viraje radical. Así, el propio Banco admite que en las últimas dos décadas el tramo medio fue el eslabón más débil en su estrategia, que en cambio se concentraba en la educación primaria y terciaria. Por eso, recién en 2005 publicó un In-

---

[14] Corresponde al 20.0% de los hogares con menor ingreso per cápita, los más pobres.

forme *ad hoc,* el primero del Banco sobre el ciclo: *Ampliar oportunidades y construir competencias entre los jóvenes. Una agenda para la educación secundaria* (Banco Mundial, 2007). ¿Por qué el giro? Sobre todo, debido al peso que el nivel adquiere en la estrategia distributiva nuclear del Banco, con eje en la educación, tildada como máxima prioridad y pieza principal para la reducción de la desigualdad y la pobreza. Así, ahora juzga que en una economía de tipo global se precisa un mínimo de educación secundaria para competir por arriba de salarios de subsistencia (Perry *et al,* 2006). Por ende, y en el ámbito de los ingresos, el ciclo medio escaló a la categoría de piso. A la vez, un piso difícil de obtener. Es que el nivel también es calificado como cuello de botella, como escollo clave que coarta la distribución de oportunidades. Por lo tanto, la escuela secundaria como mínimo y, a la vez, como obstáculo preponderante. ¿Por qué? Por la desigualdad del tramo, ahora reconocida y apreciada como severa. Al respecto, el Banco precisamente remarca la irrupción de aquellas brechas de calidad, que en su óptica no sólo originan un déficit de conocimientos y habilidades, sino que además vulneran la graduación, ya que promueven abandono – ocasionan fracaso escolar, suscitan desinterés en permanecer (di Gropello, 2006).

Entonces, se difunde la visión de que en el ciclo medio se refuerza la escisión en circuitos educativos dispares, según condición social. Por eso, y de cara al nivel superior, la hipótesis es que se expande una preparación académica y, más en general, un *capital cultural insuficiente en el punto de partida* – una traba esencial para la permanencia y la graduación (Berger, 2000). Por ende, una *desigualdad cultural socialmente condicionada*.

Así pues, aquí se recalca la noción de capital cultural, propuesta por el sociólogo francés Pierre Bourdieu.[15] A la vez, un concepto

---

[15] Capital cultural que es jerarquizado, fuertemente, como un eje cimero, organizador de las sociedades. En particular, es sopesado como un principio de diferenciación potente, casi tanto como el capital económico, y por lo tanto como constituyente primario de clases sociales.

en construcción, que además y como afirma Erin Horvart (2003), adquiere sentido en campos específicos – en este caso, la Educación Superior.

Entonces, y según P. Bourdieu, qué abarca el capital cultural en un campo dado exige investigación (Bourdieu y Wacquant, 2005). También en el ciclo superior. Al respecto, y a partir de un cuerpo de indagación inicial, hemos comenzado a deslindar algunos conceptos – de modo muy preliminar, y que aquí sólo mencionaremos. Así, en el ciclo terciario, y en los alumnos, la noción de capital cultural refiere en especial, aunque no sólo, a ciertas *habilidades cognitivas y hábitos académicos críticos,* como saber estudiar y saber aprender (Cols, 2008, Ezcurra, 2005). Un saber que sólo algunos poseen, un "privilegio cultural" de "clases cultivadas" (Bourdieu, 2005, Bourdieu y Passeron, 2003). Por otro lado, el capital cultural también engloba la *imagen sobre el capital cultural del que se dispone* (Perrenoud, 1995). En particular, y siempre en los estudiantes, abarca las expectativas sobre el propio desempeño, que son socialmente condicionadas. En efecto, los alumnos de primera generación, de *status* desfavorecido, con frecuencia tienen poca confianza en sí mismos, poseen una imagen negativa y expectativas bajas, domina el temor al fracaso (Terenzini *et al,* 1994). Adicionalmente, y por último, el capital cultural puede ser asociado con el concepto de *compromiso* o *implicación* estudiantil *(engagement),* que según un *corpus* de investigación sólido es uno de los factores más decisivos para el aprendizaje y la permanencia (Astin y Oseguera, 2005, Pascarella y Terenzini, 2005). La noción alude, centralmente, al tiempo que los alumnos dedican al estudio y a otras actividades académicas, su cantidad y calidad (Kuh *et al,* 2005). Y ello involucra hábitos críticos, propios del saber estudiar, débiles o ausentes en estudiantes de *status* en desventaja – un déficit de capital cultural.

4. La enseñanza: exclusión educativa y reproducción de la desigualdad

Entonces, aquellas dificultades académicas derivan, por un lado, del perfil del alumnado, de trabas en el capital cultural al ingreso. Un factor condicionante, sí, aunque no único. Sin embargo, la visión causal prevalente, en particular entre los docentes, recae en los estudiantes: en esa perspectiva, fallan los alumnos, no las instituciones (Tinto, 2005). Es la llamada *aproximación "hundirse o nadar"*, que adjudica a los estudiantes la responsabilidad primaria, si no exclusiva, de su desempeño. Nadan o se hunden. Por ende, los establecimientos son descartados de hecho como condicionantes de peso (Barefoot *et al,* 2005). Una óptica, pues, que mira a los alumnos y sienta queja. En esa línea, y respecto del punto de partida, Bette LaSere y Diane Strommer (2005) advierten que si se pregunta a profesores veteranos cuáles son los desafíos de enseñar en los cursos de primer año, lo más probable es que señalen a los estudiantes y, en ocasiones, a su diferencia con algún mítico tiempo pretérito – y entonces se lamentarán de que los alumnos no son tan buenos, tan bien preparados, como alguna vez lo fueron. Una visión dominante en los docentes, pero también en los establecimientos y en las políticas públicas. Por eso, las intervenciones más comunes se dirigen a los estudiantes, y por lo regular consisten en actividades de apoyo, como tutorías.

Por otro lado, se trata de una perspectiva encubridora, que preserva el *status quo.* En efecto, enmascara el papel sustancial de las instituciones. Un rol muy realzado en Estados Unidos, país en el que desde inicios de los años 1980 se desarrolló un movimiento académico poderoso, de alcance nacional, en torno a la problemática de la deserción y del primer año del grado (Ezcurra, 2007).

Al respecto, una hipótesis básica, vital, es que las instituciones no sólo son otro factor causal, sino que además conforman un *condicio-*

nante primordial, poderoso, decisivo para el desempeño académico y la permanencia. En ese marco, una hipótesis asociada, también crucial, es que ese *status* primario recae, sobre todo, en la *enseñanza,* y en particular en las *aulas,* en las *experiencias académicas cotidianas.*

Un *status* que ha sido corroborado por un cuerpo de investigación considerable, que estudió ciertas mejoras en la enseñanza terciaria, de orden institucional, y detectó sus impactos favorables y a la vez críticos en los estudiantes – desempeño y persistencia (Engstrom y Tinto, 2007, Kuh *et al,* 2005, Barefoot *et al,* 2005, Tinto y Goodsell, 1995, 1993, Tinto, 1998, 1997). Un rol concluyente, pues.

Un *status* todavía más categórico en esas franjas en desventaja. ¿Por qué? Por dichos obstáculos de capital cultural.[16] En efecto, y ante aquella desigualdad cultural socialmente condicionada, una cuestión nodal es si la enseñanza en el ciclo superior se basa en el capital cultural en el punto de partida o si, en cambio, se abre una brecha de perfil. Una brecha entre el alumnado real y el esperado.

Una noción, la de alumno esperado, que ya hemos propuesto, y que refiere a un supuesto institucional, a *formaciones de sentido colectivas, latentes,* y además *eficaces* – que provocan efectos, que condicionan la enseñanza. Formaciones que pueden ser más o menos homogéneas o heterogéneas en la organización – es decir, no hay un único sentido, aunque suele darse uno prevalente. Plataformas implícitas, pues. El alumno esperado es una, central. Otra es la aproximación "hundirse o nadar", ya aludida. Hay más.[17] Para estas formaciones, en su conjunto,

---

[16] Además, y en ese marco, porque para alumnos trabajadores, y debido al poco tiempo disponible, el aula constituye el espacio central, si no único, para el encuentro con pares y docentes (Tinto, 2000, 1997).

[17] Otro caso es la "ideología carismática" (Bourdieu y Passeron, 2003). En ella, las desigualdades sociales aparecen como disparidad de talentos individuales. En su conjunto, estas formaciones de sentido precisan de identificación, descripción y análisis (causal, de impactos) y, por ende, de más investigación empírica y construcción teórica.

hemos sugerido la categoría de *habitus,* también postulada por Pierre Bourdieu, que aquí reformulamos desde ciertas nociones de teoría del discurso (Ezcurra, 2009a).[18]

Una categoría que Patricia McDonough (1997), de la Universidad de California, retomó de ese autor y amplió. En efecto, la extendió a las instituciones: un *habitus* organizativo. En esa línea, y en consonancia con dicha autora, hemos propuesto la noción de *habitus académico* – un concepto muy preliminar, que aquí sólo anotaremos. En el mismo sentido, Joseph Berger (2000) coincide y asienta que dimensiones como el currículo, las estrategias y prácticas pedagógicas, el vínculo de los docentes con los alumnos y el tipo de apoyo académico, son modelados por el *habitus* más general de la institución.

Entonces, un conjunto complejo de formaciones de sentido, o *habitus* académico, con poder causal, que produce impactos, de orden colectivo, en la enseñanza.

Un tipo de formación que inicialmente detectamos en otros agentes educativos, a comienzos de los años 1980 (De Lella y Ezcurra, 1984),[19] y que luego incluso dio lugar a una estrategia de formación de docentes universitarios – reflexión crítica grupal de la propia práctica y, en particular, de esas latencias colectivas (Ezcurra *et al,* 1992).

---

[18] Pierre Bourdieu concibe al *habitus* como una estructura que opera como matriz o principio generador de prácticas. Así pues, una estructura estructurante, con poder causal. A la vez, una estructura estructurada, que a su turno también es resultado de condiciones sociales de producción. Entonces, aquí se recupera el concepto de *habitus* como una estructura estructurante (con efectos sociales) y estructurada (socialmente condicionada). No obstante, se lo reformula desde la teoría del discurso, y en vez de estructura se acude a las categorías de formación o configuración discursiva. Categorías que son usadas indistintamente, en tanto se hace hincapié tanto en los aspectos sistémicos como en los transformacionales. Es decir, por un lado se resalta la presencia de fijaciones de sentido, y entonces hay sistema y configuración, y por otro la posibilidad de movilidad y cambio, y es ahí cuando resulta más propio el término formación.

[19] Se trata de una investigación cualitativa desarrollada durante 1982 en México, en varios Estados, con alfabetizadores del Programa Nacional de Alfabetización de la República Mexicana (PRONALF).

Al respecto, otra hipótesis clave es que en las instituciones universitarias usualmente se da un *habitus dominante.* Un *habitus* que por lo general privilegia a ciertos estudiantes, con mayor capital cultural, mientras margina a otros, con menor dotación y *status* en desventaja (Berger, 2000). Por lo tanto, un *habitus* que entraña una brecha con el capital cultural de alumnos de franjas desfavorecidas – en el punto de partida. Una *brecha de clase.*

Así pues, el *habitus* dominante sigue una lógica de clase. Según Patricia McDonough, éste es justamente el aporte de la noción de *habitus* organizativo, por ella propuesta – es decir, vuelve a introducir el entorno socioeconómico más amplio, y la clase social, en el análisis de las organizaciones.

Una hipótesis asociada, y también central, es que esa brecha *origina dificultades académicas,* severas. De ahí que genere *exclusión.* Es decir, tiende a excluir a los alumnos sin el capital cultural esperado (Berger, 2000). Y así opera la eficacia de las instituciones, de esas formaciones de sentido, en la *construcción de fracaso académico.*

En definitiva, y de acuerdo a las hipótesis expuestas, la enseñanza por lo regular dominante conlleva una lógica de *reproducción de aquella desigualdad cultural socialmente condicionada.* Desigualdad que, por otra parte, es un componente estructural, decisivo, de la llamada nueva cuestión social latinoamericana, corolario del paradigma neoliberal en la región (Ezcurra, 1998).

5. Notas finales. El ciclo superior como bien privado: efectos excluyentes

Como ya se anotó, por lo regular la deserción estudiantil en el ciclo superior constituye un fenómeno sobredeterminado.

En ese marco, y además de las dificultades académicas, un factor primordial es el económico, que puede situar un escollo formidable, una barrera crítica, "fatal" para la graduación – inclusive cuando la enseñanza es gratuita (Altbach *et al*:49). Ante ello, una hipótesis adicional es que la visión de la Educación Superior como bien privado, negociable y global, últimamente muy difundida e influyente, puede desencadenar impactos excluyentes severos – al reforzar esa valla económica.

Al respecto, y como es sabido, en la mayoría de los países la Educación Superior fue tradicionalmente catalogada como un bien público. Es decir, que no sólo beneficia a los individuos, sino a la sociedad en su conjunto. En esa óptica, pues, la responsabilidad de la Educación Superior recae en el Estado. En particular, su financiamiento – un nivel terciario público y gratuito, o muy subvencionado (Altbach *et al*, 2009).

Sin embargo, y como ya se sugirió, en las últimas décadas se ha propalado una perspectiva opuesta. Un giro radical y rápido, un cambio dramático (Tilak, 2009). En efecto, y en contraste con ese pensamiento predominante sobre el ciclo, la Educación Superior es conceptualizada como bien privado. O sea, que beneficia primariamente a los graduados individuales. Por lo tanto, la responsabilidad estatal se diluye. Más aún, se auspicia la compra y venta de Educación Superior, entendida ahora como una mercancía para comerciar en mercados nacionales e internacionales (Tilak, 2009).

¿Por qué el giro? Un factor decisivo fue la irradiación del paradigma neoliberal a escala global y, en particular, en agencias multilaterales de financiamiento (Altbach *et al*, 2009, Tilak, 2009). Un paradigma que impulsa el papel del mercado, a costa del Estado, así como la desregulación y privatización de amplios sectores económicos y sociales, incluyendo la Educación Superior. En especial, resalta el caso del Banco Mundial, que en la década de 1990, y en el marco de dicho paradigma, trazó una agenda de políticas *ad hoc* para el ciclo, muy influyente.

Otro factor clave, más reciente, es el surgimiento de un mercado internacional de Educación Superior. Así pues, la Educación Superior como bien privado y negociable, sí, pero también global. Una óptica que se asocia con intereses económicos, poderosos. Por ejemplo, y según Rafael Guarda (2009), Secretario General de la Asociación de Universidades "Grupo Montevideo", el mercado privado en el ciclo terciario a escala planetaria actualmente es de al menos US$ 87.000 millones - la estimación se basa en el cálculo de que dicho mercado involucra al 31.5% de la matrícula mundial (y un costo mínimo anual de US$ 2.000 por estudiante). Una óptica que por otro lado, y como es sabido, funda la inclusión de la Educación Superior en el ámbito de la Organización Mundial de Comercio (OMC) y el Acuerdo General sobre el Comercio de Servicios *(General Agreement on Trade in Services, GATS)*.

Por otra parte, el viraje hacia la Educación Superior como bien privado encierra impactos de peso en materia de financiamiento – y sus fuentes, ya sea el Estado o el mercado. En efecto, si los beneficios primarios son de orden individual, y no públicos, entonces la responsabilidad por los costos se traslada a los alumnos, a sus familias. En otros términos, deben ser pagados sobre todo por los usuarios, y no por el Estado.

Por lo tanto, se objeta una enseñanza superior gratuita o muy subvencionada. Al respecto, y desde los años 1990, el Banco Mundial desempeña un rol protagónico, con una férrea impugnación de los subsidios públicos al ciclo, ahora intensificada. Por eso, una política vertebral ha sido y es la recuperación de costos, además alta, que sustituya a ese financiamiento estatal – el establecimiento o alza sustancial de aranceles en la oferta pública (Perry *et al,* 2006, De Ferranti *et al,* 2003).

Una política que el Banco Mundial, justifica con argumentos de equidad. Así, se argumenta que esos subsidios son socialmente injustos. ¿Por qué? Porque no benefician a los pobres. Es decir, debido a que no están focalizados.[20] Un discurso de legitimación estructurado por el Banco Mundial ya a inicios de la década de 1990, ahora recrudecido.

---

[20] La focalización, un eje de la política social de corte neoliberal, ha sido objeto de estudios críticos abundantes y su análisis excede los alcances de este artículo, aunque pueden consultarse otros trabajos de la autora (Ezcurra, 2009b, 2001, 1998).

Además, muy influyente. Incluso ha sido recuperado por la UNESCO en su *Global Education Digest 2009*, donde sostiene que en educación primaria y secundaria los aranceles pueden representar barreras de costos y así contribuir a la desigualdad social, pero que en el ciclo terciario los altos retornos para los individuos justifican las contribuciones privadas y determinan que los sistemas fuertemente subsidiados por el Estado puedan generar inequidad.

Un discurso de legitimación que omite, y aun oculta, que aquella masificación de la Educación Superior, tan sobresaliente, supone tanto la incorporación de franjas con *status* socioeconómico en desventaja, cuanto el armado de una *inclusión excluyente*, en perjuicio de esos estratos sociales. Una exclusión redoblada por el repliegue del financiamiento público, los aranceles y, en general, el retroceso de sistemas fuertemente subsidiados por el Estado, que entrañan efectos centrípetos graves en alumnos con recursos limitados. Es decir, la visión de la Educación Superior como bien privado reduce la participación de esos segmentos sociales y, por ende, comporta un factor adicional y muy potente, ahora de orden económico, que condiciona una reproducción ampliada de las desigualdades (Altbach, 2009, Tilak, 2009).

Bibliografía

ADELMAN, C. (2006). *The toolbox revisited: paths to degree completion from high school through college.* Washington D.C.: U.S. Department of Education.

_____. (1999). *Answers in the toolbox. Academic intensity, attendance patterns and bachelor's degree attainment.* Washington D.C: U.S. Department of Education.

ALTBACH, P., REISBERG, L. y RUMBLEY, L. (2009). *Trends in global higher education: tracking an academic revolution.* París: UNESCO – World Conference on Higher Education 2009.

ASTIN, A. y OSEGUERA, L. (2005). *Pre-college and institutional influences on degree attainment.* En SEIDMAN, A. (ed.), College student retention. Formula for student success (245-276). Westport: Praeger Publishers.

BANCO MUNDIAL (2007). *Ampliar oportunidades y construir competencias para los jóvenes. Una agenda para la educación secundaria.* Washington D.C.: Autor.

BAREFOOT, B., GARDNER, J., CUTRIGHT, M., MORRIS, L., SCHROEDER, Ch., SCHWARTZ, S., SIEGEL, M. y SWING, R. (2005). *Achieving and sustaining institutional excellence for the first year of college.* San Francisco: Jossey-Bass.

BERGER, J. (2000). *Optimizing capital, social reproduction and undergraduate persistence. A sociological perspective.* En BRAXTON, J. (ed.), Reworking the student departure puzzle (95-124). Nashville: Vanderbilt University Press.

BOURDIEU, P. (2005). *Capital cultural, escuela y espacio social.* Buenos Aires: Siglo XXI Editores.

BOURDIEU, P. y PASSERON, J. (2003). *Los herederos. Los estudiantes y la cultura.* Buenos Aires: Siglo XXI Editores.

BOURDIEU, P. y WACQUANT, L. (2005). *Una invitación a la sociología reflexiva.* Buenos Aires: Siglo XXI Editores.

CABRERA, A., LA NASA, S. y BURKUM, K. (2001). *On the right path: the higher education story of one generation.* Pensilvania: The Pennsylvania State University.

COLS, E. (2008). *Saber aprender y estudiar en la universidad: una indagación desde la perspectiva de los estudiantes.* Los Polvorines: Universidad Nacional de General Sarmiento.

COMISIÓN ECONÓMICA PARA AMÉRICA LATINA Y EL CARIBE. CEPAL (2002). *Panorama social de América Latina 2001-2002.* Santiago de Chile: Autor.

_____. (2007). *Panorama social de América Latina 2007.* Santiago de Chile: Autor.

CHOY, S. (2002). *Access & persistence: findings from 10 years of longitudinal research on students.* Washington D.C.: American Council on Education.

DE FERRANTI, D., PERRY, G., FERREIRA, F. y WALTON, M. (2003). *Inequality in Latin America & the Caribbean: breaking with history?* Washington D. C.: Banco Mundial.

DE LELLA, C. y EZCURRA, A.M. (1984). "El Programa Nacional de Alfabetización. Una aproximación diagnóstica desde los alfabetizadores". *Revista Mexicana de Sociología,* XLVI (1).

DI GROPELLO, E. (ed.) (2006). *Meeting the challenges of secondary education in Latin America and East Asia.* Washington D.C.: Banco Mundial.

ENGSTROM, C. y TINTO, V. (2007). *Pathways to student success: the impact of learning communities on the success of academically under-prepared college students.* Siracusa: Syracuse University.

EZCURRA, A.M. (1998). *Qué es el neoliberalismo. Evolución y límites de un modelo excluyente.* Buenos Aires: Lugar Editorial.

_____. (2001). *Los organismos internacionales prescriben una política. Las "reformas de segunda generación".* Buenos Aires: Instituto de Estudios y Acción Social. Manuscrito no publicado.

_____. (2005). "Diagnóstico preliminar de las dificultades de los alumnos de primer ingreso a la Educación Superior". *Perfiles Educativos,* XXVII (107).

_____. (2007a). *Los estudiantes de nuevo ingreso: democratización y responsabilidad de las instituciones universitarias.* Universidad de San Pablo: Cuadernos de Pedagogía Universitaria.

_____. (2007b) *Los estudiantes de nuevo ingreso: democratización y responsabilidad de las instituciones universitarias.* En Coloquio "La situación de los estudiantes de nuevo ingreso: un desafío para la Universidad del siglo XXI", Universidad Autónoma de la Ciudad de México y otras, México D.F. (Conferencia Inaugural).

EZCURRA, A.M. (2009a). *Educación universitaria: una inclusión excluyente.* Tercer Encuentro Nacional sobre Ingreso Universitario, Universidad Nacional de Río Cuarto, Río Cuarto, Argentina, 1-3 de octubre (Conferencia Inaugural). Libro en preparación.

_____. (2009b). *Modelo neoliberal de política social y educación. Focalización y enseñanza superior.* Primer Workshop Internacional "Universalismo y particularismo en las políticas sociales: el caso de la educación", Universidad Nacional de General Sarmiento, Buenos Aires, 27-29 de agosto.

EZCURRA, A. M., DE LELLA, C. y KROTSCH, P. (1992). *Formación docente e innovación educativa.* Buenos Aires: Rei Argentina – IDEAS – Aique Grupo Editor.

GAZZOLA, A.L. (2008). *Panorama de la Educación Superior en América Latina y el Caribe.* Cartagena de Indias: Conferencia Regional de Educación Superior 2008.

GLADIEUX, L. y SWAIL, W. (1998). "Financial aid is not enough. Improving the odds of college success". *The College Board Review,* (185).

GUARGA, R. (2009). *Higher education in the World Trade Organization (WTO): A threat to the future of higher education in the world.* En BERGAN, S., GUARGA, R., EGRON POLAK, E., DIAS SOBRINHO, J., TANDON, R. y TILAK, J., Public Responsability for Higher Education (81-97). París: UNESCO – World Conference on Higher Education 2009.

HORVAT, E. (2003). "The interactive effects of race and class in educational research: theoretical insights from the work of Pierre Bourdieu". *Penn GSE Perspectives on Urban Education,* 2 (1).

INSTITUTO INTERNACIONAL PARA LA EDUCACIÓN SUPERIOR EN AMÉRICA LATINA Y EL CARIBE. IESALC (2006). *Informe sobre la educación superior en América Latina y el Caribe 2000-2005. La metamorfosis de la educación superior.* Caracas: Autor.

KUH, G., KINZIE, J., SCHUH, J., WHITT, E. & Associates (2005). *Student success in college. Creating conditions thar matter.* San Francisco: Jossey-Bass.

KUH, G., KINZIE, J., BUCLEY, J., BRIDGES, B. y HAYEC, J. (2006). *What matters to student success: a review of the literature.* National Postsecondary Education Cooperative (s/l).

LASERE ERICKSON, B. y STROMMER, D. (2005). *Inside the first-year classroom: challenges and constraints.* En UPCRAFT, M., GARDNER, J., BAREFOOT, B. & ASSOCIATES, Challenging & supporting the first year student. A handbook for improving the first year in college (241-256). San Francisco: Jossey-Bass.

PASCARELLA, E. y TERENZINI, P. (2005). *How college affects students. A third decade of research.* San Francisco: Jossey-Bass.

PERRENOUD, P. (1995). *La construcción del éxito y del fracaso escolar.* Madrid: Ediciones Morata.

PERRY, G., ARIAS, O., LÓPEZ, H., MALONEY, W. y SERVÉN, L. (2006). *Poverty reduction and growth: virtuous and vicious circles.* Washington D.C.: Banco Mundial.

RAMA, C. (2006). *La tercera reforma de la educación superior en América Latina y el Caribe: masificación, regulaciones e internacionalización.* En Instituto Internacional para la Educación Superior en América Latina y el Caribe.

TERENZINI, P., RENDON, L., UPCRAFT, M., MILLAR, S., ALLISON, K., GREGG, P. y JALOMO, R. (1994). "The transition to college: diverse students, diverse stories". *Research in Higher Education,* 35 (1).

TERENZINI, P., CABRERA, A. y BERNAL, E. (2001). *Swimming against the tide: the poor in american higher education.* Nueva York: College Entrance Examination Board.

TILAK, J. (2009). *Higher education: a public good or a commodity for trade?* En BERGAN, S., GUARGA, R., EGRON POLAK, E., DIAS

SOBRINHO, J., TANDON, R. y TILAK, J., Public Responsability for Higher Education (15-41). París: UNESCO – World Conference on Higher Education 2009.

TINTO, V. (1997). "Classrooms as communities: exploring the educational character of student persistence". *The Journal of Higher Education,* 68 (6).

_____. (1998), *Learning communities and the reconstruction of remedial education in higher education,* California: Stanford University.

_____. (2000). *Linking learning and leaving. Exploring the role of the college classroom in student departure.* En BRAXTON, J.M. (ed.), Reworking the student departure puzzle (81-96). Nashville: Vanderbilt University Press.

_____. (2004). *Access without support is not opportunity: rethinking the first year of college for low-income students.* Annual Conference of the American Association of Collegiate Registrars and Admissions Officers, Las Vegas.

TINTO, V. (2005). *Research and practice of student retention: what next?* Washington D.C.: Pell Institute for the Study of Opportunity in Higher Education.

TINTO, V. y GOODSELL LOVE, A. (1993). *A longitudinal study of Freshman Interest Groups at the University of Washington.* Washington D.C.: National Center for Postsecondary Teaching, Learning and Assessment.

_____. (1995), *A longitudinal study of learning communities at La Guardia Community College,* Washington D.C.: National Center for Postsecondary Teaching, Learning and Assessment.

TROW, M. (2005). *Reflections on the transition from elite to mass to universal access: Forms and phases of higher education in modern societies since WWII.* Berkeley: University of California.

UNESCO (2009a). *Global Education Digest 2009. Comparing education statistics across the world.* Montreal: Autor.

UNESCO (2009b). *Communique.* 2009 Conference on Higher Education: The new dynamics of higher education and research for societal change and development, París, 5-8 de julio.

3. Educação superior: democratização, acesso e permanência com qualidade

José Dias Sobrinho[1]

1. Introdução

A democratização é um núcleo dos mais importantes e urgentes da agenda atual da educação superior. É impossível tratar adequadamente esse tema sem recorrer a uma discussão, ainda que muito breve, como a que se seguirá, sobre o princípio da educação como bem público, direito social e dever do Estado. É a partir desse princípio que faz sentido falar de democratização do acesso e garantia de permanência dos estudantes em cursos superiores com qualidade científica e social. O direito social à educação de qualidade é um aspecto essencial e prioritário da construção da sociedade, de consolidação da identidade nacional, e um instrumento de inclusão socioeconômica. Por isso, assegurá-lo adequadamente é dever indeclinável do Estado.

Quando não compreendida como bem público, a educação atende prioritariamente ao indivíduo e a seus interesses exclusivos. Nesse caso, a qualidade estará determinada por significados marcadamente operacionais e instrumentais, muito mais que sociais e voltados ao bem co-

---

[1] Professor titular aposentado da Universidade Estadual de Campinas (Unicamp), atualmente professor titular do Programa de Pós-graduação em Educação da Universidade de Sorocaba (Uniso).

mum. Um princípio enfaticamente defendido neste capítulo explicita que a qualidade deve ser para todos e ser imprescindível à construção de sujeitos sociais, e não somente para a parcela privilegiada da sociedade e o fortalecimento do individualismo.

A qualidade tem uma irrecusável dimensão social e pública. O correlativo da ideia de educação como um bem público e direito social é o dever do estado de garantir amplas possibilidades de oferta de educação de qualidade a todas as camadas sociais (Dias Sobrinho, 2009). Certamente, é justificável refletir um pouco sobre esse conceito de qualidade aplicado à educação superior.

Uma outra passagem explicativa obrigatória que será discutida mais adiante consiste numa visão compreensiva das transformações da educação superior, coerentemente com as metamorfoses gerais da sociedade, da economia e, particularmente, do conhecimento e do mundo do trabalho.

É também necessário esclarecer que a democratização da educação superior não se limita à ampliação de oportunidades de acesso, criação de mais vagas. Além da expansão das matrículas e da inclusão social de jovens tradicionalmente desassistidos em razão de suas condições econômicas, preconceitos e outros fatores, é imprescindível que lhes sejam assegurados também os meios de permanência, isto é, as condições adequadas para realizarem os seus estudos.

Essas premissas levam a uma outra: a educação deve ser vista e organizada como um sistema. Vale dizer que o tempo da educação é um tempo total, permanente, contínuo, pois se trata de um processo jamais acabado de formação humana. As diversas etapas de escolarização formal organizam os processos de formação que farão parte da vida toda de uma pessoa. A exclusão escolar, em qualquer etapa, é privação de algumas bases cognitivas e axiológicas que todo indivíduo e ser social necessita para edificar uma existência humanamente significativa.

2. Educação superior, qualidade e formação

Nestes tempos de globalização do capital, mais que antes, o mercado se tornou o princípio regulador da educação superior. Os que defendem a ideia de que a educação superior seja uma função da economia, também sustentam a concepção de um progresso e desenvolvimento sempre positivos e progressivos da sociedade científica e tecnicamente avançada. Não obstante, sem negar seu papel no desenvolvimento da sociedade, inclusive da economia, a educação superior deveria ser compreendida, primordialmente, como uma condição essencial do ininterrupto processo da formação humana integral, construção da identidade nacional e instrumento de diminuição das assimetrias sociais (Dias Sobrinho, 2005).

Como a formação humana requer conhecimentos, experiências de socialização e vivência de valores, as instituições educativas são espaços privilegiados da promoção da educação como bem público, ainda que não os únicos nem necessariamente sempre os melhores. Se o objetivo principal da educação é a formação humana, em sentido integral, e edificação da sociedade segundo princípios de equidade e justiça, não se poderia admitir que lhe faltasse qualidade. No entanto, o que vem a ser a tão discutida qualidade na educação? Com efeito, a fama gerada nas disputas que envolvem os conceitos e as práticas de qualidade se explica pelo sentido aparentemente positivo dessa palavra, tão corriqueiramente usada sem que normalmente ninguém sinta necessidade de defini-la com precisão, convicção, clareza, expondo todas as suas possibilidades semânticas.

Os conceitos de qualidade em educação variam conforme os tempos e espaços, mas, sobretudo, de um grupo social a outros. Portanto, não é isenta de interesses, valores, ideologias. Qual educação? Qual conhecimento? Qual sociedade? No atual momento da humanidade, de globalização da economia capitalista e sua ideologia, uma educação de qualidade seria aquela que propicia aos indivíduos e às empresas mais eficiência e capacidades competitivas, mais produtividade, lucro, desenvolvimento a qualquer custo, ampliação de possibilidades de consumo, competências profissionais adequadas a um mundo em transformação. Prevalecem aí as lógicas das empresas, a proeminência do individual sobre o social, as concepções instrumentais e pragmáticas da vida. Assim, maior qualidade tem a educação quanto mais contribua para o indivíduo se equipar de conhecimentos e técnicas úteis a seu próprio benefício e ao desenvolvimento das empresas, como mecânica do enriquecimento e progresso de um país.

Essa lógica é, atualmente, hegemônica, dada a dominação ideológica do capitalismo e, de modo especial, do neoliberalismo. Os governantes, em geral, são sensíveis às promessas de desenvolvimento por meio de um sistema educacional eficiente e pragmático. O dever do Estado relativamente de garantir uma educação de qualidade quase sempre se centra em organizar um eficiente sistema de controle e regulação, através de processos ditos de avaliação e acreditação, elaborar os instrumentos legais e normativos, aperfeiçoar o conjunto de informações e, embora de modo muito insuficiente e não muito sustentável, promover ações que gerem aumento das matrículas ou facilitem o ingresso de alguns jovens de grupos normalmente desassistidos. Para os operadores do Estado, os encarregados da normatização e execução das políticas públicas, a qualidade da educação teria muito a ver com os desempenhos estudantis mensurados em provas, a diminuição de custos operacionais, a otimização dos orçamentos, a ampliação da matrícula e, eventualmente, a capacitação para o trabalho. São aspectos que têm grande apelo político, sem muita dificuldade operacional, e podem ser facilmente compreendidos pela população. A qualidade, nesses termos, se mede, se controla, se regula, se quantifica e se torna transparente à população em geral e aos potenciais "clientes".

Há uma disputa ideológica pela hegemonia do conceito de qualidade na sociedade e no Estado. Cada grupo de interesse põe a ênfase em determinadas características, em detrimento de outras que não correspondem a seus objetivos. Nenhuma delas, isoladamente, pode alcançar em plenitude a pluralidade semântica da palavra qualidade. Separadamente, cada uma delas representa os interesses particulares de indivíduos e grupos, não atende à totalidade social. Todas elas são relativamente aceitáveis, mas, embora sem possibilidade de consensos definitivos e ainda que sempre em termos provisórios, somente quando articuladas podem dar uma ideia mais completa do fenômeno. Assim, de acordo com visões de mundo e interesses particulares dos diversos atores e suas posições relativas nos jogos conflituosos da sociedade, pode haver qualidade numa educação que, no âmbito de suas atribuições e limites, cumpre, além de outras, com uma ou algumas das seguintes funções: capacita adequadamente para o trabalho e amplia as condições de empregabilidade; promove a competitividade econômica e desenvolve a indústria; dá fé pública do correto exercício das práticas educativas; propicia o avanço da ciência e da tecnologia, valorizando especialmente a inovação; amplia o cabedal cognitivo da população; enriquece o patrimônio cultural da nação; contribui com os processos de formação de cidadãos; alimenta e melhora os indicadores qualitativos da cidadania; aprofunda os valores da democracia e da vida social.

Nenhuma dessas características pode ser exclusiva. Ainda que em muitos sentidos possam ser contraditórias, uma não deveria ser negação pura das outras. Em conjunto e articulados, todos esses aspectos fornecem uma visão aproximada – e ainda incompleta – do fenômeno da qualidade educativa. Nem poderia ser diferente, pois a educação é um fenômeno social e, então, por natureza, complexo (Dias Sobrinho, 2008).

Obviamente, a qualidade em educação superior guarda relação com os compromissos de uma instituição educativa, a começar com o entorno mais próximo, com quem interage diretamente em seu cotidiano, mas, também, como é próprio da natureza da universidade e do conhecimento, com a sociedade nacional e com a comunidade humana universal. É principalmente quando se vincula às finalidades educativas de caráter social, e deste modo se envolvem os papéis das instituições e as responsabilidades dos estados, que a qualidade alcança significados mais consistentes. Estados e instituições educativas não são entidades abstratas; são constituídos e construídos por seres humanos com seus ideais, suas especificidades, diferentes capacidades e projetos existenciais. Portanto, as noções de qualidade da educação superior têm muito a ver com as posições relativas e responsabilidades públicas e privadas dos indivíduos e dos grupos, suas expectativas de futuro, interesses e projetos particulares ou corporativos, concepções de desenvolvimento social e econômico, oportunidades de emprego e de promoção social, necessidades existenciais e sonhos, enfim, com as condições básicas para uma vida digna e construtiva.

O conceito de qualidade educativa está, pois, intrinsecamente vinculado a concepções de mundo e ao papel que distintos indivíduos e grupos de interesse, nos diferentes lugares do Estado e da sociedade, atribuem à educação, em geral, e, em particular, à educação superior. Qualidade não é nunca um conceito neutro e desideologizado. Dado que a compreensão das realidades, os interesses e projetos individuais e corporativos são heterogêneos, contraditórios e mesmo conflituosos, impossível haver ampla e permanente unanimidade a respeito do que é e deveria ser uma educação de qualidade.

3. Faces da exclusão e políticas públicas de inclusão social

Para avançar um pouco mais nesse argumento e entender melhor as relações entre os conceitos de qualidade em educação, de inclusão social, da expansão de possibilidades de acesso aos estudos superiores e das distintas formas de exclusão no campo das instituições escolares, pode ser útil discutir antes a questão da diversidade da categoria estudantil universitária. O primeiro cuidado a tomar é que não se trata de uma categoria única e homogênea que possa ser uniformemente definida (Zago, 2006). Os estudantes universitários ocupam distintas posições socioeconômicas, muitas vezes contraditórias e mesmo conflituosas entre si, trazem diferenciados capitais culturais, têm diferentes tipos de relação com o conhecimento, condições de dedicação aos estudos muito variadas e idiossincráticas expectativas culturais e profissionais. As instituições e os estudos têm significados muito diferentes para um estudante de uma universidade de ensino e pesquisa reconhecida no mundo acadêmico internacional ou para um outro que assiste a aulas numa instituição de ensino prioritariamente voltada à absorção de matrículas e com fins lucrativos. Diferem muito as relações de um estudante rico e de um pobre com o conhecimento e a cultura. Provêm de diferentes lugares sociais, possuem capitais intelectuais e condições gerais de vida e de estudo muito diferentes, que, como se sabe sobejamente, favorecem, na maioria das vezes, aqueles que já são social e economicamente favorecidos.

A exclusão social e cultural é uma produção histórica bastante relacionada com a pobreza. A carência dos bens materiais é um fator de exclusão dos indivíduos aos bens espirituais e culturais. No Brasil, o desequilíbrio educacional é ainda mais profundo que as diferenças de renda, embora os fenômenos do déficit educacional e da pobreza não possam ser desligados. Dizendo isso com palavras mais diretas: uma parcela muito pequena da grande massa dos pobres brasileiros consegue fazer um longo e bom percurso escolar. Basta observar que menos de 3% dos estudantes de educação superior pertencem ao quinto mais pobre, ao qual pertencem 30,2 das famílias brasileiras, segundo dados da Pesquisa nacional por amostragem de domicílios (Pnad), de 2007, realizada pelo Instituto Brasileiro de Geografia e Estatísticas (IBGE).

As carências econômicas e educacionais são graves para os indivíduos que pertencem à massa dos excluídos e, decorrentemente, para a sociedade e para a nação. O conhecimento é um dos elementos mais poderosos para a conquista de bons empregos e para o sucesso econômico. Assim, a privação e a escassez, em diversos graus, dos bens culturais e, de modo especial, dos técnico-científicos constituem um empecilho para a seguridade das condições materiais básicas de uma vida mais humana e, consequentemente, para a construção de uma sociedade equipada com os conhecimentos e valores necessários à produção do bem-estar comum.

A equidade é um princípio ético, ou valor, cuja aplicação deve gerar a igualdade social ou, ao menos, diminuir o quanto possível as desigualdades. Do ponto de vista da equidade, o primordial esforço do Estado e da sociedade haveria de ser interromper o círculo vicioso da desigualdade socioeducativa, mediante políticas públicas e ações de diversos tipos que produzam o círculo virtuoso que assegure amplas oportunidades de escolarização qualificada. Dada a impossibilidade de em curto espaço de tempo universalizar a educação superior numa sociedade historicamente tão injusta e desigual, como a brasileira, o princípio da equidade recomenda ações específicas em prol do atendimento das camadas mais pobres.

O combate ao fenômeno da exclusão deve envolver esforços conjuntos do Estado, da sociedade em geral e das escolas de todos os níveis, visando superar não somente os problemas do analfabetismo, das evasões, da repetência, das carências culturais familiares, dos preconceitos, da falta de vagas, mas também as precárias condições de escolarização de muitos jovens. Uma das mais perversas formas de exclusão é a privação do conhecimento, em diversos graus, porque impede o acesso aos empregos mais rentáveis e produz empobrecimento cultural, social, econômico e, numa palavra, humano.

Numa sociedade como a brasileira, notória pelas desigualdades e assimetrias de vários tipos, a maioria da população está excluída do acesso aos bens públicos e, então, às condições básicas de vida pessoal digna. Correlativamente, essa exclusão significa um obstáculo à construção de uma democracia que haveria de ser plenamente vivida nos tempos e espaços objetivos e subjetivos. Polarizada em camadas sociais antagônicas, a sociedade escolhe os valores e interesses dos mais ricos como referência valorativa central para toda população. Dessa maneira, se naturalizam as desigualdades e assimetrias sociais e se definem os espaços "naturais" de cada um.

Como corolário da exclusão produzida pela sociedade e pelo Estado, sobrevém a autoexclusão: os jovens excluídos dos bens comuns, muitas vezes, acabam internalizando, ao longo de suas trajetórias estudantis, a ideologia de que a exclusão é natural e de que é natural que eles se incluam entre os excluídos sociais. Interiorizam que, na melhor hipótese, teriam capacidades intelectuais e econômicas e eventualmente algum direito de frequentarem tão somente os cursos mais acessíveis, menos seletivos e de baixo prestígio, aqueles que lhes abririam mais possibilidades de aprovação, embora sem nenhuma garantia de que venham a alcançar futuros bons empregos. Não é só o fato de levarem desvantagens em suas formações anteriores, aí incluídas as debilidades de ensino-aprendizagem e as precárias informações a respeito do que seria uma vida universitária rica e potencialmente importante para os seus futuros de cidadãos e profissionais. É toda uma mentalidade de excluídos da vida que vai consolidando a ideia de que os diferentes graus da exclusão da educação superior e as baixas capacidades competitivas são "naturais", da mesma forma que as desigualdades formam parte "naturalmente" da sociedade.

Algumas formas de exclusão são evidentes e quantificáveis. Por exemplo, considerando-se que apenas cerca de 13% dos jovens brasileiros na faixa etária adequada, entre 18 e 24 anos, estão matriculados em algum curso superior, conclui-se que 87% dessa coorte, a maioria dos quais são negros ou pardos, não estão frequentando a educação superior. Não é o caso de propor a universalização da educação superior, coisa que não existe em nenhum país do mundo. Mas até mesmo países bastante menos desenvolvidos que o Brasil apresentam taxas bem superiores ao nosso país nesse quesito. Cerca de 16% dos adolescentes brasileiros, da faixa entre 15 e 17 anos, estão fora das salas de aula. Somente 32% dos brasileiros têm ensino médio completo. Esses poucos números são bastantes para revelar a gravidade do panorama educativo brasileiro e a amplidão das assimetrias sociais.

Mas há também um outro tipo de exclusão, menos evidente e muito mais sutil: a exclusão por dentro do sistema. Difícil de se enquadrar em estatísticas, caracteriza-se de duas maneiras muitas vezes combinadas: pela autoexclusão e pela oferta de um ensino precário, casos em que os parcos conhecimentos não vão produzir efeitos significativos para a melhoria de vida de indivíduos e grupos condenados a viverem nas periferias da sociedade.

4. Equidade e inclusão: constitutivos essenciais da qualidade da educação

O princípio ético da equidade assegura o direito de todos à educação. Uma educação de baixa qualidade ainda é melhor que nenhuma, pois, apesar das deficiências que precisa superar, ela de alguma forma colabora para elevar o patrimônio coletivo de conhecimentos e competências profissionais de uma nação. Entretanto, a educação de baixa qualidade está longe de poder resolver os problemas de justiça social, porque a maioria dos estudantes das escolas de pífios desempenhos ficam em condições desvantajosas em relação àqueles de estratos sociais mais bem aquinhoados e que podem construir um itinerário educativo compatível com os requerimentos de alta competitividade que a sociedade de economia global está a exigir.

Não pode ser de qualidade um sistema educativo que reforça os preconceitos e amplia a marginalização social. Isso se dá numa sociedade incapaz de prover escolas para todos. Mas também se dá, em muitos casos, pela precária escolarização básica que levará o estudante a evadir--se ou a frequentar um curso superior de qualidade duvidosa. Em todos os casos, mesmo que incluídos fisicamente nas escolas, esses jovens sofrem a exclusão dos conhecimentos e das ferramentas que lhes permitiriam obter bons empregos e alcançar posições sociais mais valorizadas e construir uma vida mais digna.

Diminuir as diferentes faces da exclusão também implica combater os diversos tipos de preconceitos sociais ligados às questões de origem e posição social, cor, raça, compleição física, diferenças culturais e opções políticas, religiosas, sexuais etc. Inclusão requer respeito à alteridade, tolerância às diferenças, compreensão da pluralidade. Não é inclusiva e democrática uma sociedade que priva parte de seus membros dos direitos à educação, por nenhum motivo e certamente também não por preconceito. Não é democrático um Estado que não busca aplicar o princípio da equidade, que significa, dentre outros bens primordiais para a vida, prover para todos a educação de qualidade e de acordo com as necessidades de cada um.

Não se discute que o Estado tem a competência jurídica, política e técnica para organizar a educação nacional e assegurar que ela seja disponibilizada com qualidade a toda a população. Também é plenamente justificável esperar que a educação ajude a resolver problemas concretos da vida das pessoas. Boa parte de estudantes, pais, empregadores não fazem altas exigências à educação. Em tempos de empregos difíceis e precários, a educação já muito bem faria se aumentasse as oportunidades individuais de sucesso profissional, mesmo que muitas vezes sendo para isso suficiente somente a legitimação dada pelo diploma, e contribuísse para o desenvolvimento das empresas.

Mas é preciso ir além de uma concepção meramente instrumental e imediatista da educação. Como já é voz corrente no mundo dominado pela economia neoliberal, a formação técnico-profissional e o conhecimento são dois dos mais poderosos motores das bases econômicas da sociedade. Como amplamente divulgado, se calcula que entre 40% e 50% das riquezas do mundo são imateriais. A grande questão é que, em que pese o amplo domínio dessa poderosa ideologia, a economia não é o centro da sociedade e a existência humana não se restringe unicamente à dimensão prática da vida. Ademais, mesmo pensando no alto significado do conhecimento para os vários aspectos da vida de um indivíduo e de uma nação, é preciso assegurar que esse conhecimento tenha qualidade científica e pertinência social e seja um patrimônio público. Dizendo mais diretamente: também e principalmente as camadas populares têm direito e necessidade de se apropriarem de conhecimentos que lhes alavanquem um processo de superação das múltiplas desvantagens de seus meios de origem, interrompendo o círculo vicioso da pobreza e da exclusão.

A perspectiva de educação como bem social, direito de todos e dever do Estado, nega o individualismo pedagógico. A educação deve ser um processo de formação de indivíduos sociais, o que equivale a dizer que sua finalidade essencial deveria ser formar cidadãos. Isso também pode ser dito com outras palavras: a finalidade fundamental da educação, que lhe dá sentido e justifica sua existência do princípio ao fim, é a formação humana integral.

Por isso se deve entender que a economia não se separa da sociedade, antes é uma parte dela, que o indivíduo não é autossuficiente e sim se realiza mais plenamente ao se integrar crítica e construtivamente na sociedade, que as riquezas materiais são condição da grandeza de uma nação – mas não o seu objetivo final e único –, que o desenvolvimento humano deve ser sustentável. Afirmar que o desenvolvimento humano deve ser sustentável significa recusar o desenvolvimento a qualquer custo, o que tem ameaçado as condições de vida digna e saudável para a maioria da população mundial, pela destruição da natureza e pelo aprofundamento das desigualdades. Significa dizer que deve ser permanente e concernir a todas as complexas dimensões, como as biológicas, psíquicas, individuais, sociais, cognitivas, estéticas, filosóficas, do mundo pragmático ou das esferas espirituais, das necessidades concretas e dos sonhos, do presente e do futuro etc.

A importância econômica da educação superior vem ganhando ênfase, especialmente desde meados do século passado, com as concepções do capital humano e da teoria residual do desenvolvimento econômico. Ambas preconizavam que o desenvolvimento econômico requer, sobretudo, grandes investimentos em educação, incluindo a ampliação da escolaridade da população em geral. De modo especial, propunham a agenda da democratização da educação superior, em cujo centro deveria estar a política de expansão (NEAVE, 2001, p. 13/14). Essa visão tem o mérito de insistir na necessidade de altas inversões na educação e no valor de uma elevada escolaridade geral. Entretanto, não esconde seus fundamentos demasiadamente economicistas e coerentes com a concepção segundo a qual a sociedade deve ser domínio do mercado, e não o contrário, e a educação deve ser uma função da economia e não do desenvolvimento humano integral.

A elevação cultural da sociedade deve ser compreendida como um alto valor para a realização pessoal e para o fortalecimento da cidadania pública. É essencial, tanto do ponto de vista individual como social e político. Pode não haver uma perfeita relação causal entre educação e desenvolvimento, mas não se consegue se desenvolver uma sociedade, atualmente, que não tenha um bom sistema educacional. Além de mitigar um pouco as desigualdades, a educação é um importante fator de indução do desenvolvimento sustentável de uma nação. O desenvolvimento humano integral e permanente demanda um amplo incremento quantitativo e qualitativo da escolaridade de toda a população.

Nesse sentido, a qualidade educativa tem um forte sentido social, que ultrapassa o meramente técnico, produtivista e comercial. Do ponto de vista social e político, a qualidade da educação superior consiste na realização das finalidades públicas da socialização solidária, criativa e crítica e do desenvolvimento intelectual, ético e cultural dos cidadãos e, correlativamente, da nação. Mas, para isso, é fundamental que o Estado seja realmente democrático e busque contribuir de fato com os processos de produção de justiça social. As instituições educativas têm um papel relevante e inescusável nos projetos e estratégias públicos de produção e expansão da equidade.

5. Expansão das matrículas, acesso e permanência na educação superior

Um dos aspectos da democratização e da justiça social da educação superior consiste nas políticas de ampliação das matrículas. No entanto, as importantes políticas de expansão do acesso só se efetivarão sob a condição de ter havido uma cobertura completa e com qualidade nos níveis educacionais precedentes, a começar pela pré-escola. Isso indica um obstáculo cuja superação requer pesados investimentos públicos: é necessário empreender uma grande expansão da infraestrutura física das escolas de nível básico e, ao mesmo tempo, impulsionar vigorosamente a formação de mais bem preparados professores.

Em outras palavras, qualidade em educação se vincula necessariamente com a justiça social, fundamento da democracia, e se constrói integrada, contínua e sistematicamente. A qualidade da educação superior não se alcança completamente sem consolidação da qualidade nos níveis precedentes. A qualidade em educação não deve ser tomada como um valor abstrato, isto é, sem levar em conta a quantidade. Para a educação superior de qualidade, é importante que haja uma grande quantidade de estudantes bem formados na educação básica.

A massificação ou, no mínimo, a grande expansão das matrículas de nível superior tem acirrado a discussão sobre a questão da qualidade. A questão é saber se é possível crescer com qualidade. Na comunidade universitária podem-se ouvir argumentos elitistas defendendo que a qualidade em educação só é possível para poucos. Os princípios defendidos neste texto sustentam outra posição. Numa visão de bem público e direito social, um vigoroso incremento de matrículas, especialmente se incorpora grandes contingentes de jovens tradicionalmente excluídos, é um elemento essencial e imprescindível da qualidade de um sistema educativo. A ampliação de oportunidades de estudos é parte importante do processo de diminuição das desigualdades sociais, do aumento do capital de conhecimentos de um povo e fortalecimento das potencialidades nacionais.

Sendo um bem público, a educação é essencial e prioritária para o bem comum da população; é um direito humano de responsabilidade coletiva e dever do Estado. Já que a sociedade requer, em quantidade e qualidade, mais conhecimentos e mais gente bem formada para desenvolvê-la e consolidar os valores básicos de uma vida digna, não pode ser de boa qualidade um sistema educativo elitista e excludente.

O Estado tem o dever de prover os meios para a ampla oferta de oportunidades de estudo, seja mediante recursos públicos ou privados, desde que as instituições privadas se fundamentem nos princípios de complementaridade e de respeito à autoridade pública. Cabe-lhe a responsabilidade de elaborar e executar, de modo coerente, políticas públicas e prover os adequados recursos materiais e humanos para o acesso e a permanência do estudante, em cada um dos níveis escolares.

Além das oportunidades de acesso, é muito importante que ao estudante sejam dadas condições suficientes e adequadas para seguir o seu percurso formativo, obter os títulos e empregos correspondentes. Tendo em vista as fortes contingências produzidas em grande parte pela segmentação social e reforçadas ao longo da escolaridade fundamental, as políticas públicas deveriam não só criar programas favoráveis à ampliação do ingresso de crianças e jovens pertencentes aos setores sociais comumente desfavorecidos, como também impulsionar ações de caráter pedagógico, no cotidiano escolar, visando que esses estudantes possam ter um desempenho compatível com os padrões esperados em cada etapa e, assim, venham a realizar-se mais plenamente como cidadãos e profissionais e exercer com mais qualidade os seus direitos e deveres sociais.

Nas ações por menos desigualdades, um tema em particular merece consideração. Trata-se da exclusão digital, fenômeno também mais comum nos contextos sociais economicamente mais carentes. Dominar ou não o alfabeto digital, investir ou não nos vários tipos de instrumentos digitais constituem o grande diferencial entre países ricos e pobres. Essa lógica vale também para os indivíduos. Os analfabetos na linguagem que modela e movimenta a economia mundial tendem a se tornar cada vez mais pobres e excluídos. A falta de acesso aos novos padrões tecnológicos, que revolucionam velozmente os modos, a quantidade e a qualidade dos conhecimentos e das informações, é uma enorme barreira ao acesso a bons empregos e à sobrevivência no mundo do trabalho competitivo, além de ser uma grave restrição ao exercício da cidadania e às aspirações de uma vida digna e socialmente reconhecida. Não podemos esquecer que as novas ferramentas tecnológicas podem contribuir eficazmente para a aprendizagem ao longo da vida.

Além de poderem contribuir para a realização pessoal, se adequadamente utilizadas, também podem ser um meio valioso para o enfrentamento do incerto e mutável mundo do trabalho, pois servem à capacitação contínua e à inovação. Diminuir os impactos da exclusão digital, que é um componente da exclusão em geral, deveria ser um aspecto importante da agenda atual da educação e, obviamente, do Estado (Dias Sobrinho, 2005, p. 234).

A pobreza, obviamente, é um obstáculo também à inclusão digital. No Brasil, 32,2% das residências têm microcomputador, mas sua distribuição é francamente desigual: têm microcomputador somente 25,8% dos domicílios cujos moradores têm renda de até dez salários mínimos, contra 92,9% das moradias cujos residentes acumulam rendimentos mensais acima de 20 salários mínimos. A exclusão digital é seguramente um dos principais impedimentos à obtenção de bons empregos e, portanto, um fator importante de injustiça social. Por outro lado, o acesso de alguns segmentos sociais aos meios de informação eletrônicos, especialmente à internet, pode estar aprofundando as desigualdades, pois lhes dá crescentes vantagens competitivas na medida em que oferecem possibilidades de cada vez mais e muito rapidamente obterem conhecimentos e informações.

6. Democratização do acesso: contextos, dificuldades e limites

Alguns números atuais dos diversos tipos de exclusão no Brasil, além dos anteriormente informados, bastam para dar a grandeza dos desafios que têm o Estado, a sociedade e, de modo especial, as instituições educativas. Dados divulgados pelo Instituto Brasileiro de Geografia e Estatísticas (IBGE), colhidos na Pesquisa Nacional por Amostragem de Domicílio (PNAD), mostram poucas, mas importantes melhoras nos principais indicadores nesses últimos anos. Significativos segmentos da população conseguiram alguma ascensão de categoria social. Mas as desigualdades continuam muito profundas e de grandes proporções. Segundo dados de 2008, os 10% mais ricos detêm 43% da riqueza, enquanto os 50% mais pobres se apropriam de somente 18%. A diferença entre os 10% mais ricos e os 10% mais pobres no Brasil é das maiores do mundo. Cerca de 60% dos 190 milhões de brasileiros recebem, em média, 455 reais, ou seja, menos que um salário mínimo, que no Brasil é reconhecidamente muito baixo. No Nordeste, mais de 85% da população ganham menos que um salário mínimo.

Andam juntas pobreza e falta de estudos ou simplesmente precária e parca escolaridade. Apesar de algum avanço nos anos mais recentes, a renitente pirâmide educacional ainda prevalece no quadro geral das assimetrias. Em média, os brasileiros não completam nem mesmo sete anos de escolaridade, isto é, menos que a educação básica. É interessante observar que, enquanto os mais ricos completam em média cerca de dez anos de escolaridade, os mais pobres não passam dos cinco anos. Nem 1/5 dos nordestinos completam a educação básica. Neste ano de 2009, algo como 87% dos jovens de idade adequada (18-24 anos) estão fora do ensino superior, considerando-se que a taxa líquida de matrícula é de 13%, ainda muito abaixo dos 30% que no ano 2000 o Plano Nacional da Educação projetava para ser atingido em 2010. Mais de 14 milhões de analfabetos adultos, com mais de 25 anos, são um símbolo persistente do tradicional descuido do Estado e da sociedade, relativamente ao cumprimento do princípio da equidade em prol da diminuição da desigualdade por meio da educação. Esses números mostram claramente a precariedade do sistema educacional brasileiro, que apresenta taxas abaixo da média dos países latino-americanos. Dado o baixo poder aquisitivo da maioria da população brasileira, é indiscutível a necessidade de expandir significativamente o sistema público.

Ampliar ao máximo possível a escolaridade é de interesse de toda a população e está na agenda dos estados da Federação, não apenas por ser um instrumento fundamental para a realização pessoal e um direito social irrecusável, mas também por ser uma estratégia necessária para o fortalecimento econômico e para uma maior competitividade internacional do país, como já há mais de meio século preconizavam a teoria residual do desenvolvimento econômico e a teoria do capital humano. Os propósitos de maior inclusão e de democratização da educação superior têm produzido debates importantes, sobretudo nas instâncias governamentais e nos meios universitários. Embora geralmente aceita a ideia de que é necessário mais e melhor educação, por mais tempo, e mais jovens nas escolas, as políticas e medidas adotadas pelo Estado e por instituições nem sempre têm alcançado consenso. Mas ainda que se discutam as formas de democratizar o acesso, o importante é reconhecer que a expansão das matrículas e as condições de permanência sejam asseguradas como uma das prioridades da educação superior.

7. Expansão do sistema superior num cenário de transformações e instabilidades

Vários fatores explicam o crescimento da demanda por mais estudos de nível superior. Dentre outros, incluem-se as amplas e profundas transformações contextuais – notadamente os processos de migração urbana; modernização e globalização da economia, com reflexos importantes no mundo do trabalho; mudanças culturais impulsionadas pelos sistemas de informação –, a ascensão social das mulheres, o valor do conhecimento como fonte primária do desenvolvimento.

Para melhor compreender os fenômenos de democratização e expansão da educação superior é importante levar em conta o cenário em movimento em que prevalecem os seguintes aspectos:

– explosão da quantidade das matrículas e das instituições nos últimos anos, especialmente por via privada; a tendência à massificação acarreta algumas dificuldades de fundo organizacional, administrativo e pedagógico, com impactos na qualidade e na concepção de educação superior e suas relações com a sociedade;

– diversificação institucional e fragmentação do sistema; os modelos institucionais têm se diversificado para poderem se adequar às demandas diversificadas, rompendo assim a ideia de um sistema coerente de educação superior;

– insuficiência do financiamento público e diversificação financeira; a impossibilidade de o Estado prover a educação para todos obriga as instituições a competirem por alunos e por recursos financeiros de diversas fontes públicas e privadas;

– globalização econômica neoliberal; a prevalência do mercado global sobre a sociedade valoriza o universalismo técnico como modelo geral e o conhecimento útil como a principal matéria-prima da economia;

– explosão dos conhecimentos e da informação; a economia global tem sua base na informação e nos conhecimentos, que se multiplicam em uma velocidade jamais vista anteriormente e que, ao mesmo tempo que potencializa as dinâmicas de ensino e altera os modos de apropriação e socialização dos conhecimentos, produz a necessidade de constante atualização, inovação e crítica;

– internacionalização e transnacionalização da educação superior; a internacionalização dinamiza a mobilidade e o relacionamento acadêmico internacional, enquanto que a transnacionalização produz os riscos de os interesses comerciais prevalecerem sobre os valores educativos, os processos de construção da democracia e o fortalecimento dos projetos nacionais.

Esses fatores – que fazem parte das transformações e das novas problemáticas educacionais, num quadro de crescente complexidade da sociedade – indicam que as categorias tradicionais e opostas do público e do privado já não servem muito bem para explicar o sistema de educação superior. Entre público e privado não há mais fronteiras muito bem definidas e incomunicáveis. Também já não são mais suficientes os antigos modelos de financiamento, os programas de crédito educativo e o instituto da filantropia, conforme praticados por anos no Brasil. Atualmente, dada a grande expansão do sistema pela via privada, são necessários novos instrumentos que possibilitem não só o ingresso, como também a permanência na educação superior de um grande número de jovens de baixa renda e que não têm capacidade de autofinanciamento. O poder público impulsiona programas que ampliam o acesso às instituições privadas e públicas. Surgem os programas de subsídios diretos e indiretos, por via de renúncia fiscal, ações afirmativas consignadas em cotas ou bônus.

O aumento da demanda por estudos superiores se tornou um imperativo da sociedade atual, determinada fortemente pela economia globalizada. Em razão da incapacidade de o estado prover adequadamente o sistema com fundos públicos, de modo a atender a explosiva demanda, se incrementou a política de expansão da oferta por meio da iniciativa privada. Para corresponder à diversidade da demanda, as instituições também se diferenciaram. No cenário brasileiro de expansão, diversificação e alargamento do sistema de educação superior concorrem instituições públicas e privadas, de diferentes tamanhos e formas de financiamento, mantidas pela União, pelos estados, municípios, grupos religiosos ou civis, empresários privados, com características de elites e valorização da pesquisa ou, mais comumente, dedicadas à absorção de matrículas de acordo com os perfis das demandas profissionais, de larga ou curta duração, modulação de cursos, com distintos padrões de qualidade, sem fins lucrativos ou perseguindo lucros sem-fim, presenciais ou a distância, com diferentes modelos de organização acadêmica etc.

A diferenciação também ocorre de diversos modos na plural tipologia do alunado, podendo-se destacar o ingresso de maior quantidade de estudantes provenientes de classes médias e baixas, significativo aumento de mulheres e de indivíduos com idade superior à coorte considerada adequada. O interesse predominante é a capacitação para empregos, o que também explica a oferta de um grande número de cursos tecnológicos, profissionalizantes de curta duração e a grande expansão da modalidade a distância, muitas vezes com baixa ou duvidosa exigência acadêmica.

A expansão do sistema tem contribuído muito para a democratização da educação superior e para uma maior inclusão social, embora ainda mantenha suas marcas de elitismo. O explosivo aumento quantitativo tem acarretado desafios de grande monta às instituições, no que se refere ao atendimento desse novo contingente de estudantes, muitos deles com sérias carências econômicas, precários estudos prévios e limitados horizontes profissionais. O sistema e as instituições não estavam preparados para essa eclosão de demandas desagregadas, relativamente à infraestrutura física, à qualificação docente, à rápida multiplicação e obsolescência de conhecimentos e informações, às céleres mudanças no campo dos empregos e no quadro valorativo da sociedade. Nestes tempos atuais, as instituições de educação superior já não gozam de nenhuma estabilidade, em razão da rapidez das transformações, do regime de intensa competitividade, da escassez de recursos, da crise geral de valores e da imprevisibilidade do futuro. Esse processo desenfreado de instabilidade, diversificação e fragmentação do sistema, das instituições e dos currículos é a questão-chave a ser enfrentada tanto pelos operadores do estado como pelos gestores institucionais e pesquisadores da área de educação superior.

8. Políticas públicas de democratização da educação superior: algumas modalidades

A referência central da universidade como produtora do conhecimento universal eram as humanidades. Agora, o universal tem base técnica e as disciplinas "ricas", as mais requisitadas e mais aquinhoadas de financiamentos são aquelas definidas pelos circuitos acadêmicos mais conectados com os interesses das grandes empresas e laboratórios transnacionais. O conhecimento, especialmente o conhecimento útil, aplicável, é uma poderosa matéria-prima que move e alimenta a economia globalizada, de base tecnológica. Daí que, em toda parte do mundo, os governos sofrem fortes pressões para aumentar consideravelmente as oportunidades de estudo, sobretudo para os jovens provenientes das classes mais carentes. Respondem a essas pressões de diversos modos e conforme as suas possibilidades e aos interesses políticos e econômicos do momento. Países ricos têm mais possibilidades de aumentar os recursos públicos. Em geral, países pobres ou em desenvolvimento seguem as tendências de criar facilidades para expansão do setor privado e pôr em prática programas de ampliação de vagas. Com a finalidade de beneficiar alguns grupos da população que normalmente não têm acesso à educação superior, sem necessariamente criar mais vagas, algumas ações são impulsionadas no âmbito do que se convencionou chamar genericamente de "ações afirmativas" ou de "discriminação positiva".

Por meio de iniciativas do Ministério de Educação e das Instituições de Educação Superior (IES), o Brasil vem promovendo diversos tipos de programas de "discriminação positiva". Dentre elas, as que têm acirrado mais discussões e conflitos de posições são as bolsas e as cotas. Os beneficiários das cotas mais praticadas, prioritariamente, são: estudantes pobres; afrodescendentes e indígenas; estudantes oriundos de escolas públicas; portadores de necessidades especiais (Dias Sobrinho, 2006, p.95).

Serão aqui mencionadas algumas medidas empreendidas pelo governo Lula, idealizadas e praticadas nos últimos sete anos. Um breve recuo no tempo ajuda a compreender as urgências de políticas públicas com propósitos de ampliação de vagas, de inserção social e abrandamento de desigualdades via educação.

Como ocorreu também em diversos outros países, a educação superior brasileira vem experimentando uma grande expansão quantitativa, mais claramente iniciada nos anos 1970, com notável aceleração nos últimos dez anos. É importante observar que essa expansão se deu principalmente pela via privada. Dos 425.478 estudantes matriculados em cursos superiores em 1970, cerca de 51% frequentavam instituições privadas. Essa proporção, em 2009, foi muito maior: de um total de 2.281 IES e 4.880.381 estudantes, eram privadas 89% das instituições e 74,5% das matrículas. Enquanto no setor privado predomina a oferta de vagas no período noturno (70%), nas instituições públicas 62,5% das matrículas estão nos períodos diurnos. Na década de 2000, as matrículas privadas cresceram 100%, contra os 40% do setor público. Nos cursos de pós-graduação, essa lógica não prevalece, pois a maioria dos 141.664 estudantes de mestrado (91.996) e de doutorado (49.638) está matriculada em instituições públicas.

É importante observar que persiste uma grande ociosidade de 52% no segmento privado e de cerca de 9% no público. Isso pode significar, de um lado, uma tendência ao esgotamento da demanda outrora reprimida e, por outro lado, o que poderá ser muito grave, a insuficiente condição econômica de um grande contingente de jovens para pagarem pelas mensalidades e assegurarem sua manutenção durante o curso. Pode-se supor que as dificuldades econômicas sejam umas das principais causas da evasão, superior a 25% no segmento privado. A ociosidade e a evasão – que ocorrem notadamente nos cursos pagos – indicam que há uma grande disponibilidade de vagas no setor privado, o que explica o claro interesse dessas instituições em acolher muito mais estudantes beneficiários de políticas públicas.

Outra observação parece ser importante para uma compreensão melhor de uma peculiaridade das ações afirmativas que se praticam em algumas instituições brasileiras. Embora a maioria da população brasileira seja constituída por negros e pardos, somente 25,4% dos estudantes de cursos superiores da coorte 18-24 são afrodescendentes. Felizmente, se pode observar, ano a ano, uma paulatina diminuição dessa discrepância, possivelmente em razão de nos anos recentes se notarem resultados positivos em processos mais amplos de ascensão social e econômica dos afrodescendentes e, particularmente, de algumas ações afirmativas na educação superior.

Pesquisa e formação de pesquisadores, no Brasil, têm sido funções exercidas predominantemente pelas universidades públicas. A construção e a manutenção de uma estrutura diversificada de pesquisa são muito dispendiosas e despertam pouco interesse das instituições privadas, ressalvadas as exceções conhecidas. Assim, enquanto as universidades públicas, por meio da investigação e de sua aplicação em inovação tecnológica, estão bastante vinculadas aos processos produtivos da indústria e à formação de pesquisadores para a continuidade e aprofundamento dessa agenda, as instituições privadas, por meio do ensino de graduação, estão predominantemente dedicadas à capacitação para as ocupações profissionais. Eis aí um problema de equidade, cuja atenuação exigiria recursos financeiros que o estado brasileiro não tem ou não se dispõe a investir.

O principal programa de inserção na educação superior, o Programa Universidade para Todos (PROUNI), facilita a ocupação de vagas pelos estudantes de baixa renda em instituições privadas, por meio de financiamento público (Dias Sobrinho & Brito, 2008, p. 502). De um modo geral, as IES privadas, especialmente as de pequeno porte e de recente criação, não desenvolvem pesquisas de modo sistemático e tampouco se dedicam à formação de pesquisadores. Isso significa que os estudantes que ingressaram via PROUNI, ainda que passem a ter possibilidades de se graduarem em cursos superiores e de disputarem postos de trabalho coerentes com seus estudos, dificilmente terão boas oportunidades no campo da investigação e da formação em pesquisa – especialmente nas áreas "ricas" – e, então, é provável que enfrentarão muitas dificuldades nas competições pelos melhores empregos. Portanto, é insuficiente a ampliação do acesso apenas por via do dinheiro público, comprando vagas nas instituições privadas. É necessário, social, econômica e politicamente que o Estado amplie as vagas em universidades públicas, especialmente nas que tenham forte tradição em pesquisa e formação de pesquisadores, para os jovens de baixa renda.

Depois de anos de estagnação, o setor público federal vem sendo significativamente ampliado. O governo brasileiro está contabilizando nestes últimos anos a criação de uma dezena de novas universidades e 48 *campi* fora da sede, além da implantação de vários centros tecnológicos distribuídos nas várias regiões do país. Além disso, há vários estímulos à criação de vagas na educação superior pública, notadamente no período noturno, prioritariamente para atendimento de demandas de estudantes de baixa renda, de afrodescendentes e egressos da rede pública.

O Plano de Reestruturação e Expansão das Universidades Federais (REUNI) é um programa que começa a ser adotado em muitas universidades federais, utilizando, basicamente, a seguinte fórmula: a universidade elabora um projeto de desenvolvimento institucional, recebe os recursos do MEC e amplia as vagas de acordo com os critérios aprovados. Dentre os objetivos que orientam o programa, segundo o Decreto n. 6.096/2007, que o instituiu, citam-se: redução das taxas de evasão, aproveitamento de vagas ociosas, otimização da mobilidade estudantil, reorganização curricular, diversificação da oferta de cursos de graduação, ampliação de políticas de inclusão e assistência aos estudantes, articulação entre os diversos níveis de educação.

A expansão de matrículas de jovens pertencentes a grupos étnicos geralmente desfavorecidos, especialmente os afrodescendentes, também tem sido promovida nas instituições públicas federais, estaduais e municipais, por meio de diferentes modalidades de ações afirmativas, dentre as quais se incluem os sistemas de cotas sociais e raciais e de acréscimo de bônus no exame de ingresso. Vale observar que as cotas e bônus não necessariamente expandem a quantidade de vagas, apenas buscam promover a inclusão social de alguns grupos marginalizados.

Os programas oficiais emanados do MEC e as várias medidas de ações afirmativas promovidas pelas instituições, além do mérito de mitigarem um pouco as dívidas e assimetrias sociais, pela inserção na educação superior de grandes contingentes de estudantes outrora marginalizados, cumprem também a estratégia de fortalecimento de regiões interioranas e afastadas dos eixos mais desenvolvidos.

É importante observar que a ampliação da matrícula em educação superior, mesmo com o incremento representado pelas políticas públicas de ações afirmativas, encontra sérios limites que não serão transpostos em curto espaço de tempo e por efeito de alguns poucos programas oficiais.

No fundo, a grande limitação é a pobreza do país, a qual, por sua vez, gera outros fatores impeditivos da democratização e expansão da educação superior. Merece destaque um desses fatores estreitamente relacionados com a pobreza e em muitíssimos casos diretamente decorrente dela: a precariedade educacional dos níveis anteriores. Em média, apenas 40% dos jovens brasileiros completam o ensino médio e, desses, muito poucos são provenientes de famílias de baixa renda. Se levarmos em conta que os concluintes do ensino médio são em número inferior à oferta de vagas no ensino superior e se, ainda mais, considerarmos que muitos desses jovens, cerca de um quarto deles, não teriam condições econômicas de se manter num curso superior ainda que gratuito, então temos de admitir que toda e qualquer ação afirmativa é positiva, porém insuficiente. Somente as soluções estruturais podem ser sustentáveis.

Pensando em termos de equidade, seria importante que não só se disponibilizassem vagas suficientes para todos no ensino superior, mas que também houvesse igualdade de oportunidades não apenas do ponto de vista quantitativo, como também qualitativo. Isso implica, entre outras providências, a necessidade de se promoverem ações que visem a elevar a capacidade de os jovens social e economicamente desprivilegiados poderem competir com os demais, com mais possibilidades de sucesso, nos concursos de ingresso no nível superior. Em outras palavras, se requerem ações e programas que preparem os jovens mais necessitados para a dura competição pelo ingresso em bons cursos e carreiras socialmente valorizadas.

Com o deslocamento do valor universal das humanidades para o universalismo de base técnica, as disciplinas de maior prestígio neste momento estão sendo a biotecnologia, a biologia, a informática, a engenharia, a pesquisa médica, a eletrônica e outras que com essas mantêm contatos e compõem um campo que potencializa a competitividade de um país e de empresas. Em geral, essas disciplinas se desenvolvem com mais reconhecimento acadêmico, principalmente em universidades de pesquisa, isto é, nas universidades públicas de referência e nas instituições privadas de alto custo, onde estão muito poucos dos estudantes beneficiados por programas de inclusão.

9. Considerações finais

A educação é um direito humano. Por equidade, todo indivíduo deveria ter adequadas oportunidades de acesso à educação de qualidade, em todos os níveis. Por questões de justiça social e estratégia de desenvolvimento nacional sustentável, o Estado tem o dever de prover, com a participação da sociedade, as condições para que a educação efetivamente seja um bem social.

As políticas e os programas de democratização da educação superior, focados na expansão das matrículas, são necessários e constituem um aspecto essencial dos esforços pela diminuição das desigualdades e pela ampla inserção social, particularmente da grande população de jovens tradicionalmente desassistidos. Entretanto, têm seus limites e riscos. A maior inclusão que promovem não consegue romper a estrutura verticalizada e desigual da sociedade. Melhoram as condições de vida de milhares de jovens, e isso é altamente positivo, porém não alteram radicalmente o panorama social polarizado.

Os programas e as ações afirmativas têm o grande mérito de ampliar as oportunidades educativas para muitos que sempre estiveram relegados a uma educação formal precária, ou mesmo a nenhuma, e, então, cumprem parcialmente uma função de abrandamento das desigualdades. Poucos desses jovens têm acesso aos benefícios educativos e culturais de que dispõem aqueles pertencentes aos setores privilegiados da sociedade. Poucos dos beneficiários de programas de expansão e de ações afirmativas têm uma formação em pesquisa, em áreas de alta competitividade, de grande prestígio social e calibradas com as rápidas e profundas evoluções na economia, na sociedade, nos conhecimentos e nas técnicas.

Reconhecendo sempre o grande valor do ponto de vista social e humano, também há de se perceber que essas boas políticas são incapazes de transformar significativamente os modelos institucionais e pedagógicos. Após a implementação dessas práticas, as instituições de educação superior continuam a oferecer os mesmos serviços educativos, com as mesmas orientações metodológicas e concepções curriculares, com a diferença de agora contarem com a presença de alguns novos alunos de segmentos sociais de mais baixa renda e um pequeno acréscimo de afrodescendentes, em geral oriundos da rede pública.

Também em nível de sistema não há alterações significativas. Ao contrário, persistem e até se intensificam a diversidade de programas e cursos, a fragmentação das responsabilidades, a diferenciação e a segmentação institucional. A pesquisa segue como uma atribuição majoritariamente das universidades públicas, cujas atividades se desenvolvem predominantemente em períodos diurnos, enquanto que as instituições privadas, salvo algumas reconhecidas, se dedicam mais à absorção de matrículas e ao ensino em cursos de graduação, principalmente à noite. Como a pesquisa é muito cara e ela está concentrada principalmente nas instituições públicas de referência, a democratização impulsionada por políticas que facilitam a ampliação do acesso ou por ações afirmativas encontra limites nas universidades públicas, que concentram a maior parte das investigações sistemáticas, principalmente porque as estruturas de pesquisa são muito caras e os orçamentos públicos bastante restritos.

Em razão de seu capital cultural e educativo anterior geralmente mais consistente, jovens com alto poder aquisitivo entram mais facilmente em instituições públicas, que são referência em pesquisa e ensino, ou em instituições privadas de bom prestígio acadêmico. Jovens de segmentos sociais de baixa renda e, comumente, oriundos da rede fundamental pública e com precário itinerário escolar, quando beneficiados pelas políticas públicas de educação superior, quase sempre se concentram em instituições meramente de ensino, em cursos de menor valor social, e poucos se beneficiam de uma iniciação científica. Em outras palavras, se mantém a polarização entre instituições de referência, públicas ou privadas, e instituições de menor prestígio acadêmico e social, o que também tende a preservar as assimetrias entre bons e precários empregos. Do ponto de vista do sistema e da atividade acadêmica, se fortalece a estratificação entre graduação e pós-graduação e suas respectivas funções. Aquela se ocuparia quase unicamente do ensino, enquanto que a pesquisa seria responsabilidade formal somente da pós-graduação. Ao lado das instituições tradicionais, um outro modelo de tipo novo busca seu espaço no sistema, concentrando-se em uma demanda socialmente diferenciada. São algumas instituições, com elevados investimentos privados, vocacionadas a formar as futuras elites para o mercado de alta competitividade.

Em síntese bastante apertada, com base nas reflexões precedentes, seguem esquematicamente algumas das mais importantes conclusões, mesmo que muitas delas sejam óbvias:

— a expansão da educação superior com equidade depende muito de transformações estruturais e sustentáveis de modo geral, particularmente no sistema econômico;

— é preciso melhorar e ampliar a educação fundamental, de modo a elevar a quantidade e a qualidade de concluintes no ensino médio; para tanto, é também fundamental ampliar e melhorar continuamente a formação de professores;

— é preciso ampliar e melhorar a infraestrutura geral da educação básica, pois a atual capacidade instalada é insuficiente para incorporar a totalidade de crianças e jovens que hoje estão fora das escolas;

— a política pública de democratização da educação superior deve propiciar mais e melhores oportunidades de acesso, mas sempre assegurando boas condições de permanência do estudante nos cursos;

— a democratização da educação superior não se esgota na questão da expansão do acesso e permanência — deveria estender-se aos currículos, à gestão e à democracia interna vivida nos distintos momentos e diferentes estruturas institucionais;

– em matéria de investigação, inovação, ciência e tecnologia e de formação de investigadores, ao menos no caso brasileiro, é imprescindível que continue a haver uma forte participação do Estado e de suas instituições;

– há sérias dificuldades relativas a uma expansão muito maior das matrículas, pois os recursos públicos são insuficientes e a capacidade e interesse das IES privadas em ampliar sua adesão ao PROUNI já estão perto de seu limite;

– ampliar a participação do Estado no provimento da educação superior de qualidade é muito importante, por diversas razões, inclusive porque a capacidade de financiamento privado é muito reduzida.

Referências bibliográficas

DIAS SOBRINHO, José. *Dilemas da educação superior no mundo globalizado.* Sociedade do conhecimento ou economia do conhecimento? São Paulo: Casa do Psicólogo, 2005.

_____. Changes in brazilian higher education and their effects on the enhancement of teaching (1995-2005). In: KREBER, Carolin (ed). *International policy perspectives on improving learning with limited resources.* San Francisco, New Directions for Higher Education, Jossey-Bass, number 133, spring 2006, p. 91-101.

_____. Calidad, pertinencia y relevancia: relación con el resto del sistema y la sociedad; responsabilidad social de la Educación Superior. In: GAZZOLA, Ana Lúcia & PIRES, Sueli (eds.). *Hacia una política regional de aseguramiento de la calidad en educación superior para América Latina y el Caribe,* Caracas, UNESCO-IESALC, 2008.

DIAS SOBRINHO, José. Higher education: a public good, a State duty. In: POLAK, Eva Egron *et al.*(ed.). *Public responsability for higher education.* Paris: UNESCO, 2009.

DIAS SOBRINHO, José & BRITO, Márcia Regina F. de. La educación superior en Brasil: principales tendencias y desafíos. In: *Avaliação, Revista da Avaliação da Educação Superior,* edição especial "La educación superior en América Latina y el Caribe, 2008 (Principales tendencias y desafíos), Campinas; Sorocaba, vol. 13, n. 2, p. 487-507, jul. 2008. [Também disponível em meio eletrônico: www.scielo.br/aval]

NEAVE, Guy. *Educación superior: historia y política.* Estudios comparativos sobre la universidad contemporánea. Buenos Aires: Gedisa Editorial, 2001.

ZAGO, Nadir. Do acesso à permanência no ensino superior: percursos de estudantes universitários de camadas populares. *Revista Brasileira de Educação,* vol. 11, n. 312, p. 226-237, maio-ago. 2006.

4. Políticas de educação superior no Brasil: mudanças e continuidades

Alfredo Macedo Gomes[1]
João Ferreira de Oliveira[2]
Luiz Fernandes Dourado[3]

O presente texto analisa as políticas de educação superior no Brasil nos anos 1990 e 2000, considerando os programas, projetos e ações implementados nos governos de Fernando Henrique Cardoso – FHC (1995-2002) – e Luiz Inácio Lula da Silva (2003-2008) que tiveram e vem tendo significativo impacto no processo de reconfiguração da educação superior, com destaque para a expansão desse nível de ensino tanto no setor público como no setor privado. De modo mais específico, investiga-se a lógica que orientou as políticas de educação superior no governo FHC, assim como as possíveis mudanças e continuidades no governo de Lula da Silva, que herdou um conjunto de políticas e ações que caracterizavam uma reforma da educação superior ocorrida no governo anterior.

---

[1] Doutor em Educação pela University of Bristol, Inglaterra, e professor na Universidade Federal de Pernambuco. Pesquisador do CNPq. E-mail: alfredomgomes@gmail.com.
[2] Doutor em Educação pela Universidade de São Paulo (USP) e professor na Universidade Federal de Goiás. Pesquisador CNPq. E-mail: joaofo@terra.com.br.
[3] Doutor em Educação pela Universidade Federal do Rio de Janeiro (UFRJ) e professor na Universidade Federal de Goiás. Pesquisador CNPq. E-mail: douradol@terra.com.br.

1. Reforma da educação superior no governo Fernando Henrique Cardoso

Durante o governo Fernando Henrique Cardoso (1995-2002) foram implementados, no contexto de reforma do Estado, programas, projetos e ações que tiveram significativo impacto no processo de reconfiguração da educação superior no Brasil, com destaque para a expansão desse nível de ensino por meio de cursos e programas em Instituições de Ensino Superior (IES) privadas. A seguir, buscamos caracterizar e analisar a lógica que orientou a formulação e implementação dessas políticas, bem como alguns dos efeitos sentidos, em especial, nas Instituições Federais de Ensino Superior (Ifes).

1.1. Flexibilidade, competitividade e avaliação no ensino superior: eixos de uma reforma excludente

As políticas de educação superior desde a segunda metade da década de 1990 basearam-se na associação de três princípios fundamentais: *flexibilidade, competitividade e avaliação*, visando instituir um sistema de educação superior diversificado e diferenciado que rompesse com o modelo instituído pela reforma universitária de 1968, fundada no princípio da indissociabilidade entre ensino, pesquisa e extensão e na ideia de universidade como modelo de organização acadêmico-institucional para oferta de cursos de nível superior, em contraposição às instituições isoladas.

O princípio de *flexibilidade* serviu de base para um amplo processo de diversificação e diferenciação dos formatos institucionais – universidades e outros tipos de instituições (centros universitários, faculdades integradas, faculdades isoladas, institutos superiores de educação) – e da oferta de novos cursos, considerados de nível superior, destacando-se os cursos sequenciais, os cursos tecnológicos de educação profissional e os mestrados profissionalizantes. Além disso, é preciso registrar o processo denominado de flexibilização das diretrizes curriculares dos cursos de graduação, iniciado em 1997, e a ênfase nas IES como agências de certificação de competências de aprendizagens obtidas fora do espaço das instituições educativas responsáveis pela educação escolar.

Assim, a educação superior passou a receber uma espécie de *choque de mercado*. Tal processo passou a ser categorizado de *mercantilização* ou de *quase mercado*, na medida em que o sistema de ensino superior passou a ser orientado e estruturado, basicamente, pelos sinais de mercado e pelos interesses dos empresários da área de ensino, uma vez que o governo, por meio de certas iniciativas, instituíra as condições para a regulação pelo mercado do setor, especialmente no tocante à sua expansão. A *competitividade mercantil* foi incorporada, pois, à lógica das políticas do Governo Federal, na medida em que houve um processo indutor de criação de instituições e de cursos, de adoção de uma perspectiva de tratamento dos alunos como clientes e/ou consumidores de produtos acadêmicos, de ênfase em uma expansão via IES, cursos e financiamento privados, de redução de gastos nas IFES, dentre outros.

Todavia, a maior flexibilidade e a maior competitividade só alcançam êxito efetivo com a constituição do denominado sistema de avaliação, que não se constituiu propriamente em um sistema por reduzir-se à mensuração de resultados, já que buscou aferir a qualidade dos produtos ou do ensino oferecido pelas diferentes IES. Nesse sentido, o Exame Nacional de Cursos (Provão), exame criado em 1995, ocupou papel central, uma vez que permitiu o estabelecimento de *ranking* entre as IES e cursos, baseado exclusivamente em uma prova (exame) aplicada aos formandos dos diferentes cursos de graduação. Na prática, o pretenso sistema de avaliação indicava uma mudança substancial no papel do Estado que, se por um lado, *liberou* o crescimento pela via privada, por outro, passou a informar a *qualidade* dos produtos acadêmicos aos consumidores, fazendo ameaças de fechamento de cursos e instituições, sem, contudo, efetivá-las, quando a *má qualidade* era aferida nos cursos por meio do provão.

As formas de acesso aos cursos superiores também foram flexibilizadas e diversificadas com a reforma, visando acabar com o vestibular tradicional (de provas objetivas e discursivas), por meio da adoção de várias modalidades de acesso. A LDB, aprovada em 1996, passou a exigir um *processo seletivo* para ingresso nos cursos de nível superior, em que seria possível experimentar ou combinar diferentes mecanismos de seleção. Para tanto, o Governo Federal criou o Exame Nacional de Ensino Médio (Enem), que poderia compor ou substituir os processos seletivos das diferentes IES. Incentivou-se também a avaliação seriada ao longo do ensino médio e a inclusão de outros procedimentos, como entrevistas, avaliação de dados curriculares, históricos escolares, testes etc.. Tais alterações coadunaram-se a um movimento de expansão da educação superior privada, no país, sem precedentes na história desse nível de ensino.

Esses princípios e ações basilares tiveram forte influência no processo de reestruturação da educação superior caracterizado, sobretudo, pela expansão privada e pelo acirramento da crise nas IES públicas, especialmente nas IFES. Essa lógica, indutora do pragmatismo mercadológico, implicou um processo excludente de expansão das oportunidades educacionais, na medida em que a referida expansão não democratizou efetivamente o acesso à educação superior. As mudanças na legislação brasileira, desde a aprovação da LDB (Lei n. 9.394/96), produziram uma ampla diversificação e diferenciação das IES e da oferta de cursos e programas de formação profissional, corroborando com um dos objetivos centrais da reforma: expandir a oferta de ensino superior ou pós-médio no país, tendo por centralidade a iniciativa privada.

1.2. A expansão acelerada do ensino superior privado a partir da segunda metade da década de 1990

O objetivo central da reforma da educação superior, a partir dos processos de diversificação e diferenciação implementados, foi promover uma expansão acelerada do sistema que atendesse à demanda por esse nível de ensino, sem ampliação dos investimentos dos recursos do fundo público para o crescimento da oferta de vagas.

O período 1990 a 1996 registra certa estagnação no que tange ao número de IES no país (Tabela 1). De 918 instituições, em 1990, passamos para 922, em 1996. Há regiões que registram decréscimo de instituições, como é o caso da região Nordeste e Sul, o que se deve, em geral, à aglutinação de IES isoladas com a criação de universidades, sobretudo na rede estadual. No entanto, esse quadro muda radicalmente quando comparamos com o período 1996 a 2002, que duplicou o número de instituições, passando de 922 para 1.637; tal crescimento foi acentuado em todas as regiões geográficas do país.

Tabela I – Número de instituições no Brasil e regiões geográficas –1990/1996/2002

Região/UF	1990	1996	2002
Brasil	918	922	1.637
Norte	26	34	83
Nordeste	111	97	256
Sudeste	564	575	840
Sul	147	122	260
Centro-Oeste	70	94	198

Fonte: Dados obtidos a partir do Censo da Educação Superior (MEC/ INEP)

O número de instituições por dependência administrativa mostra um incremento significativo de instituições quando analisamos o período de 1990 a 2002 (Tabela 2). A rede federal registrou certo crescimento no número de instituições, enquanto houve uma diminuição de instituições na rede estadual e na rede municipal. A diminuição na rede estadual deveu-se à tendência de criação de universidades estaduais no período, que se processou pela reunião de dois ou mais estabelecimentos isolados. Na rede municipal, o decréscimo veio em função da maior responsabilização dos municípios com a educação infantil e com o ensino fundamental[4], impedindo-os, inclusive, de efetuar gastos com educação superior, quando se tratasse de recursos vinculados (25%); outra razão para a referida redução na rede municipal foi o forte processo de privatização desse nível de ensino. É na rede privada, no entanto, que encontramos um aumento de mais de 100% no número de instituições, no período 1996 a 2002, o que levou essa rede a alcançar um percentual de 88% do total das IES existentes no país.

Tabela 2 – Número de instituições por dependência administrativa no Brasil – 1990/1996/2002

ANO	Instituições por dependência administrativa				Total
	Federal	Estadual	Municipal	Particular	
1990	55	83	84	696	918
1996	57	74	80	711	922
2002	73	65	57	1.442	1637

Fonte: Dados obtidos a partir do Censo da Educação Superior (MEC/INEP)

---

[4] As competências dos municípios, no tocante à educação infantil e ao ensino fundamental, são claramente definidas na Constituição Federal de 1988 (BRASIL, 1988), na LDB (BRASIL, 1996a) e na lei do Fundo de Manutenção e Desenvolvimento do Ensino Fundamental e de Valorização do Magistério – Fundef (BRASIL, 1996b), substituído pelo FUNDEB (BRASIL, 2007a).

O número de cursos evidencia tendência semelhante ao número de instituições. Verifica-se que, apesar do baixo crescimento do número de IES, no período 1990-1996, ocorreu um aumento no número de cursos em todas as regiões geográficas (Tabela 3). Essa ampliação, no entanto, não pode ser comparada à do período 1996-2002. Nesse último período, ocorreu uma expansão no número de cursos em mais de 100% em todas as regiões do país, o que evidencia a política de liberalização e flexibilização para a criação de cursos e instituições.

Tabela 3 – Número de cursos de graduação no Brasil e regiões geográficas – 1990/1996/2002

Região/UF	1990	1996	2002
Brasil	4.712	6.644	14.399
Norte	179	412	1.200
Nordeste	750	1.031	2.514
Sudeste	2.428	3.178	6.341
Sul	977	1.463	2.949
Centro-Oeste	378	560	1.395

Fonte: Dados obtidos a partir do Censo da Educação Superior(MEC/INEP)

A evolução no número de matrículas em cursos de graduação, nos anos 1990, 1996 e 2002, complementa a real dimensão do processo de aceleração da oferta de educação superior no Brasil. O baixo crescimento ocorrido no período 1990 a 1996 foi substituído por um crescimento acentuado no período 1996 a 2002, chegando a quase duplicação no número de matrículas em cursos de graduação (Tabela 4).

Tabela 4 – Matrículas em cursos de graduação no Brasil e regiões geográficas – 1990/1996/2002

Região/UF	1990	1996	2002
Brasil	1.540.080	1.868.529	3.479.913
Norte	44.388	77.035	190.111
Nordeste	247.198	279.428	542.409
Sudeste	869.478	1.028.431	1.746.277
Sul	286.350	349.193	677.655
Centro-Oeste	92.666	134.442	323.461

Fonte: Dados obtidos a partir do Censo da Educação Superior (MEC/INEP)

Toda essa expansão acentuou uma tendência já em curso, qual seja, o crescimento do percentual de vagas, de matrículas e de alunos na rede privada de ensino superior. No censo de 2003, que se refere aos dados de 2002, cerca de 70% das matrículas foram registradas nas IES privadas. Trata-se, portanto, da adoção de uma política que acentuou o viés privatista, com adoção de uma lógica competitiva, que ampliou o grau de subordinação formal e real da educação superior aos interesses do mercado e, particularmente, aos empresários que atuam nesse setor, transformando esse nível de ensino em um *serviço* a ser fornecido conforme interesse e condições financeiras dos *consumidores*.

Há um número considerável de pesquisas que analisam diferentes aspectos das políticas de expansão durante o governo FHC (CUNHA, 2003; SGUISSARD, 2008; DOURADO, 2002; OLIVEIRA, 2000; DIAS SOBRINHO, 2002; GOMES, 2002, 2003, 2008; PINTO, 2002; AMARAL, 2003; OLIVEIRA, 2007), mas é possível afirmar que "a expansão da educação superior foi realizada mediante financiamento privado, *doméstico*, com a participação ativa do 'consumidor de serviços educacionais', numa clara definição da educação superior como mercadoria, o que cristaliza a marca da política liberal-conservadora deste governo, com a tentativa de apagamento, na memória discursiva da população, da ideia de educação como direito. Para o sucesso desse processo, teve papel fundamental a implementação de mecanismos de avaliação que estabeleceram a competitividade como motora de dinamização do moderno mercado da educação superior por meio da ampla divulgação que o governo e a mídia davam aos resultados do Exame Nacional de Cursos, o Provão" (GOMES, 2008, p. 28-29).

1.3. Alguns efeitos da reforma da educação superior nas universidades federais

A expansão da educação superior no período de 1995 a 2002 não ocorreu só no setor privado. A pressão do Governo Federal, desde o início da reforma, em 1995, para que as Ifes ampliassem a oferta de vagas, implicou em uma expansão do sistema federal. Como afirmou Wrana Maria Panizzi (2003, p.4), então presidente da Associação Nacional de Dirigentes das Instituições Federais de Ensino Superior (Andifes),

> [...] Entre os anos de 1995 e 2000, apesar da diminuição dos nossos recursos humanos e financeiros, o que até hoje nos ocasiona problemas, como a redução do nosso quadro de técnicos e professores, como a dificuldade de manutenção de nossos prédios, bibliotecas e laboratórios, o Sistema Federal de Educação Superior aumentou a oferta de vagas em seus cursos de graduação (26%), em seus cursos de graduação noturnos (100%) e em seus programas de pós-graduação (154%).

Esse crescimento acabou atendendo a pontos centrais da política do Ministério da Educação (MEC) no período, sobretudo no que tange à racionalização dos gastos, à ampliação da relação professor-aluno e à diminuição do custo-aluno nas universidades federais. De modo geral, essas universidades viram-se pressionadas a melhorarem os indicadores de eficiência e de produtividade, por meio da expansão do ensino superior de graduação, o que veio a se materializar com a assinatura de protocolo de ampliação de vagas assinado pela Andifes, em 1998, bem como com a implementação da GED[5], também em 1998, e com a adoção de nova matriz de financiamento, que estimulava, igualmente, a oferta de vagas em cursos de graduação, sobretudo em cursos noturnos e em *campi* do interior.

A expansão nas universidades federais se deu a *custo zero* ou, mais rigorosamente, se deu com uma diminuição paulatina dos recursos orçamentários dessas instituições, que se viram obrigadas a "diversificar as suas fontes de financiamento", indo ao mercado buscar recursos complementares para sua manutenção ou mesmo para o seu desenvolvimento, basicamente por meio da prestação de serviços, cobrança de taxas acadêmicas mais elevadas, cobrança de mensalidades nos cursos de especialização, realização de convênios, dentre outras (OLIVEIRA, 2000; AMARAL, 2003).[6]

---

[5] A GED – Gratificação de Estímulo à Docência – foi criada pela Lei n. 9.678, de 03 de julho de 1998 e alterada pela Lei n. 11.087, de 04 de janeiro de 2005 (BRASIL, 1998, 2005). Ela teve implicações diretas na atividade docente das Ifes (SOUZA, 2005, p. 189). A implementação dessa iniciativa repercutiu no aumento da matrícula e, particularmente, na razão estudante/docente, que era de 7,6 em 1981, aumentou para 9,0 em 1994 e subiu para 10,4 em 1999 (INEP, 2000). A GED promoveu também a ampliação dos cursos noturnos, ao mesmo tempo em que foi acompanhada da queda dos recursos financeiros para as Ifes.

[6] Segundo Amaral (2003), o total de recursos das Ifes passou de 0,97% do PIB, em 1989, para 0,57% em 1992. Depois de uma breve recuperação, os recursos atingem 0,91% do PIB em 1994, e, então, inicia-se um processo acentuado de queda, chegando a 0,61% do PIB em 2001, com leve recuperação em 2002 (0,64% do PIB). Isso indica que, no período entre 1989 a 2002, a queda dos recursos das Ifes com relação ao PIB foi de 34%. Diante desses dados, pode-se depreender que o processo de expansão resultou em uma fragilização das instituições de ensino e degradação das condições de trabalho, com implicações consideráveis para a qualidade.

A crise financeira das universidades federais foi uma realidade inquestionável no período 1995-2002, como evidencia a tabela 5. Nesse período, verifica-se uma redução gradativa dos valores repassados pelo Governo Federal para essas instituições (AMARAL, 2003). O orçamento caiu de R$ 6,69 bilhões, em 1995, para R$ 4,96 bilhões, em 2001; em que pese o crescimento na oferta de vagas em cursos de graduação, que passou de 394.728, em 1995, para 531.634, em 2002. No mesmo período, observa-se uma redução no número de professores em exercício, que passou de 46.489, em 1995, para 45.907 professores, em 2002.

Tabela 5 – Orçamento das IFES em bilhões, valores atualizados pelo IGP-DI

1995	1996	1997	1998	1999	2000	2002
6,69	6,10	5,88	5,79	5,44	5,40	4,96

Fonte: Folha de S. Paulo, 14 nov. 2003 (Dados fornecidos pela Andifes)

As políticas implementadas, destacando-se as mudanças no padrão de gestão e financiamento, implicaram maior competitividade, sobretudo no que se refere a adequações institucionais objetivando garantir acesso a recursos induzidos, no sistema federal, a partir de elementos que marcavam a lógica identitária e a distinção institucional, favorecendo o crescimento generalizado dos indicadores de produtividade e a disputa em torno dos recursos federais. A lógica da *diferenciação*, ancorada no prestígio e na distinção, e a lógica da legitimidade científica passaram a mobilizar essas instituições de forma mais intensa, pautadas, sobretudo, pela indução externa por meio do redirecionamento de políticas de financiamento público e privado. A diferenciação institucional ampliou-se, ainda mais, em razão das relações estabelecidas com os contextos local e regional, uma das formas de sobrevivência institucional que contribuiu para ampliar as relações de subordinação do trabalho acadêmico aos interesses e finalidades externas à instituição e para uma maior concordância, indiferença ou facilitação da administração superior e do corpo docente acerca do processo de reorganização do sistema e de ajustamento das universidades federais, sem um projeto orgânico do *pool* dessas instituições, o que pode ter corroborado significativamente para o desmonte dos princípios e práticas da organicidade do sistema público federal, que visava inserir esse segmento institucional em um projeto mais arrojado de desenvolvimento do país.

De modo geral, as mudanças efetuadas nas universidades federais indicaram amplo processo de *modelação organizacional*, centrado em uma lógica cuja racionalização implicou a adoção de um paradigma contábil (LIMA, 2002), que objetivava torná-las mais ágeis, flexíveis e produtivas sob a ótica mercantil. Nesse processo de ajustamento, de sobrevivência e de rearticulação institucional, a universidade foi assumindo perfil mais funcional e pragmático, o que vem distanciando-a paulatinamente do *ideal de universidade* como *instituição social* orientada pela e para a esfera pública, pela cultura acadêmico-institucional historicamente fundada e pelo papel que desempenha no processo de democratização e emancipação da sociedade. O perfil assumido tornou-a orientada pela lógica da universidade operacional, pragmática (CHAUÍ, 1999).

Desse modo, as mudanças na organização do tempo-espaço do trabalho acadêmico nas universidades federais consubstanciaram um processo de metamorfose na identidade institucional, na perspectiva de torná-las mais *operacionais* (CHAUÍ, 1999; OLIVEIRA, 2000). Essa lógica reformadora (contábil e produtivista) – pautada na busca constante de eficiência administrativa e de produtividade – vem conseguindo alterar a configuração institucional existente e o *modus operandi* do trabalho acadêmico, ampliando paulatinamente a subordinação da gestão e da produção da universidade, o que se constitui em risco efetivo para a universidade pública brasileira. Os constrangimentos do mercado e do Estado ao projeto de constituição de uma universidade autônoma foram a tônica nesse período em análise.

2. Reforma da educação superior no governo Lula

O governo Lula teve início em 2003, herdando um conjunto de políticas e ações que caracterizavam a reforma da educação superior ocorrida no governo anterior. De modo geral, as políticas, lógicas e ações dessa reforma se fizeram sentir, sobretudo, nos dois primeiros anos do primeiro mandato (2003-2006). A partir de então, o governo Lula também passou a implementar um conjunto de programas, projetos e ações que tiveram significativo impacto no processo de reconfiguração da educação superior no Brasil, caracterizado por continuidades e mudanças em relação à política do governo anterior. A seguir, buscamos também caracterizar e analisar algumas das políticas mais significativas do governo Lula.

2.1. Os primeiros gestos do governo Lula da Silva a partir de 2003

Os *primeiros gestos* do MEC, a partir do início do governo Lula da Silva, em 2003, indicaram preocupação no sentido de discutir o papel, a natureza e os compromissos que a universidade pública deveria assumir na formulação de projeto de desenvolvimento do país, sobretudo no que tange à resolução de problemas sociais e de formação de recursos humanos e geração de conhecimento que pudessem contribuir efetivamente para o crescimento da nação.

Se analisarmos as proposições contidas no plano do governo Lula, certamente nos defrontaremos com "nova lógica" e perspectivas para a educação superior. Nesse contexto, Dourado (2003) afirmava que a expansão da educação superior, preconizada pelo governo Lula como política pública democrático-popular, passa certamente pelo estabelecimento de políticas de financiamento e de avaliação indutoras do desenvolvimento das IES. Nessa ótica, o plano do governo Lula, ao preconizar a ampliação dos recursos destinados à educação à razão de 0,5% do PIB, nos quatro primeiros anos do Plano, e de 0,6% no quinto ano, acena concretamente para a garantia do financiamento da educação nos diferentes níveis e modalidades de ensino. No tocante à educação superior, o plano do governo Lula propõe a ampliação do número de vagas e o incremento da oferta pública a 40% dos discentes desse nível de ensino. O plano preconiza, ainda, como política efetiva, a garantia do acesso à educação superior a 30% da população com idade entre 18 e 24 anos, além de novos marcos de financiamento público.

Mesmo considerando o contexto de crise fiscal do Estado brasileiro, no primeiro mandato de governo (2003-2006) parecia estar em curso um novo cenário para a educação superior, no qual o crescimento e desenvolvimento do sistema de educação superior se configurasse pelo estabelecimento de políticas que efetivassem a expansão com qualidade social, especialmente a expansão pública articulada à implementação de novos mecanismos de acesso e permanência das camadas sociais historicamente excluídas da educação superior.

Das ações iniciais efetivadas para a educação superior em 2003, merece particular destaque a designação de uma Comissão Especial de Avaliação, composta de intelectuais comprometidos com a temática, "com a finalidade de analisar, oferecer subsídios, fazer recomendações, propor critérios e estratégias para a reformulação dos processos e políticas de avaliação da Educação Superior e elaborar a revisão crítica dos seus instrumentos, metodologias e critérios utilizados".[7] O trabalho da referida comissão pautou-se por uma

---

[7] A Comissão foi constituída por técnicos do MEC/SESu/INEP e por professores e representantes de outras entidades da área. A esse respeito conferir Portarias MEC/SESu n. 11 e 19, respectivamente, de 28 de abril de 2003 e 27 de maio de 2003.

visão abrangente do papel dos processos avaliativos sem dissociar esses da necessária regulação do Estado para fomentar e supervisionar o sistema em seu conjunto, mas também reconhece a importância de uma política capaz de refundar a missão pública do sistema de educação brasileiro, respeitando sua diversidade, mas tornando-o compatível com as exigências de qualidade, relevância social e autonomia. Partindo do princípio de que a educação é um direito e um bem público, entende que a missão pública da educação superior é formar cidadãos, profissional e cientificamente competentes e, ao mesmo tempo, comprometidos com o projeto social do país (BRASIL. MEC, 2003, p. 7).

Tal concepção revelou um esforço em repensar as políticas estandardizadas para o setor, bem como a lógica restritiva imposta ao campo universitário de subordinação ao mercado de trabalho. Após audiências públicas, com o objetivo de ampliar as bases analíticas dos processos de gestão e regulação da educação superior, a comissão propôs o Sistema Nacional de Avaliação da Educação Superior (SINAES), entendendo-o como base para uma nova proposta de avaliação da educação superior brasileira, orientada pelos seguintes princípios e critérios: educação como direito social e dever do Estado; definição de valores sociais historicamente determinados; rediscussão dos atuais marcos de regulação e controle ampliando o seu escopo para o Estado e a comunidade educativa; resgate histórico e político do caráter educativo e, portanto, formativo da avaliação; respeito à identidade e à diversidade institucionais, em um sistema diversificado e globalidade; legitimidade e continuidade das ações de avaliação, no sentido de garantir eficácia formativa e efetividade social por meio da regulação com a emancipação institucional (BRASIL. MEC, 2003, p.63-68).

Nesse contexto inicial, o esforço despendido para se pensar uma nova proposta para a educação superior se deslinda com essa proposta de avaliação que, certamente, se implementada como prevista, traria grandes alterações na concepção e lógica das políticas de regulação e gestão para esse nível de ensino. Várias ações precisavam ser redirecionadas nesse sentido, objetivando garantir organicidade das políticas voltadas à garantia da educação como bem público ou direito social inalienável. Nessa perspectiva, a derrubada dos vetos ao Plano Nacional de Educação (BRASIL, 2001a), imposto pelo governo FHC, se colocava como uma importante decisão política, no sentido de garantir a implementação do plano do governo Lula, o que não chegou efetivamente a ocorrer ao longo dos dois mandatos.

Além disso, havia uma expectativa da sociedade civil organizada e dos movimentos sociais, que apoiaram a candidatura Lula, em 2002, no sentido de alteração da rota da expansão privatista que ocorreu no governo FHC (1995-2002). Esperava-se que o governo Lula assumisse uma perspectiva da educação superior como bem público e direito social e que houvesse uma recomposição dos orçamentos das instituições federais que ficaram anos sem contratação de professores e sem ampliação dos recursos para manutenção e investimentos, o que ocasionou uma ida ao mercado por meio da realização de contratos e convênios para a venda de serviços. Em termos da rede federal de educação superior, esperava-se uma ampliação dos recursos do fundo público para manutenção e expansão do sistema, de modo a reverter o quadro de mercantilização do trabalho acadêmico que havia se intensificado no governo anterior. Enfim, esperava-se ainda a transição de um *sistema de elite* para um *sistema de massa* no âmbito da educação superior, chegando ao patamar de 30% da população de 18 a 24 anos matriculada no ensino superior até 2011, último ano da década da educação, como previa o Plano Nacional da Educação (PNE), aprovado em 2001.

2.2. As políticas e a expansão da educação superior no governo Lula da Silva: novos rumos?

Articulado ao discurso da democratização da educação superior pública, gratuita e de qualidade, todo um conjunto de políticas e programas passou a ser implementado e/ou reorientado, objetivando ampliar o acesso aos cursos de educação superior, inclusive de estudantes das classes sociais menos favorecidas. Nessa direção, destacam-se os seguintes programas, projetos e ações: SINAES, PROUNI (Programa Universidade para Todos), ampliação do FIES (Financiamento Estudantil), REUNI (Programa de Apoio a Planos de Reestruturação e Expansão das Universidades Federais), o Projeto de Reforma da Educação Superior em tramitação no Congresso Nacional (PL n. 7200/2006), que buscaram, de modo geral, expandir o sistema federal, mas também apoiar o crescimento das IES do setor privado. Enquanto o SINAES buscou instituir um novo formato para o processo de avaliação e regulação da educação superior, o PROUNI buscou ampliar o número de bolsas em IES privadas com recursos do fundo público; ao mesmo tempo, todavia, o REUNI, assim como a criação e expansão dos IFETs (Institutos Federais de Educação, Ciência e Tecnologia) promoveram uma expansão e diversificação no sistema federal de educação superior.

Os dados do crescimento da educação superior no governo Lula certamente ajudam na compreensão das possíveis mudanças e continuidades em relação à política anterior. A expansão apresenta determinadas linhas de continuidade a partir de 2003, embora guarde certas especificidades. A Tabela 6, a seguir, evidencia que embora o número total de IES continue crescendo, o ritmo de crescimento é decrescente entre 2003 (13,6%) e 2007 (0,5%). A diminuição do ritmo de crescimento é evidente tanto no setor público como no privado, quando se toma como referência de análise 2002/2003. Todavia, na rede federal observa-se um crescimento importante a partir de 2003, especialmente em 2005 e 2006. Na rede estadual, houve uma expansão significativa em 2004 e 2006, o que certamente deverá ser o resultado de políticas específicas implementadas nessas duas esferas.

Tabela 6 – Evolução do número de instituições, segundo a categoria administrativa – Brasil – 2002 a 2007

Ano	Total	%	Pública						Privado	
			Federal	%	Estadual	%	Municipal	%	Privado	%
2002	1.637	-	73	-	65	-	57	-	1.442	-
2003	1.859	13,6	83	13,7	65	0,0	59	3,5	1.652	14,6
2004	2.013	8,3	87	4,8	75	15,4	62	5,1	1.789	8,3
2005	2.185	7,6	97	11,5	75	0,0	59	4,8	1.934	8,1
2006	2.270	4,8	105	8,2	83	10,7	60	1,7	2.022	4,6
2007	2.281	0,5	106	1,0	82	-1,2	61	1,7	2.032	0,5

Fonte: MEC/INEP/DEED

De 2002 a 2007, pode ser observado o processo de diversificação institucional, evidenciado pelo maior crescimento dos centros universitários, sobretudo em 2004. Esse formato acadêmico tornou-se atrativo para o setor privado, porque possui algumas prerrogativas de autonomia, conforme a LDB, sem, no entanto, ter de manter o mesmo padrão de qualidade exigido das universidades em termos de corpo docente, realização de pesquisa e regime de trabalho. Esse formato acadêmico (centro universitário) foi criado no governo FHC e mantido no governo Lula, com crescimento acentuado no segundo ano desse governo (32,1%), mas indicando que boa parte dos processos de credenciamento tiveram início no governo anterior.

Tabela 7 – Evolução do número de instituições, segundo a organização acadêmica – Brasil – 2002 a 2007

Ano	Total	%	Universidades	%	Centros Universitários	%	Faculdades	
2002	1.637	-	162	-	77	-	1.398	-
2003	1.859	13,6	163	0,6	81	5,2	1.615	15,5
2004	2.013	8,3	169	3,7	107	32,1	1.737	7,6
2005	2.185	7,6	176	4,1	114	6,5	1.875	7,9
2006	2.270	4,8	178	1,1	119	4,4	1.973	5,2
2007	2.281	0,5	183	2,8	120	0,8	1.978	0,3

Fonte: MEC/INEP/DEED

A diminuição no ritmo de crescimento das IES não implicou diminuição no número de cursos de graduação presencial, como evidencia a Tabela 8. O crescimento dos cursos tem sido praticamente constante, com exceção da rede estadual. Em 2002 havia 14.399 cursos, enquanto em 2007 foram contabilizados 23.488 cursos. A rede privada continua a registrar o maior crescimento no período de 2002 a 2007.

Gráfico I – Evolução do número de cursos – graduação presencial por categoria administrativa – Brasil – 2002-2007

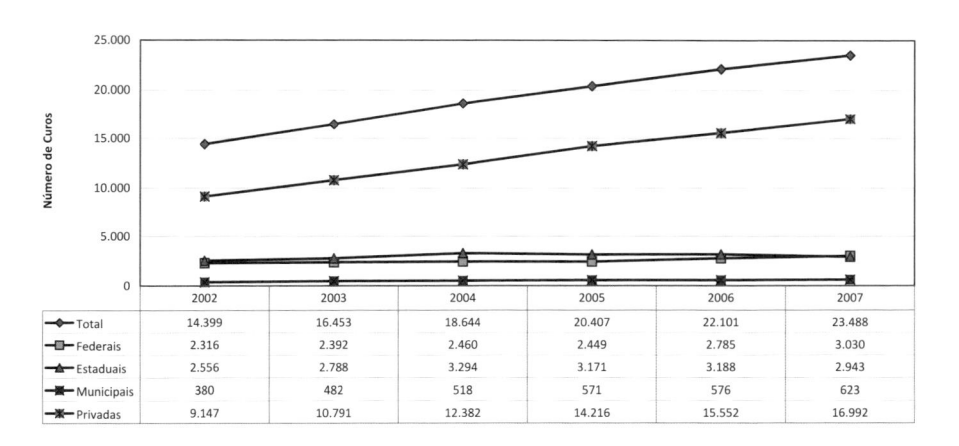

	2002	2003	2004	2005	2006	2007
Total	14.399	16.453	18.644	20.407	22.101	23.488
Federais	2.316	2.392	2.460	2.449	2.785	3.030
Estaduais	2.556	2.788	3.294	3.171	3.188	2.943
Municipais	380	482	518	571	576	623
Privadas	9.147	10.791	12.382	14.216	15.552	16.992

De 2002 a 2007, o número de matrículas no setor público passou de 1.051.655 para 1.240.968, enquanto no setor privado cresceu de 2.750.652 para 3.639.413. O crescimento do setor privado foi, pois, muito mais acentuado, como mostra a Tabela 8. Esse crescimento nas matrículas do setor privado, mesmo com o alto percentual de vagas não preenchidas, como vem sendo registrado nos últimos anos (cerca de 40%), possivelmente se explica pela ação do PROUNI, do FIES, dos fundos de financiamento próprios criados pelo setor privado e, ainda, pela expansão de grandes IES privadas, que passaram a contar, inclusive, com financiamento internacional.

Tabela 8 – Evolução da matrícula na educação superior de graduação presencial, por categoria administrativa, no período de 1995 a 2007

Ano	Total	Pública	Privada
2002	3.479.913	1.051.655	2.428.258
2003	3.887.022	1.136.370	2.750.652
2004	4.163.733	1.178.328	2.985.405
2005	4.453.156	1.192.189	3.260.967
2006	4.676.646	1.209.304	3.467.342
2007	4.880.381	1.240.968	3.639.413

Fonte: MEC/INEP

Como se observa na Tabela 9, a presença do setor privado é extremamente elevada em todos os indicadores, como evidencia os dados do Censo da Educação Superior de 2007. Cerca de 75% das matrículas são ofertadas por IES privadas e quase 90% das instituições são também privadas. Trata-se de um sistema fortemente privatizado, o que é preocupante, considerando os indicadores de qualidade da oferta no setor privado, como vem evidenciando os resultados do SINAES e, sobretudo, do ENADE (Exame Nacional de Desempenho de Estudantes); além disso, destaca-se a baixa capacidade de pagamento de mensalidades pelas camadas menos favorecidas da sociedade. Sem dúvida, esses são fatores preocupantes para se alcançar o patamar de matrículas de 30% da população de 18 a 24 anos na educação superior, com padrões mais aceitáveis de qualidade acadêmica e social.

Tabela 9 – Indicadores da educação superior no Brasil em 2007

Indicadores	Dependência Administrativa				
	Total	Pública	%	Privada	%
Matrícula	4.880.381	1.240.968	25,4	3.639.413	74,6
Instituições	2.281	249	10,9	2.032	89,1
Cursos	23.488	6.596	28,1	16.892	71,9
Funções Docentes [1]	334.688	115.865	34,6	218.823	65,4
Ingressantes [2]	1.481.955	298.491	20,1	1.183.464	79,9
Vagas Oferecidas [2]	2.823.942	329.260	11,7	2.494.682	88,3
Inscritos [2]	5.191.760	2.290.490	44,1	2.901.270	55,9

Fonte: MEC/Inep. Notas: (1) Em exercício e afastados. (2) Vestibular e outros processos seletivos

Como se pode observar, no governo Lula dois programas do Governo Federal tiveram impacto direto na expansão do setor privado, o PROUNI e o FIES. O PROUNI, criado pela Medida Provisória n. 213/2004 e institucionalizado pela Lei n. 11.096 (BRASIL, 2005), tem como finalidade conceder bolsas de estudos integrais e parciais a estudantes de baixa renda, em cursos de graduação e sequenciais de formação específica, em instituições filantrópicas e privadas de educação superior (OLIVEIRA, 2007). Em 2005, o PROUNI ofertou 71.905 bolsas integrais e 40.370 bolsas parciais, o que totalizou 112.275 bolsas em todo o país. Em 2006, esse montante foi de 138.668 bolsas, sendo 98.698 integrais e 39.970 bolsas parciais. Em 2007, foram ofertadas 163.854 bolsas, das quais 97.631 integrais e 66.223 parciais. Em 2008, foram ofertadas 99.983 bolsas integrais e 125.680 bolsas parciais (30.253 das quais, bolsas complementares de 25%). No processo seletivo referente ao primeiro semestre de 2009, foram ofertadas 156.416 bolsas, 95.694

integrais e 60.722 parciais (BRASIL, MEC, 2009). Como pode ser verificado, o Governo Federal criou, no setor privado de educação superior, quase 800 mil vagas, concedendo por esse expediente bolsas integrais e parciais a estudantes cuja renda familiar é de até três salários mínimos.

Tabela 10 – Bolsas integrais e parciais do PROUNI, Brasil 2005-2009

Ano	Bolsas Integrais	Bolsas Parciais	Total
2005	71.905	40.370	112.275
2006	98.698	39.970	138.668
2007	97.631	66.223	163.854
2008	99.983	125.680	225.663
2009	95.694	60.722	156.416
Total	463.911	332.965	796.876

O FIES, por sua vez, foi criado em 2001, no governo FHC, para substituir o Programa de Crédito Educativo – PCE/CREDUC (BRASIL, 2001b). No governo Lula, o Programa foi ampliado e "tem registrado uma participação cada vez maior das Instituições de Ensino Superior – IES e dos estudantes do país".[8] Os dados de 2007 evidenciam que o programa conta com 1.046 mantenedoras, 1.459 IES e 2.080 *campi* em todo Brasil. Desde 1999, já são mais de 500 mil estudantes beneficiados, com uma aplicação de recursos da ordem de R$ 4,6 bilhões entre contratações e renovações semestrais dos financiamentos, desde a criação do programa. Desde o processo seletivo do segundo semestre de 2008, o FIES passou a financiar até 100% do valor da mensalidade. A parte não financiada passou a ser paga pelo aluno diretamente à instituição de ensino.

---

[8] Dados obtidos no site http://www3.caixa.gov.br/fies/FIES_FinancEstudantil.asp. Acesso em: 22 de outubro de 2009.

Em que pese o apoio à expansão do setor privado, o governo Lula também implementou políticas e ações para expandir o sistema federal de educação superior. No que se refere às IFES e à rede federal em geral, destacam-se: o programa de expansão e interiorização das IFES; o Programa de Apoio a Planos de Reestruturação e Expansão das Universidades Federais (REUNI); a criação do Sistema Universidade Aberta do Brasil (UAB) e o processo de integração de Instituições Federais de Educação Tecnológica, para a constituição dos Institutos Federais de Educação, Ciência e Tecnologia (IFETs), no âmbito da Rede Federal de Educação Tecnológica.

O programa de expansão das IFES implantou 12 novas universidades federais e 49 *campi* nas cinco regiões brasileiras, com vista a ampliar o acesso à universidade, promover a democratização e a inclusão social, inclusive por meio da interiorização, e reduzir as desigualdades regionais (MEC, 2006, p. 11). O impacto esperado desse programa foi de 30 mil novos estudantes em cursos de graduação em 2008. Já o processo de integração de Instituições Federais de Educação Profissional e Tecnológica (BRASIL, 2007b), objetivando a constituição de Institutos Federais de Educação, Ciência e Tecnologia (IFETs), mediante a celebração de acordo entre instituições federais de educação profissional e tecnológica, visou formular a agregação voluntária de Centros Federais de Educação Tecnológica (CEFET), Escolas Técnicas Federais (ETF), Escolas Agrotécnicas Federais (EAF) e Escolas Técnicas vinculadas às universidades federais, localizados em um mesmo Estado. Nesse sentido, as instituições federais de educação tecnológica passaram a assumir um papel de destaque na consumação das políticas de expansão, bem como no redimensionamento da formação do trabalhador (PIRES, 2007, p.15).

Outro programa com impacto direto na remodelação das universidades, incluindo currículo, trabalho docente, carreira estudantil, relação alunos/docente, dentre outros, é o REUNI, que também apresenta como meta a criação de condições para a ampliação do acesso e permanência na educação superior, no nível de graduação, melhor aproveitamento da estrutura física e de pessoal existente nas universidades federais. Dentre os impactos esperados, encontra-se a elevação da taxa de conclusão média dos cursos de graduação presenciais para 90%, além da elevação do número de alunos por professor, nos cursos de graduação presenciais. A estimativa é que ao final de cinco anos, a contar do início de cada plano, esse número chegue a 18 por 1 (BRASIL, 2007c; MEC, 2007a, 2007b). Do REUNI também é esperado um impacto considerável na diversificação dos cursos de graduação, com a criação dos bacharelados interdisciplinares em algumas universidades.[9] Incluem-se também nas iniciativas de políticas públicas voltadas ao processo de democratização e expansão os projetos de cotas sociais e raciais e de ações afirmativas (BITTAR; ALMEIDA, 2006; GUIMARÃES, 2003).

A educação a distância (EAD) vem se constituindo em outra frente de expansão significativa, tanto no setor privado como no setor público. Os dados do gráfico 2, a seguir, mostram a evolução das matrículas via EAD, na graduação. O crescimento de 2003 a 2007 foi de 640%, contabilizando um total de 369.766 matrículas. Se somadas ao montante de 4.880.381 matrículas na graduação presencial e às 347.856 matrículas na educação tecnológica, contabiliza-se um total de 5.250.147 matrículas na educação superior no Brasil, em 2007.

---

[9] Todas as universidades federais aderiram ao Reuni e estão implementando seus planos de expansão. Nos cursos de graduação havia 124.196 vagas em 2002. Em 2006, foram 142.614. Nos vestibulares de 2008 foram ofertadas 227.668 vagas nos cursos de graduação. No período de 2006 a 2009, no turno noturno, o número de cursos passou de 29.549 para 79.080, um índice de crescimento de 168%. Observa-se que o aumento de vagas, a criação de novas universidades e o crescimento dos *campi* estão levando a educação superior pública federal para o interior do país.

**Gráfico 2 – Evolução das matrículas
via EAD na graduação**

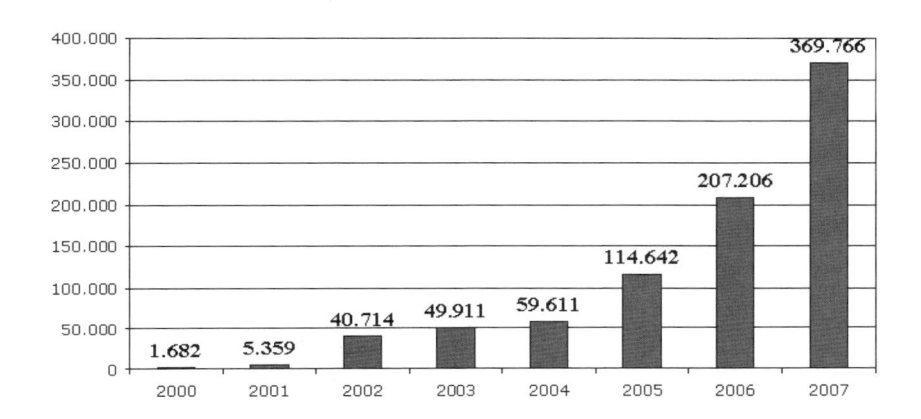

Ano	Matrículas
2000	1.682
2001	5.359
2002	40.714
2003	49.911
2004	59.611
2005	114.642
2006	207.206
2007	369.766

Nesse contexto de expansão da EAD, teve grande importância a criação da Universidade Aberta do Brasil (UAB) pelo MEC, em 2005, para a articulação e integração de um sistema nacional de educação superior a distância, visando sistematizar ações, programas, projetos, e atividades de políticas públicas voltadas à ampliação e interiorização da oferta do ensino superior gratuito no Brasil.[10] O chamado Sistema UAB é uma parceria entre consórcios públicos nos três níveis governamentais (federal, estadual e municipal), envolvendo a participação das universidades públicas e demais organizações interessadas. A Universidade Aberta do Brasil (UAB) encontra-se atualmente ligada à Coordenação de Aperfeiçoamento de Pessoal do Ensino Superior (Capes).[11]

---

[10] Para a consecução desse projeto, o Ministério de Educação, por intermédio da Secretaria de Educação a Distância (Seed), lançou o Edital n.1, em 20 de dezembro de 2005, com a chamada pública para a seleção de polos municipais de apoio presencial e de cursos superiores de instituições federais de ensino superior na modalidade de educação a distância para a UAB. O Sistema UAB tem como prioridade a formação de professores para a Educação Básica.

[11] Disponível em http://www.uab.capes.gov.br/. Acesso em: 22 de outubro de 2009.

No que tange à educação profissional e tecnológica, observa-se um conjunto de políticas, programas e ações do governo Lula que implicou numa ampla reconfiguração do setor a partir de 2003, destacando-se a criação e expansão dos IFETs.[12] A análise da expansão do número de instituições de educação tecnológica no país traz números significativos. Verifica-se que os centros de educação tecnológica aumentaram 511,76%, de 2001 para 2006. O crescimento no período foi de 375% na capital e 707,14% no interior. Em 2007 foram registradas 347.856 matrículas na educação superior tecnológica.

Todas essas iniciativas têm impactos diferenciados no processo de expansão, democratização, interiorização, privatização e diversificação da educação superior. No entanto, tais políticas e, sobretudo, seus impactos específicos no alargamento da base populacional que poderá passar

---

[12] Em novembro, foi lançado o Decreto n. 4.877/2003 (que definiu o processo de escolha de dirigentes, no âmbito dos centros federais de educação tecnológica). Nos anos seguintes, o aparato legal para a educação profissional continuou a ser regulamentado – Decreto n. 5.154/2004 (regulamentou o § 2.º do art. 36 e os arts. 39 a 41 da LDB n. 9.394); Decreto n. 5.224/2004 (dispôs sobre a organização dos centros federais de educação tecnológica); Parecer CNE/CEB n. 14/2004 (autorizou a oferta de cursos superiores de tecnologia nas escolas agrotécnicas federais); Parecer CNE/CEB n. 39/2004 (regulamentou a aplicação do Decreto n. 5.154/2004 na educação profissional técnica de nível médio e no ensino médio); Decreto n. 5.478/2005 (instituiu, no âmbito das instituições federais de educação tecnológica, o Programa de Integração da Educação Profissional ao Ensino Médio na Modalidade de Educação de Jovens e Adultos-Proeja); Lei n. 11.180/2005 (instituiu o Projeto Escola de Fábrica); Lei n. 11.195/2005 (previu a expansão da oferta de educação profissional e das escolas técnicas e agrotécnicas federais); Decreto n. 5.773/2006 (dispôs sobre o exercício das funções de regulação, supervisão e avaliação de instituições de educação superior e cursos superiores de graduação e sequenciais no sistema federal de ensino); Decreto n. 5.840/2006 (instituiu, no âmbito das instituições federais de educação tecnológica, o Programa de Integração de Educação Profissional com a Educação Básica, na Modalidade EJA, revogando o Decreto n. 5.478/05); Decreto n. 6.024/2007 (dispôs sobre a implementação do Plano de Metas Compromisso Todos pela Educação); Decreto n. 6.095/2007 (estabeleceu diretrizes para o processo de constituição dos Institutos Federais de Educação, Ciência e Tecnologia); Decreto n. 6.301/2007 (instituiu o sistema Escola Técnica Aberta do Brasil); Decreto n. 6.302/2007 (instituiu o programa Brasil Profissionalizado); Lei n. 11.534/2007 (dispôs sobre a criação de escolas técnicas e agrotécnicas); Portaria GM/MEC n. 870/2008 (instituiu novo Catálogo Nacional de Cursos Técnicos de Nível Médio) e a Lei 11.892/2008 (criou os Institutos Federais de Educação, Ciência e Tecnologia).

a ingressar e estudar na educação superior não são conhecidos de forma específica e precisam, por isso, ser consistentemente delineados, dimensionados e caracterizados, no sentido possível da passagem do sistema de elite para o sistema de educação superior de massa. Isso porque, olhando histórica e comparativamente, o Brasil só conseguiu realizar o acesso de 13,1% da população de 18 a 24 anos na educação superior, enquanto na Argentina esse percentual é de 53,1%, no México de 24,8%, no Reino Unido de 46% e nos Estados Unidos de 65% (NEVES; RAIZER; FACHINETTO; LANE, 2007, p. 141).[13]

A análise do problema da expansão, da diversificação, da privatização, da mercantilização, bem como da democratização e da inclusão na educação superior no Brasil se torna muito mais desafiadora e relevante quando verificamos que a taxa bruta de matrícula era, em 1995, 9,3% e alcançou, em 2002, 15,6%, último ano do segundo governo FHC. Em 2007, apesar do crescimento acelerado da educação superior na última década, sobretudo em IES privadas, a taxa de escolarização bruta foi de 24,3% e a de escolarização superior líquida foi de 13,1%. Nosso sistema é, pois, altamente elitizado do ponto de vista do acesso da população de 18 a 24 anos. Uma real democratização certamente implicará em políticas mais efetivas de expansão da rede pública e de inclusão social dos segmentos menos favorecidos da sociedade, de modo a alcançar, pelo menos, o patamar de 30% de matrícula na referida faixa etária.[14]

---

[13] A comparação das taxas de acesso e matrícula na educação superior brasileira com a de outros países tem sido muito utilizada para justificar a relevância das políticas de expansão praticadas pelos governos FHC e Lula. No entanto, é importante observar a composição interna dos sistemas de educação superior que oferecem cursos superiores com duração de dois a seis anos, o que requer uma análise comparativa internacional bem mais rica, refinada e cuidadosa.

[14] É preciso ter presente que a educação superior em todo o mundo vem passando por transformações amplas e estruturais, em resposta ao movimento difuso e multifacetado da internacionalização do capitalismo (HIRST; THOMPSON, 1992, 1995), denominado por alguns de *globalização* (econômica, social, cultural, tecnológica etc.) ou de acumulação flexível. O conhecimento e a elevação da qualificação da população tornaram-se impres-

3. Dissociações, divisões e classificações universitárias: a naturalização do mercado como portador de racionalidade

A reforma da educação superior iniciada em 1995 e alterada em parte no governo Lula vem promovendo uma dissociação fundamental, qual seja, a separação entre instituições de ensino e instituições de pesquisa. De um lado, as universidades, consideradas pela LDB, como "instituições pluridisciplinares de formação dos quadros profissionais de nível superior, de pesquisa, de extensão e de domínio e cultivo do saber humano", caracterizadas pela produção intelectual institucionalizada, por um terço do corpo docente, pelo menos, com titulação acadêmica de mestrado e doutorado e um terço do corpo docente em regime de tempo integral, além de autonomia, sobretudo, didático-científica, nos termos do art. 53 da LDB. De outro lado, as instituições não universitárias, com vários graus de abrangência ou especialização destinadas, predominantemente, à realização de cursos e atividades de ensino considerado de nível superior, destacando-se atualmente, sobretudo, os centros universitários, os IFETs, as faculdades e os institutos superiores de educação. Nesse agrupamento de instituições não universitárias, as exigências para credenciamento e

---

cindíveis para o desenvolvimento econômico. Assim, o crescimento da educação superior é um fenômeno que se observa nas mais diversas sociedades e é, em parte, motivado pelo lugar e a importância que o conhecimento passa a ocupar junto ao desenvolvimento social, econômico e cultural das sociedades. Por outro lado, o crescimento da educação superior representa o acesso a esse nível de ensino por parte de estratos populacionais que tradicionalmente foram excluídos dos bancos escolares devido aos diferentes mecanismos de seleção social (BOURDIEU, 2001; GUIMARÃES, 2003; BORGES; CARNIELLI, 2005). De maneira geral, a expansão da matrícula na educação superior é uma consequência de múltiplos processos sociais e educacionais, dos quais se podem apontar o processo de universalização da educação fundamental e o rápido crescimento das taxas de conclusão do ensino médio, pressionando, na forma de uma demanda, os governos e as instituições de educação superior a tomarem iniciativas no sentido da ampliação de mais vagas.

recredenciamento e para autorização e reconhecimento de cursos são menores do que para as universidades.[15]

A diversificação e diferenciação das instituições também alcançam as universidades, em que pese estarem formalmente definidas e caracterizadas. A própria LDB admite a criação de universidade especializada por campo do saber (parágrafo único do art. 52). Isso se deve, em parte, às múltiplas exigências, dimensões e explosão das *funções* da universidade, que passam a conviver, cada vez mais, com uma multiplicidade de *funções*: investigação científica, produção cultural, ensino e formação integral, prestação de serviços, soluções para questões sociais, competitividade internacional, dentre outras. A especialização passa a ser uma forma de incentivar a criação de instituições com missões institucionais e acadêmicas diferentes, de modo a garantir certa excelência acadêmica em alguma área de atuação.

A existência legal de universidade com atuação nas diferentes áreas do conhecimento, no entanto, não significa que possamos falar da *universidade brasileira* de maneira homogênea, uma vez que encontramos uma situação bastante heterogênea em termos de indicadores acadêmicos, função social e situação institucional. Dentre as classificações mais comuns, em que pese a definição e caracterização da LDB, encontramos as seguintes na atualidade: a) universidades multifuncionais e universidades especializadas; b) universidades de ensino, universidades de pesquisa (centros de excelência) e/ou universidades de prestação de ser-

---

[15] Essas diferenças levaram os dirigentes de universidades privadas a pressionarem o Governo Federal no sentido de ampliar as exigências para funcionamento dos centros universitários, que gozavam de autonomia sem a necessidade de realizarem atividades de pesquisa e extensão e também sem a necessidade de apresentarem quadro docente com 30% em regime integral. Para os Centros Universitários a exigência era de apenas 10% do quadro docente nas condições indicadas. Assim, por meio de Decreto, em dezembro de 2003, o governo estabeleceu que os centros universitários deveriam equiparar os seus custos aos das universidades, chegando, em 2008, aos percentuais exigidos das universidades, sob pena de perda de autonomia. Todavia, ainda não há estudos que demonstrem que isso tenha se efetivado.

viços ou de extensão; c) universidades plenas, que realizam investigação científica em muitas áreas, oferecem educação superior de graduação e pós-graduação, promoção de serviços de extensão cultural, tecnológica e profissional e atendem as exigências da LDB; d) universidades potenciais, que realizam investigação em algumas áreas, carecem de autonomia, dependem de outros polos acadêmicos para especialização de seus quadros e atendem parte das exigências da LDB; e) universidades nominais, que não produzem conhecimento, não podem formar ou repor seus quadros e não possuem titulação acadêmica.

Essa situação das universidades de ensino, de prestação de serviços ou nominais se deve, em parte, à vinculação com a esfera administrativa e à ruptura com a garantia do princípio da indissociabilidade entre ensino, pesquisa e extensão, previsto na Constituição Federal (BRASIL, 1988) e na LDB (BRASIL, 1996). Desde 1995, foram criadas universidades estaduais, precariamente fiscalizadas por conselhos de educação estaduais e outros órgãos dos estados, que encontram, em sua maioria, dificuldades técnicas e políticas para fazer cumprir a legislação pertinente e para estabelecer e fazer cumprir parâmetros de qualidade para cursos e instituições. Há também universidades em regiões e localidades mais afastadas dos grandes centros urbanos que não conseguiram se adaptar às exigências acadêmicas estabelecidas, na maioria das vezes por falta de recursos humanos e materiais.

Tal situação vem ampliando as ambiguidades ou diferenças entre as chamadas *universidades brasileiras*, notadamente por meio dos elementos listados a seguir: situação jurídica; titulação do corpo docente; forma de admissão, contrato, carreira, política salarial e plano de qualificação; qualidade dos cursos; produtividade institucional e docente; modelo de gestão e financiamento; relação ensino-pesquisa; prestígio social e acadêmico etc. As diferenças institucionais desencadeiam um processo de disputa no campo universitário, levando as instituições a buscarem uma distinção e uma vocação que garantam maior legitimidade e relevância no campo, o que pode implicar em maior ou menor financiamento das atividades acadêmicas. Por outro lado, naturalizam um cenário de minimização do papel da educação universitária.

Nesses processos de reconfiguração da identidade institucional é possível, a curto, médio e longo prazo, supor duas perspectivas bastante distintas para as universidades federais. De um lado, uma maior subordinação às demandas do contexto local (convênios, prestação de serviços, parcerias etc.), que continue a desencadear uma busca acentuada pela ampliação dos recursos próprios e a consequente diminuição dos espaços de autonomia para produção do trabalho acadêmico. De outro, embates em torno da inserção do sistema federal em um projeto estratégico de nação que leve a uma maior democratização da educação superior, de modo a contribuir com a elevação da qualidade de vida das populações e com a resolução de problemas nacionais.

Essa segunda dimensão implica, certamente, a constituição de redes interdisciplinares regionais ou nacionais de universidades públicas que credenciem pesquisadores; a revisão e atualização dos projetos pedagógico-curriculares; a instituição de um sistema universitário corresponsável, solidário e cooperativo, pactuado entre as universidades consorciadas; a revisão das linhas de trabalho e financiamento das agências de fomento, de modo a tornar mais equilibrado regionalmente o financiamento da pesquisa; a ampliação do financiamento da pesquisa e da pós-graduação, visando a consolidação e expansão da geração do conhecimento; a avaliação, a supervisão e o acompanhamento permanente das demandas, carências e condições de ensino existente; o desenvolvimento de atividades acadêmicas de extensão, que levem à formação e difusão técnico-produtiva e de serviços (hospitais, formação de professores, inclusão social, assessoria e atualização tecnológica e administrativa) (MENEZES, 1996; OLIVEIRA, 2000; CATANI e OLIVEIRA, 2002; DOURADO, 2001a e 2001b).

4. Considerações finais

As análises das bases que perpassam as políticas e os movimentos de transformação da educação superior nos dois governos, FHC e Lula, evidenciam os impasses e, consequentemente, as perspectivas que se apresentam em cada um dos movimentos de reconfiguração desse nível de ensino. As políticas implementadas na era FHC tiveram certamente repercussões no governo Lula, no sentido da sua desconstrução e/ou reconstrução, tendo em vista colocar o sistema de educação superior possivelmente em outra direção.

Nos dois casos, verifica-se que a questão central nesse processo é perceber que "a luta democrática e republicana está demarcada cada vez mais pela luta pelo fundo público", como já foi discutido por Marilena Chauí e Francisco de Oliveira. Nesse sentido, o fundo público pode voltar-se mais efetivamente para o atendimento de demandas e carências da população em geral, ou pode atender às demandas e exigências relacionadas aos que possuem acúmulo de capital. A demanda pelos recursos do fundo público, mediada pelo Estado, expressa a luta histórica entre a *classe-que-vive-do-capital* e a *classe-que-vive-do-trabalho*, levando em conta a constituição dos estados-nação e a consolidação do modo de produção capitalista. Existe, portanto, uma enorme tensão quando se decide, nos poderes executivo e legislativo, a destinação dos recursos públicos, pois há de se optar: financiam-se ações na linha que propicia a acumulação de capital ou na perspectiva que favorece a reprodução e a emancipação crescente do trabalho.

Para Catani, Oliveira e Amaral (2003), é nesse contexto que se torna fundamental analisar e discutir o financiamento da educação superior brasileira, considerando as mudanças em curso e os desafios da luta democrática pela destinação do fundo público. É preciso ter claro que os recursos financeiros pertencem ao fundo público e que o seu volume se sujeita às disputas ideológico-econômicas. É necessário considerar essa temática levando em conta a estrutura capitalista-liberal e o recente processo de reforma do Estado no Brasil, bem como as mudanças que vêm ocorrendo no campo da educação superior, sobretudo nos governos FHC e Lula.

A discussão acerca da utilização do fundo público ganha maior sentido ao compreendermos as profundas alterações que ocorreram (e continuam a ocorrer) na sociedade contemporânea, sobretudo as que dizem respeito não apenas à passagem do modo fordista/taylorista de produção para o paradigma de acumulação flexível, mas também à mudança no papel do Estado, decorrente, em grande parte, da adoção dos princípios e das formulações do projeto neoliberal, em contraposição a uma perspectiva de constituição e consolidação do Estado de bem-estar social, iniciada no pós-1945.

É fundamental, assim, aprofundar o debate acerca do financiamento público da educação superior brasileira e de seu papel social frente ao contexto econômico, político e cultural que se quer construir. A dialética mais geral da função do fundo público, no que se refere à reprodução do capital e da força de trabalho, também se aplica à educação superior. A (des)mercantilização das IES públicas, como contraponto às políticas implementadas nas duas últimas décadas, constitui-se imperativo nas opções a serem estabelecidas para a utilização do fundo público. É necessário demarcar, claramente, como vai se utilizar e distribuir a riqueza pública produzida e estabelecer formas de controle institucionais desses recursos. Sem essa alteração no relacionamento Estado-educação superior pública torna-se impossível reverter o processo de privatização, mercantilização e mercadorização que pautou a reestruturação iniciada em 1995, com forte continuidade nos dias atuais.

Referências bibliográficas

AMARAL, N. C., CATANI, A. M., OLIVEIRA, J. F. O financiamento público da educação superior brasileira: mudanças e desafios. *Revista Brasileira de Política e Administração da Educação,* Piracicaba, SP, vol. 19, n. 2, p. 221-242, 2003.

AMARAL, Nelson Cardoso. *Financiamento da Educação Superior: Estado x mercado.* São Paulo: Cortez; Piracicaba: Editora UNIMEP, 2003.

BITTAR, Mariluce; ALMEIDA, C. E. M. de. Mitos e controvérsias sobre a política de cotas para negros na educação superior. Curitiba: *Educar,* n. 28, p. 141-159, 2006.

BORGES, J. L. das G.; CARNIELLI, B. L. Educação e estratificação social no acesso à universidade pública. *Cadernos de Pesquisa,* vol. 35, n. 124, p. 113-139, jan./abr. 2005.

BOURDIEU, Pierre. *Escritos de Educação.* Org. Nogueira, Maria Alice e Catani, Afrânio. Petrópolis: Ed. Vozes, 2001.

BRASIL. *Constituição da República Federativa do Brasil.* Brasília, 1988.

BRASIL. *Decreto n. 6.095, de 24 de abril de 2007.* Estabelece diretrizes para o processo de integração de instituições federais de educação tecnológica, para fins de constituição dos Institutos Federais de Educação, Ciência e Tecnologia – IFET, no âmbito da Rede Federal de Educação Tecnológica, 2007b.

BRASIL. *Decreto n. 6.096, de 24 de abril de 2007.* Institui o Programa de Apoio a Planos de Reestruturação e Expansão das Universidades Federais – REUNI, 2007c.

BRASIL. *Lei n. 11.494, de 20 de junho de 2007.* Regulamenta o Fundo de Manutenção e Desenvolvimento da Educação Básica e de Valorização dos Profissionais da Educação – FUNDEB, de que trata o art. 60 do Ato das Disposições Constitucionais Transitórias; altera a Lei n. 10.195, de 14 de fevereiro de 2001; revoga dispositivos das Leis n.

9.424, de 24 de dezembro de 1996, 10.880, de 9 de junho de 2004, e 10.845, de 5 de março de 2004; e dá outras providências. *Diário Oficial da União,* Brasília, DF, 21 junho, 2007a.

BRASIL. *Lei n. 9.394, de 20 de dezembro de 1996.* Dispõe sobre as Diretrizes e Bases da Educação Nacional. *Diário Oficial da União*, Brasília, DF, 23 dez. 1996a.

BRASIL. *Lei n. 9.424, de 24 de dezembro de 1996.* Dispõe sobre o Fundo de Manutenção e Desenvolvimento do Ensino Fundamental e de Valorização do Magistério – FUNDEF. *Diário Oficial da União,* Brasília, DF, 26 dez. 1996b.

BRASIL. *Lei n. 10.172, de 09 de janeiro de 2001.* Aprova o Plano Nacional de Educação, 2001a.

BRASIL. *Lei n. 10.260, de 12 de agosto de 2001.* Dispõe sobre o Fundo de Financiamento ao Estudante do Ensino Superior e dá outras providências. 2001b.

BRASIL. *Lei n. 11.087, de 04 de janeiro de 2005.* Altera dispositivos da Lei n. 9.678, de 03 de julho de 1998, que institui a Gratificação de Estímulo à Docência no Magistério Superior, e da Lei n. 10.910, de 15 de julho de 2004, e dá outras providências, 2005.

BRASIL. *Lei n. 9.678, de 03 de julho de 1998.* Institui a Gratificação de Estímulo à Docência no Magistério Superior, e dá outras providências, 1998.

BRASIL. *Lei n. 11.096, de 13 de janeiro de 2005.* Institui o Programa Universidade para Todos – PROUNI, regula a atuação de entidades beneficentes de assistência social no ensino superior, altera a Lei n. 10.891, de 09 de julho de 2004, e dá outras providencias, 2005.

BRASIL. Ministério da Educação. *Sistema Nacional de Avaliação da Educação Superior – Sinaes.* Brasília, 2003.

CATANI, Afrânio Mendes e OLIVEIRA, João Ferreira de. *Educação superior no Brasil: reestruturação e metamorfose das universidades públicas.* Petrópolis: Vozes, 2002.

CHAUÍ, Marilena. A universidade em ruínas. In: TRINDADE, H. (org.). *Universidade em ruínas na república dos professores.* Petrópolis: Vozes / Rio Grande do Sul: CIPEDES, 1999, p. 211-222.

CUNHA, Luis Antonio. O ensino superior no octênio FHC. *Educação e Sociedade.* Campinas, vol. 24, n. 82, p. 37-61, p. 37-61, abril 2003.

DIAS SOBRINHO, José. Quase mercado, quase educação, quase qualidade: tendências e tensões na educação superior. In: _____. *Universidade e avaliação: entre a ética e o mercado.* Florianópolis: Insular, 2002.

DOURADO, Luiz Fernandes. *A interiorização da educação superior e a privatização do público.* Goiânia: Editora da UFG, 2001a.

DOURADO, Luiz Fernandes. Lula e a educação superior pública no Brasil. In: *Jornal O Popular.* 07.01.2003 (Seção Opinião).

DOURADO, Luiz Fernandes. O público e o privado na agenda educacional brasileira. In: AGUIAR, M. A.; FERREIRA, N. S. C. (Orgs.) *Gestão da educação: Impasses, perspectivas e compromissos.* São Paulo: Cortez, 2001b.

DOURADO, Luiz Fernandes. Reforma do Estado e as políticas para a educação superior no Brasil nos anos 90. *Educação & Sociedade.* vol. 23, n. 80, 2002.

GOMES, Alfredo Macedo. As reformas e políticas da educação superior no Brasil: avanços e recuos. In: MACEBO, Deise; SILVA JR. João dos Reis; OLIVEIRA, João Ferreira. *Reformas e políticas: educação superior e pós-graduação no Brasil.* Campinas, 2008.

GOMES, Alfredo Macedo. Estado, mercado e educação superior no Brasil: Um modelo analítico. *Educação e Sociedade.* Campinas, vol. 24, n. 84, p. 839-872, 2003.

GOMES, Alfredo Macedo. Políticas de avaliação da educação superior: controle e massificação. *Educação e Sociedade.* Campinas, vol. 23, n. 80, p. 275-298, 2002.

GUIMARÃES, A. S. A. Acesso de negros às universidades públicas. *Cadernos de Pesquisa.* n. 118, p. 247-268, 2003.

HIRST, P.; THOMPSON, G. *The problem of 'globalization': the international*, 1992.

HIRST, P.; THOMPSON, G. Globalization and the future of the nation state, *Economy and Society*, 24, 3, p. 408-442, 1995.

INEP. MINISTÉRIO DA EDUCAÇÃO. INSTITUTO NACIONAL DE ESTUDOS E PESQUISAS EDUCACIONAIS. *Resultados e tendências da educação superior no Brasil.* Brasília: Inep, 2000.

LIMA, Licínio C. O paradigma da educação contábil: políticas educativas e perspectivas gerencialistas no ensino superior. In: LIMA, Licínio C., AFONSO, Almerindo J. *Reformas da educação pública. Democratização, modernização, neoliberalismo.* Porto: Afrontamento, p. 91-110, 2002.

MEC. *Expansão das universidades federais: o sonho se torna realidade!* Período de 2003 a 2006. Brasília, 2006.

MEC. *REUNI – Reestruturação e expansão das universidades federais. Diretrizes gerais.* Brasília, agosto, 2007a.

MEC. *REUNI – Reestruturação e expansão das universidades federais. Diretrizes gerais. Documento complementar.* Plano de Desenvolvimento da Educação. Brasília, Agosto, 2007b.

MENEZES, Luís Carlos de. *Universidade sitiada.* São Paulo: Editora Fundação Perseu Abramo, 1996.

OLIVEIRA, Alcivan P. de. *A relação entre o público e o privado na educação superior no Brasil e o Programa Universidade Para Todos (PROUNI).* Tese (de Doutorado). Programa de Pós-Graduação em Educação. Recife: UFPE, 2007.

OLIVEIRA, João Ferreira de. *A reestruturação da educação superior no Brasil no processo de metamorfose das universidades federais: o caso da UFG.* Tese (de Doutorado). São Paulo: FEUSP, 2000.

PANIZZI, Wrana Maria. *Pronunciamento da reitora Wrana Maria Panizzi, presidente da Andifes, em reunião dos dirigentes com o sr. presidente da República Luiz Inácio Lula da Silva.* Brasília, 5 de agosto de 2003. Mimeo 7p.

PINTO, José Marcelino de Rezende. O acesso à educação superior no Brasil. *Educação e Sociedade,* Campinas, vol. 25, n. 88, p. 727-756, 2004.

PIRES, L. L. de A. *A criação de universidades tecnológicas no Brasil: uma nova institucionalidade para a educação superior?* Tese (Doutorado em Educação). Programa de Pós-Graduação em Educação. Goiânia: UFG, 2006.

SGUISSARDI, Valdemar. Modelo de expansão da educação superior no Brasil: predomínio privado/mercantil e desafios para a regulação e a formação universitária. *Educação e Sociedade,* Campinas, vol. 29, n. 105, 2008.

SOUZA, P. R. *Revolução gerenciada: a educação no Brasil de 1995 a 2002.* São Paulo: Prentice Hall, 2005.

5. A expansão da educação superior brasileira: tendências e desafios

Dilvo Ristoff [1]

Em 2001, o parlamento brasileiro aprovou a lei que criou o Plano Nacional de Educação (PNE). No tocante à educação superior, o plano evidencia que os parlamentares à época acalentavam preocupações um tanto contraditórias: primeiro, a necessidade de oferecer a um maior número de jovens a oportunidade de continuarem os seus estudos após a conclusão do ensino médio e, segundo, o temor da massificação do ensino superior, pelo simples fato de que, assim agindo, a qualidade do ensino se deterioraria. É importante lembrar que à época o Brasil tinha uma das menores taxas de escolarização da América Latina (em torno de 9% dos jovens de 18 a 24 anos de idade). Embora políticas de expansão anteriores tivessem se mostrado eficazes, ficava evidente que muito mais teria de ser feito para se atingir níveis de oportunidade comparáveis aos de países da Ásia, Europa e de alguns países da América Latina.

A preocupação com a qualidade podia ser sustentada a partir dos resultados chocantes do Provão, tornados públicos ao mesmo tempo em que se expandia exponencialmente o número de pequenas facul-

---
[1] Professor Titular da Universidade Federal de Santa Catarina.

dades privadas pelo país (de 1996 a 2001, o número de instituições cresceu de 711 para 1.208 – um aumento de quase 70% em apenas seis anos; o número de cursos de graduação privados, no mesmo período, cresceu de 3.666 para 7.754 – um crescimento de cerca de 112%; e as matrículas nas IES privadas cresceram de 1.133.102 para 2.091.529 estudantes – um aumento de 84,6%). É nesse contexto que surge o Plano Nacional de Educação, como expressão de um esforço suprapartidário surpreendentemente bem-sucedido.

O temor da massificação da educação superior foi atenuado pela pura e simples percepção da necessidade de expandir, mas também por uma percepção de imagem de futuro para o país sempre subjacente nas discussões. A visão que mobilizou os legisladores foi expressa na ideia de que "nenhum país pode aspirar a ser desenvolvido e independente sem um forte sistema de educação superior". No entanto, estava evidente que um sistema de educação superior que se quisesse forte e que não servisse unicamente às elites teria de encarar de frente tanto a questão da quantidade como a da qualidade.

A diretriz central do PNE, portanto, pode ser assim resumida: "assegurar a expansão com qualidade". Com base nessa diretriz, foram estabelecidas as três grandes metas para a educação superior: (1) elevar a taxa de escolarização para 30% até 2011, aí considerados exclusivamente os jovens de 18 a 24 anos; (2) elevar a taxa de matrícula nas IES públicas para 40% do total dos matriculados; e (3) desenvolver um sistema nacional de avaliação para monitorar o plano de expansão e assegurar a sua qualidade.

A mais simples análise do plano de governo do Presidente Lula para a educação mostra quão fortemente ele foi influenciado pelo PNE, especialmente no que diz respeito à preocupação com quantidade, qualidade e equidade. Entre os assim chamados compromissos fundamentais com a educação superior, o plano do Presidente Lula estabelece as seguintes quatro diretrizes:

– reconhecimento do papel estratégico das universidades, especialmente das universidades públicas, no desenvolvimento socioeconômico do país;

– aumento do financiamento público para a expansão das matrículas na educação superior, especialmente no ensino superior noturno;

– revisão dos empréstimos educacionais para a expansão do setor público, especialmente do crédito educativo, e criação de um sistema de bolsas, com recursos constitucionalmente desvinculados da educação;

– defesa do princípio constitucional da gratuidade da educação superior pública.

É importante destacar que esses quatro compromissos subjazem às 25 linhas de ação propostas pelo plano educacional do Presidente Lula. Algumas dessas ações merecem ser mencionadas neste contexto:

– elevar, em quatro anos, o número de matrículas na educação superior até atingir percentuais compatíveis com o PNE;

– estabelecer mecanismos e critérios para superar as atuais limitações do vestibular, considerando novas formas de acesso à educação superior, em especial para estudantes negros e estudantes oriundos das escolas públicas;

– estabelecer medidas para reduzir as taxas de retenção;

– estabelecer progressivamente uma rede nacional universitária de educação a distância de qualidade;

– expandir o número de bolsas de treinamento e de pesquisa para estudantes e criar programas de treinamento e de extensão para professores;

– substituir o atual programa de financiamento estudantil por um programa de empréstimo a ser dado a 396 mil estudantes, segundo critérios baseados em necessidade e qualidade;

– criar um programa de bolsas para trabalhos comunitários para 180 mil estudantes de educação superior que estudem em cursos de qualidade, no contexto dos programas de renda mínima e de proteção de pessoas em situação de vulnerabilidade social;

– estabelecer e instituir medidas para diminuir a desigualdade de oportunidades e promover o desenvolvimento de diferentes regiões do país e o acesso à educação superior no interior do país.

Foi nesse contexto que, três anos mais tarde, o então Ministro da Educação Tarso Genro traduziu o PNE e o programa educacional do governo Lula em política de governo. "A educação superior", escreveu Tarso Genro, "tem a missão estratégica e única voltada à consolidação de uma nação soberana, democrática, inclusiva e capaz de promover a emancipação social". As palavras do Ministro Tarso Genro deixam evidente que a missão da educação superior não se confunde com pequenas metas, mas com a imagem de futuro que se tem do país: um país soberano, dono de seu destino; um país democrático, isto é, a serviço do povo e não de oligarquias; um país inclusivo, isto é, que não negue a ninguém que busque educação superior a oportunidade de perseguir o seu objetivo; e, finalmente, um país que promova a emancipação social, isto é, que ofereça aos indivíduos e grupos sociais, por meio da educação de excelência, a possibilidade de desenvolverem as competências necessárias para gerarem as suas próprias oportunidades na vida. É importante destacar que a visão de futuro de país que Tarso Genro esboça é idêntica à apresentada pelos parlamentares quando da aprovação do PNE, dando-lhe tão somente uma maior fineza de definição e uma maior clareza e viabilidade operacional.

O papel do Ministro Tarso Genro foi também fundamental na materialização da proposta 12 para a educação superior – a proposta que instituiu o Sistema Nacional de Avaliação da Educação Superior (Sinaes). O Sinaes expressa a grande preocupação nacional com a questão da qualidade da educação superior ao mesmo tempo em que as preocupações com a necessidade de expansão quantitativa associada à ruptura com o sistema elitista de acesso ganham força sem precedente no país.

O que dizem os números da educação superior

A análise dos números da educação superior nos diz que as dez principais tendências da educação superior brasileira nos anos pós-LDB (Lei de Diretrizes e Bases da Educação Nacional, de 1996) podem ser consideradas as seguintes:
1) Expansão;
2) Privatização;
3) Diversificação;
4) Centralização;
5) Desequilíbrio regional;
6) Ampliação das oportunidades de acesso;
7) Desequilíbrio de oferta;
8) Ociosidade de vagas;
9) Corrida por titulação;
10) Lento incremento da taxa de escolarização.

A expansão, que não pode ser confundida com democratização, define-se pelo crescimento expressivo do sistema, com índices que, no período 1996-2004, chegam a aproximadamente 120% para matrículas e, no período 2004-2008, a 22%. Fôssemos considerar unicamente o crescimento das matrículas durante os seis primeiros anos do mandato do Presidente Lula, no período 2003-2008, teríamos um aumento de cerca de 30%.

O contexto atual mostra que o sistema educacional continua em expansão, conforme demonstra o quadro a seguir:

Evolução das matrículas presenciais

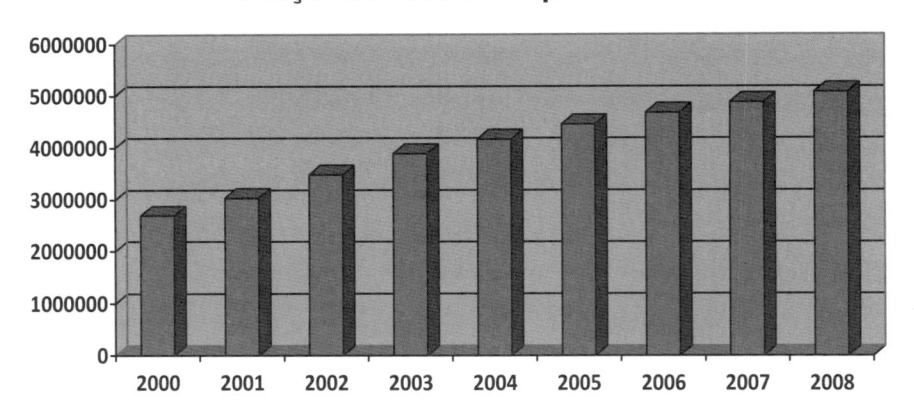

Fonte: MEC/INEP/DEED

Pela primeira vez na história, as matrículas presenciais da educação superior brasileira superaram a casa dos 5 milhões de matrículas. Se somarmos a esses números as matrículas de educação a distância, chegamos hoje a cerca de 5.9 milhões de matrículas.

O crescimento observado na modalidade a distância nos últimos anos é, para dizer pouco, impressionante, conforme pode ser observado no quadro abaixo:

Evolução das matrículas de EAD na graduação

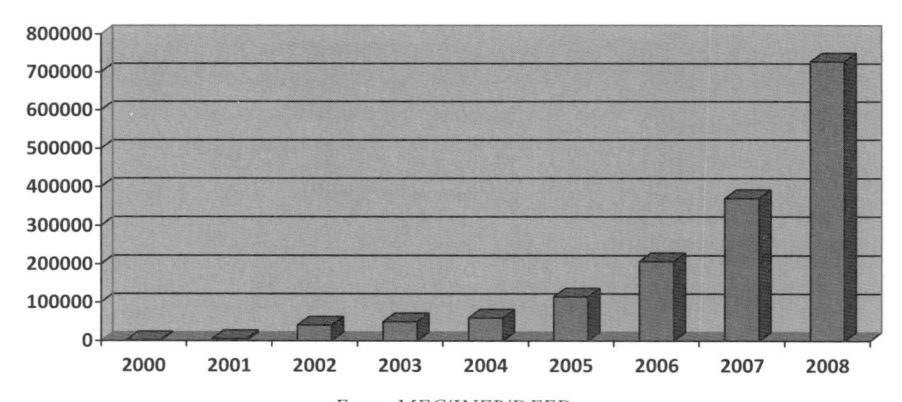

Fonte: MEC/INEP/DEED

Observa-se, portanto, que somente no último ano (2007-2008) as matrículas na modalidade EAD cresceram 96,9%, passando a ter um forte impacto sobre a representação percentual frente ao total das matrículas. O quadro abaixo mostra o crescimento desse percentual nos últimos anos:

Evolução percentual das matrículas de EAD

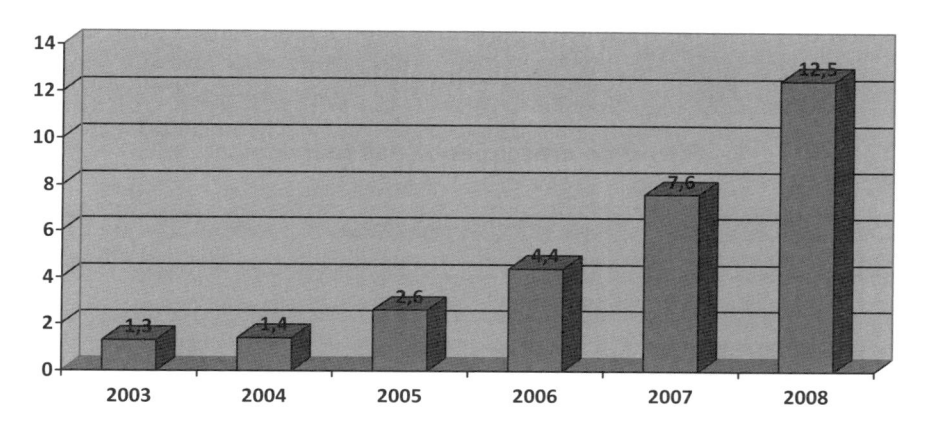

Ano	Percentual
2003	1,3
2004	1,4
2005	2,6
2006	4,4
2007	7,6
2008	12,5

Fonte: MEC/INEP/DEED

De uma representação inexpressiva em 2003, a EAD passou a representar 12,5% do total das matrículas, indicando claramente uma opção do atual governo por fazer uso dessa modalidade como um meio de se aproximar da meta estabelecida no PNE. Exitosa ou não, constata-se que a taxa de escolarização bruta já ultrapassa os 24%, o que, considerando-se que faltam ainda computar três anos de provável crescimento para chegarmos ao ano mágico do PNE (2011), nos leva a crer que a taxa de escolarização bruta atinja os patamares previstos para a escolarização líquida. Não é desprezível também a constatação de que, só no ano de 2008, mais de 70 mil estudantes se formaram em cursos de graduação oferecidos a distância. Os impactos desses números sobre a questão da avaliação da qualidade precisam ser ainda mais profundamente analisados, embora os resultados dos últimos ENADEs (Exames Nacionais do Desempenho Estudantil) demonstrem que o desempenho dos estudantes no exame, nas duas modalidades (presencial e a distância), seja equivalente.

Feitas as constatações, observa-se, no entanto, que o ritmo de crescimento das matrículas presenciais nos últimos anos tem diminuído. O crescimento anual, que no final dos anos 1990 chegou a superar a casa dos 20%, vem caindo significativamente e de maneira constante, conforme se pode observar no quadro abaixo:

Ritmo de crescimento das matrículas

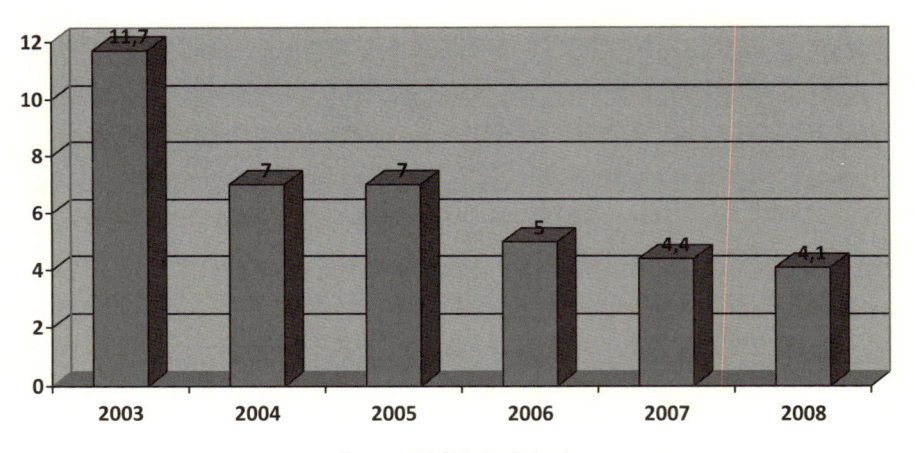

Ano	Valor
2003	11,7
2004	7
2005	7
2006	5
2007	4,4
2008	4,1

Fonte: MEC/INEP/DEED

Se, no entanto, analisarmos o crescimento do último ano (2007-2008), comparando os dados globais, aí incluídas as matrículas da modalidade a distância, percebe-se que o crescimento chegou a 10,6%, muito próximo ao patamar do crescimento das matrículas presenciais em 2003. A ser mantido tal ritmo, o Brasil deve chegar a 2011 com cerca de 7.8 milhões de estudantes na educação superior e uma taxa de escolarização bruta em torno de 32,5%. À medida que as resistências à educação a distância diminuem e à medida que novas tecnologias (*e-learning, webconference, twitter* etc.) ganham maior aceitabilidade nos meios acadêmicos brasileiros, é possível imaginar que esse ritmo de crescimento se mantenha no futuro próximo, com importantes reflexos sobre os números da educação superior e, certamente, sobre a ressignificação do *campus* e da sala de aula. O *campus* e a sala de aula, a se manter a atual tendência, em breve deixarão de ser compreendidos como *lugares,* para se tornarem *redes de interconectividade.* É bem possível que, graças às novas tecnologias, o Brasil consiga transformar o seu sistema elitista de acesso em um sistema de massas já na próxima década.

A privatização pode ser constatada pelo crescimento principalmente no campo das instituições privadas, com essas instituições atingindo em 2004 uma representatividade de 90% do total das instituições, 65% do total de cursos e 70% das matrículas na educação superior. Em 2008 tais percentuais permanecem basicamente inalterados, com as instituições privadas representando 90% do total; os cursos de graduação das IES privadas, 72,6% do total; e as matrículas das IES privadas, 74,9% do total.

Para atingir a meta prevista no PNE de ter, até 2011, 40% das matrículas da educação superior no setor público, o Brasil vem fazendo um grande esforço nos últimos anos: interiorizou as universidades federais existentes, criando mais de 100 novos *campi*; criou uma dúzia de universidades federais, totalmente novas, entre elas a Universidade Federal da Fronteira Sul, nos três estados da região sul, a Unipampa, em dez cidades do Rio Grande do Sul; a UFABC, no estado de São Paulo; a Universidade Federal do Recôncavo Bahiano, no estado da Bahia; a Universidade Luso-Afro-Brasileira, no estado do Ceará; a Universidade da Integração Amazônica, em Santarém, no estado do Pará; e a Universidade da Integração Latino-Americana (Unila) – uma universidade bilíngue, situada na cidade de Foz do Iguaçu e que deverá ter alunos e professores de toda a América Latina. Foram também criadas várias universidades a partir de *campi* avançados e extensões existentes.

Acrescente-se a essas a criação de novos Centros Federais de Educação Tecnológica e a transformação de muitos deles em Institutos Federais, com uma ênfase maior na educação superior e na formação de professores de física, química, biologia e matemática, sabidamente as áreas mais carentes na docência da educação básica.

Não obstante todo esse esforço do Governo Federal, a força inercial instalada no setor privado impede que os números comparativos tornem visível o progresso que vem sendo feito. Como a meta de 40% é uma meta relacional, o crescimento das matrículas do setor público só poderá se expressar em aumento percentual se a velocidade da expansão pública conseguir superar a do setor privado, e essa tarefa tem se provado difícil, quase impossível. Por esse motivo, não seria surpreendente se no novo PNE, que vem sendo esboçado, a meta relacional desaparecesse.

A diversificação revela uma crescente banalização do termo *Universidade*, decorrente da rápida retirada da centralidade das instituições definidas na constituição brasileira como *Universidades*, isto é, como instituições de ensino, pesquisa e extensão, com espaços para estudos avançados, com mestrados e doutorados. As universidades, em 1996, representavam um percentual pequeno (14,8%) em relação ao total das instituições; em 2004, representavam apenas 8,4%; e, em 2008, 8,1%, sendo confundidas no imaginário popular com Centros Universitários e pequenas Faculdades – instituições estas quase que exclusivamente dedicadas ao ensino de graduação.

O Governo Federal tem resistido à criação de novas universidades no setor privado, ao mesmo tempo em que tem sido agressivo na criação de novas universidades federais, buscando tornar este tipo de instituição uma referência de qualidade para a educação superior como um todo.

O esforço não universitário do governo tem se concentrado nos Institutos Federais de Educação Tecnológica, que, associados às novas escolas técnicas que estão sendo semeadas com uma velocidade sem precedentes na história do Brasil, deverão dar um novo desenho à educação superior. O esforço aqui não se restringe ao setor público. O Censo da Educação Superior 2008 revela que foram criados cerca de 650 novos cursos de educação tecnológica no Brasil. Em 2002, o número de cursos de Educação Tecnológica era de 636; em 2008, esse número atingiu 4.355 cursos. Quando se observa a evolução do número de matrículas na educação tecnológica nos últimos anos, tem-se uma dimensão ainda mais clara da mudança que vem ocorrendo no país. Ver tabela abaixo:

Evolução do número de matrículas na educação tecnológica – Brasil (2002-2008)

Ano	Matrículas	% de Crescimento
2002	81.348	--
2003	114.770	41,1
2004	153.307	33,6
2005	214.271	39,8
2006	278.727	30,1
2007	347.150	24,5
2008	412.032	18,7

Fonte: MEC/INEP/DEED

Fica evidente, pelos números acima, que o crescimento da educação tecnológica vem superando em muito o ritmo do crescimento da educação superior como um todo. Esta nova característica da educação superior brasileira com certeza terá profundas implicações sobre o sistema de avaliação e exercerá forte pressão sobre a identidade tradicional da educação superior. Tem-se a impressão de que a concepção de cursos de graduação preocupados com uma educação mais abrangente e com escopo de grande amplitude cede gradativamente lugar a uma concepção mais pontual, restritiva, angular e marcadamente profissionalizante.

Quando falamos em centralização, referimo-nos principalmente ao sistema regulatório da educação superior do Brasil. Tendo em vista que a expansão da educação superior deu-se predominantemente por meio da iniciativa privada, a educação superior brasileira experimentou uma centralização progressiva no sistema federal, que hoje representa cerca de 94% das instituições de educação superior. Isso significa dizer que 94% das cerca de 2.252 instituições dependem da União para o seu sistema regulatório, com sérias implicações sobre o processo de autorização, reconhecimento, credenciamento e recredenciamento e, igualmente, sobre os processos avaliativos. Observa-se que tal concentração no sistema federal tem se mantido constante nos últimos anos, o que parece indicar que a centralização talvez tenha atingido o seu ponto de esgotamento. Ver tabela abaixo:

ANO	IES do sistema federal	Total de IES	Percentual do sistema federal
2002	1515	1637	92,5
2003	1735	1859	93,3
2004	1876	2013	93,2
2005	2031	2165	93,8
2006	2127	2270	93,7
2007	2138	2281	93,7
2008	2109	2252	93,7

Fonte: MEC/INEP/DEED

É evidente que tal concentração está diretamente relacionada ao preceito constitucional que divide as responsabilidades prioritárias de cada ente federado, atribuindo aos municípios a responsabilidade primeira pelo ensino fundamental; aos estados pelo ensino médio e à União pela educação superior. Observado sob esta ótica, chega a ser estranho que municípios, que com dificuldade mantêm o ensino fundamental, se aventurem na criação de instituições de educação superior. Para que uma maior descentralização da educação superior, tão desejada por muitos, seja possível, o país terá de construir um novo pacto federativo, com atribuições de responsabilidades e realocações de recursos muito mais precisas que as atuais.

O desequilíbrio regional pode ser observado principalmente pela *Sudestificação* da educação superior. Os quatro estados da região sudeste representam cerca da metade das instituições, cursos e matrículas do Brasil. O predomínio da Região Sudeste – embora venha diminuindo desde 1996 – ainda continua expressivo. Somados os três estados do sul, percebe-se que a educação superior brasileira tem se tornado em grande parte (70%) um fenômeno do sudeste e do sul do Brasil. Tal tendência vem se alterando gradualmente à medida que melhoram as taxas de escolarização nas regiões Norte e Nordeste. Os quadros a seguir mostram o comportamento das matrículas por nível nas Regiões Norte e Sudeste:

Matrículas na região Norte por nível

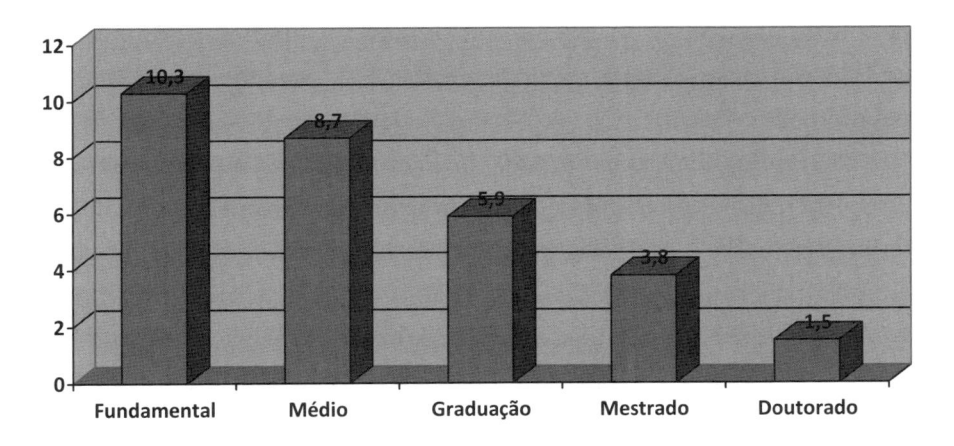

Nível	Valor
Fundamental	10,3
Médio	8,7
Graduação	5,9
Mestrado	3,8
Doutorado	1,5

Fonte: MEC/INEP/DEEP

Matrículas na região Sudeste por nível

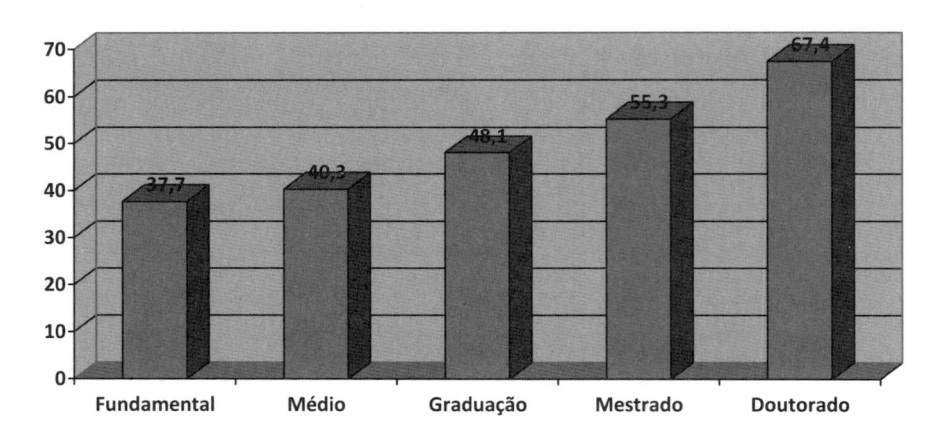

Nível	%
Fundamental	37,7
Médio	40,3
Graduação	48,1
Mestrado	55,3
Doutorado	67,4

Fonte: MEC/INEP/DEED

Como se pode observar, as representações percentuais das matrículas de cada nível educacional desenham trajetórias opostas nas duas regiões em questão: enquanto o Norte diminui a sua representação percentual à medida que sobe o nível de escolaridade, o Sudeste abrange, com os seus quatro estados representando a metade da graduação brasileira, mais da metade das matrículas de mestrado e 67% das matrículas de doutorado do país. A expansão da educação superior, portanto, em estados outros que os da região Sudeste e Sul, permanece um grande desafio para o Brasil.

A ampliação de oportunidades do acesso à educação superior refere-se, principalmente, à ampliação de oportunidades a pessoas oriundas da classe média – pessoas até então excluídas da educação superior e, entre elas, muitas com mais de 24 anos de idade e mais de 100 mil com mais de 40 anos de idade. Esta ampliação do acesso confunde-se, em grande parte, com o próprio processo de privatização, pois deu-se principalmente como resultado da excludência reinante historicamente nas universidades públicas. As políticas públicas recentes (Programa Universidade para Todos; Programa de Expansão e Reestruturação das Universidades Federais; Expansão do Financiamento Estudantil e outros) têm sido um grande motor na expansão de oportunidades para além da classe média.

O desequilíbrio de oferta pode ser observado no panorama das "vocações" (educação, ciências sociais aplicadas, direito) profissionais dos jovens brasileiros, com poucos cursos dominando as matrículas e revelando uma despreocupação nacional crônica com um projeto nacional de desenvolvimento e com uma imagem de futuro para o país. Ver quadro abaixo:

Grandes áreas com maior número de cursos

Grandes Áreas	Número de Cursos
Ciências Sociais, Negócios e Direito	5.815
Ciências, Matemática e Computação	2.282
Educação	6.397
Engenharia	1.510
Agricultura e Veterinária	455
Saúde	2.280
Humanidades e Artes	916
Serviços	752

Fonte: MEC/INEP/DEED

O que surpreende nesses dados é que um país continental como o Brasil, com gigantescas áreas agricultáveis, tenha uma representação pífia dos cursos de Ciências Agrárias. É evidente que a expansão de cursos nessas áreas – além de outros ligados à aquicultura e ao meio ambiente – está a esperar políticas públicas condizentes com um desafio que se apresenta como óbvio.

A ociosidade crescente de vagas talvez tenha sido uma das mais chocantes realidades desde 2003, pois ocorre ao mesmo tempo em que milhares de jovens buscam a educação pós-média. Em 2004, do total de vagas disponíveis na educação superior (2.320.421), apenas 1.303.110 (56,2%) foram preenchidas, permanecendo ociosas 1.017.311 vagas (43,8%). Em 2003, pela primeira vez na história da República, o número de vagas na educação superior superou o número de concluintes do ensino médio. Nos últimos anos, o número de vagas ociosas tem crescido anualmente e de forma assustadora, estando em 2008 próximo a 1.5 milhão, ou seja, 49,5% do total das vagas oferecidas no ano. Observa-se facilmente que esse fenômeno é quase uma exclusividade do setor privado, que responde por 97,5% do total das vagas ociosas de 2008.

Evolução do número de vagas ociosas na graduação presencial – Brasil (2002 a 2008)

ANO	VAGAS OCIOSAS	% DE CRESCIMENTO
2002	567.947	--
2003	739.779	30,3
2004	1.017.311	37,5
2005	1.038.706	2,1
2006	1.181.089	13,7
2007	1.341.987	13,6
2008	1.479.318	10,2

Fonte: MEC/INEP/DEED

O que tem sido surpreendente, nos últimos anos, é que o número de ingressos na educação superior tem sido praticamente idêntico ao das vagas desocupadas, embora haja bem mais candidatos do que vagas oferecidas anualmente na educação superior. O que explicaria números tão expressivos de vagas ociosas em um país com um sistema altamente elitista de acesso? Várias hipóteses têm sido levantadas. A primeira: a de que muitas das vagas oferecidas sejam simples obra de ficção das instituições privadas, criadas unicamente para burlar as dificuldades autorizativas do Ministério da Educação; a segunda: a de que cresce a consciência entre estudantes de que as vagas oferecidas não valem o valor das mensalidades cobradas pelas instituições privadas; a terceira: a de que há uma inadequação entre o que os candidatos desejam estudar e o que é oferecido a eles como opção; a quarta: a de que cresce a consciência de que a qualidade dos cursos em que sobram vagas é tão baixa que poucos candidatos se interessam por elas; a quinta: que muitos estudantes gostariam de cursar o curso para o qual há vagas, mas são tão pobres que não conseguem pagar os custos da educação superior privada; e, por fim, a de que as vagas sejam simples estratégia das IES privadas já instaladas para afastar do mercado os potenciais concorrentes. Provavelmente, várias dessas, ou todas as explicações estão corretas, mas a análise dos números do sistema educacional brasileiro como um todo torna evidente que a baixa taxa de escolarização do ensino médio brasileiro responde por grande parte da baixa relação candidato/vaga observada na educação superior. Se por um momento lembrarmos que, nos últimos anos, pela primeira vez na história do país, tivemos mais vagas na educação superior do que concluintes do ensino médio e que cerca da metade das vagas oferecidas nas IES privadas permaneceram ociosas, fica evidente que, para garantir a migração desejada de cérebros e pessoas para a educação superior, será necessária uma participação maior do poder público. O mercado, por si só, ao contrário do que sonharam alguns, não conseguirá viabilizar esse importante projeto de Estado.

Quando se observa que o setor privado e pago deixa quase a metade de suas vagas ociosas, quando índices alarmantes de inadimplência o desestabilizam e quando a evasão ameaça inviabilizar mesmo cursos de altíssima demanda, fica evidente que a sua capacidade de expansão está próxima do limite. Junte-se a isso o fato de que os cerca de 9 milhões de estudantes do ensino médio têm renda familiar aproximadamente 2,3 vezes menor do que a dos estudantes que hoje estão na educação superior. O IBGE nos informa que entre os 9 milhões, há mais de 2 milhões de estudantes que são tão pobres que, mesmo que a educação superior seja pública e gratuita, terão dificuldades de se manter no *campus*.

Como esse quadro só tende a piorar com a universalização da educação básica – que traz exércitos de carentes às portas do *campus* todos os anos –, falar apenas em expansão é insuficiente. Se é verdade que a expansão da educação privada teve o mérito de fazer com que o vestibular deixasse de ser um trauma na vida de pais e filhos da classe média, é também verdade que ela, para os filhos das classes baixas, até a chegada do PROUNI (Programa Universidade para Todos), tinha trazido apenas promessa. Estes, porque não conseguem nem vencer a excludência do *campus* público, nem pagar os altos preços do *campus* privado, continuam fora da educação superior.

Se a palavra de ordem da década passada foi *expandir*, a desta década precisa ser *democratizar*. E isso significa criar oportunidades para que os milhares de jovens de classe baixa, pobres, filhos da classe trabalhadora e estudantes das escolas públicas tenham acesso à educação superior. Não basta expandir o setor privado – as vagas continuarão ociosas; não basta aumentar as vagas no setor público – pois apenas facilitarão o acesso e a transferência dos mais aquinhoados.

A democratização, para acontecer de fato, precisa de ações mais radicais – ações que afirmem os direitos dos historicamente excluídos, assegurando acesso e permanência a *todos* que seriamente procuram a educação superior, desprivatizando e democratizando o *campus* público. O Programa Universidade para Todos, a criação de novos *campi* nas IFES (Instituições Federais de Educação Superior), a proposta de expansão do ensino noturno público, a criação de novas universidades federais, a criação da Universidade Aberta do Brasil, a expansão da educação a distância, a criação de bolsas-permanência são algumas das ações que apontam para o caminho da democratização.

Há, no entanto, necessidade de se tornar a democratização indissociável da expansão nos *campi* públicos, onde permanece fortemente enraizada a noção de que expandir significa piorar a qualidade. Lamentavelmente, escapa à maioria de nós a percepção de que se preocupar só com a qualidade, sem pensar em quantidade, significa a preservação de um sistema elitista e excludente! O estranho é que, quando a expansão do setor privado veio beneficiar a classe média, o *campus* público, salvo honrosas exceções, fez de conta que a questão não era com ele; quando, há quatro anos, a renúncia fiscal tornou viável a concessão de bolsas para centenas de milhares de jovens pobres, no mesmo setor privado, o seu protesto foi veemente; sempre que a democratização quer dar um passo adiante para atender aos mais carentes, no espaço público, muitos se escudam na autonomia e se escondem atrás da qualidade. "Vai piorar a qualidade" é a ladainha da moda! E, assim, democratizar o *campus* público permanece, no *campus* público, ironicamente, um tabu. A menos que consigamos mudar essa cultura, grande parte do esforço pela recuperação da centralidade da universidade pública e gratuita torna-se sem sentido.

Precisamos vencer a afirmação secular, repetida cotidianamente na grande mídia e em textos acadêmicos mundo afora, de que o *campus* é um espelho da sociedade e de que ele a reflete em todas as suas peculiaridades, privilégios, comoções e injustiças. Os dados mostram que o *campus* pode até ser um espelho da sociedade, mas é com certeza do tipo que distorce. Contas feitas, a conclusão a que se chega é uma só: sob muitos aspectos, os cursos de graduação não reproduzem, mas hipertrofiam as desigualdades sociais existentes.

A oportunidade de acesso para estudantes pobres é um bom exemplo. Estudantes com renda familiar de até três salários mínimos, que na população brasileira representam 50%, na Enfermagem e Educação

Física – cursos com percentuais mais próximos da realidade – representam apenas cerca de 30%. Essa distorção se torna mais gritante na Odontologia e na Medicina, onde os 50% passam a ser apenas 10,5% e 8,8%, respectivamente. Ou seja, como ressaltam os casos da Enfermagem e da Educação Física, mesmo o que no *campus* mais se aproxima da realidade está profundamente distorcido, e para pior.

Quando se olha a questão pelo viés dos mais ricos (mais de dez mínimos de renda familiar), percebe-se que uma pequena minoria na sociedade se torna uma grande maioria no *campus*. É bom lembrar que, na sociedade, esse grupo representa 11,8%. Na Enfermagem, é verdade, ele representa algo bastante próximo – 15%; na Odontologia e na Medicina, no entanto, os 11,8% de ricos se tornam 52% e 67%, respectivamente.

A representação por cor/raça, da mesma forma, mostra que entre os dez cursos mais brancos estão cinco da área da saúde (Odontologia, Veterinária, Farmácia, Psicologia e Medicina) – todos com mais de 77% de representação de brancos. Na população, os brancos representam 52%. Entre os cursos da área com os menores percentuais de brancos estão Enfermagem, com 67%, e Biologia, com 69%. Conclusão: mesmo nos cursos menos brancos, o *campus* distorce significativamente os percentuais da sociedade.

Com intensidade ainda mais dramática, o espelho do *campus* distorce as proporções dos estudantes originários das escolas públicas – grupo fortemente subrepresentado, tanto na educação superior pública como na privada: nas IFES e nas IES privadas sua representação é de cerca de 43%, isto é, inferior à metade dos 89% representados por eles no ensino médio. Nos cursos, a desproporção pode ser maior: apenas 18% dos estudantes de Odontologia e 34% dos estudantes de Medicina cursaram todo o ensino médio em escola pública. É necessário inferir, portanto, que para um aluno originário do ensino médio privado e pago a oportunidade de chegar à educação superior, em especial em cursos de alta demanda, é várias vezes superior a de seus colegas originários da escola pública e gratuita.

Talvez pudéssemos argumentar que o *campus* reflete os vários "Brasis" que temos, com todas as suas desigualdades regionais e estaduais. Afinal, quando dizemos que o Brasil forma um médico e um dentista para aproximadamente 19 mil habitantes e que no Norte essa proporção é de um para mais de 40 mil e no Nordeste de um para mais de 33 mil, estamos também dizendo que vivemos em um país bastante desigual na formação de profissionais. No entanto, mesmo tal desigualdade parece mais refratada do que refletida: os *campi* do Rio de Janeiro, estado com 8,4% da população, formam 24% dos médicos do Brasil, enquanto há estados que ainda não formaram um único médico, dentista ou enfermeiro. As desigualdades no *campus* em geral superam as projetadas pela sociedade.

Como o crescimento dos cursos mostra-se muito desigual (nos últimos 14 anos, Fisioterapia e Enfermagem cresceram 741% e 443%, enquanto Medicina e Odontologia cresceram apenas 38% e 50%, respectivamente), é fácil perceber que as políticas públicas para a formação na saúde precisam estar ancoradas nas realidades específicas de cada uma das áreas do conhecimento *vis a vis* as demandas dos estados e da sociedade em geral.

Só com políticas de expansão, combinadas com a democratização do acesso e da permanência, como as em implantação, é possível fazer com que o *campus* deixe de ser esse espelho que aguça as nossas distorções e se torne uma lâmpada que ilumine os caminhos rumo à igualdade de oportunidade para todos. Dizer que o *campus* apenas reflete a sociedade equivale a atribuir-lhe um papel passivo que, como demonstram os dados, certamente ele não tem. Significa também retirar dele o papel de agente capaz de interferir de modo mais desejável na realidade existente.

Esses dados parecem se confirmar por várias evidências. Destaque-se primeiramente a discrepância da oferta de educação superior no tocante ao turno escolar. Ver quadro a seguir:

Matrículas por turno e categoria administrativa

Categoria Administrativa	Diurno (%)	Noturno (%)	Total (%)
Setor Público	62,6	37,4	100
Setor Privado	30,1	69,9	100
Total	38,3	61,7	100

Fonte: MEC/INEP/DEED

Enquanto o ensino superior noturno brasileiro é essencialmente privado e pago, o ensino superior diurno é público e gratuito. Isso equivale a dizer que as oportunidades para o estudante pobre e trabalhador estão basicamente restritas às instituições privadas – revelando uma verdadeira perversidade da educação superior brasileira.

Nesse contexto, outra questão que precisa ser observada é o comportamento da relação candidato/vaga ao longo dos últimos anos:

Evolução da relação candidatos/vaga na graduação presencial – Brasil (2002 a 2008)

ANO	RELAÇÃO CANDIDATO/VAGA
2002	2,8
2003	2,5
2004	2,2
2005	2,1
2006	2,0
2007	1,8
2008	1,9

Fonte: MEC/INEP/DEED

Percebe-se, evidentemente, que a cada ano torna-se mais fácil ingressar na educação superior, o mesmo valendo para as instituições públicas, embora nelas a relação candidato/vaga seja em média oito vezes maior do que a média global. Diante da crescente facilidade para ingressar na educação superior, beira ao escândalo o fato de que vagas oferecidas possam permanecer ociosas. Por isso mesmo, tal constatação coloca o país diante de um importante desafio nos próximos anos: como entender melhor o fenômeno das vagas ociosas, como reduzi-las e como trazer mais jovens para a educação superior?

A corrida por titulação deve-se em boa parte às exigências de titulação estabelecidas na LDB (Lei de Diretrizes e Bases da Educação Nacional) para as universidades. Dados da CAPES mostram que o esforço nacional por titulação do corpo docente vem surtindo efeito (atualmente mais de 30 mil mestres e mais de 10 mil doutores estão se formando ao ano). Pode-se afirmar que os docentes atuantes na educação superior estão se qualificando num ritmo que acompanha o crescimento do sistema de educação superior, embora os dados dos últimos censos revelem que a titulação de doutores cresce em ritmo bastante lento nas instituições privadas.

O incremento na taxa de escolarização superior, embora muito distante do preconizado pelo Plano Nacional de Educação, vem ocorrendo, embora sabidamente minado pelo elitismo histórico instalado. É hoje notável a incorporação de significativos contingentes de pessoas acima de 24 anos e que estiveram excluídos da educação superior, além da grave e crônica defasagem idade-série em algumas regiões do país, e que tem efeito sobre a população que entra no cômputo do PNE. Em 2004, apenas 10,4% da população de 18 a 24 anos estavam matriculados na educação superior. Em 2007, a taxa de escolarização líquida atingiu 13% e, em 2008, 14,5%, graças principalmente à expansão da educação superior a distância. Não obstante o crescimento significativo, tais percentuais continuam extremamente baixos quando comparados aos países da Europa, da América do Norte e a muitos países da América Latina e da Ásia. Com apenas 14 de cada 100 jovens de 18 a 24 anos na educação superior, fica evidente que o Brasil continua a desperdiçar o potencial de milhões de pessoas que poderiam contribuir com o desenvolvimento nacional.

Feitas essas considerações, quais são, então, os grandes desafios do presente? Salvo melhor juízo, os grandes desafios brotam diretamente das dez grandes tendências apontadas e são os seguintes:

1. *Superar a política de expansão para chegar a uma política de democratização* efetiva de acesso a estudantes carentes (Prouni nas IES privadas, quotas sociais e valorização da escola pública de ensino médio devem ganhar mais espaço).

2. *Buscar um equilíbrio mais adequado entre o público e o privado* (a privatização deve diminuir percentualmente com a expansão de *campi* públicos, a criação de novas IES públicas, Reuni, vagas noturnas nas IFES etc.).

3. *Trabalhar a diversidade de modelos* (deveremos presenciar ainda forte expansão de cursos tecnológicos e de novas titulações, em maior sintonia com as necessidades regionais e nacionais).

4. *Descentralizar sem balcanizar o sistema de educação superior* (o país deverá rever as atribuições constitucionais em relação à educação, com forte impacto sobre todo o sistema).

5. *Promover o equilíbrio regional* de oferta de educação superior (Norte, Nordeste e Centro-Oeste devem experimentar grande expansão).

6. *Democratizar a permanência no campus* (devem se tornar mais aceitas socialmente as políticas que tornem possível não só o acesso à educação superior de todos os que seriamente a procuram, bem como as políticas para que estudantes carentes possam efetivamente realizar os seus estudos, reduzindo a evasão).

7. *Superar o desequilíbrio de oferta* (deveremos ter políticas de incentivo à abertura de cursos vinculadas a programas de Estado que buscam inspiração na imagem de futuro para o país. As áreas de Agro-

nomia, Agroecologia, Aquicultura, Engenharia Ambiental e Energias Renováveis etc. deverão experimentar grande desenvolvimento. Nas licenciaturas, as áreas mais carentes deverão receber apoio especial, acompanhadas de políticas de valorização dos professores).

8. *Superar a ociosidade de vagas,* com programas de valorização do ensino médio, expansão de programas de bolsas e de financiamento estudantil.

9. *Manter a política de apoio público à titulação do corpo docente,* com políticas de indução à senioridade de docentes titulados, especialmente para melhorar a qualificação nas IES privadas.

10. *Acelerar o incremento da taxa de escolarização* para atingir percentuais compatíveis com as necessidades do desenvolvimento, reduzindo a exclusão, valorizando talentos individuais e a inteligência coletiva.

Esses dez desafios poderiam, para fins de simplificação, ser resumidos em apenas dois, o primeiro preocupado com a quantidade e o segundo com a qualidade – as duas faces da mesma moeda:

– Não abrir mão do sonho de chegar a 2011 com 30% dos jovens na Educação Superior;

– Consolidar o Sinaes para garantir que as nossas instituições possam efetivamente contribuir para o avanço da arte e da ciência, colocando-as a serviço da melhoria da qualidade de vida de toda a população.

Bibliografia:

BOYER, P. (2003). *College rankings exposed.* Lawrenceville, NJ: Peterson's.

BRASIL. IBGE. (2005). *Pesquisa Nacional por Amostra de Domicílio (PNAD).* Brasília. Disponível em: http://www.ibge.gov.br.

BRASIL. MEC. (2005). *Anteprojeto de Lei da Reforma da Educação Superior.*

BRASIL. MEC/INEP/DEAES. (2005). *Sinopse estatística do ensino superior 2005*. Brasília.

BRASIL.(2001). *Plano Nacional de Educação (PNE)*. Lei n. 10.172/2001. Brasília, Congresso Nacional.

BRASIL.(2004). *Sistema Nacional de Avaliação da Educação Superior: da concepção à regulamentação*. Brasília: INEP.

KERR, C. (2005). *Os usos da universidade*. Brasília: UnB.

NUNES, Edson *et al.* "Correspondência entre formação e profissão." Documento de Trabalho n. 50. Rio de Janeiro: Observatório Universitário, July 14, 2006.

O'BRIEN, G. D. (1998). *All the essential half-truths about higher education*. Chicago: University of Chicago Press.

RISTOFF, D. (1999). *Universidade em foco: reflexões sobre a educação superior*. Florianópolis: Insular.

RISTOFF, D. e ARAÚJO, L. (2003). "Missão inadiável". In: *Universidade XXI: a encruzilhada da educação superior*. Brasília: MEC.

RISTOFF, D.; PACHECO, E. (2004). *Educação superior: democratizando o acesso. Textos para discussão*. INEP/MEC.

Uma Escola do Tamanho do Brasil. (2002). Programa de governo do candidato Lula.

6. Políticas para a democratização do acesso e a inclusão social na educação superior do Brasil

Maria do Carmo de Lacerda Peixoto[1]

1. Introdução

A partir do final do século XX, quase todos os países da América Latina realizaram reformas educacionais, impulsionados, em grande medida, pela ação de organismos internacionais que condicionaram as reformas à concessão de empréstimos para os países da região. A justificativa para essa indução estava localizada nas deficiências dos sistemas educativos frente aos condicionantes impostos pela reestruturação do setor produtivo, bem como pelas mudanças na estrutura do Estado e das relações sociais no âmbito da ordem capitalista globalizada.

As desigualdades econômicas e sociais, características de grande parte das sociedades modernas, tornam a inclusão das populações marginalizadas uma exigência para a formulação das políticas públicas das nações. Nos seus diversos aspectos – pobreza, etnia, gênero – a inclusão social tem predominado no discurso político contemporâneo, tendo

---

[1] Doutora em Educação, Professora da Faculdade de Educação da Universidade Federal de Minas Gerais.

em vista o papel por ela cumprido na constituição da cidadania e na consolidação da democracia em bases justas.

Neste capítulo busca-se analisar essa configuração educacional, enfatizando as políticas de expansão e inclusão social na educação superior que se realizam no Brasil. Inicialmente essas políticas serão situadas num contexto mais amplo, com a abordagem do cenário da expansão e da inclusão social na América Latina e Caribe. A seguir, buscarei um entendimento mais aprofundado sobre o conceito de inclusão social, para explicitar seus limites teóricos e o caráter desse problema. Em continuidade, será analisado o caso da educação superior no Brasil, caracterizando o processo de expansão que ocorreu no final do século XX e início do século XXI, para analisar, a seguir, as políticas que vêm sendo implementadas com o objetivo de ampliar o acesso à educação superior e para equacionar os desafios representados pela inclusão social nesse contexto.

2. Educação superior e inclusão social na América Latina e Caribe

Parte integrante dos direitos de cidadania, a educação ocupa lugar destacado no debate e na formulação de políticas de inclusão social. Por ser fator de promoção da mobilidade social e de acesso a maior poder econômico, principalmente quando se trata da primeira geração da família que nela se forma, a educação superior participa de modo especial desse processo. Na perspectiva da justiça social e considerando as desigualdades econômicas e sociais existentes, deve-se considerar que os benefícios proporcionados por essa educação não podem permanecer restritos a apenas alguns grupos sociais que puderam frequentar boas escolas na educação básica e estão mais bem preparados para concorrer em exames de ingresso e para ter bom desempenho durante os cursos.

Embora a renda dos indivíduos varie na razão direta do seu grau de escolaridade, é preciso levar em conta, no entanto, que esse não é o único fator a afetar a renda. As mulheres, geralmente, têm nível educacional mais elevado do que os homens, mas seus salários são menores, mesmo quando em empregos semelhantes. Mais educação também não elimina preconceitos sociais contra favelados ou negros. Instituições de nível superior e governos devem, portanto, ampliar a oferta de educação superior para pessoas de diferentes origens e condições sociais, contribuindo para tornar essas instituições e países mais plurais e diferenciados, social e culturalmente, e em dia com os direitos de cidadania.

A superação do desafio da expansão de uma educação superior elitizada implica alcançar sua universalização e, ao mesmo tempo, manter um padrão elevado de qualidade. Nesse sentido, as recomendações da Conferência Mundial sobre Educação Superior 2009 (Comunicado, 2009), direcionadas para o cuidado com a responsabilidade social da educação superior, o respeito aos princípios de equidade, acesso e qualidade, a consideração do papel desempenhado pelos movimentos de internacionalização, regionalização e mundialização e a concentração da educação superior sobre os eixos da aprendizagem, pesquisa e inovação, fornecem diretrizes importantes.

Analisadas sob o ponto de vista da equidade e da inclusão social, as reformas da educação superior na América Latina e Caribe permitem perceber que, embora no discurso essa temática seja vista como necessária, na prática das políticas que foram propostas, ela não se concretizou na maioria dos países da região. O que se verificou, em grande parte deles, foi a expansão da oferta de vagas, com aumento da ordem de quase três vezes no número de matrículas entre 1980 e 2005 (Fernández Lamarra, 2007). Nessa expansão foi priorizada a criação e a ampliação da oferta de vagas em instituições privadas, em detrimento da extensão da participação do sistema público na educação superior. Prioridade que, evidentemente, promoveu restrições no acesso a esse nível de ensino de estudantes oriundos de famílias pobres, os quais, além de enfrentarem dificuldades financeiras e sociais para esse acesso, receberam, muitas vezes, um ensino de qualidade inferior na educação básica. Dessa maneira, são bastante desiguais as condições que eles enfrentam para competir nos processos seletivos de ingresso à educação superior e para nela demonstrar o desempenho necessário.

É preciso observar, ainda, que embora a expansão dos sistemas de ensino se constitua condição necessária para o alcance de condições mínimas de equidade escolar, o aumento da oferta de oportunidades de ensino nem sempre concorre para reduzir as desigualdades no acesso à educação. Os processos sociais e escolares que ocorrem tanto durante a seleção para o ingresso como no decorrer dos cursos – bem como a ausência de mecanismos de políticas destinados a reduzir a seletividade social nos processos de seleção, a despeito do aumento da oferta de vagas – concorrem também para a manutenção dessas desigualdades educacionais.

Há de se considerar que as alterações verificadas nos indicadores de expansão da matrícula nos países da América Latina e Caribe, na maior parte dos casos, não foram suficientes para integrar no ensino superior, em proporções desejáveis, a população na faixa etária de 18 a 24 anos, nem mesmo para atender ao percentual que conseguiu concluir o ensino secundário. Mais ainda, esse crescimento não se deu em condições que possibilitassem um atendimento compatível com o nível de riqueza produzido em alguns desses países, o que enfatiza ainda mais as desigualdades sociais existentes.

Nessa perspectiva, a inclusão social em tal nível de ensino, quando ocorreu, não foi acompanhada pelo estabelecimento de procedimentos destinados a produzir um padrão de qualidade homogêneo para todo o sistema de educação superior, constatando-se, pelo contrário, grande heterogeneidade nos níveis de qualidade. Segundo Rama (2006 *apud* Fernández Lamarra, 2007), a região mudou de uma condição na qual predominavam sistemas educativos de elites para a de predomínio de sistemas de minorias. Assim, afirma esse autor, "para chegar a um sistema de massas de acessos universais é preciso encarar os problemas de iniquidade e estabelecer políticas práticas e compensatórias" (Rama, 2006 *apud* Fernández Lamarra, 2007:55).

Já foi dito que não basta assegurar o acesso à educação superior, porque, além das dificuldades socioeconômicas, também os processos escolares contribuem para impedir o estudante de concluir seus estudos. A permanência nos cursos, além de ser uma questão inerente à gestão das instituições de educação superior, é também componente importante a ser considerado no processo de inclusão. Nesse sentido, ela deve ser também objeto de políticas educacionais, com a formulação de medidas destinadas a proporcionar condições adequadas para que os alunos provenientes de famílias mais pobres possam frequentar o ensino superior e ter um bom desempenho nessa etapa de formação. Em artigo anterior, em que analisei a presença dessa temática nas reformas da educação superior na América Latina e Caribe, foi possível perceber que poucos países da região formularam políticas para abordar tal problemática de forma adequada. O Uruguai é uma dessas exceções, porque instituiu o Fundo de Solidariedade, em 1994, destinado a financiar um sistema de bolsas para estudantes da Universidad de la República, constituído pelos aportes anuais efetuados pelos egressos da educação superior, transcorridos dez anos da emissão ou da revalidação de seus títulos por aquela universidade.[2]

---

[2] Ver Peixoto, 2008.

3. A inclusão social como conceito analítico

Tema que tem estado presente de modo bastante frequente no debate acerca dos processos de desenvolvimento econômico e social, em especial sobre o acesso ao ensino superior, os conceitos de inclusão e de exclusão social estão relacionados ao ato de colocar algo ou alguém para fora ou de não deixar algo ou alguém entrar em um espaço ou lugar. Eles aludem, portanto, a uma relação espacial complementar e oposta, trazendo implícita a compreensão da relação centro-periferia. O tema tem sido objeto de diversas conferências internacionais[3], nas quais são definidas ações de políticas para os países participantes. Os conceitos de inclusão e exclusão social têm gerado debates e polêmicas, definindo-se posições bastante polarizadas, não raro ideologicamente matizadas. Tais características, além de pouco contribuir para o avanço do conhecimento, podem concorrer para o descarte de alternativas de inclusão cujo potencial poderia vir a ser explorado.

No campo acadêmico, o debate tem se concentrado, em especial, na polêmica em torno da utilidade do conceito de exclusão social e da necessidade de atuar sobre as causas do fenômeno, promovendo a inclusão por meio da aplicação de medidas adequadas. Tem sido apontado que o conceito de exclusão é muito impreciso, rejeitando-o por aportar mais problemas do que contribuições para esclarecer o fenômeno que ele nomeia. Referenciado às mais diversas situações, o conceito de exclusão pode servir tanto para descrever processos de degradação das relações sociais em geral como das relações no mundo do trabalho, dos direitos sociais ou

---

[3] Entre outras, lembramos a Conferência Mundial de Educação para Todos, em Jomtien, Tailândia, em 1990, com o objetivo de estruturar um plano de ação para satisfazer necessidades de aprendizagem; a Conferência Mundial sobre Necessidades Educacionais Especiais de Jovens e Adultos, em Salamanca, Espanha, em 1994, que reforçou o papel da escola regular na inclusão dos indivíduos com necessidade especial; a Conferência Mundial contra o Racismo, a Discriminação Racial, a Xenofobia e as Formas Correlatas de Intolerância, em Durban, África do Sul, em 2001, que instou os Estados-Nação ao combate à discriminação.

ou políticos e, também, para descrever problemas decorrentes da incapacidade do Estado de oferecer, de forma homogênea, serviços públicos como educação, saúde, saneamento, segurança. Na atual configuração da acumulação do capital, o termo tem sido usado para descrever as condições decorrentes da redução do número de postos de trabalho, sendo também, por vezes, sobreposto ao conceito de pobreza, para caracterizar algum tipo específico de situação de privação e sinalizar para uma noção difusa de vulnerabilidade e carência. Aplica-se, também, para se referir aos próprios atores sociais, descritos como os "excluídos".

Na literatura sociológica, esse termo foi antecedido pela noção de marginalidade, introduzida por Park, em 1928, quando realizava estudos sobre a estrutura da personalidade marginal e relacionados às duplas centro-periferia e normalidade-desvio (Rioux, 1998). Na literatura norte-americana, exclusão é tratada principalmente sob a perspectiva dos *underclass*, dos marginalizados sociais. Termo cunhado na década de 1960 por Gunnar Myrdall, *underclass* é geralmente usado para referir-se a membros de minorias étnicas que vivem em guetos, são destinatários de políticas sociais e que, por estarem fora do *mainstream* da sociedade, representam uma ameaça a ela. Nesses casos, a responsabilidade pela situação em que se encontram tende a ser atribuída, em primeiro lugar, aos próprios indivíduos e, em segundo lugar, ao sistema de benefícios existente, que encoraja a dependência e penaliza o trabalho.

Outra abordagem do conceito considera como seus elementos centrais a ausência de direitos básicos e as dificuldades dos indivíduos para deles usufruírem. Nesse contexto, a análise assume o caráter de denúncia do rompimento do Estado com a noção de responsabilidade social construída no pós-guerra, que levou à montagem do Estado de Bem-Estar Social, bem como de rompimento com a universalidade da cidadania conquistada.

Para autores como Costa (2008) e Martins (1997 e 2003), a exclusão social é uma característica intrínseca ao capitalismo, um dado estrutural do capitalismo mundial. Sua situação teria se agravado no cenário atual, no qual ela se tornou elemento indissociável do processo de acumulação flexível, gerador de seres descartáveis em massa, os "novos excluídos", para os quais, na perspectiva mais radical de Costa, não haveria mais possibilidade de integração ou de reintegração no mundo do trabalho e da alta tecnologia. A miséria e a exclusão resultariam dos desdobramentos contínuos e crescentes do modo de produção capitalista.

Martins (1997), por sua vez, considera que o indivíduo excluído está sempre incluído em outra categoria social, porque se a sociedade capitalista exclui, ela também inclui e integra, sendo "próprio dessa lógica de exclusão, a inclusão. A sociedade capitalista desenraíza, exclui, para incluir, incluir de outro modo, segundo suas próprias regras, segundo sua própria lógica" (Martins, 1997:32). Nesse sentido, não existiria a exclusão e, sim, formas pobres, insuficientes, às vezes indignas de inclusão, residindo o problema justamente nessa inclusão.

Castel (2004) ressalta a imprecisão do termo exclusão, atribuindo-lhe, por isso, pouco valor analítico. O conceito oculta e traduz, ao mesmo tempo, o estado atual da questão social, porque a heterogeneidade desses usos tanto designa grande número de diferentes situações, como encobre a especificidade de cada uma. A exclusão se refere, na verdade, a situações resultantes de trajetórias diferentes, dado que "não se nasce excluído, não se esteve sempre excluído, a não ser que se trate de um caso muito particular" (Castel, 2004: 22). Assim, o termo designaria, na maior parte dos casos, situações que traduzem uma degradação relacionada a um posicionamento anterior do indivíduo.

Ferreira (2002) endossa essa análise e observa que inclusão e exclusão são conceitos que designam ações, mas não relações. As ações que eles designam denunciam situações de injustiça, mas esses termos não analisam a relação que levou as ações a se efetivarem. Permitem descrever as situações que denunciam, mas não permitem compreender as relações que condicionam sua emergência, nem a complexidade das relações nelas contida.

Sposati (2000) também está de acordo com essa abordagem e considera que a diversidade de concepções atribuídas ao fenômeno possibilita afirmar que a exclusão social

> é relativa, cultural, histórica e gradual. Isso significa que pode variar de país para país, em diferentes momentos de um mesmo país, como também variar em sua graduação em um mesmo momento. E embora esse conceito seja bipolar – isto é, a exclusão social opõe-se à inclusão – não há um "estado puro" de exclusão, mas esta é sempre relativa a um dado padrão de inclusão (Sposati, 2000:30).

Além de implicar em solidariedade para com os mais carentes, o conceito tem também o sentido de proteção da sociedade. Isto é, as medidas destinadas a promover a inclusão social seriam uma salvaguarda da sociedade, um modo de protegê-la e de preservá-la por meio de ações destinadas a integrar os cidadãos que se encontram nessas condições.

Segundo Buchardt *et alli* (2002), o conceito de exclusão teve especial repercussão em países de tradição republicana, por ser neles que a coesão social é considerada como critério essencial para a manutenção do contrato sobre o qual se estrutura a sociedade. Como a defesa da solidariedade entre os indivíduos é um princípio fundamental de organização desses países, a existência de grupos que se sentem excluídos representaria, portanto, uma ameaça à unidade do Estado.

Apesar da diversidade dos pontos de partida dos autores, é possível perceber certo grau de identidade entre eles, principalmente na compreensão de que inclusão e exclusão são conceitos de significado velado, que não têm contribuído para elucidar as causas do problema que nomeiam. Divergem as abordagens, contudo, quanto à origem do problema: se ele é inerente à sociedade capitalista desde a sua constituição ou se veio a se configurar em consequência das mudanças que se deram nessa sociedade nas últimas décadas do século XX.

A relação entre a noção de exclusão social e o processo de desenvolvimento econômico e social é aspecto que tem estado também em vários estudos sobre o tema. Esta abordagem tem como ponto de partida as transformações macroestruturais produzidas na sociedade e na economia pós-industrial, estendendo-se para as mudanças sociais e culturais, como a diversificação étnica, a alteração do padrão etário e a emergência de novas formas de convivência familiar. Tais configurações sociais conformam uma sociedade mais heterogênea, com novas demandas, novos sujeitos coletivos e eixos de desigualdade, que rompem com a sociedade estabilizada em divisões de classe e polarizada de modo mais unidimensional e linear. Nessa perspectiva, a ampliação da globalização em tempos recentes e as possibilidades abertas pelas inovações tecnológicas contribuem para combinar a exploração com a exclusão social, com o surgimento de setores sociais inteiros que perdem o trabalho ou que trabalham cada vez mais por menos, sem proteção social, nem jurídica, nem política.

Dupas (2005) ressalta que as alterações introduzidas pelo desenvolvimento econômico e social fizeram com que, em lugar de ser absorvido pelo Estado, o conceito de sociedade civil fosse absorvido pelo mercado. Dessa maneira, a pós-modernidade não produziu uma identidade coletiva e

> o sentido dessa identidade não foi mais percebido nem pela cultura nem por uma ideologia de legitimação associada ao poder e a uma comunidade política. Para a pós-modernidade, a ordem social implicou a superação de uma dinâmica de oposição de classes mediante a criação de uma nova estrutura de castas: de um lado, os incluídos, de outro, os excluídos de todos os tipos (Dupas, 2005:34).

A análise dos processos de expansão e promoção da inclusão social na educação superior aportará esclarecimentos a respeito de práticas desenvolvidas com o objetivo de enfrentar o desafio da exclusão / inclusão social no campo da educação superior.

4. Expansão e promoção da inclusão social na educação superior brasileira

Trow (2005 *apud* Gomes, 2009) desenvolveu um modelo de análise dos sistemas de educação superior, no qual identifica três tipos de sistemas: de elite, de massa e universalizado. O sistema de elite atende até 15% do grupo de jovens entre 18 a 24 anos, os quais têm sua condição de classe social como fator determinante para o acesso, constituindo-se esse acesso um privilégio social associado aos mecanismos meritocráticos. O objetivo desse sistema é formar a classe social dominante para exercer as funções de elite, e se estrutura como elemento de "proteção" e "distinção" de classe social.

O sistema de massa atende entre 16% e 50% do grupo de 18 a 24 anos, estando plenamente consolidado quando atinge mais de 30% das matrículas dessa faixa etária. Sua população compreende mais do que os estudantes oriundos da elite social, econômica e cultural, e a educação superior é concebida como um direito para aqueles que têm determinadas qualificações. No sistema universalizado, por sua vez, o volume de matrículas é superior a 50% de jovens da coorte de 18 a 24 anos, sendo o acesso percebido como uma forma de promoção da justiça social. Isto é, mais do que a igualdade de oportunidades individuais, existir esse sistema representa a conquista da igualdade entre grupos e classes.

As políticas educacionais dos países da América Latina e Caribe, na década de 1990, conforme já observado, sofreram impacto significativo da globalização, das políticas neoliberais e das pressões para a promoção de ajustes estruturais e o pagamento das dívidas. Isso não foi diferente no Brasil, sendo a prioridade das políticas do governo definida, nesse período, pela universalização do acesso à escolaridade obrigatória – o ensino fundamental –, vista como um componente essencial para aumentar a atratividade para os investimentos externos. O ensino superior público foi levado a buscar outras fontes de recursos, que não o

Poder Público, ao mesmo tempo em que o ensino superior privado, em expansão desde a década de 1980, vai experimentar um período de crescimento em escala exponencial a partir da segunda metade da década de 1990.

As primeiras escolas de educação superior começaram a funcionar no Brasil na primeira década do século XIX e, até o início do século XXI, caracterizava-se como um sistema de elite, um sistema voltado para oferecer educação superior como privilégio e para promover os interesses das elites dominantes. O aumento de matrículas e do número de instituições públicas e privadas que se verificou ao longo desse período não foi suficiente para representar uma ruptura com esse modelo.

Considerando apenas as taxas brutas de matrículas, verifica-se que elas passaram de 8,6%, em 1980, para pouco mais de 15%, em 2002, tendo quase triplicado de volume, em termos absolutos, passando de 1.377.286 para 3.479.913, no período. De acordo com o modelo de Trow, pode-se dizer que o país iniciava a transição do sistema de elite para o sistema de massa na educação superior e as políticas que vêm sendo implementadas mais recentemente se encaminham na direção da consolidação desse sistema. A passagem para o sistema de massa, contudo, é feita privilegiando o setor privado. No início da década de 1980, o número de matrículas nesse setor era próximo daquele do setor público, compreendendo, cada um, valores inferiores a um milhão. A partir de 1998, esse quadro se modifica de tal forma que, em 2007, enquanto o setor público atingiu pouco mais de um milhão de matrículas, o privado alcançou 3.639.413, ou seja, entre 2000 e 2007, enquanto o setor privado crescia cerca de 100%, o público crescia apenas 40%.[4]

---

[4] Censo da Educação Superior, INEP/MEC.

Esse sistema de massa em desenvolvimento corresponde apenas a 14,9% do total da população brasileira de 18 a 24 anos em 2007 – que era de 24.285.000. Em outras palavras, considerando-se apenas o setor privado, é possível afirmar que este, sozinho, se encontra massificado e com níveis muito desiguais em termos de qualidade.

Cabe observar que, de acordo com o artigo 209 da Constituição Federal, o ensino privado no Brasil é livre à iniciativa privada, condicionado apenas ao cumprimento das normas gerais da educação nacional e à submissão à autorização e avaliação de qualidade pelo Poder Público. Em 1997 foi aprovado ato que prevê, explicitamente, que o setor privado educacional pode se organizar com finalidades lucrativas. Como resultado, segundo Nunes *et alli* (2009), enquanto em 2000 essas instituições foram responsáveis por 12% do total de matrículas na educação superior e por 18% do total das matrículas nas particulares, em 2007, a participação do segmento lucrativo cresceu 284%, passando a se responsabilizar por um quarto do total de matrículas na educação superior, ou cerca de 1.200.000 em números absolutos. Mantida essa tendência, a projeção feita pelo estudo mencionado indica que, em 2017, as instituições lucrativas serão responsáveis por quase 7 milhões de matrículas do total de 8 milhões do conjunto do setor privado. Isto é, esse grupo de instituições tem grande possibilidade de abarcar quase 90% do total do setor privado nos próximos dez anos.[5]

Dado que as características do processo de ingresso no ensino superior interferem na composição socioeconômica do corpo discente, é pertinente proceder a uma análise de como se dá esse ingresso. A Constituição Federal de 1988, ao definir o dever do Estado para com a educação, determina, no inciso V do artigo 208, que o mérito seja considerado como condição para acesso aos níveis superiores de

---

[5] Segundo Nunes *et alli* (2009), nos Estados Unidos as instituições lucrativas abrangem apenas 5% do total de matrículas no ensino superior.

ensino, ou seja, que o "acesso aos níveis mais elevados do ensino, da pesquisa e da criação artística [se faça] segundo a capacidade de cada um". A Lei n. 9.394/1996, que estabeleceu as Diretrizes e Bases da Educação Nacional (LDB), por sua vez, foi responsável por introduzir acentuada flexibilização em vários aspectos do sistema educacional e, no caso da admissão aos cursos de graduação, além da conclusão do ensino médio, estabeleceu, no inciso II do art. 44, como parâmetro de ingresso, a "aprovação em processo seletivo". Única maneira de ingresso na educação superior desde 1911, o vestibular não foi mencionado nesse texto legal.

Coube ao Conselho Nacional de Educação – CNE[6] regulamentar o conceito de processo seletivo. Em parecer aprovado em 1999, o CNE recomendou que fossem respeitadas as competências estabelecidas nas Diretrizes Curriculares do Ensino Médio e que houvesse participação de professores do ensino fundamental, médio e superior na elaboração das diretrizes dos programas de estudos a serem avaliados nos processos seletivos. Recomendou, também, que os resultados desses processos deveriam contribuir para orientar as escolas de ensino médio sobre o aproveitamento dos alunos e para indicar as deficiências dos cursos. Como pontos determinantes a serem atendidos, o Conselho definiu que os processos seletivos deveriam assegurar igualdade de oportunidades no acesso; avaliar a capacidade do estudante para cursar seus estudos; exigir a conclusão do ensino médio; fixar o número de vagas; divulgar resultado classificatório baseado em igualdade de critérios no julgamento sobre a capacidade para entrar e prosseguir na formação; e realizar prova de redação em língua portuguesa.

---

[6] Órgão do Ministério da Educação que tem funções normativas, deliberativas e de assessoria ao Ministro sobre as questões que envolvem mais de um nível de ensino e sobre a integração entre eles.

Na prática, essa regulamentação abriu a possibilidade para uma grande diversidade de procedimentos destinados a selecionar os candidatos aos cursos de graduação, conforme a instituição e segundo sua forma de organização, se pública ou privada. Um breve levantamento nas páginas da internet de algumas instituições mais expressivas em cada forma de organização permite perceber a diversidade de processos em vigor no ensino superior brasileiro.

Nas instituições públicas, o vestibular permanece como forma predominante de processo seletivo. Ele afere conhecimentos do estudante relativos a diversas áreas do conhecimento, podendo ser realizado uma ou duas vezes ao ano. Em algumas instituições pode ser complementado por outros procedimentos, como o resultado que o estudante obteve no Exame Nacional do Ensino Médio – ENEM[7], ou a reserva de um percentual de vagas para estudantes que, ao final de cada ano do ensino médio, fazem avaliações sobre os conteúdos que foram trabalhados naquela etapa. Algumas poucas instituições utilizam apenas a nota obtida no ENEM como critério para o ingresso.

A variedade de procedimentos utilizados, no entanto, é bem maior nas instituições de ensino superior privadas, sendo poucas as que adotam o vestibular. A maioria aplica uma grande variedade de procedimentos, entre os quais podem ser encontrados: prova de redação e de conhecimentos gerais; somente prova de redação; prova de conhecimentos relativos apenas à área do curso desejado pelo candidato; somente a nota do ENEM; prova de redação associada à análise do desempenho no ensino médio e outras. Parte dessa diversidade de formatos tem características claramente destinadas a facilitar o ingresso dos candidatos – o que indica que o processo seletivo cumpre apenas o papel de dar cumprimento à norma legal.

---

[7] O Exame Nacional do Ensino Médio avalia os estudantes que já concluíram ou estão concluindo esse nível de ensino. Sua realização tem caráter voluntário.

Esse comportamento do setor privado pode ser explicado pela baixa relação candidato/vaga em grande parte dessas instituições. A análise da evolução dessa relação mostra que, ao mesmo tempo em que o sistema privado se expandiu, ela apresenta consistente tendência de queda. É também elevado o número de vagas ociosas[8], atingindo um total de 1.311.218 vagas em 2007, em contraposição ao verificado no setor público, em que esse número foi de 30.758. A expansão da oferta de cursos e vagas nas instituições privadas, associada ao fato de que, à diferença das instituições públicas, seus cursos são pagos, permitem explicar porque nessas instituições a procura por vagas esteja caindo. Segundo Schwartzman (2009), a capacidade de pagamento de mensalidades, num valor médio de 400 reais, exclui cerca de 70% da população jovem do ensino superior, tendo em vista que a maioria (90%) dos alunos do ensino médio público, que pertencem às classes C e D, não têm capacidade para pagar uma faculdade privada e têm dificuldade para ingressar numa instituição pública. Dificuldade essa que deve ser atribuída ao elevado nível de competição presente no ingresso nessas instituições e às deficiências que caracterizam a educação básica pública no Brasil. Dessa maneira, parte das instituições privadas se aproveita da flexibilidade proporcionada pela LDB, com o conceito de processos seletivos, para introduzir procedimentos bastante diversificados e pouco rigorosos na seleção de candidatos, como estratégia para conseguir matricular o maior número possível de alunos. Nesse contexto é que serão tratadas as políticas que vêm sendo implantadas no Brasil para atender às necessidades de expansão, ao objetivo de construir um sistema universalizado, e para a redução das desigualdades no interior desse nível de ensino.

---

[8] Vagas ociosas são vagas oferecidas nos processos seletivos e que não são efetivamente preenchidas.

5. As políticas recentes de expansão e inclusão na educação superior brasileira

A associação entre inclusão social e equidade é uma das características das políticas para a educação superior que vêm sendo implementadas pelo Governo Federal no período atual. Segundo McCowan (2007:581), o conceito de equidade "está mais próximo à concepção de justiça do que de igualdade, e uma justa distribuição de bens não é necessariamente igual para todos". Nesse sentido, equidade de acesso significa disponibilidade de vagas em número suficiente para todos os que desejem cursar o ensino superior e que tenham um mínimo de preparação para dele participar. Para esse autor, as oportunidades para obter uma vaga numa instituição de ensino superior deveriam ser justas e de acordo com a escolha de instituição e de curso feita pelos indivíduos.

Assim, um sistema educacional que opera de forma equitativa garante a todos oportunidades adequadas, sem quaisquer tipos de discriminação. Na inexistência dessas condições, contudo, torna-se necessária a proposição de políticas sociais que amenizem as carências e atendam aos menos privilegiados. No caso brasileiro, tais políticas, implementadas desde a primeira metade do século XXI, têm como características a expansão da oferta de instituições e cursos no sistema de educação superior público e privado e a definição de critérios de inclusão social na realização desse processo de expansão. Associados a elas, estão sendo também propostos mecanismos de inclusão social, visando assegurar a permanência dos estudantes nesse nível de ensino.

5.1. Políticas de expansão com inclusão social

A Lei n. 10.172, de 2001, que instituiu o Plano Nacional de Educação, estabeleceu como primeira meta para a educação superior "prover, até o final da década [2011], a oferta de educação superior para, pelo menos, 30% da faixa etária de 18 a 24 anos". Com esse objetivo, o Governo Federal vem promovendo ações com a finalidade de ampliar a oferta de vagas. A partir de 2005, foram criadas dez novas universidades federais e abertos 49 novos *campi* nas universidades já existentes. Essas medidas visaram promover a ampliação de vagas, a interiorização da educação pública gratuita, o combate às desigualdades regionais e a reorganização do ensino superior no país. Até o final de 2007, elas haviam proporcionado o ingresso de cerca de 30 mil novos estudantes de graduação e aumentaram em 25% a oferta anual de vagas do setor público federal.

O Processo de Integração de Instituições Federais de Educação Profissional e Tecnológica (Decreto n. 6.095, de 24 de abril de 2007), de outra parte, objetivou a constituição de Institutos Federais de Educação, Ciência e Tecnologia (IFETs). Essas instituições, no total de 38, oferecem cursos superiores de tecnologia em 227 *campi* em todo o país, com previsão de atingir o total de 354 unidades, até 2010. Desse modo, as instituições federais de educação tecnológica também passam a assumir papel de destaque nas políticas de expansão da educação superior e de formação do trabalhador.

A educação a distância é outra modalidade dessas políticas de expansão, destacando-se a criação da Universidade Aberta do Brasil (UAB), com os objetivos de ampliar e interiorizar a oferta de cursos e programas de educação superior, por meio da educação a distância, e de reduzir as desigualdades na oferta de ensino superior. Tem como prioridade a formação inicial de professores em efetivo exercício na educação básica pública e sem curso de graduação. O programa contava, em 2008, com 664 polos em 88 instituições de ensino superior públicas e tem de enfrentar o desafio de oferecer educação superior de qualidade numa modalidade em que a expansão do setor privado lucrativo está fazendo de maneira bastante acelerada.

Uma política voltada para orientar a expansão da educação superior do setor privado foi introduzida pela Lei n. 11.096, de 2005, que criou o Programa Universidade para Todos – Prouni. As instituições que aderem a esse programa devem conceder bolsas de estudos integrais e parciais aos estudantes que concluíram o ensino médio ou na rede pública ou com bolsa integral na rede privada e que tenham renda *per capita* familiar máxima de três salários mínimos; aos portadores de deficiências; e aos professores da rede pública de educação básica nos cursos de licenciatura. Em troca, essas instituições ficam isentas de alguns impostos, configurando-se em renúncia fiscal do governo, em prol da realização de uma medida de expansão e de inclusão na educação superior. Na distribuição de bolsas, as instituições devem reservar percentual para estudantes que se declararam indígenas ou negros, na mesma proporção em que o Censo Demográfico registrou a presença de cada um desses grupos em cada estado da federação. Além disso, busca conjugar a meta de promover a inclusão social, mantendo o mérito como critério para ingresso dos estudantes, obrigando que a seleção dos que se candidatam a essas bolsas seja por meio das notas obtidas no ENEM. O programa tinha um número de adesões de instituições elevado, que previa, em 2009, a destinação de cerca de 160 mil bolsas.

A formulação e a implementação dessa política não se fizeram sem críticas por parte de alguns setores da sociedade, que discordaram do fato de o Governo Federal ter direcionado sua política de expansão da educação superior para o setor privado, em lugar de tê-la concentrado apenas no setor público. Discordâncias foram formuladas, também, em relação ao fato de que o Prouni implica em renúncia fiscal, argumentando-se que, não havendo essa renúncia, os recursos decorrentes do pagamento desses impostos poderiam ser utilizados em benefício do setor público. Questionou-se, ainda, a legitimidade de o programa atuar em benefício da recuperação financeira de instituições particulares endividadas e com alto grau de evasão e inadimplência. Analisando o primeiro ano do Prouni, Carvalho (2006) reconheceu que o programa tem legitimidade social e que pode produzir o benefício simbólico do diploma para os estudantes que permanecem no sistema. Pode representar, ainda, uma chance real de ascensão social para os que tiverem a oportunidade de fazer o curso superior no pequeno grupo de instituições privadas de mais alta qualidade, mas para a maioria, que se encontra em estabelecimentos lucrativos e com pouca tradição no setor educacional, afirma a autora, "o programa pode ser apenas uma ilusão e/ou uma promessa não cumprida" (Carvalho, 2006:996).

O Programa de Apoio a Planos de Reestruturação e Expansão das Universidades Federais (Reuni), introduzido pelo Decreto n. 6.096, de 24 de abril de 2007, visa criar, nas universidades federais, condições para a ampliação do acesso e da permanência nos cursos de graduação, com melhor aproveitamento da sua estrutura física e de pessoal. Dentre os impactos esperados pelo programa, destaca-se a elevação do número de alunos por professor nos cursos presenciais, estimando-se atingir, em cinco anos, uma relação de 18 alunos para um professor.

Para a adesão a esse programa as instituições federais deveriam enfatizar em suas propostas o aumento da oferta de vagas, especialmente no período noturno, a redução das taxas de evasão e a ampliação das políticas de inclusão social. O programa teve a adesão de todas as 58 instituições federais de ensino superior e seu processo de implantação está previsto para se completar em 2010. No interior dessas instituições, a adesão ao programa Reuni foi objeto de debates, insistindo-se no fato de a expansão ter sido feita de forma apressada e nos possíveis prejuízos que ele traria para o padrão de qualidade que caracteriza a atuação do setor público na educação superior, tendo em vista os impactos decorrentes do volume da expansão de vagas. O Reuni é considerado também como um desafio importante para a educação superior pública, no sentido de estimular uma expansão com qualidade, sendo a melhoria da qualidade da educação básica vista como componente indispensável para a manutenção do padrão de qualidade na educação superior pública. Pode ser considerado como uma oportunidade de estabelecer procedimentos novos de avaliação da qualidade, adequados na transição para um sistema de educação superior de massa.

Nesse sentido, cabe retomar questões em torno da relação entre a consolidação do sistema de massa e a preservação da qualidade da educação superior, dado que, em muitas circunstâncias, o sistema de massa tem sido confundido com sistema massificado de baixa qualidade. Gomes (2009) observa que não é possível avaliar a qualidade no sistema de massa com os mesmos parâmetros de qualidade presentes num sistema de elite. Para este autor, são outros os fatores que precisam ser considerados, como: a função que é atribuída ao ensino superior no sistema de massa; as condições da infraestrutura física; os critérios de acesso; os programas de assistência e apoio aos estudantes; a relação professor/aluno; a herança cultural e escolar dos estudantes; as características sociais, culturais e econômicas da população matriculada.

5.2. Políticas de inclusão social

A seletividade social que caracteriza o processo seletivo das instituições públicas, em razão do grau elevado de concorrência nos seus vestibulares, é responsável por parte dos problemas para os quais se voltam as políticas de ampliação do acesso com inclusão social e étnico-racial na educação superior brasileira. Outro componente se localiza nas deficiências de qualidade da educação básica, realizada num sistema educacional estruturado segundo uma lógica perversa. Na educação básica, a maioria das matrículas está localizada na rede pública, que oferece, em grande parte, ensino de baixa qualidade a estudantes de condição socioeconômica desprivilegiada. Essa combinação de fatores contribui para aumentar as dificuldades enfrentadas pelos estudantes que concluem o ensino médio público para conseguir vaga no ensino superior público. Neste, como já mencionado, está a menor proporção das matrículas, é oferecido um ensino de boa qualidade e a maior parte dos estudantes estão bem situados do ponto de vista socioeconômico. Dificuldades enfrentadas no acesso ao ensino superior por grupos étnicos e raciais, como negros e indígenas, também fazem parte desse conjunto de questões relacionadas à inclusão nesse nível de ensino.

Em consequência desse quadro, a sociedade tem se mobilizado junto ao Estado, no sentido de que sejam implementadas ações afirmativas na educação superior. Constituindo-se num modo de focalização das políticas sociais voltadas para a promoção da inclusão social, as ações afirmativas se referem a

> qualquer medida que aloca bens – como o ingresso em universidades, empregos, promoções, contratos públicos, empréstimos comerciais e o direito de comprar e vender terra – com base no pertencimento a um grupo específico, com o propósito de aumentar a proporção de membros desse grupo na força de trabalho, na classe empresarial, na população estudantil universitária e nos demais setores nos quais esses grupos estejam atualmente subrepresentados em razão de discriminações passadas ou recentes (Feres e Zoninsein, 2006: 21).

Em termos normativos e legais, políticas de ação afirmativa começaram a se fazer presentes em legislação definida, em 2003, para o estado do Rio de Janeiro, determinando que a Universidade do Estado do Rio de Janeiro fizesse reserva de vagas para estudantes que concluíram o ensino médio na escola pública e para aqueles que se declaram de cor preta ou parda. Está também tramitando no Congresso Nacional projeto de lei que generaliza medida similar para todas as universidades públicas do país. Caso esse projeto seja aprovado, a obrigatoriedade da reserva de vagas representa uma interferência na autonomia das instituições. Nessas circunstâncias, seria mais apropriado que o Congresso determinasse prazos e metas de inclusão social e étnico-raciais a serem atingidas pelas universidades públicas, deixando as formas de realização para serem decididas pelos órgãos superiores daquelas instituições. Cabe aguardar como se dará a definição desse tema, que tem recebido tratamento bastante controvertido, não só no âmbito do Legislativo, como no conjunto da sociedade de modo geral, principalmente no que se refere à definição da reserva de vagas em que o componente étnico-racial participa como condição privilegiada de ingresso.

Quanto às instituições de ensino superior públicas que introduziram em seus processos seletivos procedimentos com o objetivo de atenuar a seletividade social que as caracteriza, parte delas aprovou a reserva de vagas para os que concluíram o ensino médio em escolas públicas e para negros e índios.[9] Outras instituições buscaram ampliar a oferta de cursos e vagas no turno da noite, em que o perfil socioeconômico do estudante é diferenciado em relação ao do diurno, sendo a maioria composta por trabalhadores. Ou, então, aprovaram a concessão de um bônus, por meio do acréscimo de pontos ao total obtido no vestibular, para o candidato que concluiu o ensino médio em escola pública e para pretos e pardos. Segundo Neves (2009), até 2009, 83 instituições de ensino superior – universitárias e não universitárias – haviam implantado ações afirmativas em seus processos seletivos, sendo 45 estaduais, 33 federais e 5 municipais.[10] Essa autora observa que, apesar do debate sobre as ações afirmativas estar mais concentrado nas questões raciais, a maioria das políticas implantadas estão direcionadas para abranger apenas as questões sociais. Além disso, o impacto dessas medidas é ainda pequeno

---

[9] Dados do Observatório Latino-Americano de Políticas Educativas de 2008 indicam que 53 universidades brasileiras tinham adotado cotas do tipo étnico-raciais. A maior parte dessas instituições adotou também cotas sociais. www.lpp.uerj.net/olped, acesso em 25 de novembro de 2008.
[10] Não há informações precisas sobre a existência dessas políticas por iniciativa de instituições privadas.

no conjunto do sistema, principalmente considerando que os modelos de ação afirmativa propostos, na sua quase totalidade, não implicam expansão de vagas. Eles estão direcionados para promover maior diversidade e inclusão na educação superior, mas ocupando o mesmo número de vagas existente.

Componente importante do processo de inclusão na educação superior é o desenvolvimento de programas de assistência estudantil. Muitos estudantes dependem desses programas para moradia, alimentação, deslocamento de casa para a universidade, compra de livros etc. Esses programas estão presentes em grande parte das instituições de ensino superior públicas, o mais antigo dos quais está completando 80 anos. As avaliações realizadas indicam que eles produzem bons resultados no que diz respeito à garantia de permanência e à conclusão dos cursos.

Em 2007, a Associação Nacional dos Dirigentes das Instituições Federais de Ensino Superior (Andifes), que congrega todas as instituições federais brasileiras, elaborou o Plano Nacional de Assistência Estudantil.[11] A ser executado por meio do Fundo para Assistência Estudantil, composto pelo equivalente a 10% do orçamento anual – excluída a rubrica de pessoal – que as instituições federais recebem do Tesouro Nacional, o plano tem entre seus objetivos: promover o acesso, a permanência e a conclusão de curso dos estudantes dessas instituições; viabilizar a igualdade de oportunidades; contribuir para prevenir e erradicar a retenção e a evasão. Esse plano passou a vigorar já na execução do orçamento das instituições federais de 2009, justamente aquelas cuja relação candidato/vaga no vestibular é mais elevada e são maiores as dificuldades de sucesso enfrentadas pelos concluintes do ensino médio público.

---

[11] www.portal.andifes.org.br, acesso em 20 de novembro de 2008.

6. Conclusão

Demandas para a expansão do sistema e a ampliação do acesso das camadas populares da sociedade ao ensino superior fazem parte da configuração do cenário atual das políticas para esse nível de ensino. Setores econômicos, empresariais e governamentais se manifestam em prol do aumento da taxa de escolarização, na busca de melhores indicadores econômicos e sociais para o país. Também se manifestam setores ligados a movimentos sociais, reivindicando a ampliação das oportunidades na educação superior para segmentos dela tradicionalmente marginalizados. Mais recentemente, a qualidade da educação básica oferecida tem sido associada às soluções para essa questão, que tem sido objeto de diversas políticas educacionais.

A meta para a expansão das matrículas a uma taxa de 30% na faixa de 18 a 24 anos prevista para ser atingida, até 2011, pelo Plano Nacional de Educação, talvez não seja completada nesse prazo. As políticas destinadas a cumprir esse objetivo são ainda recentes para produzir o impacto esperado e, além do mais, elas começaram a ser implementadas pelo governo atual, já transcorrida a metade do prazo previsto. Num sistema de ensino superior que tem apenas 200 anos, há, ainda, um longo caminho a percorrer, não só no que diz respeito à expansão da oferta, como no que concerne à promoção da inclusão social. Tendo em vista a complexidade presente nos conceitos de inclusão/exclusão social e no lugar que pode ser ocupado pela educação superior nesse debate, não se trata apenas de colocar o foco sobre as medidas educacionais. É preciso considerar, entre outros aspectos, que alterações nas políticas educacionais demandam alterações nas políticas econômicas e sociais, o que implica promover uma mudança significativa nas prioridades atribuídas às políticas no país, inclusive com o aumento expressivo da participação dos recursos para a educação no produto interno bruto, percentual que é ainda da ordem de 4%.

Nas políticas educacionais dos países da América Latina e Caribe, por sua vez, só muito recentemente a questão da permanência está se tornando objeto de políticas. No Brasil, o Plano Nacional de Educação estabeleceu que as instituições de educação superior públicas fossem estimuladas a adotar programas de assistência estudantil, como bolsa de trabalho e outros, destinados a apoiar alunos carentes que demonstrem ter bom desempenho acadêmico. Apenas para o orçamento de 2009, contudo, o Governo Federal definiu previsão de recursos com esta finalidade no orçamento das instituições federais de ensino superior. Instituições estaduais que instituíram a reserva de vagas para o ingresso estão também tendo de equacionar os problemas que os estudantes selecionados por esse sistema têm de enfrentar para garantir o desempenho adequado nos cursos. Há um caminho ainda longo a percorrer e que, ao mesmo tempo, exige ações urgentes das sociedades.

Referências bibliográficas

BURCHARDT, Tania, LE GRAND, Julian e PIACHAUD, David (2002). Introduction, In: John Hills, Julian Le Grand e David Piachaud (eds.). *Understanding social exclusion.* Oxford, Oxford University Press.

CARVALHO, Cristina (2006). O PROUNI no governo Lula e o jogo político em torno do acesso ao ensino superior. *Educação e Sociedade*, vol. 27, n. 96, Campinas, p. 979-1.000.

CASTEL, Robert (2004). As armadilhas da exclusão. In: Mariângela B. Wanderley, Lúcia Bógus e Maria Carmelita Yasbek (orgs.). *Desigualdade e a questão social.* São Paulo: EDUC, p. 17-50.

COMUNICADO da Conferencia Mundial sobre la Educación Superior (2009). La nueva dinámica de la educación superior y la investigación para el cambio social y el desarrollo. Sede de la UNESCO, París, 5-8 de julio de 2009, 8 de julio.

COSTA, Ricardo (2008). Usos e abusos da exclusão social como conceito explicativo das novas desigualdades: uma crítica marxista. Comunicação apresentada no III Congresso Internacional Karl Marx, Universidade Nova de Lisboa, Lisboa, novembro.

DUPAS, Gilberto (2005). Tensões contemporâneas entre público e privado. São Paulo: *Cadernos de Pesquisa* (Fundação Carlos Chagas), vol. 35, p. 33-42.

FERES Jr., João e ZONISEIN, Jonas (2006). Introdução: Ação afirmativa e desenvolvimento. In: João Feres Jr e Jonas Zoninsein (orgs.). *Ação afirmativa e universidade, experiências nacionais comparadas*. Brasília: Ed. UnB, p. 9-45.

FERNÁNDEZ LAMARRA, Norberto (2007). Hacía uma nueva agenda de la educación superior en América Latina. Algunos desafios políticos, sociales e académicos, *Avaliação/RAIES*, vol. 12, n. 1, mar, p. 45-72.

FERREIRA, Mônica D. P. (2002). As armadilhas da exclusão: um desafio para a análise. Trabalho apresentado na 25.ª Reunião Anual da Anped, Caxambu, setembro.

MARTINS, José de Souza (1997). O falso problema da exclusão e o problema social da inclusão marginal, In: ____. *Exclusão social e a nova desigualdade*. São Paulo: Paulus, p. 25-38.

____. (2003). *A sociedade vista do abismo*: novos estudos sobre exclusão, pobreza e classes sociais. Petrópolis: Vozes.

McCOWAN, Tristan (2007). Expansion without equity, an analysis of current policy on access to higher education in Brazil. In: *Higher Education*: an international journal of higher education and educational planning, New York, Publish Springer, 53(5), p. 579-598.

NEVES, Clarissa B. (2009). Educação superior no Brasil: as políticas de inclusão social e seu impacto sobre a desigualdade e a expansão, apresentado no Seminário sobre Ensino Superior no Brasil, Belo Horizonte, 7 e 8 de agosto,1-23.

NUNES, Edson, CARVALHO, Márcia e ALBRECHT, Júlia (2009). *A singularidade brasileira: ensino superior privado e dilemas estratégicos da política pública*. Rio de Janeiro: Observatório Universitário, documento de trabalho n. 87, versão preliminar apresentada no Seminário sobre o Ensino Superior no Brasil, Belo Horizonte, 7 e 8 de agosto, p. 1-93.

PEIXOTO, Maria do Carmo (2008). Reformas da educação superior na América Latina e Caribe. Inclusão, equidade, diversificação e diferenciação, In: Ana Lúcia Gazzola e Axel Didrikson. *Tendências da educação superior na América Latina*. Caracas, IESALC/UNESCO, CD-ROM.

RIOUX, Liliane (1998). Les dimensions spatiale et culturelle de la marginalité. Une approche psychosociologique. In: Dominique Guillaud, Seysset, Maorie & Walter, Annie (orgs.). *À Joël Bonnemaison, Le voyage inachevé...* Paris, Orstom/Prodig., p. 635-640.

SCHWARTZMAN, Jacques (2009). O crescimento do ensino superior no Brasil e seu financiamento, apresentado no Seminário sobre o Ensino Superior no Brasil, Belo Horizonte, 7 e 8 de agosto, 1-39.

SPOSATI, Aldaíza (2000). Exclusão social e fracasso escolar. *Em Aberto*, vol. 17, n. 71, jan, 21-32.

7. Políticas de expansão e interiorização da educação superior no Brasil

Pedro Antônio de Melo[1]

1. Introdução

Dentre os muitos desafios que o Brasil precisa enfrentar, a educação superior ainda é um dos mais importantes. As taxas de inclusão de jovens na idade entre 18 e 24 anos, matriculados nas instituições públicas e privadas do país, ainda é uma das mais baixas de toda a América Latina, 12,1%. Para se ter uma ideia, os países sul-americanos vizinhos apresentam taxas muito mais elevadas, o Chile 20,6%, a Venezuela 26% e a Argentina 40%. Ainda que esta se configure um caso a parte, por ter adotado o sistema de ingresso irrestrito, refletindo em altos índices de repetência e evasão nos primeiros anos, mesmo assim é um destaque significativo (PNE, 2001). Com esses índices, o Brasil destaca-se, negativamente, não apenas entre os países com níveis de desenvolvimento semelhante, mas também entre aqueles economicamente inferiores.

---

[1] Doutor em Engenharia de Produção e Sistemas pela Universidade Federal de Santa Catarina (UFSC), Professor do Departamento de Ciências da Administração e do Programa de Pós-Graduação em Administração da UFSC e Diretor do Instituto de Pesquisas e Estudos em Administração Universitária (INPEAU/UFSC).

A educação já está sacramentada em todo o mundo como uma função inconteste de Estado, como um caminho para o desenvolvimento humano e como direito inalienável das pessoas. No Brasil, ela deve perpassar os limites políticos e governamentais, para que os cidadãos possam alcançar seus objetivos pessoais e sociais.

A educação escolar, da pré-escola à universidade, enquadra-se como sendo o principal mecanismo impulsionador do desenvolvimento social e intelectual. O relatório da UNESCO de 1998, *Educação: um tesouro a descobrir*, sob a tutela de Jacques Delors (1998, p. 89), é muito claro, incisivo e faz uma reflexão profunda a respeito da importância da educação para o desenvolvimento das pessoas. Na concepção desse educador, "à educação cabe fornecer, de algum modo, os mapas de um mundo complexo e constantemente agitado e, ao mesmo tempo, a bússola que permite navegar através dele".

Em qualquer parte do mundo tal afirmativa vem ressoando cada vez mais intensamente como uma máxima verdadeira; seja nos países tecnologicamente desenvolvidos, seja nos emergentes ou até mesmo nos subdesenvolvidos. Aplicar em educação tem sido o caminho que permite aos cidadãos e aos países saírem de um patamar inferior, de subserviência e miséria, para outro melhor.

A educação, na visão de Delors (1998), está fundamentada nos quatro pilares do conhecimento: aprender a conhecer, aprender a fazer, aprender a viver juntos e aprender a ser. Esses pilares pressupõem o equilíbrio na formação, especialmente nos últimos anos, e têm se transformado em base para discussões em todos os níveis de aprendizagem.

Se o conhecimento se tornou base para o desenvolvimento mundial, já não se pode mais conceber que uma nação seja desenvolvida e soberana, sem que para isso esteja acompanhada de um forte sistema de educação superior. Brito Cruz (2009) alerta para o fato de que a teoria econômica moderna mostra que a capacidade de criar e trabalhar com o conhecimento pode garantir aos países desenvolvimento sustentável.

Educar as pessoas, visando o trabalho baseado no conhecimento, é fundamental, como pode ser observado na construção do desenvolvimento econômico e social brasileiro, que se deu a partir da formação de quadros qualificados na universidade pública.

Entende-se que em todos os países desenvolvidos, o ensino superior tem assumido um destacado papel, seja por seu impacto no desenvolvimento econômico, seja no desenvolvimento cultural da sociedade e, mais do que tudo isso, por seu papel no desenvolvimento do ser humano. A universidade, nesse caso, tem como atividade fundamental educar, em todos os sentidos, pois a educação é a base de uma sociedade pluralista, democrática, em que a cidadania deixa de ser apenas um conceito formalizado em lei e passa a ser exercida plena e conscientemente por todos os seus membros (BRITO CRUZ, 2009).

Na era da informação e da comunicação em tempo real, é visível que os recursos materiais sejam cada vez mais sobrepujados pelo conhecimento; além disso, os desafios da sociedade globalizada impõem a lógica da competitividade como um fator determinante nas relações econômicas.

Sob essa perspectiva, o exercício profissional no enredado e complexo mundo do trabalho requer aprendizagens e conhecimentos que sejam advindos de um sistema que induza à dinâmica da conectividade. As empresas esperam por saberes multidisciplinares, que estejam intercalados e fundamentados na formação oriunda da vida acadêmica, mas que possam ser adicionados às experiências vivenciadas. Esse requisito passa a ser cada vez mais valorizado no mundo dos negócios.

A educação, se observada por tal ótica, passa a ser um *commodity*, inerente e fundamental, para o desenvolvimento científico e tecnológico das nações e do potencial humano. O conhecimento dela proveniente deve servir de instrumento que permita às pessoas desenvolverem e exercerem integralmente suas potencialidades. Em função dessa reflexão inicial, podem ser destacadas pelo menos três razões para se acreditar nesta hipótese:

a) Os países que mais aplicam em educação e os que possuem maior índice de pessoas com acesso e formação superior estão entre os mais desenvolvidos do planeta, ou em processo de franco desenvolvimento. A Coreia do Sul, a China e a Índia, por exemplo, continuam investindo maciçamente em educação, ciência e tecnologia e se projetam fortemente no mercado internacional, com profissionais e produtos altamente competitivos, desafiando até mesmo potências como os EUA, a Alemanha e a França. Países como a Inglaterra, o Japão e o Canadá possuem, todos, mais de 70% de jovens na faixa etária entre 18 e 24 anos matriculados na educação superior, o que muito provavelmente tem-lhes permitido manter uma posição de maior competitividade em níveis globais.

b) Pessoas com nível de escolaridade superior se destacam nas empresas que utilizam alta tecnologia. Quanto maior a formação, maior a possibilidade de pleitear melhores salários e de assumir os principais postos nas organizações. O *step* entre um grau e outro pode chegar a mais de 50%, e a valorização continua crescendo.

c) O mercado de trabalho está procurando pessoas com alta escolaridade. Consolida-se a lógica empresarial de que pessoas que conseguem acumular mais conhecimentos são mais competitivas e possuem maior flexibilidade e possibilidade de se desenvolver e se re-enquadrar dentro das organizações. O conhecimento teórico acumulado, associado ao desempenho profissional dentro e fora das organizações, é determinante na hora de subir ao topo da pirâmide. Logo, conhecimento é fundamental. Quando se trata de selecionar profissionais para o alto escalão, as empresas não perguntam mais qual é a graduação que o candidato possui, mas quantas línguas falam, onde cursou o MBA e quais são os cursos que está frequentando na educação continuada.

A educação firma-se, então, nesse ambiente competitivo, como um desafio que deve ser seguido por executivos e governantes indistintamente, como um princípio *sine qua non* para a competitividade organizacional e das nações. No Brasil, esse princípio, durante o longo período da história republicana, assumiu um grau de importância secundária e, em determinados períodos, foi até mesmo negligenciado, conforme pode ser aferido na história deste país. Mesmo que algumas tentativas tenham sido realizadas para expandir e melhorar a qualidade da educação brasileira, até o momento o sistema educacional mantém-se estruturado de forma injusta e ineficiente para atender as demandas requeridas pela sociedade e pela atual conjuntura socioeconômica.

Toma-se como exemplo, a reforma da educação, apresentada pelo Ministério da Educação e Cultura – MEC, em 2004. A proposta estabelece normas gerais para a educação no país, regulando a educação superior no sistema federal e alterando uma série de leis, inclusive revendo ações do Plano Nacional de Educação de 2001. O anteprojeto, ainda tramitando no Congresso Nacional, contempla pelo menos três questões importantes: a) vincular a universidade ao projeto de nação, como elemento estratégico na busca de um novo modelo de desenvolvimento, central para a consolidação de uma nação soberana, democrática, inclusiva; b) republicanizar a universidade, como um espaço público e plural de produção de conhecimento e saberes e de diálogo e interação com a sociedade civil; e c) constituição de um marco regulatório orientador de regras claras, precisas e permanentes que promovam a qualificação contínua do sistema federal de ensino e que impeçam a mercantilização da educação (MEC, 2009).

Passados quase cinco anos, a proposta ainda está em pauta para discussão. Tanto o Congresso Nacional quanto a comunidade e as instituições representativas acadêmicas não chegam a um consenso sobre a aprovação da reforma, enquanto os interesses maiores vão se perdendo nos debates vazios e interesseiros. Inúmeras emendas já foram apresentadas, até mesmo com avanços significativos em relação às discussões anteriores, mas pelo visto a proposta continuará aberta para novas inserções e protelações, indefinidamente. Fato semelhante ocorreu com a

LDB que ficou oito anos sendo discutida no Congresso Nacional e foi aprovada a toque de caixa em 1996. Enquanto as partes interessadas não se decidem, os problemas vão se avolumando e o país perde a oportunidade de fazer uma reforma que poderia mudar os atuais rumos da educação superior.

2. Os caminhos da educação superior

A educação superior se desenvolve na Europa entre os séculos XI e XII, com a criação das universidades de Bolonha, Oxford, Paris e Salamanca, na Itália, Inglaterra, França e Espanha, respectivamente, consideradas as primeiras instituições universitárias formalmente criadas no mundo ocidental.

Charle e Verger (1996) advogam que, no momento de sua criação, as universidades tinham como principal função fornecer pessoal qualificado para suprir as necessidades da Igreja, seja como mestres das escolas capitulares, pregadores ou bispos. O papa tinha controle e poder sobre elas e havia destinado a cada uma delas uma função ideológica: o ensino deveria conter a ilustração da fé e da defesa da ortodoxia. Mesmo assim, tão grande foi o destaque assumido pelas instituições universitárias que, mesmo sob a tutela da Igreja Católica – que exercia controle sobre as pessoas naquele período – elas estavam cada vez mais sendo requisitadas pelas cidades e pelo Estado. O interesse crescente devia-se ao fato de elas formarem intelectuais letrados e juristas competentes para suprir necessidades administrativas. Entretanto, a expansão da educação superior por meio da universidade manteve-se em processo de estagnação por um longo período. Cerca de 300 anos depois de sua criação, existiam apenas 60 instituições ativas na Europa, e nem todos os países se beneficiaram do sistema, porquanto o monopólio do conhecimento estava nas mãos da Inglaterra, Portugal, França, Itália e Polônia.

No século XVI, de acordo com Schlemper Júnior (1989), a Espanha possuía oito universidades famosas em toda a Europa, enquanto que em Portugal apenas Coimbra mantinha-se solitária, mas em destaque. Foi apenas no século XVI que a instituição universitária começou a firmar-se fora da Europa, dando origem às universidades de São Domingos (1538), a primeira instituição do novo mundo, e a do México (1551). Na América do Norte, as primeiras universidades apareceram sob a forma de colégios que atendiam os interesses locais: formar pastores e administradores para suprir as necessidades das colônias inglesas. Estavam entre os primeiros colégios: Harvard (1636), Williamsburg (1693) e Yale (1701) (CHARLE; VERGER, 1996).

Ao longo dos séculos seguintes, praticamente todos os países da América Latina constituíram pelo menos uma universidade; o Brasil era um caso a parte, uma ilha perdida no oceano das resistências impostas por Portugal. De acordo com Schlemper Júnior (1989), o país manteve-se, até o início do século XIX, sem qualquer tipo de instituição de ensino superior. Foi apenas com a chegada da família real portuguesa, em 1808, que se estabeleceram as primeiras escolas superiores. Surgiram as Escolas de Medicina, de Engenharia e Artes Militares e as Academias Militar e da Marinha.

Oficialmente, a primeira universidade brasileira aparece mais de 100 anos depois da criação dos primeiros cursos superiores. A Universidade do Rio de Janeiro, transformada posteriormente em Universidade do Brasil, atual Universidade Federal do Rio de Janeiro, foi criada em 1920, a partir da aglutinação da Faculdade de Medicina, da Escola Politécnica do Rio de Janeiro e da Faculdade Livre de Direito. Teve como objetivo outorgar o título de doutor *Honoris Causa* ao Rei da Bélgica, já que uma faculdade isolada não poderia fazê-lo. Outras experiências já haviam ocorrido no passado, como a Universidade de Manaus, em 1909, e do Paraná, em 1912, mas não puderam se consolidar em função da lei vigente.

Com a criação da Universidade de São Paulo, em 1934, consolida-se a instituição universitária brasileira. Em 1935, foi criada a Universidade do Distrito Federal, que funcionou somente até 1939, sendo incorporada posteriormente à Universidade do Brasil (ROMANELLI, 1978).

Na sequência, aparecem as PUCs e, no ano de 1954, o Brasil já contava com 16 universidades. De 1955 a 1964 foram criadas mais 21 universidades e neste período ocorre o processo de federalização do ensino superior brasileiro (CUNHA, 2007).

No final dos anos 1960, o Brasil possuía 41 universidades públicas e 22 particulares. Desde a década de 1970, o sistema privado já havia assumido uma posição de destaque e absorvia cerca de 70% dos alunos de nível superior, enquanto o sistema público, incluindo universidades e estabelecimentos isolados, apenas 30% (SCHLEMPER JÚNIOR, 1989).

Nas décadas de 1960 e 1970, as universidades públicas se expandiram rapidamente, não havendo nenhum outro projeto de expansão de destaque até o final dos anos 1990. Contudo, nesse mesmo período, e especialmente a partir da LDB de 1996, a rede privada regida por leis de mercado explodiu e continuou se expandindo, principalmente nas áreas de maior concentração populacional das regiões Sul e Sudeste (MEC, 2009).

Em termos mundiais, a expansão continuou em ritmo acelerado, especialmente nos Estados Unidos, depois da Segunda Guerra Mundial. Frederico Mayor (1994), Diretor Geral da UNESCO, de 1987 até 1999, afirma que a segunda metade do século XX foi marcada por uma verdadeira revolução no ensino superior, que se torna cada vez mais um ensino de massa.

A universidade, pelo seu prestígio e conforme analisa Rossato (2005), tornou-se uma instituição universal e, até o final da segunda metade do século XX, já havia sido implantada em, pelo menos, 167 países. O século XX universalizou a universidade, haja vista que das 626 universidades existentes em 1900, chegou-se ao final do século com quase 3.500, e esse número continua crescendo. Na década de 1950, havia no mundo 6,5 milhões de estudantes universitários e, em 1997, 88,2 milhões. Considerando os dados da UNESCO, estima-se que no ano 2000 o número dos universitários de todo o mundo aproximava-se dos 100 milhões e em 2007 havia cerca de 140 milhões de estudantes. Só os EUA possuem 14 milhões de estudantes matriculados em suas universidades.

No Brasil, o Censo da Educação Superior (2008) revelou aspectos importantes da atual situação da educação superior brasileira. No que diz respeito às Instituições de Ensino Superior, o Censo indica que em 2007 havia no país 2.281 IES e que, desse total, 89% estavam organizadas como iniciativa privada e apenas 11% na área pública, divididas entre federais (4,6%), estaduais (3,6%) e municipais (2,7%). É importante salientar que nesses percentuais estão incluídas tanto as instituições que oferecem cursos de graduação presencial como a distância. Na categoria presencial, estão em funcionamento 23.488 cursos de graduação em todo o país. Destaca-se o incremento de 10.645 novas vagas nas Instituições Federais de Ensino Superior (IFES) e registra-se o ingresso de 151.640 novos estudantes, sendo que 12,7% dessas matrículas foram oferecidas no interior do país.

Em 2007, estavam matriculados 4.880.381 alunos na educação superior e o principal crescimento ocorreu nas regiões Norte (8,4%) e Nordeste (7,2%). Desse total, 54% dos alunos estudam em universidades, 32% em faculdades e 14% em centros universitários. No mesmo período, também houve um aumento no número de vagas nos cursos de Educação Tecnológica, 394.120 (INEP, 2009).

Assim como no Brasil, a explosão das matrículas em nível mundial vem acompanhada de uma série de fatores que contribuíram para o crescimento da educação superior no período recente. Rossato (2005) destaca a chegada da classe média na universidade; a explosão demográfica; a expansão do ensino secundário; e o ingresso da mulher na universidade. A chegada da classe média à universidade ocorre especialmente nos países onde o desenvolvimento econômico foi maior. A universidade transforma-se em um meio de garantir o *status quo* ou de ascender a novos papéis e funções criados pela sociedade moderna; no que diz respeito à explosão demográfica, a America Latina e a África sobressaem, e a luta por maior empenho dos poderes públicos para ampliar as vagas no ensino superior tem sido grande; a expansão do ensino secundário tem se revelado um agente determinante na criação de demanda potencial e real por vagas no terceiro grau.

Não podem ser desconsiderados os aspectos políticos. O discurso político com ênfase na educação tem sido item relevante de toda e qualquer plataforma eleitoral, do candidato a vereador ao Presidente da República. A inclusão da temática enseja interesses em todas as classes sociais. Um bom plano de trabalho político deve, obrigatoriamente, contemplar ações nessa área, especialmente pela constante demanda. A diferença, hoje, é que o eleitor está se acostumando a cobrar promessas feitas em campanhas.

Os fatores econômicos também são preponderantes na questão da expansão. Aplicar recursos em educação é retorno garantido em curto e médio prazos, seja pela iniciativa privada ou pública. No que tange ao investimento público em educação em todos os níveis, o Brasil está na média entre os países que mais aplicam em educação no mundo. No ano de 2006, os municípios, os estados e o Governo Federal investiram aproximadamente 4,4% do PIB, mas, na educação superior, o país tem mantido o investimento de 0,7% nos últimos anos (INEP, 2009). Na educação superior, o ideal seria uma aplicação em torno de 1% a 1,5%.

3. A educação a distância

A educação a distância vem agregando em décadas experiências que resultaram em sucesso no mundo inteiro. A partir do uso de novas tecnologias, do aparecimento da fibra ótica, da comunicação via satélite, da internet, dos vídeos e teleconferências, houve uma explosão que gerou a expansão da aprendizagem virtual em praticamente todo o mundo desenvolvido.

A compreensão do estado da arte dessa temática, por dirigentes e governantes brasileiros, deve influenciar no processo decisório, permitindo o incremento dessa modalidade educacional a partir de bases sólidas e experiências vivenciadas por instituições e países. Nesse sentido, os estudos de Barros Nunes (2009) ajudam a conhecer um pouco da história da EAD no Mundo e no Brasil, ao traçar um panorama bastante alentador sobre a temática. Uma breve retrospectiva histórica indica que, provavelmente, a primeira notícia que se tem registrada – sobre esse sistema educacional – foi o anúncio das aulas por correspondência ministradas por Caleb Philips, em 1728, na Gazette de Boston, EUA. A experiência foi seguida de muitas outras iniciativas, especialmente pelo impacto causado pela inovação, já naquele momento. Um salto no tempo, retomando ao início do século XX e chegando até a Segunda Guerra Mundial, nos dá conta de que muitas experiências foram adotadas, tendo como ênfase o ensino por correspondência. Entretanto, o principal impulso se deu a partir de meados dos anos 1960, com a institucionalização de várias ações, tanto na educação secundária como na educação superior, começando pela França e Inglaterra e se expandindo pelos demais países. Hoje, concretamente, mais de 80 países adotam a educação a distância em todos os níveis, atendendo milhões de estudantes em diversas instituições de ensino.

No Brasil, a Educação a Distância (EAD) é marcada por uma trajetória de sucessos. Pouco antes de 1900, já existiam anúncios em jornais de circulação no Rio de Janeiro, oferecendo cursos profissionalizantes por correspondência. A remessa de materiais didáticos era feita pelos correios. Em 1923, era fundada a Rádio Sociedade do Rio de Janeiro; e projetos como o Mobral, vinculado ao Governo Federal e com abrangência nacional, alcançaram sucesso absoluto, especialmente pelo uso do principal mecanismo de comunicação de massa, o rádio. A televisão para fins educacionais foi usada especialmente nas décadas de 1960 e 1970. Em 1994, o Sistema Nacional de Radiodifusão Educativa foi entregue à iniciativa da Fundação Roquete Pinto que incrementou novas ações. Com o surgimento da TV fechada, outras emissoras se dedicaram a esse tipo de educação, destacando-se as TVs universitárias, o Canal Futura e a TV Cultura (BARROS NUNES, 2009).

A educação superior a distância vem se transformando num ícone mundial, que rompe fronteiras e facilita o acesso à formação superior de uma parcela significativa de pessoas no mundo inteiro. O nascimento da EAD, na percepção de Ozires Silva (2007, p. 6), é um marco que não pode ser ignorado e certamente traz para a humanidade uma aceleração acentuada para a construção de uma vida melhor para milhões de seres humanos, não importando onde estejam. Começa a se delinear o sonho da humanidade de maior nivelamento social, mais equilíbrio econômico, por força da capacidade imensa da educação formal de transformar o mundo. Mais do que isso, de capacitar cada habitante humano do planeta para, usando seus atributos pessoais, tornar-se um vencedor na sociedade moderna, quaisquer que sejam seus contornos físicos.

A educação superior a distância, como política de Estado, é uma modalidade educacional crescente no Brasil. Na Lei de Diretrizes e Bases da Educação Nacional está contemplada a EAD, e são consideradas pelo menos duas questões importantes: a) o acesso da população às tecnologias emergentes que facilitam o crescimento dessa modalidade de educação; e b) a possibilidade de redução de custos e atendimento a uma parcela significativa da população normalmente desassistida, seja pela distância dos principais polos irradiadores de ensino, seja pela concorrência às poucas vagas existentes nas principais instituições de ensino públicas do país.

Como fator de expansão da educação superior no Brasil, a EAD está embutida no artigo 80 da LDB. Para tanto, o poder público incentivará o desenvolvimento e a veiculação de programas de ensino a distância, em todos os níveis e modalidades de ensino, e de educação continuada. Em seu § 1.º está definido que a educação a distância, com abertura e regime especiais, será oferecida por instituições credenciadas pela União; e, no § 4.º, a educação a distância gozará de tratamento diferenciado, que incluirá:

I – custos de transmissão reduzidos em canais comerciais com finalidades exclusivamente educativas;

II – concessão de canais com finalidades exclusivamente educativas;

III – reserva de tempo mínimo, sem ônus para o Poder Público, pelos concessionários de canais comerciais (LDB, 1996).

O Plano Nacional de Educação (PNE) também trata a EAD com destacada importância. Deixa claro que num país como o Brasil, com défices educativos e desigualdades regionais tão elevados, a educação a distância é um meio auxiliar de indiscutível eficácia, porque serve como um mecanismo facilitador no processo de universalização e democratização do ensino (PNE, 2001).

Todos esses instrumentos legais, de certa forma, têm incentivado a execução de propostas governamentais para o desenvolvimento da EAD no país. Os resultados já podem ser sentidos. Os censos da educação superior dos últimos anos vêm apresentando resultados extraordinários em relação a essa modalidade de ensino. Para se ter uma ideia, de 2003 a 2006, a educação a distância cresceu aproximadamente 571%. Tal fato é marcante, principalmente pelo expressivo aumento do número de alunos matriculados no período: 315% (INEP, 2009).

Os últimos dados do Censo da Educação Superior (2008) indicam que, em 2007, 97 instituições ofereceram cursos de graduação a distância. Esse número acrescentado 19 IES a mais em relação ao ano de 2006. O número de cursos de graduação aumentou significativamente, sendo criados 59 novos cursos em relação a 2006, o que dá um aumento de 16,9% no período. No que se refere às vagas oferecidas em 2007, houve um incremento de 89,4%. O crescimento no número de vagas manteve a tendência desde 2003 (INEP, 2009).

Os dados do Anuário Brasileiro Estatístico de Educação Aberta e a Distância – ABRAEAD (2008) indicam que atualmente existem mais de 2 milhões e meio de estudantes matriculados em cursos de educação a distância no país em todas as categorias. Na educação superior foram oferecidas 813.550 vagas. Destaca-se que para os cursos de graduação se inscreveram 430.229 alunos, enquanto 212.246 se matricularam em 2006. No mesmo ano, concluíram o curso 25.804 estudantes. Nas instituições federais, o número de alunos em 2004 era de 159.366, em 2007 saltou para 727.657, um incremento de 356%. No Quadro 1, a seguir, pode-se verificar o número de alunos a distância, por região, em instituições autorizadas pelo sistema de ensino a ministrar EAD no Brasil, de 2004 a 2007.

Quadro 1: Quantidade de alunos por região

Região	Alunos em 2004	Alunos em 2007
Centro-Oeste	23.588	107.984
Nordeste	57.982	80.482
Norte	11.644	121.409
Sudeste	163.887	367.945
Sul	52.856	295.006
Total Geral	**309.957**	**972.826**

Fonte: Adaptado de Abraed (2008)

A expansão da EAD no país só foi possível graças à implementação de ações que incentivaram o uso de tecnologias inovadoras em universidades. A aplicação de recursos vultosos pela iniciativa pública e privada nesse sistema permitiu, de acordo com Barros Nunes (2009), abrir possibilidades de promover oportunidades educacionais para grandes contingentes populacionais. Porquanto, além de promover a democratização, a EAD possui vantagens sob o ponto de vista da eficiência e da qualidade, até mesmo quando envolve grandes contingentes de estudantes.

Isso é possível porque se vive, na atualidade, uma nova onda. Um sistema que reúne tanto a tecnologia comunicativa como a telemática. Esse modelo proporciona condições para um aprendizado mais interativo, por meio de caminhos não lineares. Por esse sistema, é o estudante quem determina seu ritmo, sua velocidade, seus percursos, bibliotecas, laboratórios de pesquisas e de equipamentos sofisticados, haja vista que o sistema pode ser acessado por qualquer usuário que esteja conectado a uma central distribuidora de serviços.

O crescimento da EAD no Brasil deve-se, dentre outros fatores, ao cumprimento do dispositivo legal do PNE e a um fato político: o interesse do atual governo em atender às demandas reprimidas por educação superior – e parece que vem desempenhando esse papel. Entretanto, existe uma série de outros fatores que podem estar contribuindo para o seu desenvolvimento. A *Revista Exame* (2009) traz uma reportagem provocante e, ao mesmo tempo, preocupante. Assinala pelo menos três fatores responsáveis por esse crescimento: a) as dimensões do Brasil. Um país de dimensões continentais certamente dificulta o acesso às aulas presenciais daqueles que vivem em cidades mais remotas; b) o preço das anuidades escolares. Os dados da consultoria Hoper apontam que um curso de educação a distância custa em média R$ 168,00 por mês, enquanto um curso presencial R$ 457,00; e c) a comodidade. O aluno não precisa se deslocar até a universidade e tem um horário de estudo mais flexível.

Ao analisar a situação da expansão da educação superior no país, principalmente pela ótica da educação a distância, é importante destacar a opinião de um dos mais renomados pensadores da Administração contemporânea, Peter Drucker. Já na década de 1990, ele previa que os grandes *campi* universitários não passariam de relíquias nos próximos 30 anos; o ensino superior teria seus custos tão aumentados quanto a saúde, ao mesmo tempo em que se tornaria tão importante quanto o atendimento médico. Argumentava que já se tornaria uma realidade dar aulas e palestras via satélite, por um custo bem menor. Para finalizar, previu que as instituições universitárias do jeito que as conhecemos, fisicamente estabelecidas, não sobreviveriam (DRUCKER, 1997). Se for considerado que, no campo da Administração, o respeitado Drucker não cometeu deslizes, a situação é preocupante, pelo menos para as instituições que oferecem apenas cursos presenciais.

4. Políticas para a educação superior brasileira

No Brasil, a expansão da educação brasileira está fundamentada em pelo menos três momentos importantes: a) a aprovação pelo Congresso Nacional da Lei de Diretrizes e Bases da Educação Nacional (LDB), em 1996; b) o lançamento do Plano Nacional da Educação (PNE), em 2001; e c) o Plano de Desenvolvimento da Educação (PDE), lançado em 2007.

a) Lei de Diretrizes e Bases da Educação Nacional – LDB

A Lei de Diretrizes e Bases da Educação Nacional – LDB, Lei n. 9.394, foi sancionada em 20 de dezembro de 1996. A promulgação ensejou todo tipo de manifestação e confrontou os mais ferrenhos opositores com seus defensores, que entenderam a Lei como um meio facilitador e direcionador de oportunidades no campo educacional. Dornas (1997, p. 20), por exemplo, tem o entendimento de que a nova lei:

> Valoriza a integração da escola com o mundo real e do trabalho e o aproveitamento pela escola de todo e qualquer conhecimento ou ha-

bilidade adquiridos pelo educando em sua vida. Permite, em qualquer nível de ensino, que se aproveite tudo que alguém aprendeu com êxito, cabendo à escola completá-lo e certificá-lo. Estimula a qualquer um a entrada e o retorno à escola, para aumentar, aprimorar ou reciclar seus conhecimentos, tendo como capital individual a investir o adquirido formal ou informalmente, com escolaridade ou sem ela.

A despeito das críticas contundentes, a LDB possibilitou ao Brasil saltar quantitativa e qualitativamente em todos os níveis educacionais. Na educação superior, os indicadores estatísticos, a partir da promulgação da lei, apontam para a aceleração na criação de novas instituições e de matrículas, sem precedentes em toda a história do país.

No que tange à obrigatoriedade do Estado, no seu título III, que trata do direito à educação e do dever de estudar, contempla em seu art. 4.º, inciso I, que o ensino fundamental é obrigatório e gratuito, inclusive para os que a ele não tiveram acesso na idade apropriada. E, no inciso V, que o acesso aos níveis mais elevados do ensino, da pesquisa e da criação artística ocorrerá segundo a capacidade de cada um.

A LDB abriu frentes novas e possibilidades até então impensadas para a educação superior. O artigo 44 inova, por exemplo, ao prever outras modalidades de cursos e programas. Estabelece, em seu inciso I, o aparecimento dos cursos sequenciais por campo de saber, de diferentes níveis de abrangência, abertos a candidatos que atendam aos requisitos estabelecidos pelas instituições de ensino.

b) *Plano Nacional de Educação – PNE*

Visando pagar uma dívida secular com a sociedade brasileira, e até mesmo diminuir a diferença aviltante entre os países emergentes e latino-americanos na área educacional, foi aprovada, no início do século XXI, a Lei n. 10.172/2001, que cria o Plano Nacional de Educação

(PNE). Seus objetivos, muito bem delineados, pretendem ver concretizadas: a) a elevação global do nível de escolaridade da população, com a melhoria da qualidade do ensino em todos os níveis; b) a redução das desigualdades sociais e regionais no tocante ao acesso e à permanência, com sucesso na educação pública; e c) a democratização da gestão do ensino púbico, nos estabelecimentos oficiais, obedecendo aos princípios da participação dos profissionais da educação na elaboração do projeto pedagógico da escola e da participação das comunidades escolar e local em conselhos escolares ou equivalentes (PNE, 2001).

O PNE prevê uma série de obrigações dos Governos Federal, Estadual e Municipal em todos os níveis educacionais. Para a educação superior, cabe destacar três, dentre seus 31 objetivos e metas: a) prover, até o final da década, a oferta de educação superior para, pelo menos, 30% da faixa etária de 18 a 24 anos; b) estabelecer uma política de expansão que diminua as desigualdades de oferta entre as diferentes regiões do país; e c) estabelecer um amplo sistema de educação a distância, utilizado, inclusive, para ampliar as possibilidades de atendimento nos cursos presenciais, regulares ou de educação continuada (PNE, 2001).

No que diz respeito ao item a, parece que a situação atual ainda não é a desejada quando consideramos os últimos dados computados pelo Censo da Educação Superior (INEP, 2009). Em 2007, o Brasil possuía 4.880.331 alunos matriculados em cursos de graduação presenciais, nas 2.282 instituições de ensino superior. Destes, somente 12% estão na faixa compreendida entre 18 e 24 anos. Número bastante distante dos 30% previstos no PNE, em 2001.

O sistema de educação a distância vem se firmando no país, especialmente a partir da criação da Universidade Aberta do Brasil (UAB), que vem ampliando as possibilidades de formação de profissionais em praticamente todos os estados brasileiros. Para esse segmento educacional, os objetivos e metas do PNE já vêm sendo implementados desde a sua aprovação. Pode-se enumerar: a) a oferta de cursos a distância, em nível superior, especialmente na formação de professores para a educação básica; e b) a ampliação gradual na formação em nível superior para todas as áreas, incentivando a participação das universidades e das demais instituições de educação credenciadas.

c) Plano de Desenvolvimento da Educação – PDE

O Plano de Desenvolvimento da Educação foi lançado em 2007 e tem como um de seus principais objetivos reverter o atual quadro educacional brasileiro, atendendo às demandas da educação superior. Está alicerçado nos seguintes princípios complementares entre si: a) a expansão de oferta de vagas; b) a garantia de qualidade; c) a promoção de inclusão social pela educação; d) a ordenação territorial, permitindo que o ensino de qualidade seja acessível às regiões mais remotas do país; e) o desenvolvimento econômico e social (PDE, 2008).

As universidades, dentro do que estabelece o PDE, possuem um papel estratégico relevante no cumprimento de seus objetivos, principalmente as instituições do setor público. Pode-se destacar a fundação de dez novas universidades: duas novas, duas por meio de desdobramento de outras universidades já existentes e seis outras que seriam transformadas a partir de escolas e faculdades já existentes. Além disso, outros 88 *campi* universitários estão sendo criados em diversas regiões do país.

Como pode ser observado, tanto a LDB como o PNE e o PDE são agentes incontestes do desenvolvimento da educação nos últimos anos e servem de norte para todas as ações governamentais e institucionais.

Entretanto, a expansão da educação superior brasileira não é fato isolado. Muitos fatores têm contribuído ao longo de décadas para que ela comece a tomar forma e se projete da maneira como está se revelando agora. Podem ser destacados a melhoria da qualidade de vida, a competitividade empresarial promovida pelos avanços científicos e tecnológicos, as exigências do novo perfil profissional do mercado de trabalho, a globalização, ou ainda, fatores pessoais, políticos e culturais. Fatores de alto grau de importância que vêm pressionando e/ou influenciando as ações governamentais.

Atualmente existem cinco programas instituídos pelo Governo Federal que são considerados os pilares para a democratização do acesso à educação superior: a) o Programa de Apoio a Planos de Reestruturação e Expansão das Universidades Federais – REUNI; b) o Programa Universidade para Todos – PROUNI; c) a Universidade Aberta do Brasil – UAB; d) o Fundo de Financiamento ao Estudante do Ensino Superior – FIES; e e) os Institutos Federais de Educação, Ciência e Tecnologia – IFETs. Entretanto, para esse estudo, foram analisados as ações e os resultados obtidos por meio dos três primeiros.

REUNI – Programa de Apoio a Planos de Reestruturação e Expansão das Universidades Federais

O Programa de Apoio a Planos de Reestruturação e Expansão das Universidades Federais – REUNI, de acordo com dados do MEC (2009), foi instituído pelo Decreto n. 6.096, de 24 de abril de 2007, e tem como objetivo principal criar condições para a ampliação do acesso e permanência na educação superior, a partir do aproveitamento da estrutura física e de recursos humanos existentes nas universidades federais.

Em seu parágrafo 1.º, está explícito que o programa tem como meta global a elevação gradual da taxa de conclusão média dos cursos de graduação presenciais para 90% e da relação de alunos de graduação em cursos presenciais por professor para 18%, ao final de cinco anos, a contar do início de cada plano.

O programa definiu, ainda, como um dos seus objetivos, dotar as universidades federais de condições mínimas necessárias para ampliar o acesso e a permanência na educação superior. O REUNI é uma das ações integrantes do Plano de Desenvolvimento da Educação (PDE). É possível caracterizar e qualificar as três etapas da expansão recente das universidades federais brasileiras a partir de três ciclos:

Primeiro Ciclo: Expansão para o interior (2003/2006): criação de dez novas universidades federais em todas as regiões; consolidação de duas universidades federais; criação e consolidação de 49 *campi* universitários.

Segundo Ciclo: Expansão com reestruturação (2007/2012): adesão da totalidade das instituições federais de ensino superior; implantação de 95 *campi* universitários; quadro perceptível de ampliação do número de vagas da educação superior, especialmente no período noturno.

Terceiro Ciclo: Expansão com ênfase nas interfaces internacionais (2008): criação de universidades federais em regiões territoriais estratégicas. Encontram-se em processo de criação e/ou implantação: a Universidade Federal da Integração Latino-Americana (UNILA), sediada em Foz do Iguaçu (PR); a Universidade Federal do Oeste do Pará (UFOPA), sediada em Santarém (PA); a Universidade Luso-Afro-Brasileira (UNILAB), em Redenção (CE) e a Universidade Federal da Fronteira Sul (UFFS), sediada em Chapecó (SC) (REUNI, 2009).

O REUNI pode ser resumido em seis desafios importantes: a) redução das taxas de evasão; b) ampliação da mobilidade estudantil; c) revisão da estrutura acadêmica; d) diversificação das modalidades de graduação; e) ampliação de políticas de inclusão e assistência estudantil; e f) articulação da graduação com a pós-graduação e da educação superior com a educação básica (REUNI, 2009).

O Ministro da Educação prevê investimentos em 2009 na ordem de um bilhão de reais. Esses recursos serão aplicados na infraestrutura das universidades, visando ampliar salas de aula, bibliotecas, restaurantes universitários e laboratórios de tal sorte que as instituições possam se adequar às novas demandas (HADDAD, 2008).

A expansão da educação superior ocorre, de certa maneira, em decorrência dos investimentos feitos pelos governos estadual, municipal e federal. Estudos realizados pelo INEP, em parceria com o MEC, o Instituto de Pesquisa Econômica Aplicada – IPEA e o Fundo Nacional de Desenvolvimento da Educação – FNDE revelam a quantidade de recursos públicos investidos nos diferentes níveis da educação brasileira. Em 2006, houve o maior investimento público direto em educação, comparativamente ao PIB. Os governos investiram, em valores absolutos, R$ 101,8 bilhões, o que representa 4,4% do PIB. O principal incremento foi verificado na educação básica. Nos demais níveis, o investimento se manteve constante entre 2000 e 2006, com pequenas variações, como no caso do ensino superior, que teve investimento direto igual a 0,7% do PIB em 2006 (INEP, 2009).

PROUNI – *Programa Universidade para Todos*

O Programa Universidade para Todos – PROUNI (2009) é um dos principais programas do Governo Federal no que tange à concessão de bolsas de estudo integrais e parciais a estudantes de cursos de graduação e sequenciais de formação específica. Foi institucionalizado pela Lei n. 11.096, em 2005. Às instituições privadas de educação superior que aderem ao programa, é oferecida, em contrapartida, isenção de tributos.

O programa é oferecido aos estudantes egressos do ensino médio da rede pública ou da rede particular na condição de bolsistas integrais, com renda *per capita* familiar máxima que não ultrapasse três salários mínimos. A seleção dos candidatos ocorre a partir dos resultados obtidos no ENEM – Exame Nacional do Ensino Médio, sendo observado o mérito estudantil a partir do desempenho acadêmico.

Quando o PROUNI foi lançado em 2005, de acordo com Mota (2008), muitas vozes se opuseram a ele, especialmente no que tange à qualidade acadêmica dos estudantes que seriam beneficiados. Nos anos seguintes, essa dúvida cairia por terra, tendo em vista que, nos resultados do ENADE de 2006, os bolsistas do PROUNI obtiveram, em média, notas superiores às dos demais estudantes.

O PROUNI já atendeu, desde a sua criação até o primeiro semestre de 2008, aproximadamente 385 mil estudantes, e esse número continua crescendo. Desse total, 270 mil são bolsas integrais. Para se ter uma ideia do volume de bolsas distribuídas em todas as unidades da federação, só no primeiro semestre do ano de 2008 foram beneficiados 106.134 estudantes. Desse total, 53.157 são bolsas parciais e 52.977 são integrais. O estado de São Paulo ficou com a maior parcela, 40.201 bolsas, enquanto o estado do Amapá, com apenas 213 bolsas, aparece em último lugar.

Os critérios e os valores das bolsas para atender candidatos no ano de 2009 foram os seguintes: *Bolsa integral* – estudantes que possuíam renda familiar, por pessoa, de até um salário mínimo e meio (R$ 622,50); *Bolsa parcial de 50%* – estudantes que possuíam renda familiar, por pessoa, de até três salários mínimos (R$ 1.245,00); *Bolsa complementar de 25%* – para estudantes que possuíam renda familiar, por pessoa, de até três salários mínimos (R$ 1.245,00), destinada exclusivamente a novos estudantes ingressantes (PROUNI, 2009).

Almeida Junior (2009) é da opinião que o PROUNI é uma iniciativa louvável de inclusão no ensino superior, mas, como política isolada, não resolve. Entende que é preciso apoiar o aluno na universidade e assegurar a sua capacitação, para que possa concorrer a uma vaga no acirrado mercado de trabalho. Para esse autor, os mecanismos de financiamento do Governo Federal são desestimulantes e excludentes. É partidário de uma política de financiamento estudantil que contemple juros mais baixos, a partir de bancos como BNDES, o que facilitaria aos estudantes a escolha da instituição por sua identificação com a filosofia e a qualidade do estabelecimento.

UAB – Universidade Aberta do Brasil

A UAB ocupa um lugar de destaque especial no atual contexto da educação superior brasileira, tendo em vista que se apresenta como uma das principais ferramentas governamentais para incrementar a expansão da educação superior, pois essa modalidade escolar facilita o acesso à interiorização e contempla a inclusão social em curto e médio prazos.

A UAB foi criada pelo Ministério da Educação em 2005 e tem como prioridade a formação de professores para a educação básica. Em função desse objetivo, articula-se com instituições públicas de ensino superior, estados e municípios brasileiros. A UAB pretende, por meio da educação a distância, permitir o acesso à educação superior daquelas populações normalmente excluídas do processo educacional. O sistema está amparado por cinco eixos fundamentais: a) a expansão pública da educação superior, considerando os processos de democratização e acesso; b) o aperfeiçoamento dos processos de gestão das instituições de ensino superior, possibilitando sua expansão em consonância com as propostas educacionais dos estados e municípios; c) a avaliação da educação superior a distância, tendo por base os processos de flexibilização e regulação em implementação pelo MEC; d) as contribuições para a investigação em educação superior a distância no país; e e) o financiamento dos processos de implantação, execução e formação de recursos humanos em educação superior a distância (UAB, 2009).

A UAB é formada por instituições universitárias federais, estaduais e municipais, além dos Institutos Federais de Educação, Ciência e Tecnologia – IFETs.

O sistema UAB oferece cursos cujo foco está na formação de professores e na administração pública. Visam atender aos professores da rede pública da educação básica, objetivando melhorar suas qualificações e, consequentemente, a qualidade da educação nas regiões atendidas. Os cursos de graduação ofertados são os definidos pela LDB em níveis de bacharelado, licenciatura e tecnólogo. Contempla, ainda, os cursos sequenciais e de pós-graduações *lato* e *stricto sensu*.

O sistema UAB só é possível a partir do apoio recebido dos polos de apoio presencial. Esses polos oferecem infraestrutura física, tecnológica e pedagógica, para que os alunos possam acompanhar os cursos, e são mantidos pelos municípios e/ou estados. Os polos localizam-se em microrregiões e municípios com pouca ou nenhuma oferta de educação superior (UAB, 2009).

Os polos são importantes na medida em que oferecem um mínimo de estrutura física, em que o aluno tem um referencial da instituição onde está matriculado, além de poder tirar suas principais dúvidas, interagir com tutores e professores que estão na outra ponta do processo.

O programa Universidade Aberta do Brasil – UAB já disponibilizou milhares de vagas em cursos superiores, na modalidade EAD, e a intenção do Governo Federal é clara: utilizar essa ferramenta para expandir, objetivando atingir a meta de interiorização e democratização do acesso à educação superior prevista no PNE, mas, principalmente, aumentar a oferta de ensino público e gratuito no país.

O Sistema UAB, de acordo com Mota (2007), constitui-se de uma boa oportunidade para experiências de caráter andragógico, por suas características de projeto piloto em estado de plena execução. A UAB apresenta as bases para a educação de adultos que trazem experiências prévias do mundo do trabalho e retornam aos bancos escolares à procura de uma formação inicial ou continuada.

Os dados mais recentes da educação superior a distância levantados pelo INEP apontam para números espetaculares em 2007. Num total de 97 instituições foram oferecidos 408 cursos de graduação, isso representa um incremento no número de vagas na ordem de 89,4% em relação a 2006. As matrículas aumentaram 78,5% no mesmo período e já representam uma fatia de 7% do total de matrículas no ensino superior. Os dados apontam para um crescimento exponencial nesta categoria,

908,2% em apenas cinco anos. O total de alunos matriculados em 2002 era de 40.714 e, em 2007, esse número saltou para 369.766. Desse total, 275.567 estão vinculados às instituições privadas. Nas IFES estão matriculados apenas 25.552 estudantes (INEP, 2009).

No gráfico a seguir pode-se observar a evolução do número de matrículas na graduação a distância por categoria administrativa, entre os anos de 2002 e 2007.

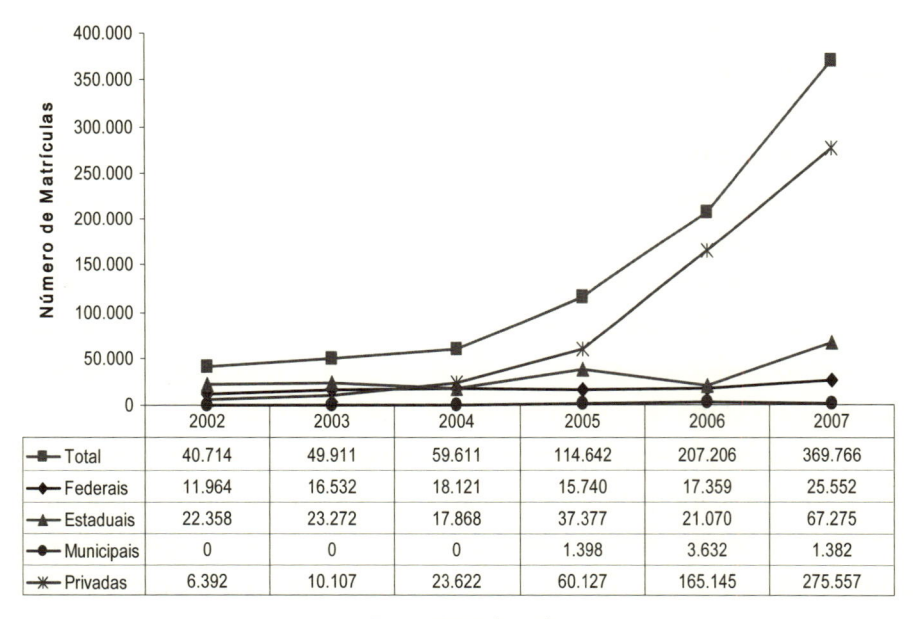

	2002	2003	2004	2005	2006	2007
─■─ Total	40.714	49.911	59.611	114.642	207.206	369.766
─♦─ Federais	11.964	16.532	18.121	15.740	17.359	25.552
─▲─ Estaduais	22.358	23.272	17.868	37.377	21.070	67.275
─●─ Municipais	0	0	0	1.398	3.632	1.382
─✳─ Privadas	6.392	10.107	23.622	60.127	165.145	275.557

Fonte: INEP (2009)

5. Consideração finais

A educação superior brasileira, como se pode observar nos dados apresentados neste capítulo, evidencia números e resultados bastante significativos, especialmente nos últimos anos. O estado da arte da expansão da educação superior deixa evidente que a Lei de Diretrizes e

Bases da Educação Nacional, o Plano Nacional de Educação e o Plano de Desenvolvimento da Educação se transformaram nos principais vetores na consolidação do processo de expansão da educação superior brasileira.

Os dados permitem observar que a estrutura montada pelo governo para atender à demanda reprimida nesta modalidade educacional está, de certa maneira, logrando sucesso a partir da conjugação de esforços empreendidos pelos Programas UAB, PROUNI e REUNI.

Com o advento das tecnologias de informação e de comunicação, e com a pressão da sociedade pela expansão de vagas, a educação superior a distância se afirma como uma alternativa capaz de mudar os rumos da educação convencional. Mesmo assim, ainda é um paradigma que precisa ser negociado e assimilado tanto por professores como pelos estudantes que, por inúmeras razões, resistem ao novo paradigma. Todavia, percebe-se que os avanços tecnológicos e as facilidades trazidas pela Internet nos últimos anos a colocam em uma situação tão privilegiada, que se torna difícil acreditar que seja possível reverter a situação criada, ou até mesmo manter o atual *status* educacional somente com a educação presencial.

As políticas públicas de expansão da educação superior a distância, na última década, possuem muitas variáveis e vertentes, especialmente quando se considera que elas estão baseadas na transposição de um sistema elitista para outro que permite a massificação do acesso. Os investimentos governamentais na criação de novas universidades, novos *campi* e o incremento da educação a distância são demonstrações inequívocas de que há um processo de expansão sendo pensado e colocado em prática. O Programa de Apoio a Planos de Reestruturação e Expansão das Universidades Federais (REUNI) – que figura como a primeira etapa em processo de consolidação da expansão – prevê o investimento de mais de 2 bilhões de reais entre os anos de 2008 e 2011, e promete reestruturar as universidades, aumentar o número de cursos e criar pelo menos mais 125 mil vagas na educação superior pública (REUNI, 2009).

Essa concentração de forças, se mantidas as atuais políticas, deverá promover a consolidação de uma das metas do Plano Nacional de Educação: colocar 30% dos jovens na faixa etária de 18 a 24 anos na educação superior. Se isso não for possível, pelo menos irá ajudar a melhorar o atual índice de 12% na categoria.

Contudo, independentemente dos números e do sucesso até aqui alcançados, fica claro que o governo e a sociedade brasileira ainda terão de enfrentar desafios mais pesados pela frente. Fica evidente, neste estudo, que, para cobrir as demandas exigidas pela sociedade na educação superior, é preciso ir muito além do que já vem sendo feito, principalmente no que tange à aplicação de recursos nessa modalidade de ensino.

Democratizar o acesso à educação superior deve ser muito mais do que um objetivo de governos e de pessoas, precisa ser uma política de Estado que envolva toda a Nação. Esse é um pré-requisito que precisa ser perseguido veementemente e em curto espaço de tempo. Entretanto, não se pode perder de vista a ideia de que esta política precisa vir acompanhada de outro requisito fundamental, a qualidade. Fora isso, o país corre o risco de promover uma formação de massa apenas para levantar índices e de contribuir para a criação de uma geração inteira de universitários incompetentes, analfabetos funcionais, incapazes de se defrontarem com a realidade de um mundo cada vez mais globalizado e competitivo.

Isto posto, entende-se que, independentemente dos caminhos escolhidos para serem trilhados pelo governo e pela sociedade na busca pela expansão da educação superior, a educação superior para todos precisa se tornar uma realidade, tendo em vista que continua sendo um dos principais caminhos para a realização profissional e a libertação do homem na sociedade moderna.

Referências bibliográficas

ABRAEAD. *Anuário Brasileiro Estatístico de Educação Aberta e a Distância.* 4.ed. São Paulo: Instituto Monitor, 2008.

ALMEIDA JR., Mário Veiga de. *Novos desafios do ensino superior no Brasil.* Disponível em: <http://www.portalbibliotecario.com.br>. Acesso em: 10 abr. 2009.

BARROS NUNES. Ivônio. A história da EAD no mundo. In: LITTO, Fredric Michael; FORMIGA, Manuel Marcos Maciel (orgs.). *Educação a distância:* O estado da arte. São Paulo: Pearson Education do Brasil, 2009.

BRITO CRUZ, Carlos Henrique. *A expansão do ensino superior.* Disponível em: <http://www.comciencia.br/reportagens/universidades/uni12.shtml>. Acesso em: 3 mar. 2009.

CHARLE, Christophe; VERGER, Jacques. *História das universidades.* São Paulo: Editora da Universidade Estadual Paulista, 1996.

CUNHA, Luiz Antônio. *A universidade crítica: O ensino superior na República Populista.* São Paulo: Unesp, 2007.

DORNAS, Roberto. *Diretrizes e bases da educação nacional:* comentários e anotações. Belo Horizonte. Modelo Editorial, 1997.

DELORS, Jacques. *Educação:* um tesouro a descobrir. Relatório para a UNESCO da Comissão Internacional sobre a Educação para o Século XXI. São Paulo: Cortez, 1998.

DRUCKER, Peter F. Uma bússola para tempos incertos. *Exame.* São Paulo, vol. 30, n. 7, p. 66-70. 26 mar. 1997.

LDB. Lei de Diretrizes e Bases da Educação Nacional. *Lei n. 9.394, de 20 de dezembro de 1996.* Brasília: Disponível em: <www.planalto.gov.br>. Acesso em: 7 mar. 2009.

HADDAD, Fernando. *Universidades federais vão dobrar número de vagas até 2009.* Entrevista ao programa Bom Dia Ministro. Secretaria de Imprensa da Presidência da República, no dia 18/09/2008. Disponível em:

<http://www.agecom.ufsc.br/index.php?secao=arq&id=7617>. Acesso em: 10 abr. 2009.

INEP. Instituto Nacional de Estudos e Pesquisas Educacionais Anísio Teixeira. *Censo da educação superior.* Disponível em: <http://www.inep.gov.br/superior/censosuperior/>. Acesso em: 5 abr. 2009.

LITTO, Frederic Michael; FORMIGA, Manuel Marcos Maciel (orgs.). *Educação a distância:* o estado da arte. São Paulo: Pearson Education do Brasil, 2009.

MEC. Ministério da Educação. *Resolução CES nº 1, de 27 de janeiro de 1999.* Disponível em: <http://portal.mec.gov.br/cne/arquivos/pdf/CES0199.pdf>. Acesso em: 6 abr. 2009.

_____. *Educação superior.* Disponível em: <http://portal.mec.gov.br/index.php>. Acesso em: 6 abr. 2009.

MAYOR, Frederico. *La mémoire de l'avenir.* Paris: Unesco, 1994.

MOTA, Ronaldo. A Universidade Aberta do Brasil. In: MELO, Maria Tais de (org.). *EAD: educação sem distância.* São Paulo: Laborciência, 2007.

MOTA, Ronaldo. ProUni: porta aberta para a inclusão social. In: SNACHEZ, Fábio (coord.). *Anuário Estatístico de Educação Superior Aberta e a Distância.* São Paulo: 2008.

OCDE. *Nouvelles fomes d'enseignement supérieur.* Paris: OCDE, 1991.

OZIRES Silva. A educação sem distância. In: MELO, Maria Tais de (org.) *EAD: educação sem distância.* São Paulo: Laborciência, 2007.

PDE. *Plano de Desenvolvimento da Educação.* MEC. Brasília, 2008.

PNE. Plano Nacional de Educação. *Lei n. 10.172, de 9 de janeiro de 2001.* Brasília: Congresso Nacional, 2001.

PROUNI. Programa Universidade para Todos. *O Programa.* Disponível em: <http://prouni-inscricao.mec.gov.br/PROUNI/Oprograma.shtm>. Acesso em: 7 abr. 2009.

REVISTA EXAME. Os alunos estão cada vez mais longe. *Caderno Gestão: educação*, Edição 938, ano 43, n. 4., 11 jan. 2009.

REUNI. Reestruturação e Expansão das Universidades Federais. *O que é REUNI:* apresentação. Disponível em: <http://reuni.mec.gov.br/index.php?option=com_content&task=view&id=15&Itemid=2>. Acesso em: 11 mar. 2009.

ROMANELLI, Otaiza de Oliveira. *História da educação no Brasil*. 9. ed. Petrópolis: Vozes, 1978.

ROSSATO, Ricardo. *Universidade: nove séculos de história*. 2. ed. Passo Fundo: UPF, 2005.

SCHLEMPER JUNIOR, Bruno Rodolfo. Universidade e sociedade. In: VAHL, Teodoro Rogério; MEYER JR., Victor; FINGER, Almeri Paulo (orgs.). *Desafios da administração universitária*. Florianópolis: UFSC, 1989. p. 70-77.

UAB. Universidade Aberta do Brasil. *Instituições UAB*. Disponível em: <http://www.uab.capes.gov.br/index.php?option=com_content&view=article&id=104&Itemid=30>. Acesso em: 8 abr. 2009.

UNESCO. *Relatório da Comissão Internacional sobre a Educação para o Século XXI*. São Paulo: Cortez, 1998.

8. A educação a distância no contexto da reforma da educação superior no Brasil

Marcio Luiz Bunte de Carvalho[1]
Liamara Scortegagna[2]
Fernando Spanhol[3]

1. O ensino superior no Brasil

A normatização do ensino superior no Brasil é relativamente nova. Em 1930, foi criado o Ministério dos Negócios e Saúde Pública e, em seguida, em 1931, houve a criação do Conselho Nacional de Educação, com o objetivo de desenvolver o arcabouço legal de regulação da educação. A maturação do debate na sociedade sobre a importância da educação possibilitou, em 1948, a criação da 1ª Lei de Diretrizes e Bases da Educação, importante marco regulatório sobre a educação, que ficou 13 anos no Congresso, sendo promulgada apenas em 1961 (Lei 4024/61).

Ao longo da história recente, o título acadêmico transformou-se no sonho de muitos brasileiros. Para as classes menos favorecidas, o curso superior significava ascensão social e consequentemente uma garantia de emprego. Para os mais abonados, o aumento de prestígio era

---
[1] Universidade Federal de Minas Gerais – UFMG.
[2] Universidade do Contestado – UnC/SC.
[3] Universidade Federal de Santa Catarina – UFSC.

o objetivo desejado. Embora fosse o sonho de muitos, o curso superior era realidade para poucos, visto que apenas um número reduzido de alunos conseguia viabilizá-lo.

O ensino superior no Brasil se desenvolve no início da Primeira República (1889)[4], motivado pela nova organização política e pela necessidade de uma reorganização burocrática, tanto pública como privada, que gerou a necessidade de pessoal com formação superior (CUNHA, 2003). No setor público, o ensino superior no país surge com representatividade na década de 1920, com a criação da Universidade do Rio de Janeiro (URJ), atual Universidade Federal do Rio de Janeiro (UFRJ), e depois com a fundação da Universidade de Minas Gerais (UMG), atual Universidade Federal de Minas Gerais (UFMG). No entanto, o Brasil foi o último país da América Latina a fundar universidades.

O ensino superior privado no país tem sua consolidação entre as décadas de 1930 e 1960 (CONSELHO; BESSA, 2009) e logo após tem um momento de predominância perante o ensino público. O crescimento de matrículas entre as décadas de 1960 e 1970, no ensino superior privado, foi de 700%. No período entre 1960 e 1967, foram criadas 267 novas Instituições de Ensino Superior (IES) privadas (BOAS, 2004), números que indicam a expansão do ensino superior no país e que deixaram claro que o setor da educação privada buscava atender à demanda por diploma de ensino superior existente na época. O crescimento da oferta pelas IES privadas se deu, principalmente, por meio dos cursos cuja carga horária se concentrava em apenas um turno e preferencialmente no noturno, sendo assim, as pessoas trabalhadoras podiam frequentar um curso superior, um segmento que não era bem atendido pelo setor público.

---

[4] As primeiras escolas superiores são criadas após a vinda da família real portuguesa para o Brasil, em 1808.

O crescimento das IES privadas reforçou o papel de definidor da qualidade que o Ministério da Educação possui, estabelecendo quesitos mínimos para os cursos de graduação, como a qualidade da estrutura física e a qualificação dos quadros docentes.

Após um grande impulso no crescimento da oferta de ensino superior no Brasil até a década de 1970, o crescimento do sistema superior passou por um período de redução, chegando até quase uma estagnação de novas matrículas. A partir da década de 1990, o ensino superior apresentou recuperação acelerada, acompanhada pela ampliação de vagas, incorporação de metodologias pedagógicas alternativas, resultando assim em mudanças no perfil da população atendida. Martins (2009) afirma que o crescimento da oferta de educação superior neste período foi em média de 7% ao ano, produzindo um complexo e diversificado sistema de instituições composto principalmente por instituições privadas. A oferta pelas instituições de ensino superior públicas cresceu também, mas em um ritmo mais lento, não conseguindo nem atender ao crescimento vegetativo da demanda.

2. Panorama atual do ensino superior no Brasil

O atual cenário do ensino superior no Brasil é muito diferente do apresentado na década de 1970, após a expansão significativa e desordenada. Esse novo momento apresenta, além da ampliação de capacidade de atendimento à população, um avanço importantíssimo na busca pela qualidade acadêmica, por meio de um acompanhamento rigoroso pelos órgãos responsáveis. Dessa forma, podemos dizer que o Brasil está adentrando numa nova era do ensino superior.

Hoje, o ensino superior no Brasil viabiliza-se, segundo os dados do último Censo do Ensino Superior realizado pelo Instituto Nacional de Estudos e Pesquisas Educacionais Anísio Teixeira – INEP (2009), em mais de 2.200 IES. Sendo 89% de instituições privadas e 11% de instituições públicas, subdivididas entre federais (4,6%), estaduais (3,6%) e municipais (2,7%), incluindo IES que oferecem ensino tanto na modalidade presencial tradicional como na modalidade semipresencial a distância, conforme dados na tabela a seguir.

Tabela I – Evolução do número de instituições, segundo a categoria administrativa – Brasil – 2002 a 2007

Ano	Total	%Δ	Pública						Privada	%Δ
			Federal	%Δ	Estadual	%Δ	Municipal	%Δ		
2002	1.637	-	73	-	65	-	57	-	1.442	-
2003	1.859	13.66	83	13.7	65	0,0	59	3,5	1.652	14,6
2004	2.013	`8,3	87	4,8	75	15,4	62	5,1	1.789	8,3
2005	2.165	7,6	97	11,5	75	0,0	59	-4,8	1.934	8,1
2006	2.270	4,8	105	8,2	83	10,7	60	1,7	2.022	4,6
2007	2.281	0,5	106	1,0	82	-1,2	61	1,7	2.032	0,5

Fonte: INEP (2009)

Em relação à educação a distância, trataremos especificamente num outro item deste capítulo.

A oferta por meio da educação presencial tradicional no ensino superior brasileiro está representada, segundo o Censo de 2007, por 23.488 cursos, englobando bacharelados, licenciaturas e cursos para formação de tecnólogos.

Os principais motivos desse soberbo crescimento das IES privadas foram as transformações introduzidas pela Lei de Diretrizes e Bases da Educação (LDB) de 1996 e também a grande demanda originada pela baixíssima taxa de cobertura de ensino superior no Brasil.

As IES privadas foram responsáveis pela oferta do maior número de cursos no ano de 2007, num total de 16.892. Entretanto, foram as IES públicas que apresentaram o maior crescimento nesse mesmo ano, que foi de 8,8% em relação ao ano anterior, como podemos observar na Tabela 2.

**Tabela 2 – Evolução do número de cursos, segundo
a categoria administrativa – Brasil – 2002 a 2007**

Ano	Total	%Δ	Pública						Privada	%Δ
			Federal	%Δ	Estadual	%Δ	Municipal	%Δ		
2002	14.399	-	2.316	-	2.556	-	380	-	9.147	-
2003	16.453	14,3	2.392	3,3	2.788	9,1	482	26,8	10.791	18,0
2004	18.644	13,3	2.450	2,4	3.294	18,1	518	7,5	12.382	14,7
2005	20.407	9,5	2.449	0,0	3.171	-3,7	571	10,2	14.216	14,8
2006	22.101	8,3	2.785	13,7	3.188	0,5	576	0,9	15.552	9,4
2007	23.488	6,3	3.030	8,8	2.943	-7,7	623	8,2	16.892	8,6

Fonte: INEP (2009)

O número de alunos ingressantes, segundo o Censo de 2007, foi crescente e chegou a 1.481.955. Destes, 79,8% ingressantes nas IES privadas. Entre as IES públicas, observa-se uma diminuição do ingresso nas estaduais e municipais. Já nas federais houve um acréscimo de 6,8% em relação ao ano anterior e o que mais chama atenção é a interiorização, cujo percentual de aumento foi maior. Tal interiorização do ensino superior vem atender a uma necessidade, consolidando uma tendência já apresentada em censos anteriores.

A Tabela 3 apresenta a evolução do número de alunos ingressantes no ensino superior brasileiro nos últimos seis anos.

**Tabela 3 – Evolução do número de ingressos, segundo
a categoria administrativa – Brasil – 2002 a 2007**

Ano	Total	%Δ	Pública						Privada	%Δ
			Federal	%Δ	Estadual	%Δ	Municipal	%Δ		
2002	1.205.140	-	122.491	-	125.499	-	32.501	-	924.649	-
2003	1.262.954	4,8	120.562	-1,6	108.778	-13,3	37.741	16,1	995.873	7,7
2004	1.303.110	3,2	122.899	1,9	125.453	15,3	38.890	3,0	1.015.868	2,0
2005	1.397.281	7,2	125.375	2,0	122.705	-2,2	40.601	4,4	1.108.600	9,1
2006	1.448.509	3,7	141.989	13,3	117.299	-4,4	38.119	-6,1	1.151.102	3,8
2007	1.481.955	2,3	151.640	6,8	109.720	-6,5	37.131	-2,6	1.183.464	2,8

Fonte: INEP (2009)

A busca pelo acesso ao ensino superior no país, principalmente como forma de profissionalização e de inserção no mercado de trabalho – em que a especialização das competências e habilidades passa a ser fortemente valorizada –, impulsionou o enorme crescimento desse setor.

O número total de alunos matriculados no ensino superior brasileiro em 2007 foi de 4.880.381. Destacamos novamente que o maior percentual ainda está nas IES privadas, são quase 3,7 milhões (74,6%) de alunos pertencentes a estas e apenas 25,4% fazem parte do setor público. A tabela 4 representa os dados e a evolução desses números.

Tabela 4 – Evolução do número de matrículas, segundo a categoria administrativa – Brasil – 2002 a 2007

Ano	Total	%Δ	Pública						Privada	%Δ
			Federal	%Δ	Estadual	%Δ	Municipal	%Δ		
2002	3.479.913	-	531.634	-	415.569	-	104.452	-	2.428.258	-
2003	3.887.022	11,7	567.101	6,7	442.706	6,5	126.563	21,2	1.750.652	13,3
2004	4.163.733	7,1	574.584	1,3	471.661	6,5	132.083	4,4	2.985.405	8,5
2005	4.453.156	7,0	579.587	0,9	477.349	1,2	135.253	2,4	3.260.967	9,2
2006	4.676.646	5,0	589.821	1,8	481.756	0,9	137.727	1,8	3.467.342	6,3
2007	4.880.381	4,4	615.542	4,4	482.814	0,2	142.612	3,5	3.636.413	5,0

Fonte: INEP (2009)

Apesar do crescimento expressivo do número de IES e do número de alunos matriculados, o Brasil ainda apresenta uma baixa taxa de cobertura dos jovens matriculados no ensino superior, quando comparado com o contexto internacional ou mesmo latino-americano. Segundo dados do Instituto Brasileiro de Geografia e Estatística (IBGE) de 2009, apenas 13,9% da população brasileira entre 18 e 24 anos está matriculada no ensino superior, um dos menores índices do mundo e particularmente da América Latina, sendo inferior, por exemplo, aos índices da Bolívia, Colômbia e Chile.

O Brasil, por ser um país de território extenso e com muitas diferenças socioeconômicas e culturais, possui dificuldades em democratizar o ensino superior, bem como de levar o ensino público e gratuito às várias regiões do país.

Sabemos, porém, que o futuro do Brasil dependerá, a médio e longo prazos, de algumas tendências, como as mudanças tecnológicas; a redefinição do trabalho e das condições de empregabilidade; a necessidade de aprendizado contínuo; a deselitização do ensino superior, com crescimento no número de estudantes economicamente menos favorecidos; a interiorização e o aumento de vagas em instituições de ensino público.

A boa notícia é que essas tendências começam a ser percebidas a partir dos últimos dados disponibilizados pelo INEP/MEC, o que pode ajudar a configurar as próximas ações por parte dos governos e das IES, aprimorando o cenário do ensino superior no Brasil.

3. Educação a distância no Brasil

A educação a distância (EAD) já é oferecida no território brasileiro desde o século XIX, mas somente nas últimas décadas assumiu o *status* que a coloca hoje no auge das atenções pedagógicas de um número cada vez maior de países. A urgência da formação no ensino superior, o imperativo da atualização permanente, a necessidade crescente de habilitações específicas, a impossibilidade de situar uma sala de aula, com todo o seu entorno pedagógico, profissional e financeiro, em cada lugar onde muitos querem e precisam aprender, constituem um conjunto complexo e inesgotável de exigências para a educação a distância.

O desenvolvimento tecnológico recente possibilitou que sejam desenvolvidas tecnologias e metodologias cada vez mais sofisticadas e que permitem criar ambientes particularmente propícios para as atividades de ensino e aprendizagem.

No Brasil, a EAD surge em 1904 com o ensino por correspondência, ofertado por instituições privadas em cursos da educação não formal, com ênfase principalmente em cursos profissionalizantes em áreas técnicas.

No período entre 1922 e 1925, a Rádio Sociedade do Rio de Janeiro utiliza a radiodifusão como forma de ampliar o acesso à educação.

E, em 1939, a EAD por correspondência teve o seu ápice com a criação do Instituto Monitor e do Instituto Universal Brasileiro, em 1941. A partir desse período, surgiram outras instituições que utilizaram a correspondência e o rádio para estruturar a sua metodologia para a EAD, entre elas o SENAC, em 1946, e a Fundação Padre Landell de Moura, em 1957.

Na década de 1960, a Universidade de Brasília (UnB) faz a iniciação do uso da Tecnologia Educacional com utilização do ensino programado e individualizado no ensino superior.

Mais tarde, nas décadas de 1970 e 1980, com o advento da televisão no Brasil, instituições privadas e organizações não governamentais iniciam a oferta de cursos supletivos a distância, no modelo de teleducação, com aulas via satélite ou canal aberto de TV, complementadas por materiais impressos, dando, assim, início à maior expansão da modalidade de EAD. Com isso, começou a ser construído um novo cenário, a princípio um pouco confuso, mas que fica mais claro nas décadas seguintes.

A maioria das instituições de ensino superior mobiliza-se para a EAD com o desenvolvimento das novas tecnologias de comunicação e de informação, principalmente na década de 1990, com a expansão das TICs e mais especificamente da internet no ambiente universitário.

A primeira referência à EAD na legislação brasileira se deu com o advento da Lei n. 9.394 (Lei de Diretrizes e Bases da Educação), aprovada em 20 de dezembro de 1996, que traz no seu artigo 80:

> O Poder Público incentivará o desenvolvimento e a veiculação de programas de ensino a distância, em todos os níveis e modalidades de ensino, e de educação continuada.

A criação dessa regulamentação e a inclusão nas disposições transitórias dos itens da chamada "década da educação", que entre outras providências, determina que até 2011 todos os professores que atuam em sala devem possuir licenciatura, fomentou na época o início dos primeiros programas formais de uso de EAD para a formação em serviço de professores da rede pública em alguns estados, bem como a utilização de ambientes virtuais para a oferta de cursos livres (extensão) e de pós-graduação *lato sensu*.

A regulamentação do artigo 80 foi feita em 1998 pelo Decreto n. 2.494/98.[5] Somente após essa regulamentação foi autorizado o primeiro curso de graduação de EAD, mas em caráter experimental, sendo oferecido pela Universidade Federal de Mato Grosso e dirigido para a formação em nível superior de professores da rede pública. Cabe ressaltar ainda o pioneirismo de projetos de oferta consorciada de cursos superiores a distância, como o Projeto VEREDAS, coordenado pela Secretaria de Educação do Estado de Minas Gerais, integrando 17 IES para a oferta do curso normal superior a distância.

A legislação ordinária foi evoluindo e permitindo o desenvolvimento de uma ampla gama de documentos que abordaram as especificidades da modalidade e também definiram os instrumentos de acompanhamento do Ministério de Educação para avaliação, autorização e funcionamento desta modalidade de ensino e aprendizagem. Destaca-se a criação dos referenciais de qualidade para EAD disponíveis no site do MEC[6]; tal documento foi fruto de um amplo debate com a comunidade, transformando-se em um guia em prol da qualidade da EAD.

Na figura apresentada a seguir, é possível avaliar a linha do tempo dos referenciais de qualidade de EAD do MEC.

---

[5] Atualmente pelo Decreto n. 5.622 de 2005.
[6] http://portal.mec.gov.br/seed/arquivos/pdf/legislacao/refead1.pdf.

Figura 1: Linha do tempo dos referenciais de qualidade de EAD do MEC

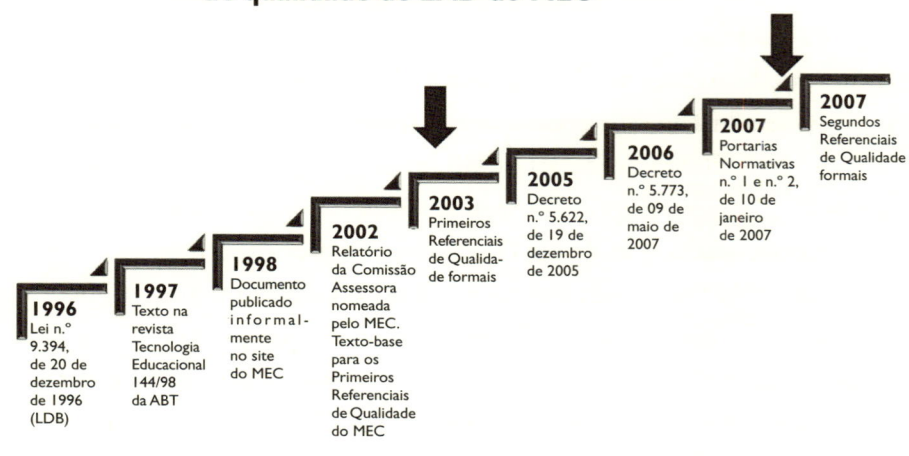

1996	1997	1998	2002	2003	2005	2006	2007	2007
Lei n.º 9.394, de 20 de dezembro de 1996 (LDB)	Texto na revista Tecnologia Educacional 144/98 da ABT	Documento publicado informalmente no site do MEC	Relatório da Comissão Assessora nomeada pelo MEC. Texto-base para os Primeiros Referenciais de Qualidade do MEC	Primeiros Referenciais de Qualidade formais	Decreto n.º 5.622, de 19 de dezembro de 2005	Decreto n.º 5.773, de 09 de maio de 2007	Portarias Normativas n.º 1 e n.º 2, de 10 de janeiro de 2007	Segundos Referenciais de Qualidade formais

Fonte: ABRAEAD (2008)

A entrada do século XXI foi marcada por amplos debates sobre a EAD, pelo fato de já existir uma massa crítica fruto das experiências públicas e privadas que acabaram por gerar um grande volume de publicações nos congressos específicos de EAD (Gráfico 1), bem como no meio acadêmico em geral, demonstrando que esta modalidade de educação está em franca expansão e criação do seu referencial científico.

Gráfico 1: Produção científica/instituições de ensino

Produção Científica/Instituições de Ensino

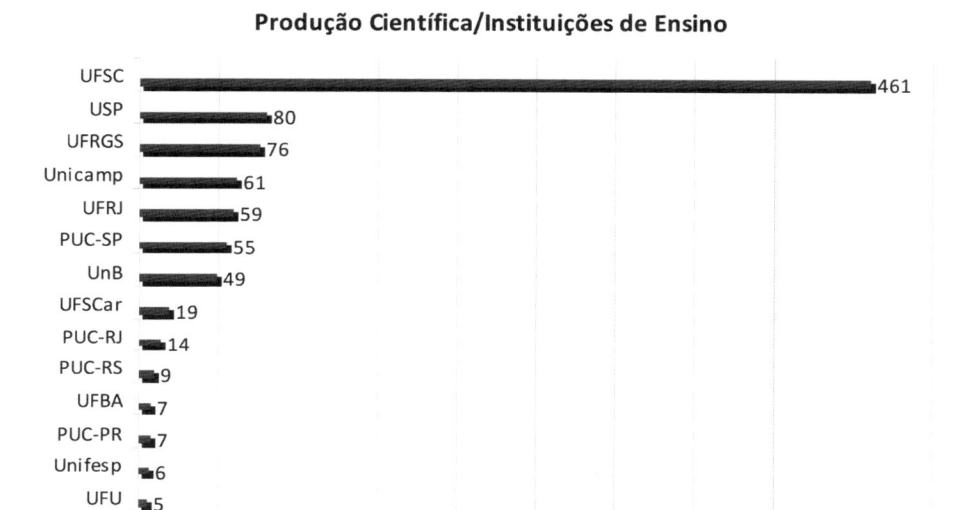

Instituição	Valor
UFSC	461
USP	80
UFRGS	76
Unicamp	61
UFRJ	59
PUC-SP	55
UnB	49
UFSCar	19
PUC-RJ	14
PUC-RS	9
UFBA	7
PUC-PR	7
Unifesp	6
UFU	5

Fonte: ABRAEAD (2008)

Todo esse desenvolvimento ainda não foi suficiente para demonstrar a uma parcela da comunidade educacional, que ainda considera essa modalidade de ensino menor e sem qualidade, que a realidade atual é outra. Entretanto, os resultados do ENADE de 2008 (Exame Nacional de Desempenho de Estudantes), que integra o Sistema Nacional de Avaliação da Educação Superior (Sinaes) e tem o objetivo de aferir o rendimento dos alunos dos cursos de graduação, apresentaram as boas médias dos alunos de EAD comparados com os alunos dos cursos presenciais (Tabela 5). Em alguns cursos, os resultados dos alunos de EAD foram melhores, e em outros nos quais os alunos dos cursos presenciais tiveram desempenho melhor, esta diferença não foi significativa.

Tabela 5 – Comparação entre o desempenho de alunos presenciais e de EAD

Área	Presencial	A Distância
1. Administração	37,71	37,99
2. Biologia	32,67	32,79
3. Ciências Contábeis	34,67	32,59
4. Ciências Sociais	41,16	52,87
5. Filosofia	32,50	30,36
6. Física	32,50	39,62
7. Formação de professores (Normal Superior)	42,82	41,52
8. Geografia	39,04	32,58
9. História	38,47	31,60
10. Letras	35,71	33,05
11. Matemática	31,68	34,16
12. Pedagogia	43,35	46,09
13. Turismo	46,34	52,26

Fonte: MEC/INEP (2008)

Atualmente, a compreensão de que é necessário atuar nessa modalidade já é um pensamento determinante tanto nas IES públicas como nas instituições privadas, que têm investido na educação a distância. Verifica-se que o número de IES credenciadas pelo Ministério da Educação para oferecer cursos a distância vem crescendo muito.

Segundo o CensoEAD.br (2009), 215 instituições ofertam EAD no Brasil; destas, 173 credenciadas pelo sistema de educação/MEC (portanto podem oferecer cursos superiores) e 42 oferecem cursos livres, que foram responsáveis por mais de 2 milhões de alunos no Brasil no ano de 2008.

As IES credenciadas pelo MEC têm hoje mais de um milhão de alunos na EAD, sendo 75% (801.785 alunos) no setor privado e apenas 25% (273.487 alunos) no setor público, conforme representação na Figura 2.

Figura 2: Número de alunos nas instituições credenciadas pelo MEC – EAD

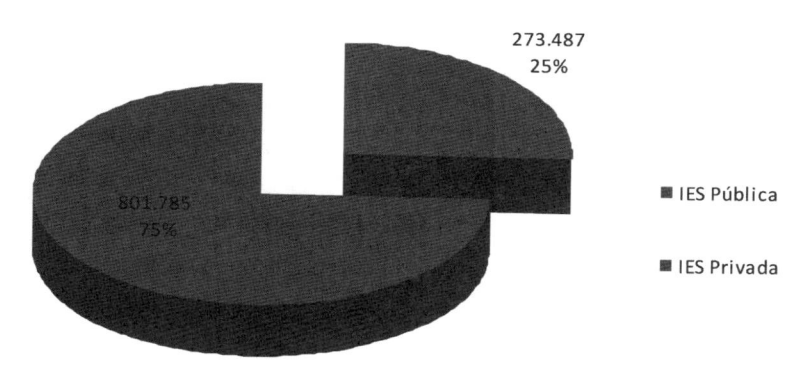

273.487
25%

801.785
75%

■ IES Pública

■ IES Privada

Fonte: CensoEAD.br (2009)

Em relação ao nível educacional, no Brasil, 786.718 alunos (74%) estão matriculados no ensino superior a distância (IES credenciadas) e 283.291 alunos (26%) frequentam a educação básica e cursos técnicos, conforme a Tabela 6.

Tabela 6 – Número de alunos na EAD no Brasil, segundo nível educacional – 2008

Nível Educacional	Número de alunos
Ensino Superior	786.718
Educação Básica e Cursos Técnicos	283.291
Total de alunos (IES credenciadas)	1.075.272

Fonte: CensoEAD.br (2009)

As matrículas no ensino superior presencial no Brasil, segundo o censo do MEC (2009), estabilizaram o seu crescimento, com 4,3% de aumento entre 2006 e 2007, enquanto na EAD elas continuaram a crescer a passos largos. As matrículas em EAD cresceram 78,4% no mesmo período. A modalidade está sendo considerada como uma alternativa promissora para a inclusão de mais jovens no ensino superior brasileiro, complementando a oferta pela modalidade presencial e apresentando-se como uma necessária forma de diversificação da mesma.

Mesmo com aumento considerável da EAD, segundo o MEC (2009), apenas 30% dos municípios brasileiros têm acesso ao ensino superior. Os 70% dos municípios excluídos dessa oferta representam o alvo de qualquer programa que tenha como objetivo ampliar a taxa de cobertura do ensino superior no Brasil.

4. A expansão da EAD pública no Brasil

Como apresentado, a forte expansão da educação superior no Brasil foi obtida por meio principalmente da expansão da oferta por IES privadas. A oferta de cursos na modalidade de educação a distância não é diferente. Durante sua trajetória, apresenta maior crescimento nas IES privadas, mas a necessidade de educação superior gratuita e de qualidade no Brasil fez com que o Ministério da Educação (MEC) trabalhasse fortemente em políticas públicas para a ampliação e organização desta modalidade de ensino.

A Secretaria de Educação a Distância (SEED) do Ministério da Educação foi criada em 1996, com o objetivo de desenvolver programas que incentivam a implantação de infraestrutura tecnológica nas escolas públicas, bem como a regularização e o acompanhamento da EAD no país.

Um dos primeiros programas desenvolvido pela SEED foi o Proformação, que já capacitou 30 mil professores desde 1999. O Proformação é um curso a distância, em nível médio, com habilitação para o magistério na modalidade Normal, realizado pelo MEC em parceria com os estados e municípios.

No ano de 2000 foi criada a UniRede – Universidade Virtual Pública do Brasil, consórcio formado inicialmente por 70 instituições públicas de ensino superior, com o propósito de democratizar o acesso ao ensino superior por meio da educação a distância.

A SEED, por intermédio da UniRede, desenvolveu o curso de extensão a distância "TV na Escola e os Desafios de Hoje", destinado a capacitar os educadores para o uso crítico e criativo da TV, do vídeo e de outras tecnologias audiovisuais, atendendo a 110 mil professores e gestores.

Parcerias notáveis entre o poder público estadual e municipal criaram, no estado do Rio de Janeiro, o CEDERJ – Centro de Educação Superior a Distância do Estado do Rio de Janeiro, que reuniu seis universidades públicas do estado. Outro exemplo de parceria é o Projeto Veredas, da Secretaria de Educação do Estado de Minas Gerais, com instituições públicas e privadas articuladas à oferta de graduação a distância em Pedagogia.

Outro programa da SEED é a Formação Inicial para Professores em Exercício no Ensino Fundamental e no Ensino Médio (Pró-Licenciatura), que oferece cursos de licenciatura a distância para professores da rede pública em exercício nos anos/séries finais do ensino fundamental e no ensino médio, sem habilitação na disciplina em que estejam exercendo a docência.

5. Universidade Aberta do Brasil (UAB): um modelo em busca da qualidade em EAD

Em 2005, o MEC criou a Universidade Aberta do Brasil (UAB[7]), um sistema nacional de ensino superior a distância, que conta com a participação de instituições públicas de educação superior em parceria com estados e municípios. A prioridade da UAB é oferecer formação inicial de professores em efetivo exercício na educação básica pública e que ainda não têm graduação. A UAB não é, portanto, uma nova uni-

---
[7] www.uab.capes.gov.br.

versidade pública, mas uma articulação formada a partir das instituições públicas já existentes.

Participam dessa articulação três atores principais: o primeiro deles é o responsável pela criação e manutenção dos polos, tipicamente são as prefeituras, mas temos alguns exemplos de governos estaduais que desempenham este papel. O segundo ator são as Instituições Públicas de Ensino Superior – IPES, que são responsáveis por ministrar os cursos nos polos. Normalmente um polo recebe curso de mais de uma IPES. O terceiro ator é o MEC, responsável pela articulação, financiamento, acompanhamento e avaliação.

A figura abaixo exemplifica o funcionamento dos polos e as instituições que oferecem os cursos.

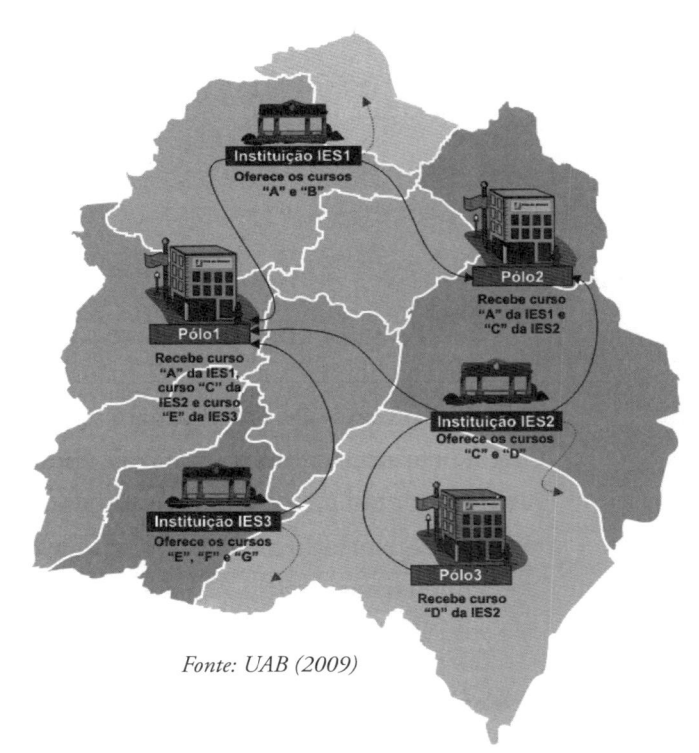

Figura 3: Funcionamento dos polos da UAB

Fonte: UAB (2009)

A estratégia do MEC foi desenvolver as parcerias com as Instituições Federais de Ensino Superior (IFES) a partir do primeiro edital, que foi lançado em dezembro de 2005. Esse edital tinha por objetivo o envio de propostas de oferta de cursos de educação superior pelas IFES e, por outro lado, foi direcionado aos municípios e governos de estado para o envio de propostas de criação e manutenção de polos de apoio presencial.

Posteriormente foram lançados novos editais, buscando a ampliação da rede de instituições e polos de apoio presencial, bem como o aprimoramento da infraestrutura física e de recursos humanos dos mesmos.

A concessão dos auxílios por meio de editais procurou contemplar a demanda expressa pelos solicitantes e também induzir a expansão, atendendo critérios geográficos, econômicos e suprindo a necessidade por qualificação.

Atualmente a UAB tem polos em todo o território nacional, possui acordo operacional com 74 Instituições Públicas de Ensino Superior, sendo 45 Universidades Federais, 18 Universidades Estaduais e 11 Institutos Federais de Educação Tecnológica. Tal conjunto de instituições oferece 418 cursos, nos 557 polos.

A distribuição geográfica dos polos no Brasil configura-se da seguinte forma: 45 na região Centro-Oeste, 178 no Nordeste, 85 no Norte, 152 no Sudeste e 97 na região Sul do país. Em agosto de 2009 havia 170 mil estudantes de graduação distribuídos nos polos (Figura 4). A meta da UAB é chegar a oferecer 800 mil vagas distribuídas em mil polos até 2013.

Figura 4: Distribuição geográfica dos polos da UAB no Brasil

Fonte: UAB (2009)

Com o objetivo de ajudar a consolidação do sistema UAB, em 2007 foi criada a Lei n. 11.502, que modificou a estrutura organizacional da Coordenação de Aperfeiçoamento de Pessoal de Nível Superior (CAPES), permitindo uma maior institucionalização da UAB e, consequentemente, maior autonomia e infraestrutura.

Como efeito colateral desse grande projeto que é a implantação da UAB, destacamos o estabelecimento de uma forte referência de qualidade para a educação a distância no Brasil. A UAB agrega credibilidade a esta ainda recente modalidade de ensino, provocando uma reavaliação de conceitos pré-concebidos pelo imaginário popular e antecipando os efeitos que serão percebidos quando os egressos contribuírem para as mudanças no país.

6. Consideração finais

O crescimento do ensino superior no Brasil demonstra o grande avanço, no setor educacional, que estamos presenciando. Apesar da enorme extensão territorial do nosso país, os investimentos e a busca por um ensino de qualidade e gratuito faz com que possamos comemorar uma das melhores fases da "era da educação".

A atual configuração do ensino superior demonstra que a modalidade de EAD é a possibilidade mais viável para atingir o grande número de pessoas que querem e necessitam de um curso superior. E também para a democratização e a inclusão social de milhões de brasileiros que estão hoje à margem da educação superior.

O modelo da UAB é um exemplo concreto de que o ensino superior a distância é possível. A união de esforços emanada por um grupo de instituições e pelo poder público nesse programa concretiza o objetivo da democratização do ensino superior público e a melhoria constante da educação no país.

Cabe ressaltar que a UAB, além dos benefícios inerentes à população, se apresenta como um referencial de estrutura e de qualidade em EAD para as demais IES do país, contribuindo assim para o desenvolvimento dessa modalidade de ensino.

Bibliografía

ABRAEAD. *Anuário Brasileiro Estatístico de Educação Aberta e a Distância.* Coordenação: Fábio Sanchez. São Paulo: Instituto Monitor, 2008.

BRASIL, LDB. *Lei de Diretrizes e Bases da Educação.* 1996.

BOAS, Sérgio Vilas. *Ensino superior particular: Um voo histórico.* São Paulo: Editora Segmento, 2004.

CENSOEAD.Br. *Relatório Analítico da Aprendizagem a Distância no Brasil.* ABED, 2009.

CONSELHO, Deise E. A.; BESSA, Pedro Pires. *Ensino superior particular no Brasil: histórico e desafios.* Disponível em: http://www3.mg.senac.br/*NR.* Acesso em 01 out 2009.

CUNHA, Luiz A. Ensino superior e universidade no Brasil. In: LOPES, Eliane M. T.; FILHO, Luciano M. F. e VEIGA, Cyntia G. *500 Anos da educação no Brasil.* 3 ed. Belo Horizonte: Editora Autêntica, 2003.

IBGE. Instituto Brasileiro de Geografia e Estatística. Disponível em: http://www.ibge.gov.br/home/. Acesso em 20 nov. 2009.

INEP. Instituto Nacional de Estudos e Pesquisas Educacionais Anísio Teixeira. Disponível em: http://www.inep.gov.br. Acesso em 10 out. 2009.

MARTINS, Carlos B. *O ensino superior brasileiro nos anos 1990.* Disponível em: http://www.scielo.br/pdf/spp/v14n1/9801.pdf. Acesso em 20 set. 2009.

MEC. Ministério da Educação. 2008.

UAB. Universidade Aberta do Brasil. Disponível em: http://www.uab.mec.gov.br. Acesso em 20 out. 2009.

9. Reformas e avaliação da educação superior no Brasil (1995-2009)[1]

Gladys Beatriz Barreyro[2]
José Carlos Rothen[3]

1. Introdução

A avaliação é uma temática que desde a década de 1960 apresenta-se nas discussões sobre a educação superior. Apesar disso, só aparecem propostas de avaliação sistêmica na década de 1980. Uma das primeiras foi o Programa de Avaliação da Reforma Universitária (PARU), criado em 1983 e que visava avaliar os resultados da Reforma Universitária de 1968.[4] Ele se propunha realizar uma investigação sistemática da reali-

---

[1] O texto foi elaborado com subsídios da pesquisa "Avaliação da educação superior: concepções e atores", desenvolvida por Gladys B. Barreyro, com apoio da FAPESP (Fundação de Amparo à Pesquisa do Estado de São Paulo), e por José Carlos Rothen.
[2] Professora Doutora da Universidade de São Paulo (USP). E-mail: gladysb@usp.br.
[3] Professor Adjunto da Universidade Federal de São Carlos (UFSCAR). http://www.rothen.pro.br. E-mail: josecarlos@rothen.pro.br.
[4] A Reforma foi implantada em 1968, durante o governo militar. Suas características principais: unificou o exame de admissão (vestibular), criou carreiras de curta duração, instituiu um ciclo geral e estabeleceu a matrícula por disciplinas em forma de créditos; extinguiu a cátedra e incorporou os departamentos como forma de organização das instituições; criou a carreira docente baseada nos títulos e méritos, determinou o princípio da dedicação exclusiva; implementou o sistema de pós-graduação. Apesar de permitir como exceção a existência de estabelecimentos isolados, estabeleceu como modelo a universidade de ensino e pesquisa.

dade, com o objetivo de construir um diagnóstico da educação superior brasileira. Tinha finalidade formativa e devia ser realizado pela comunidade acadêmica, no interior de cada Instituição de Educação Superior. Metodologicamente, a unidade de análise era a instituição; tratava-se de uma avaliação interna que recorria a indicadores e estudos de caso. Pretendia realizar uma avaliação sistêmica (GRUPO GESTOR DA PESQUISA, 1983). O PARU foi desativado sem chegar a apresentar resultados conclusivos.

Coexistindo com o PARU, foi instalada em 1985 a Comissão Nacional de Reformulação do Ensino Superior (CNRES), conhecida como "Comissão de Notáveis", composta por 24 membros provenientes da comunidade acadêmica e da sociedade, com o objetivo de propor uma nova política de educação superior. Na proposta por eles elaborada, a avaliação teria um papel importante: servir como subsídio à regulação do sistema. Na visão da CNRES, a avaliação seria concebida como um contraponto à autonomia no modelo de educação superior, e seus resultados a vinculariam com o financiamento das Instituições de Educação Superior (IES). Seria realizada por membros externos (o Conselho Federal de Educação, para as universidades, e as universidades, para as faculdades) e, metodologicamente, utilizaria indicadores de desempenho, sendo a unidade de análise a instituição (COMISSÃO NACIONAL, 1985).

Com a função de propor uma nova lei de educação superior, na prática, operacionalizando as propostas da CNRES, foi criado em 1986, no âmbito do Ministério da Educação, o Grupo Executivo para a Reformulação da Educação Superior (GERES). Na proposta de lei por ele elaborada, a avaliação teria obrigatoriamente a função de regulação, atrelados seus resultados ao financiamento das instituições. A unidade de análise seria a instituição, os agentes da avaliação seriam externos (a Secretaria de Educação Superior para as instituições públicas e o mercado para as instituições privadas) e apelariam aos indicadores de desempenho (GERES, 1986).

No início da década de 1990, a partir de uma proposta apresentada pelas Universidades Federais, foi instituído no âmbito do MEC o Programa de Avaliação Institucional da Universidade Brasileira (PAIUB). O Programa tinha como princípio básico o de que a universidade tem o compromisso ético de prestar contas de suas atividades, porque ela é um bem público e as suas ações têm influência direta na sociedade. Compreendia, ainda, que a avaliação seria uma ferramenta de gestão e planejamento das suas ações, visando à melhoria do desempenho institucional. A avaliação, como resultado de um ato político da universidade, seria um processo endógeno e as avaliações externas teriam a função de completar a interna e corrigir os erros de visão enviesada (MEC, 1994). O PAIUB não foi formalmente extinto, mas, no governo Fernando Henrique Cardoso, ele foi esvaziado.

Com essas propostas desenvolvidas a partir da década de 1980, começam a se expressar duas concepções de avaliação. Em uma delas, a avaliação tem função formativa e não está ligada com o financiamento, sendo um processo interno. Na outra, a avaliação tem função estritamente regulatória: os seus resultados têm implicação no financiamento e, aliás, ela é realizada por agentes externos. Percebe-se nesse embate a filiação a duas concepções de educação superior: uma que defende o modelo de universidade da Reforma de 1968 e outra que o questiona, pressupondo a diversificação institucional (BARREYRO & ROTHEN, 2008).

Neste capítulo serão analisadas as políticas de avaliação da educação superior desenvolvidas entre 1995 e 2009, considerando o contexto de reformas do Estado e da Educação Superior em que elas são desenvolvidas, durante os governos de Fernando Henrique Cardoso e Luiz Inácio Lula da Silva. Também será considerada a prevalência de uma ou outra concepção de avaliação (formativa ou regulatória), durante o período em foco, e o papel dos exames em larga escala ("Provão" e ENADE) aplicados no período.

2. O governo FHC: o Estado avaliador

No ano de 1995, ao assumir a presidência do Brasil, Fernando Henrique Cardoso iniciou a implantação de uma reforma do Estado. Adotava como norte o pressuposto de que o Estado deveria deixar de prestar serviços que não lhe fossem exclusivos e diminuir, significativamente, a ingerência política na regulação técnica das atividades econômicas. Foram criadas diversas agências reguladoras, que tinham como característica principal a autonomia em relação ao Estado e como objetivos: garantir a competividade privada; defender os interesses dos consumidores; estimular o investimento privado; garantir a remuneração dos investimentos; aumentar a qualidade com a redução de custos; resolver os conflitos entre os agentes econômicos e coibir o abuso do poder econômico.

Na educação, efetivamente, não foi criada uma agência como em outras áreas. Isso apesar de, na época, alguns atores sociais defenderem que o Conselho Nacional de Educação poderia ser essa agência. Edson Nunes[5] (2002), por exemplo, propunha que esse fosse reformulado para funcionar como agência reguladora, com caráter estritamente técnico.

Ao contrário do esperado, ou seja, criar uma agência reguladora, retirando funções de regulação do Ministério da Educação, ele foi fortalecido. Ainda no final do governo Itamar Franco, o Conselho Federal de Educação foi extinto por Medida Provisória e no seu lugar foi prevista a instalação do Conselho Nacional de Educação (CNE). O novo Conselho só foi efetivado no início do segundo ano do governo Fernando Henrique. Nas reedições da Medida Provisória que criava o Novo Conselho foi prevista a realização do Exame Nacional de Cursos, o conhecido Provão. A demora na instalação do Novo Conselho e a reedição da

---

[5] Acadêmico, Conselheiro do CNE e, entre os anos de 2004 e 2008, Presidente do órgão.

Medida Provisória permitiram que o então Ministro da Educação Paulo Renato de Souza implantasse a vinculação entre a regulação da educação superior e a sua avaliação, já prevista na Constituição de 1988.[6]

Nesse desenho institucional, o CNE "foi planejado para trabalhar predominantemente na garantia das funções avaliativas do Estado" (GOMES, 2002, p. 279), tanto que ficou como sua incumbência deliberar sobre as diretrizes curriculares, os estatutos das universidades, os relatórios da CAPES para reconhecimento periódico de cursos de mestrado e doutorado, o credenciamento e recredenciamento das instituições e o reconhecimento de cursos. A citada Medida Provisória, convertida pelo Congresso Nacional em lei, atribuiu ao Ministério da Educação a função de "formular e avaliar a política nacional de educação, zelar pela qualidade do ensino" (Lei n. 9131/95, art. 1.º).

Em 1996, regulamentando a Constituição de 1988, foi promulgada a Lei de Diretrizes e Bases da Educação Nacional (Lei. n. 9493/96). A nova LDB – afinada com a Reforma do Estado – facilitou reformas na educação superior que vieram mudar o perfil desse nível de ensino. Assim, a nova legislação facilitou a expansão da educação superior pela via privada, baseada na diversificação e criação de novos formatos institucionais[7], na realização de avaliação periódica das instituições e na autorização e reconhecimento de cursos, bem como no credenciamento de instituições de educação superior, por tempo limitado de duração. Todas essas "reformas pontuais" (SGUISSARDI, 2006), acontecidas na educação superior, levaram a um crescimento exponencial, como claramente mostra o gráfico.

---

[6] Art. 206, Inciso VII; Art. 209 e Art. 214, Inciso III.
[7] A diversificação de formatos institucionais permitiu a criação de Centros Universitários que não precisavam exercer as funções de ensino, pesquisa e extensão simultaneamente (obrigatórias para as universidades), o que reduziu os custos, dando-lhes autonomia para abrir cursos e criar vagas. Essa modalidade facilitou a expansão pelo seu menor custo.

Gráfico I. Evolução das matrículas na graduação presencial – Brasil – 1980-2004

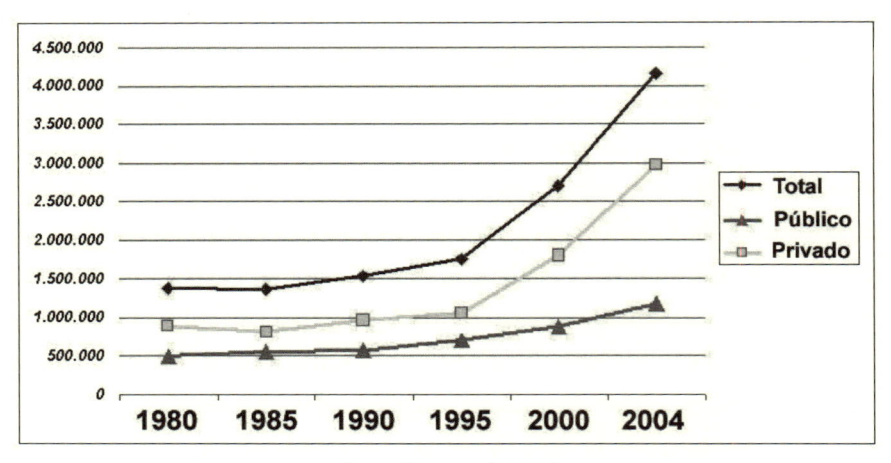

Fonte: Barreyro (2008a)

Destacamos que, na LDB, ao Ministério foi atribuída a função de:

> [...] realizar avaliações periódicas das instituições e dos cursos de nível superior, fazendo uso de procedimentos e critérios abrangentes dos diversos fatores que determinam a qualidade e a eficiência das atividades de ensino, pesquisa e extensão (art. 3°).

Nesse cenário, a avaliação da educação superior adquiriu importante papel. Em um primeiro momento, resumiu-se à aplicação de uma prova aos formandos ("Provão"), mas, por causa da resistência da comunidade acadêmica e do movimento estudantil, foram inseridos procedimentos de avaliação *in loco* nas instituições e cursos de graduação. Contudo, o Provão continuou sendo o instrumento priorizado na avaliação da educação superior (ROTHEN e SCHULZ, 2007). O Provão conceitualmente consistia em uma avaliação do produto das Instituições de Educação Superior e funcionava como referencial para a dupla regulação: estatal e de mercado.

Aparentemente contrariando as ideias dos defensores da reforma gerencial – que davam sustentação ideológica ao governo FHC[8] – houve um fortalecimento da burocracia estatal, especialmente da Secretaria da Educação Superior (SESu). Em 1997, o Instituto Nacional de Estudo e Pesquisas Educacionais (INEP) foi transformado em uma autarquia[9]; nesse movimento, o Instituto recebeu a atribuição de desenvolver os sistemas de avaliação da educação básica e superior, sendo-lhe designada a função de "coordenar o processo de avaliação dos cursos de graduação" (art. 1º, inc. VI). A ideia da criação de uma agência de regulação, no caso da educação, materializou-se na tentativa de criar uma agência de avaliação e de distribuir os processos de regulação entre a SESu e o CNE.

Na implantação da política de avaliação, o Ministério criou por Portaria Ministerial[10] as Comissões de Especialistas, com a finalidade de elaborar os critérios de qualidade para cada área do saber. Essa opção resgatou o modelo de "avaliação por pares", amplamente utilizada e reconhecida pela academia. Essas comissões de especialistas, pelo seu caráter técnico/acadêmico, davam legitimidade às avaliações, processo esse equivalente à avaliação da pós-graduação brasileira. Ao mesmo tempo em que o Ministério centralizou a avaliação da educação superior, descentralizou entre as diversas comissões de especialistas o poder de definir os padrões de qualidade que os cursos de graduação deveriam atender. A diversidade de padrões e de estruturação dos instrumentos ocorria tanto no Exame Nacional de Cursos como na avaliação *in loco* das instituições e cursos.

O Ministério da Educação, na operacionalização da avaliação da educação superior, tinha como um dos seus procedimentos centrais a

---

[8] A posição de Bresser Pereira (1998) direcionou parte significativa das reformas realizadas no governo FHC.
[9] Pela Medida Provisória 1.568 de 14/2/1997, convertida pelo Congresso Nacional na Lei n. 9.448, de 14/3/1997.
[10] Portaria 879/1997.

divulgação dos resultados pela imprensa, principalmente do Exame Nacional de Cursos. Os resultados dos Exames eram apresentados todos de uma única vez e com informações simplificadas que permitiam a comparação de instituições pela imprensa. A cada curso era atribuído um conceito que variava de "E" a "A". Tomava-se como referência o desempenho dos cursos que tivessem porcentagem de acerto das questões em torno da média, a esses era atribuído o conceito "C", o qual representava a "aprovação"; os conceitos "E" e "D" representavam a "reprovação" e os conceitos "B" e "A", a "excelência". Uma das distorções dessa prática é que, obrigatoriamente, em todas as áreas, haveria cursos com avaliação negativa e cursos com avaliação positiva, isto é, mesmo em áreas em que o desempenho dos alunos de todos os cursos era alto haveria cursos avaliados negativamente, e o contrário também ocorria (ROTHEN, 2003). Também não havia uma sinalização clara de qual era o padrão mínimo de qualidade aceitável. Nesse contexto, a avaliação servia como instrumento para estimular a concorrência entre os diversos cursos e instituições. Na visão do Ministério, as instituições com péssimos resultados seriam fechadas ou pelo estado ou pela "mão invisível do mercado".

Em 2001, a ideia de transformar o INEP em uma agência de avaliação foi reforçada com o Decreto n. 3.860, que alterou a regulamentação do Sistema Federal de Ensino. Nesse decreto, coube ao Ministério da Educação o papel de coordenar a avaliação e, ao INEP, o de organizá-la. O INEP, para operacionalizar a avaliação, elaborou manuais para a avaliação das instituições e dos cursos de graduação, explicitando os indicadores de qualidade. Nessa atividade técnica, o instituto acabou por definir quais seriam os padrões de qualidade da educação superior (ROTHEN, 2002).

No governo Fernando Henrique Cardoso, a política governamental em relação à avaliação da educação superior deixou de ser a de estimular, de assessorar e de financiar a autoavaliação das instituições de educação superior e passou a ser a de utilizá-la para regular e controlar as instituições, via mercado; isto é, o resultado da avaliação da educação superior seria a informação que o Ministério oferecia ao mercado consumidor de educação superior sobre a qualidade dos cursos.

3. Primeiro governo Lula (2003-2006): Reforma Universitária e SINAES

A posse de Luiz Inácio Lula da Silva, em 2003, foi carregada de expectativas de mudança em relação ao governo anterior. Na campanha eleitoral, as propostas para a educação foram incorporadas no documento "Uma escola do tamanho do Brasil".

Na parte do programa dedicada à educação superior, é explícita a ideia de que a educação superior é fundamental num projeto de desenvolvimento nacional e por isso devem ser valorizados as universidades e os institutos de pesquisa. O programa reconhece o acesso à educação superior como uma demanda social e assinala que:

> É preciso romper a lógica vigente segundo a qual aos mais pobres estão reservadas as vagas em escolas públicas despreparadas, durante a educação básica, e o acesso a faculdades e universidades pagas de baixo nível, enquanto à elite destinam-se as escolas privadas de qualidade, capazes de preparar alunos aptos a ganhar, nos vestibulares, as melhores vagas na universidade pública brasileira, onde se concentra o ensino superior de mais alto nível (PROGRAMA DE GOVERNO, 2004, p. 3).

As propostas mais relevantes do programa para a educação superior são: a ampliação de vagas (atender 30% da faixa etária de 18 a 24 anos), a expansão de vagas no setor público para 40% do total e a supervisão da expansão da oferta (PROGRAMA DE GOVERNO, 2004, p. 18-23). No programa, ainda, enfatiza-se o compromisso com as instituições públicas, cujo papel é considerado estratégico para o desenvolvimento do país, as quais seriam referência para o conjunto das IES e cujas vagas deveriam ser prioritariamente ampliadas. Destaca-se no plano a "ampliação do financiamento público ao setor público" (p. 21). O programa propõe, ainda, a revisão da avaliação da educação superior e a implantação de um sistema nacional de avaliação inspirado no PAIUB.

Um dos primeiros atos do novo governo foi a instalação de uma comissão para elaborar uma nova proposta de avaliação para a educação superior. A "Comissão Especial de Avaliação" (CEA), composta majoritariamente de acadêmicos de instituições públicas (muitos dos quais haviam participado do PAIUB)[11], apresentou ao final dos seus trabalhos uma proposta de avaliação com enfoque emancipatório, a qual recebeu a designação de Sistema Nacional de Avaliação da Educação Superior (SINAES). Contudo, houve um embate nos bastidores do governo entre o Ministro da Educação Cristovam Buarque, que defendia a manutenção do Provão, e a Comissão Especial de Avaliação. Em contraposição à Comissão, o Ministro propôs instituir o Sistema Nacional de Avaliação e Progresso do Ensino Superior (SINAPES), que pretendia divulgar os resultados da avaliação expressos pelo IDES (Índice de Desenvolvimento da Educação Superior) (BARREYRO, 2004).

Com a reforma ministerial, realizada no início de 2004, houve a troca do Ministro da Educação, assumindo a pasta Tarso Genro. Parte significativa da proposta da Comissão foi resgatada no trâmite da Medida Provisória, no Congresso Nacional, que instituía o novo sistema de avaliação. Sancionada a Lei do SINAES, foi estabelecida a avaliação

---

[11] Comissão presidida por José Dias Sobrinho (Unicamp), com os seguintes membros: professores Dilvo I. Ristoff (UFSC), Edson Nunes (UCAM), Hélgio Trindade (UFRGS), Isaac Roitman (Capes), Isaura Belloni (UnB), José E. Q. Telles (UFPR), José G. de Sousa Júnior (SESu), José M. de R. Pinto (INEP), Júlio C. G. Bertolin (UPF), Maria A. S. Zainko (UFPR), Maria B. M. Luce (UFRGS), Maria I. da Cunha (Unisinos), Maria J. J. Costa (UFPA), Mário P. Pederneiras (SESu), Nelson C. Amaral (UFG), Raimundo L. S. Araújo (INEP), Ricardo Martins (UnB), Silke Weber (UFPE), Stela M. Meneghel (Furb) e os estudantes Giliate Coelho Neto, Fabiana de S. Costa e Rodrigo da S. Pereira, representando a União Nacional de Estudantes (UNE). Daniel Ximenes foi o coordenador executivo, assessorado por Adalberto Carvalho, ambos da SESu, e Teófilo Bacha Filho do Conselho Estadual de Educação do Paraná.

em três instâncias: instituição, curso e estudantes. Foi previsto, na legislação, que as três seriam interdependentes, para obter informações mais completas. A finalidade declarada da avaliação era a melhoria da qualidade, ressaltando a missão pública da educação superior.[12] Seus resultados, ainda, constituiriam "referencial básico dos processos de regulação e supervisão da educação superior", definindo tais processos como "de credenciamento, sua renovação, autorização, reconhecimento e renovação de reconhecimento de cursos de graduação".[13] Com o SINAES, objetivou-se separar a avaliação da regulação, embora a primeira seja o elemento que fundamenta a segunda.

Para a avaliação institucional foram definidas dez dimensões (art. 3º). O processo iniciar-se-ia com uma autoavaliação e, para sua realização, a legislação estabeleceu a criação, em cada instituição, de uma Comissão Própria de Avaliação, com a incumbência de organizar esses processos, garantida uma relativa independência de atuação. A autoavaliação seria complementada com uma avaliação externa por membros cadastrados e capacitados pelo Ministério da Educação. A avaliação de cursos seria realizada considerando três dimensões: perfil do corpo docente, instalações físicas e organização didático-pedagógica (art. 4º), conforme estabelecido na Avaliação das Condições de Ensino, no governo anterior. Quanto ao Exame Nacional de Desempenho dos Estudantes (ENADE), a lei determinou que os conteúdos, habilidades e competências a serem avaliados seriam os expressos nas diretrizes curriculares (art. 5, §1º).[14] Na lei, ainda, foi previsto que os conceitos seriam ordenados em uma escala, utilizando como referência os "padrões mí-

---

[12] Lei n. 10861, art. 1º § 1º.
[13] Lei n. 10861, art. 2º, parágrafo único.
[14] No sentido de flexibilizar a organização dos cursos de graduação, a LDB/1996 previu que esses cursos seriam regulados por Diretrizes Curriculares; assim, atendendo aos princípios gerais das Diretrizes, as instituições poderiam estruturar os seus cursos com maior liberdade e atendendo às suas necessidades.

nimos definidos por especialistas das diferentes áreas do conhecimento" (Art. 5, §8º). O ENADE, diferentemente do Provão, seria amostral, aplicado aos alunos do primeiro e do último ano dos cursos que trienalmente integrariam o exame.

O INEP – autarquia que já no governo Fernando Henrique Cardoso realizava a avaliação – seria o responsável por "definir os critérios e procedimentos técnicos para a aplicação do Exame".

Com a implantação do SINAES, foi criado um novo órgão, a Comissão Nacional de Avaliação da Educação Superior (CONAES), cujas funções são de coordenação e supervisão do SINAES. Diferentemente de outras agências similares, ela faz parte do Ministério, está vinculada ao Gabinete do Ministro. A CONAES não é uma agência reguladora. Ela não é executora de avaliações nem exerce a regulação: é uma comissão que *assessora* sobre *questões técnicas* de avaliação. Especialmente, emite diretrizes para a realização dos instrumentos a serem utilizados e para a seleção de avaliadores que fazem as avaliações externas.

Concomitantemente, no primeiro governo Lula, com a posse do ministro Tarso Genro, foi elaborado um projeto de *reforma universitária,* cuja primeira versão foi apresentada em dezembro de 2004.[15] Em sua apresentação, manifesta-se que o anteprojeto é um "documento posicionado", mas aberto à consulta pública para recebimento de sugestões para a redação da versão definitiva. Afirma-se que a proposta "restabelece o papel do Estado como mantenedor das Institu-

---

[15] A Portaria MEC n. 410, de 12 de fevereiro de 2004, instituiu o Grupo Executivo da Reforma do Ensino Superior, com a finalidade de "traçar diretrizes concretas para a reforma do ensino superior", promovendo eventos oficiais para ouvir autoridades, especialistas e representantes da sociedade civil. O grupo foi composto pelo coordenador Fernando Haddad; Jairo Jorge da Silva; Maria Eunice de Andrade Araújo; Benício Schmidt; Ricardo Henriques; Nelson Maculan Filho; Ronaldo Mota; Jorge Almeida Guimarães; Antonio Ibañez Ruiz; e Wrana Panizzi, majoritariamente acadêmicos de instituições públicas, um deles participante na construção do plano "Uma escola do tamanho do Brasil" (Antonio Ibañez Ruiz).

ições Federais de Ensino Superior e regulador do Sistema Federal de Educação Superior" (MEC, 2004a, p. 1). O anteprojeto pretendia garantir a autonomia das instituições, tendo como correlatas a avaliação e a gestão democrática. Manifestou o compromisso do governo com a universidade pública e "traduz a visão política expressa no Programa de Governo Lula" (p. 1).

O ponto mais polêmico do anteprojeto foi a proposta de "controle social" das instituições (art. 20 e 21), segundo a qual as universidades deviam contar com representantes da sociedade civil, via criação de um conselho comunitário social, que asseguraria a participação da sociedade. Nesse conselho, haveria representantes do poder público, "sempre com participação majoritária de representantes de entidades de fomento científico e tecnológico, entidades corporativas, associações de classe, sindicatos e da sociedade civil" (art. 20, parágrafo único).

O folheto de divulgação da reforma anunciava: "1. Reformar para fortalecer a universidade pública e 2. Reformar para impedir a mercantilização do ensino superior". No mesmo informativo, um quadro com o subtítulo "Contra a Mercantilização do Ensino Superior" assinala, ainda, que "o Ministério da Educação adotou, em 2004, uma série de medidas legais para regular a expansão da educação superior privada com qualidade e direcionada ao desenvolvimento regional e ao interesse social" (MEC, 2004b, p. 4).[16]

A proposta de Reforma Universitária, como mostra a análise anterior, foi apresentada com uma retórica que mostrava questionamento à concepção de educação superior como mercadoria. A primeira versão do anteprojeto gerou reações especialmente do setor privado, que criou, inclusive, o Fórum Nacional da Livre Iniciativa em Educação, consti-

---

[16] As portarias listadas são as de n. 1217, 1263, 1264, 2477 e 3065 de 2004, todas visando procedimentos de regulação da educação superior, supostamente destinados a controlar a expansão descontrolada.

tuído pelas entidades mais importantes desse setor, tendo por finalidade participar da discussão da reforma universitária. Com a intervenção ativa deles na consulta pública, a Reforma Universitária sofreu alterações substanciais. Ainda assim, a terceira versão apresentava as características de "fortalecimento do setor público federal e a regulação do sistema federal público e privado" (SILVA JR.; SGUISSARDI, 2005, p. 24). Houve uma quarta versão (da Presidência da República), que foi a encaminhada ao Congresso Nacional (Projeto de Lei n. 7.200/06). Foram apresentados quase 400 pedidos de emenda ao projeto, que, desde então, se encontra na Câmara sem ter sido apreciado.

Sem esperar a discussão no Congresso, o governo Lula realizou, por partes, uma *reforma universitária*. A questão da regulação foi tratada no Decreto Federal n. 5773/06, no qual se explicitam os procedimentos para realizar as funções de regulação, supervisão e avaliação das instituições e cursos. Pela primeira vez na normativa, há uma definição de tais funções. A regulação seria efetuada "por meio de atos administrativos autorizativos do funcionamento de instituições e cursos...".[17] A supervisão seria realizada para "zelar pela conformidade da oferta de educação superior com a legislação aplicável"[18] (ou seja, o controle do cumprimento das normas). Já a avaliação seria "referencial básico para os processos de regulação e supervisão da educação superior" para promover a melhoria de qualidade.[19]

O Decreto n. 5773/06 veio estabelecer que, nas avaliações realizadas pelo SINAES, os padrões de qualidade utilizados seriam elaborados pela CONAES, que estabeleceria as diretrizes para a criação dos instrumentos. Após a elaboração dos instrumentos pelo INEP, essa Comissão os aprovaria e encaminharia para a homologação do Ministro.[20]

---

[17] Decreto n. 5.773/06, art. 1º §1º.
[18] Decreto n. 5.773/06, art. 1º §2º.
[19] Decreto n. 5.773/06, art. 1º §3º.
[20] Decreto n. 5.773/06, art. 8.

Em síntese, no primeiro governo Lula, houve uma institucionalização da avaliação pela via da aprovação da lei que instituiu o SINAES, mudando o foco da avaliação de uma prova centralizada para a avaliação institucional com outros instrumentos. Fomentou-se uma avaliação formativa com participação da comunidade por meio da autoavaliação institucional realizada pelas CPAs. A Lei do SINAES afirma o caráter de bem público da educação superior, se diferenciando das concepções mercadológicas do governo anterior.

A nova legislação continuou a tendência do governo anterior quanto a manter os processos de avaliação e regulação no órgão ministerial. O INEP continuou como autarquia, com destaque para a divulgação de informações e estatísticas educacionais e a ênfase na avaliação[21] e, depois da Lei do SINAES, o INEP reafirmou sua identidade como agência realizadora de avaliações, concentrando todos os procedimentos avaliativos (instituições, cursos e estudantes) e os fins (entrada ou permanência no sistema).

4. Segundo governo Lula: o retorno dos *rankings*

No segundo governo, a concepção regulatória da avaliação consolida-se nas práticas do Ministério da Educação. Ainda no primeiro governo, as diretrizes oficiais publicadas ora adotavam a visão formativa e ora a visão regulatória, apontando para o embate de concepções nos bastidores do Ministério.

Apesar de manter a denominação de SINAES, procedimentos que o contrariam foram estabelecidos. Em 2007, foram criados procedimentos de supervisão baseados na nota do exame ENADE, ignorando os resultados das avaliações institucional e de cursos. Assim, os cursos de Direito, Medicina e Pedagogia que obtiveram nota inferior a três no ENADE

---

[21] Decreto n. 4.633/03.

foram os únicos a receber "visitas *in loco*", procedimento obrigatório para todos os cursos de graduação, segundo a Lei do SINAES.

Mas, em setembro de 2008, inicia-se o retorno dos mecanismos de competição, tendo como referência as avaliações realizadas pelo Ministério. Com efeito, nesse momento foi criado o Conceito Preliminar de Curso (CPC), baseado fundamentalmente na nota do ENADE e de insumos como: infraestrutura institucional, organização de planos de ensino e qualificação docente e dedicação ao curso. Esses insumos, obtidos de respostas dos alunos ao questionário socioeconômico do ENADE, substituem as avaliações *in loco* (BARREYRO, 2008b). Das 3 mil visitas *in loco* previstas por ano, apenas 1.800 foram realizadas, sendo visitados apenas os cursos que obtiveram conceito inferior a três, ferindo, assim, a lei vigente e perdendo-se um dos eixos centrais do SINAES: a avaliação formativa.

Na esteira da criação de indicadores simplificados, ainda em 2008, em setembro, foi criado o Índice Geral de Cursos da Instituição (IGC), composto pelas médias ponderadas dos cursos avaliados de cada instituição e das médias ponderadas das notas emitidas pela CAPES nas avaliações dos Programas de Pós-Graduação.

O IGC foi apresentado em ocasião da apresentação pública dos resultados do ENADE 2007, na forma de um ranqueamento elaborado pelo próprio Ministério e amplamente divulgado pela imprensa. Na divulgação dos resultados do ENADE, em 2009, houve duas modificações: a diminuição do peso dos resultados do ENADE na composição do CPC e do IGC para os insumos e a não elaboração de *ranking* pelo Ministério dessa vez. Como no governo FHC, em 2009, a própria imprensa elaborou um *ranking* com os dados oficiais (ROTHEN & BARREYRO, 2009).

Em síntese, no segundo governo Lula, a prevalência dos resultados do ENADE, na supervisão do sistema e na criação de conceitos e índices, indica um paulatino retorno das concepções de avaliação para a regulação. Com a divulgação do *ranking* de instituições – pela primeira vez elaborado pelo próprio Ministério –, tem-se o retorno de práticas competitivas, que foram a marca registrada do Provão, no governo anterior.

5. Considerações finais

As análises das experiências de avaliação da educação superior mostram oscilações no modelo de avaliação utilizado. A avaliação formativa, focada na melhoria da qualidade e na participação, foi esboçada no PARU e desenvolvida pelo PAIUB e pelo SINAES. A avaliação como controle é proposta pela CNRES, aplicada com o "Provão" e recuperada com os índices e *rankings* do segundo governo Lula.

No governo FHC – coerente com a reforma do Estado proposta na época – iniciou-se uma reforma da educação superior baseada na expansão desse nível de ensino via iniciativa privada. O sistema foi planejado para ter a avaliação como sistema de regulação via mercado. Pode-se afirmar que, dessa forma, foi criada uma política de Estado para a educação superior privada.

No início do primeiro governo Lula, tendo como referência as críticas do Plano de Governo à avaliação da educação superior, tentou-se criar um sistema de avaliação, tendo como base o PAIUB. Após reações externas e embates no interior do próprio governo, foi instituído o SINAES. Ainda, uma proposta de Reforma Universitária foi enviada ao Congresso Nacional, a qual não chegou a ser votada.

No segundo governo Lula, teve-se uma ampliação do sistema pela via do setor público, mas insuficiente para frear a preponderância do setor privado, que, em 2007, ainda continha 75% das matrículas. Com o predomínio do setor privado e a necessidade de rápida regulação que o SINAES não ofereceria, o Ministério da Educação retornou à prática de ranqueamento, baseada na supervaloração de resultados de uma prova em larga escala (ENADE) que, em conjunto com outros dados, permite a divulgação de resultados de fácil compreensão, na forma de índices e *rankings*. Assim, consolida-se a Reforma da Educação Superior do governo FHC: expansão via iniciativa privada e controle via avaliação.

É importante ressaltar que na política de educação superior do governo Lula, diferentemente do governo FHC, a avaliação não é central. Feita a ressalva, conclui-se que, apesar de alguns processos de "supervisão" iniciados pelo MEC em 2008, tem-se a *regulação, pelo Estado, do setor privado, com estratégias de mercado*. Na oscilante política de avaliação da educação superior, por enquanto os índices e *rankings* ganham a partida em relação à avaliação formativa.

Referências bibliográficas

BARREYRO, G. B. Do Provão ao SINAES: o processo de construção de um novo modelo de avaliação da educação superior. *Avaliação*, Campinas, SP, vol. 9, n. 2, p. 37-49, 2004.

BARREYRO, G. B. *Mapa do ensino superior privado*. Brasília: MEC/INEP, 2008a. Disponível em: http://www.publicacoes.inep.gov.br/detalhes.asp?pub=4326.

BARREYRO, G. B. De exames, índices e mídia. *Avaliação*. Campinas; Sorocaba, vol. 13, n. 3. p. 863-868, 2008b. Disponível em: http://www.scielo.br/scielo.php?script=sci_arttext&pid=S1414-40772008000300017&lng=en&nrm=iso.

BARREYRO, G. B., ROTHEN, J. C. Para uma história da avaliação da educação superior brasileira: análise dos documentos do PARU, CNRES, GERES e PAIUB. *Avaliação*, Campinas, vol. 13, n. 3, p.131-152, 2008. Disponível em: http://www.scielo.br/scielo.php?script=sci_arttext&pid=S1414-40772008000100008&lng=en&nrm=iso.

BRASIL. Lei n. 9.394, de 20 de dezembro de 1996. Estabelece as diretrizes e bases da educação nacional.

BRASIL. Decreto n. 3.860, de 9 de julho de 2001. Dispõe sobre a organização do ensino superior, a avaliação de cursos e instituições, e dá outras providências.

BRASIL. Lei n. 9.131, de 24 de novembro de 1995. Altera dispositivos da Lei n. 4.024, de 20 de dezembro de 1961, e dá outras providências.

BRASIL. Lei n. 9.448, de 14 de março de 1997. Transforma o Instituto Nacional de Estudos e Pesquisas Educacionais (INEP) em Autarquia Federal, e dá outras providências.

BRASIL/MEC. Portaria n. 879 de 30 de julho de 1997. Dispõe sobre critérios para constituição de comissões de especialistas.

BRASIL. Decreto n. 4.633 de 21 de março de 2003. Aprova a estrutura regimental e o quadro demonstrativo dos cargos em comissão e das funções gratificadas do Instituto Nacional de Estudos e Pesquisas Educacionais Anísio Teixeira, e dá outras providências.

BRASIL/ MEC. Portaria n. 410, de 12 de fevereiro de 2004. Institui o Grupo Executivo da Reforma do Ensino Superior.

BRASIL. Lei n. 10861/04. Institui o Sistema Nacional de Avaliação da Educação Superior SINAES e dá outras providências (DOU n. 72 15/04/2004).

BRASIL. Decreto Federal n. 5773 de 9 de maio de 2006. Dispõe sobre o exercício das funções de regulação, supervisão e avaliação de instituições de educação superior e cursos superiores de graduação e sequenciais no sistema federal de ensino (DOU n. 88, 10/5/2006).

BRESSER PEREIRA, L. C. Da administração pública burocrática à gerencial. In: BRESSER PEREIRA, L. C. e SPINK, P. (orgs.), *Reforma do Estado e administração pública gerencial*. Rio de Janeiro: Fundação Getúlio Vargas, 1998.

COMISSÃO NACIONAL DE REFORMULAÇÃO DA EDUCAÇÃO SUPERIOR. *Uma nova política para a educação superior brasileira*, 1985. Disponível em: http:www.schwartzman.or.b./simon/comissao.htm. Acesso: em out. 2007.

GRUPO EXECUTIVO PARA A REFORMULAÇÃO DA EDUCAÇÃO SUPERIOR – RELATÓRIO GERES, Brasília, Ministério da Educação, 1986. Disponível em: http:www.schwartzman.or.b./simon/pdf/geres. Acesso em: jul 2007.

GRUPO GESTOR DA PESQUISA. Programa de Avaliação da Reforma Universitária. *Educação Brasileira.* Brasília: CRUB, vol. 5, n. 10, 1983.

GOMES, A. M.. Política de avaliação da educação superior: controle e massificação. *Educação & Sociedade,* vol. 23, n. 80, p. 275-298, set. 2002. ISSN 0101-7330.

MINISTÉRIO DA EDUCAÇÃO E DO ESPORTO. Secretaria do Ensino Superior. *Programa de Avaliação Institucional das Universidades Brasileiras.* (PAIUB). Brasília, 1994.

MINISTÉRIO DA EDUCAÇÃO. *Reforma da educação superior.* Anteprojeto de lei (versão preliminar), Brasília, 2004a.

MINISTÉRIO DA EDUCAÇÃO. *Reforma da educação superior. O Brasil precisa desta reforma.* Folheto, 2004b.

NUNES, Edson. *Teias de relações ambíguas: regulação e ensino superior.* Brasília: MEC, 2002.

PROGRAMA DE GOVERNO da coligação Lula presidente. Disponível em http://inepnet. Acesso em: 15 feb. 2004.

ROTHEN, José Carlos. Avaliação e política institucional: estudo dos indicadores de qualificação docente na avaliação das condições de oferta de cursos. *Avaliação.* Campinas, vol. 7, n. 3, p. 153-186, 2002.

ROTHEN, José Carlos. O vestibular do Provão. *Avaliação,* Campinas, vol. 8 n 1, p. 27-37, 2003.

ROTHEN, J. C., SCHULZ, A. SINAES: do documento original à legislação. *Diálogo Educacional.* Curitiba, vol. 7, n. 21, mai /ago. 2007.

ROTHEN J. C. & BARREYRO, G. B. Avaliação da Educação Superior no Segundo Governo Lula: "Provão II" ou a reedição de velhas práticas? *Anais* da 32.ª Reunião anual da ANPED. Sociedade, cultura e educação: novas regulações? Caxambú, out. 2009. Disponível em: http://www.anped.org.br/reunioes/32ra/arquivos/trabalhos/GT11-5321-Int.pdf.

SGUISSARDI, V. Reforma Universitária no Brasil – 1995-2006. Precária trajetória e incerto futuro. *Educação & Sociedade*. Campinas-SP, vol. 27 (96), p. 1021-1056, 2006.

SILVA JR, J. R; SGUISSARDI, V. A nova lei da educação superior: fortalecimento do setor público e regulação do privado/mercantil ou continuidade da privatização e mercantilização do público? *Revista Brasileira de Educação*, Rio de Janeiro, vol. 29, p. 5-27, 2005.

10. Ingresso na educação superior pública na Argentina: da década menemista (1989-1999) ao pós-neoliberalismo contemporâneo[1]

Mário Luiz Neves de Azevedo (UEM)
Afrânio Mendes Catani (USP)

*À memória de nosso querido amigo
Pedro Krotsch* (1942-2009)

1. Introdução

Já há vários anos trabalhamos com políticas de educação superior numa perspectiva comparada, em especial estudando os casos de Argentina e Brasil. Descobrimos, assim, que muitas afinidades e inúmeras distinções existem entre os campos da educação superior desses dois países.

Nosso objetivo, no presente texto, é modesto. Evitando escrever um artigo em que se discute de modo detalhado semelhanças e distinções, pretendemos explorar algumas dimensões das modalidades de ingresso (e permanência) às universidades nacionais (estatais) na Ar-

---
[1] Em grande parte, dados e análises relativos aos anos Menem (1989-1999) foram originalmente apresentados na 24.ª Reunião da ANPED, GT 11, em 2001.

gentina – país pelo qual temos grande simpatia, com o qual mantemos estreitos laços acadêmicos e possuímos amigos de longa data.

Para fins de balizamento histórico, nosso trabalho abrange desde a década de 1990 até a atualidade, ou seja, o período que compreende os dois mandatos do justicialismo de Carlos Saúl Menem (1989-1995 e 1995-1999) ou, mais precisamente, de 1989, a partir da transição do Governo da UCR (União Cívica Radical), de Raúl Alfonsín, para o governo peronista de Carlos Saúl Menem, à primeira década do século XXI, período de variadas alternâncias e crises políticas: do justicialismo "menemista", passando pela atribulada "Aliança", representada pelo Presidente Fernando De La Rúa (UCR) e pelo Vice-Presidente Carlos Alberto "Chacho" Alvarez (FREPASO – Frente País Solidário), além de por uma sucessão de mandatos justicialistas (três presidentes em uma semana: Adolfo Rodrígues Saá [25 a 30 dez. 2001], Eduardo Camaño [31 dez. 2001 e 1 jan. 2002], Eduardo Duhalde [1 jan. 2002 a 25 maio 2003]), por Néstor Kirchner [2003-2007], chegando ao governo de Cristina de Kirchner [2007-2011][2].

Devemos recordar que nos anos 1990, nas gestões "menemistas", houve uma marcante reforma de Estado, com a hegemonia da política econômica ultraliberal afetando todos os setores do Estado e transformando radicalmente, por consequência, a relação entre o mercado e a sociedade (política e civil).

O governo de Carlos Saúl Menem, tendo por justificativa a necessidade de inserir a Argentina no primeiro mundo, adotou o liberalismo econômico ortodoxo, fundamentalmente referenciado no monetarismo da Escola de Chicago, como modelo a ser seguido. Assim, a Argentina assumiu um compromisso de política monetária do tipo "*currency*

---

[2] A análise mais detida dos anos Menem e a saída do imblóglio liberal ortodoxo podem ser encontradas em AZEVEDO; CATANI, 2003. *Cadernos PROLAM/USP* e AZEVEDO, M.L.N. de. Revista eletrônica *Espaço Acadêmico*, 09 dez. 2001.

board", ao estilo das "caixas de conversão" da época do "padrão-ouro", baseado no que se chama "âncora cambial", ou seja, atrelou a moeda nacional a uma moeda estrangeira, fazendo com que o volume dos meios de pagamento ficasse condicionado à reserva em moeda forte, gerando a paridade do peso frente ao dólar norte-americano. Dessa maneira, conseguiu-se baixar a inflação, mas o efeito paralelo foi a valorização do peso, ocasionando dificuldades para as exportações. Entretanto, a mais grave consequência desse tipo de controle "quantitativista" foi a perda da capacidade governamental de fazer política monetária, como se o país abrisse mão de exercer a soberania plena sobre a moeda nacional.

Para melhor compreender o ambiente político-social e econômico em que as políticas públicas para a educação superior na Argentina foram construídas, evocamos a distinção feita por Hirschman (entre problemas prementes e escolhidos), mesmo recurso teórico mencionado por Gerchunoff & Torre[3], porque acreditamos que, quando se referia às questões concernentes à universidade, não se tratava de um problema premente, mas sim de uma questão "escolhida" pelo governo para ser tratada com cautela, pois a temática da educação superior é polêmica e conflituosa e, na ordem de prioridades, poderia ser burilada aos poucos, por meio das necessárias negociações políticas, de acordo com uma ordem de preferências para cumprir um projeto de sociedade que se tinha a intenção de construir.[4]

---

[3] "Um ponto de partida útil para identificar as peculiaridades da transformação econômica argentina é a distinção de Albert Hirschman entre problemas escolhidos e problemas prementes. Os problemas escolhidos são aqueles que os integrantes do governo selecionam de acordo com suas percepções e preferências; em contraste, os problemas prementes são aqueles que lhes são impostos, ou seja, pela pressão de atores não governamentais ou por uma iminente situação de emergência" (1997, p.156).

[4] As opções do governo justicialista foram feitas quando se adotou um programa de reformas de cunho liberal ortodoxo para se chegar à estabilidade econômica. Após isso, os vários setores da sociedade e Estado (inclusive os serviços públicos) passam a ser moldados segundo a mesma lógica.

O sistema universitário argentino é, reconhecidamente, massivo e, majoritariamente, público. Para se ter uma dimensão desse Sistema de Educação Superior, existem atualmente 40 universidades nacionais, 7 institutos universitários nacionais, 45 universidades privadas e 12 institutos universitários privados, 1 universidade provincial, 1 universidade estrangeira e 1 universidade internacional. O sistema de educação superior argentino, aí incluídos e considerados as universidades e institutos universitários, públicos e privados, em 2007, apresentava 1.567.519 alunos matriculados, sendo 1.270.755 na esfera pública e 296.764 em instituições privadas, demonstrando que 81,07% da população estudantil matriculada em cursos de graduação encontra-se em ambiente público e gratuito.

Tabela 1– População estudantil da educação superior na Argentina – 2007*

Público	1.270.755
Privado	296.764
Total	**1.567.519**

Fonte: Anuário 2007 de Estadísticas Universitárias, p. 28
* Total de matrículas em universidades e institutos universitários

Ao se relacionar as matrículas na educação superior (1.567.519) com a população argentina de 18 a 24 anos (4.609.173), chega-se a uma taxa bruta de 34,0% e, de acordo com o *Anuário 2007*, a uma taxa líquida de 18,7% (p. 47). Assim, tomando por base o modelo de Martin Trow (2005), utilizado por Gomes e Moraes (2009), o conjunto de universidades argentinas deve ser classificado como de massas, pois "o sistema de massa é definido, entre outras características, por atender entre 16% e 50% do grupo etário relevante, estando plenamente consolidado em relação ao sistema de elite quando passa a admitir mais de 30% das matrículas da coorte de jovens de 18 a 24 anos" (Gomes; Moraes, 2009, p. 4)

De um total de 1.270.755 alunos matriculados na esfera pública, 1.243.298 deles frequentam uma das 40 universidades nacionais, ou seja, 97,84% do sistema público é universitário. Para atender a esse público, em 2007, houve a ocupação de 135.126 cargos docentes, sendo que, desses, 13,26% estavam contratados em regime de dedicação exclusiva. Os funcionários (não docentes) das universidades nacionais perfizeram, em 2007, o número total de 44.301. A seguir pode-se visualizar a população estudantil e a quantidade de ingressantes e de graduados nas universidades nacionais argentinas.

2. A universidade de massas na Argentina

As últimas estatísticas oficiais divulgadas pelo Ministério da Cultura e Educação referem-se ao ano de 2007. Assim, o público somente terá acesso aos dados consolidados a respeito da universidade argentina, referentes a 2009, ao final do mandato presidencial de Cristina Fernández de Kirchner (2007-2011). É conveniente destacar que procuramos levantar os números da universidade argentina de 1994 em virtude de servir de parâmetro a três fatos relevantes para a educação nesse país: a) criação, em 1993, da Secretaria de Políticas Universitárias (SPU), a partir da qual o menemismo opera vigorosas iniciativas no campo universitário; b) política de formação do Fundo para o Melhoramento da Qualidade Universitária (FOMEC), financiado pelo Banco Mundial, iniciado em agosto de 1995; c) promulgação da Lei de Educação Superior n. 24.521, em 1995. Tais eventos representam os marcos do modelo menemista de universidade. Ademais, o ano de 1994 coincide com o término do primeiro mandato presidencial de Menem. Finalmente, os anos de 1999 e 2007 balizam, respectivamente, o final do mandato do Presidente Menem e o início da vigência do governo de Cristina Kirchner, que retoma a capacidade do Estado de regulador nas diversas esferas da política, inclusive da política econômica.

Tabela 2 – População estudantil nas UUNN Argentinas

	Quantidade de alunos por IES			
Universidade	1989	1994	1999	2007
Buenos Aires	176.132	179.550	278.960	306.871
Catamarca*	3.159	4.463	9.556	11.608
Centro de la PBA	5.086	5.465	8.479	10.937
Chilecito	---	---	---	1.337
Comahue	8.232	12.101	23.522	24.566
Córdoba	78.642	87.677	108.306	105.162
Cuyo	18.679	17.499	23.990	31.681
Entre Ríos	5.127	6.871	10.984	12.917
Formosa	---	2.443	4.930	12.660
Gal. San Martin	---	372	3.509	9.210
Gal. Sarmiento	---	---	874	4.001
Instituto Univ. Del Arte	---	---	---	16.867
Jujuy*	2.723	4.051	9.825	11.339
La Matanza	---	9.371	15.395	30.276
La Pampa	2.864	3.596	7.053	8.902
La Plata	81.299	70.725	86.628	90.323
La Rioja*	---	2.755	10.864	21.030
Lanús**	---	---	2.204	9.319
Litoral	14.002	15.924	23.740	36.052
Lomas de Zamora	18.684	21.265	31.896	33.519
Luján	5.358	10.437	15.733	15.960
Mal del Plata	16.701	18.971	22.638	23.886
Misiones*	6.791	8.232	15.404	18.436
Nordeste	31.414	35.492	50.167	52.251
Noroeste de la PBA	---	---	---	3.624

Patagonia Austral	---	---	4.409	5.839
La Patagonia San Juan Bosco	4.482	8.098	12.211	12.353
Quilmes	---	1.428	4.596	12.413
Río Cuarto	6.886	7.747	14.144	17.533
Rosário	46.871	51.632	66.718	72.121
Salta	10.833	11.693	17.349	22.304
San Juan	8.429	10.146	13.747	19.866
San Luis	7.358	7.819	13.816	11.903
Santiago del Estero	2.416	2.960	9.067	10.734
Sur	6.423	9.083	17.640	18.934
Tecnológica Nacional	59.376	54.234	63.846	67.225
Tres Febrero**	---	---	1.508	6.840
Tucumán	33.348	37.571	46.999	59.653
Villa María**	---	---	1.367	2.846
TOTAL	**661.315**	**719.671**	**1.052.074**	**1.243.298**

Fonte: Anuários Estatísticos de 1996, 1997, 1998 e 2007
Ministério de Cultura e Educação/SPU

* Os dados anotados na última coluna referem-se ao ano de 1997.
** Em virtude de serem universidades nacionais de recente criação (Lanús, Tres de Febrero e Villa María), somente os dados referentes ao ano de 1998 estão consolidados.

Pelo que se nota dos números apresentados, o conjunto das universidades nacionais sob o "menemismo" não deixou de crescer. De 1989-1999, houve um acréscimo de 390.759 alunos na universidade, isto é, a população estudantil aumentou em 59,08%, passando de 661.315 para 1.052.074 estudantes. Esse desenvolvimento demográfico no quadro das universidades públicas, em termos relativos, demonstra que a Argentina, mesmo sob governo de orientação liberal ortodoxa, dá continuidade à opção pela massificação da educação superior, tendendo, até mesmo, à universalização desse nível de ensino, a exemplo, não é ocioso lembrar do que ocorreu na educação básica, que alcançou a universalização junto com a consolidação da vida nacional.

De acordo com essa tendência histórica de inserção, no período posterior ao menemismo (1999 a 2007), há continuidade no crescimento da oferta de vagas públicas nas universidades nacionais. Em 2007, havia 1.243.298 alunos matriculados, ou seja, um acréscimo de 191.224 matrículas em relação a 1999, correspondendo a um crescimento de 18,16%.

Vale ressaltar que o MCyE, sob o governo Menem, promoveu a incremento da oferta de vagas, especialmente por intermédio de novas universidades institucionalizadas a partir de um novo modelo acadêmico, procurando demonstrar alternativas de oferta, organização e direção política, em concorrência com as universidades tradicionais argentinas que, em grande medida, eram governadas por correntes políticas simpáticas à UCR (União Cívica Radical), histórica competidora pela direção política do país.[5]

A seguir, apresenta-se uma tabela com dados relativos aos ingressantes e graduados nas universidades nacionais argentinas[6] durante o governo Menem. O objetivo é sinalizar para algumas características persistentes no sistema nacional de educação superior, como a entrada aberta, mas com mecanismos de seleção que afunilam, restringindo a formação.

---

[5] Ver, a respeito, Suasnábar e Rovelli, 2009.
[6] Na tabela 3, utiliza-se uma classificação feita pelo MCyE, durante o Governo Menem, em três categorias: universidades grandes, médias e pequenas. Na Tabela 2, as universidades estão classificadas em ordem alfabética, segundo o tratamento feito atualmente pelo MCyE.

Tabela 3 – Ingressantes e graduados nas Universidades Nacionais

Universidade	Ingressantes				Graduados			
	1989	1994	1996	1998	1989	1994	1995	1997
Buenos Aires	41.018	44.238	53.000	61.274	14.014	13.371	13.371	10.449
Córdoba	20.615	18.862	17.515	18.831	4.189	5.120	4.769	4.714
La Plata	14.842	14.974	15.761	18.598	3.263	3.470	3.719	3.506
Tecnológica	16.165	14.288	19.577	13.945	1.484	1.362	1.354	1.299
Rosário	12.181	12.914	15.017	16.647	1.644	2.213	1.938	2.559
Nordeste	11.113	10.371	12.035	13.879	1.280	1.702	1.831	1.688
Tucumán	8.477	9.152	10.797	11.418	1.328	1.705	1.487	1.510
Grandes	124.411	124.801	143.702	154.592	27.202	28.943	28.469	25.725
Lomas de Zamora	5.935	6.274	6.529	8.341	579	911	681	1.048
Cuyo	4.778	4.090	4.893	5.031	939	982	992	1.341
Mal del Plata	4.872	5.581	3.972	4.026	440	678	732	768
Litoral	3.352	5.936	6.737	6.358	626	696	626	723
Comahue	3.325	5.098	5.670	6.183	368	400	441	526
Luján	1.736	3.586	4.394	5.052	78	139	172	278
Sur	1.601	1.343	4.179	4.195	380	361	338	514
Salta	3.859	3.954	4.203	4.933	184	176	197	165
San Juan	1.515	3.698	3.523	3.471	369	278	362	355
La Matanza	---	3.370	2.539	2.051	---	2	5	73
Misiones	2.171	2.924	3.572	3.519	161	260	289	348
Medianas	33.144	45.854	50.211	53.160	4.124	4.883	4.835	6.139
Río Cuarto	2.017	2.308	3.018	4.276	277	339	373	423
La Patagonia S.J.B.	1.725	4.859	4.070	3.973	124	140	121	199
San Luis	2.304	3.007	3.625	4.485	360	428	364	466
Entre Ríos	1.650	2.262	2.188	3.056	227	290	356	271
Centro	1.530	1.082	2.306	2.203	439	245	341	313
Catamarca	1.441	1.565	2.401	3.890	98	207	178	216

La Pampa	809	1.128	3.190	2.364	201	221	189	216
Jujuy	734	1.536	2.624	3.409	25	59	54	50
La Rioja	---	1.265	2.788	3.766	---	73	73	72
Formosa	---	1.029	2.677	2.144	---	86	109	121
Santiago del Estero	854	1.458	1.864	6.801	66	64	67	71
Patagonia Austral	---	---	1.448	1.567	---	---	---	76
Quilmas	---	584	1.207	995	---	17	17	77
Gal. San Martin	---	372	667	944	---	---	---	68
Gal. Sarmiento	---	---	153	352	---	---	---	---
Lanas	---	---	---	774	---	---	---	---
Tres de Febrero	---	---	---	604	---	---	---	---
Villa María	---	---	---	490	---	---	---	---
Pequenas	13.064	22.455	34.226	46.093	1.817	2.169	2.242	2.639
TOTAL	170.619	193.110	228.139	253.845	33.143	35.995	35.546	34.503

Fonte: Anuários Estatísticos de 1996 e de 1998
Ministério de Cultura e Educação/SPU

As grandes universidades destacam-se também como lançadoras de novos profissionais no mercado de trabalho: em 1989, de um total de 33.143 graduados, 27.202 foram diplomados pelas grandes universidades, perfazendo 82%. Essa relação se altera pouco para o ano de 1995, pois, de um universo de 35.546 graduados, as grandes universidades formaram 28.406, correspondendo a 80% do total de egressos. Entretanto, chama-nos a atenção que em apenas dois anos a participação das grandes universidades na formação profissional passa a ser de 74,55%. Isso é, tomando-se por referência os números do ano de 1997, as grandes universidades expediram 25.725 diplomas universitários, foram 2.681 menos egressos que em 1995. Assim, podemos perceber que não houve correspondência entre o aumento progressivo de ingressantes e o número de egressos. Em contrapartida, as médias e pequenas instituições universitárias expediram, em 1989, 5.941 diplomas, números esses que em 1995 alcançaram 7.077 e, em 1997, chegaram a 8.778 egressos. O crescimento percentual de diplomação das pequenas e médias universidades nacionais, entre 1989 e 1997, foi de 47,75%.

É importante perceber que as sete maiores universidades argentinas foram o destino, em 1998, para 154.592 novos universitários. Em termos relativos, isso significa 62,9% do total de ingressantes na educação superior nacional. Somente a Universidade de Buenos Aires (UBA), a maior universidade do país, matriculou nesse mesmo ano 61.274 novos estudantes – o que significa 26,85% das matrículas totais nas universidades nacionais. O crescimento, no interstício de nove anos, da oferta de vagas no conjunto das universidades públicas argentinas foi de 33,71%; ou seja, havia, em 1989, 170.619 matrículas e chegou-se à cifra de 228.139 novos ingressantes, em 1998. Nesse mesmo período, as grandes universidades expandiram suas vagas em 24,25% e as universidades medianas em 60,39%. As pequenas universidades saíram do patamar de 13.064 ingressantes, em 1989, e atingiram 46.093 matrículas, em 1999, significando uma expansão de 252,82%. Devemos observar que o potencial de crescimento das pequenas universidades não se esgotou, pois se classificam justamente nessa categoria as novas instituições criadas na gestão Menem, localizadas principalmente na conurbação bonaerense. Assim, contraditoriamente às políticas de restrição ao acesso ao ensino superior, gestionadas pelo Banco Mundial e pelo Ministério da Cultura e Educação, a tendência de massificação da universidade pública argentina está em continuidade.

Um ponto que é sempre tocado pelos gestores do ensino superior se refere à quantidade de egressos em comparação à população estudantil ou ao número de ingressantes. Fazendo uma relação direta entre ingressantes e graduados para o ano de 1996, temos 228.139 ingressantes para 35.546 diplomados (15,58%). Entretanto, se considerarmos como seis anos o tempo médio de permanência na universidade para um aluno concluir seu curso de graduação, teríamos 170.619 novos alunos matriculados em 1989 – e, após seis anos de estudos na universidade, chegaríamos a um número de concluintes desta série, em 1994, de 35.995, correspondendo a uma taxa de conclusão de 21,09% dos ingressantes de 1989.

**Tabela 4 – Ingressantes e graduados
nas Universidades Nacionais (1999-2007)**

	Ingressantes			Graduados		
ANOS	1999	2004	2007	1999	2004	2007
Universidades Nacionais	246.470	295.112	262.123	39.297	62.271	61.2006

Fonte: Anuário 2007 de Estatísticas

Nos anos pós-menemistas, conforme anunciado anteriormente, as matrículas nas universidades nacionais continuaram a crescer, bem como a quantidade de graduados (ou egressados). De um ingresso, em 1999, de 246.470 alunos, formaram-se, em 2004, seis anos depois, 62.271 estudantes. Em termos esquemáticos, próximo de ¼, mais exatamente 25,27% daqueles que adentraram às universidades foram diplomados, significando uma melhora na taxa de conclusão – ao menos nessa série demonstrativa – dos ingressantes.

Não podemos nos apressar, nem de maneira otimista ou negativa, na análise desses números, porque devemos considerar que a entrada na universidade pública argentina é aberta. Um dos fortes compromissos públicos do governo de Raúl Alfonsín foi com a democratização da universidade, razão pela qual, a partir de 1983, foi restabelecido o ingresso aberto à educação superior.

O ingresso aberto ou direto não foi objeto de regulamentação a ser cumprida igualmente por todas as instituições universitárias. A orientação "radical" de abrir o acesso à universidade ao conjunto de portadores do diploma secundário foi aceita e implementada pelas universidades nacionais argentinas, porém de maneira diferenciada em cada instituição, de acordo com o princípio da autonomia universitária.

Os legisladores, já em período "menemista", preferem deixar claramente inscrito na Lei de Educação Superior n. 24.521/95 que ficarão a cargo de cada instituição universitária os critérios de entrada nesse nível de ensino. Estabelecem dois artigos da referida Lei:

> Art 7.º: Para ingressar como aluno nas instituições de nível superior, o pretendente deve ter sido aprovado no nível médio ou no ciclo polimodal de ensino. Excepcionalmente, os maiores de 25 anos que não reúnam essa condição poderão ingressar desde que demonstrem o que será feito através de avaliações estabelecidas, em cada caso, pelas províncias, pela municipalidade da Cidade de Buenos Aires ou pelas universidades, que têm preparação e/ou experiência laboral acorde com os estudos que se propõem iniciar, assim como aptidões e conhecimentos suficientes para cursá-los satisfatoriamente.
>
> Art. 35º: Para ingressar como aluno nas instituições universitárias, sejam estatais ou privadas, deverá reunir-se como mínima a condição prevista no artigo 7.º e cumprir com os demais requisitos do sistema de admissão que cada instituição estabeleça (Argentina, LES n. 24.521, 1995).

Para uma compreensão das diversas maneiras de admissão à educação superior na Argentina, Chiroleu apresenta o seguinte esquema:

Ingresso Direto (Aberto):
a) sem cursos introdutórios;
b) com cursos introdutórios incorporados ao currículo;
c) com cursos introdutórios, organizados por cada unidade acadêmica (não obrigatórios e não seletivos);
d) com cursos introdutórios, centralizados pela universidade;
e) com cursos ou exames cuja aprovação dá vantagens para o cumprimento das matérias;
f) com Ciclo Básico Comum (CBC).

Ingresso Restringido:
a) com exame e cota (vagas restritas);
b) com exame, sem cota (sem restrição de vagas) (Chiroleu, 1998, p. 9-10).

Para fins comparativos e ilustrativos, apresentamos a seguir pequeno extrato de universidades públicas argentinas com as suas formas de ingresso. O quadro traz o elenco de nove universidades nacionais:

Quadro I – Formas de ingresso em algumas Universidades Nacionais

UNIVERSIDADES	FORMAS DE INGRESSO
Universidad Nacional de Mar Del Plata	Exame de ingresso nas seguintes faculdades: Ciências Agrárias, Arquitetura e Desenho, Engenharia, Ciências Exatas e Naturais, Ciências Econômicas e Sociais.
Universidad Nacional de La Plata	Sete faculdades oferecem cursos de ingresso, de 30 a 60 dias de duração. Exame de ingresso é requerido pela Faculdade de Medicina. Outros requisitos: algumas faculdades requerem curso prévio de especialização na área de estudo.
Universidad Nacional de Catamarca	Curso de nivelação de um a dois meses.
Universidad de Buenos Aires*	No primeiro ano de todas os cursos se ministra o Ciclo Básico Comum (CBC).
Universidad Nacional de General Sarmiento	Curso de ingresso: "curso de aprestamiento universitario (CAU)": 24 semanas de duração.
Universidad Nacional de Cordoba**	Estudos secundários completos.
Universidad Nacional de Misiones	Curso de ingresso: depende de cada curso de graduação

Universidad Nacional de Salta	Ingresso irrestrito. Os cursos de ingresso têm caráter de ambientação e sua modalidade varia segundo a faculdade.
Universidad Nacional de Rio Cuarto	Curso de ingresso: durante o mês de fevereiro

Fonte: SPU-Secretaria de Políticas Universitárias
(http://ns1.spu.edu.ar/vea e http://www.spu.edu.ar)

* A Faculdade de Medicina criou o Curso Pré-Universitário de Ingresso (CPI), cuja aprovação é necessária para a entrada no curso regular de Medicina. Esta novidade normativa está de acordo com o artigo 50 da LES n. 24.521/95.

** Todas as universidades nacionais são gratuitas, com exceção da Universidade Nacional de Córdoba, que cobra uma "contribuição estudantil variável", que gira em torno de US$ 100 a US$ 120 por ano.

O quadro anterior demonstra bem o nível de heterogeneidade das maneiras de ingresso na universidade argentina. Isso, por um lado, revela um elevado grau de desregulamentação nacional a respeito da matéria e, por outro, permite dimensionar o nível de autonomia experimentado pelas universidades públicas no país. Entretanto, não se pode deixar de mencionar, no que concerne às instituições públicas de educação superior, que o ingresso aberto (direto) é um princípio que vem sendo respeitado, não obstante, conforme podemos observar pelo quadro, as chamativas exceções: cinco faculdades na Universidade Nacional de Mar del Plata e a Faculdade de Medicina da UBA. Além disso, as novas universidades nacionais, localizadas na conurbação de Buenos Aires, (Quilmes, Gal. Sarmiento, Gal. San Martín, Lanús, Tres de Febrero e Villa María) estabeleceram, como critério de admissão nas fileiras universitárias, a aprovação em um curso de ingresso, com a duração média de quatro meses.

Tentando aprofundar, a título de exemplo, a discussão acerca da forma de admissão na universidade nacional mais importante do país, a Universidade de Buenos Aires, o vestíbulo (a entrada) é representado pelo Ciclo Básico Comum (CBC), por meio do qual o aluno, após cumprir um número determinado de disciplinas, pode dar continuidade ao curso universitário escolhido.[8] Verificamos que na UBA, em geral, para as carreiras clássicas, o CBC é composto por seis matérias, e o estudante tem a obrigação de finalizar esse ciclo básico em no máximo quatro anos. A Resolução 469/98, do Conselho Superior da UBA, determina: "O aluno que inicia o CBC em 2000 deverá ser aprovado em no mínimo duas disciplinas antes de 31 de março de 2002 e terminar o CBC não depois de 31 de março de 2003".

A título de exemplo, relacionamos a seguir as matérias obrigatórias do CBC de alguns cursos e faculdades da UBA:

1. Na Faculdade de Ciências Exatas e Naturais, o CBC de Ciências Biológicas é formado pelas seguintes disciplinas: Física, Química, Biologia, Introdução ao Conhecimento da Sociedade e Estado, Introdução ao Pensamento Científico e Matemática. Para os cursos de Ciências da Computação, Ciências Físicas, Ciências Geológicas, Ciências Matemáticas, Ciências Químicas, Ciências da Atmosfera, bacharelado universitário em Ciências da Atmosfera, Oceanografia e analista universitário de Computação, o CBC tem a seguinte composição: Física, Química, Introdução ao Conhecimento da Sociedade e Estado, Álgebra, Análise Matemática, Introdução ao Pensamento Científico.

2. Os cursos de Ciências Políticas e Sociologia na Faculdade de Ciências Sociais têm o CBC composto por: Sociologia, Antropologia,

---

[8] Os dados mais recentes indicam que em torno de 50% dos estudantes inscritos no CBC da UBA, ao fim dos dois quadrimestre de curso, não são promovidos ao ano seguinte e, consequentemente, acabam por não serem realmente incorporados à carreira de graduação.

Economia, Ciência Política, Introdução ao Conhecimento da Sociedade e Estado e Introdução ao Pensamento Científico.

3. Na Faculdade de Direito, o CBC dos cursos de bacharelado universitário em Direito e de Advocacia compõe-se de Sociologia, Economia, Ciência Política, Introdução ao Conhecimento da Sociedade e Estado, Introdução ao Pensamento Científico e Direito.

4. Os diversos cursos da Faculdade de Engenharia da UBA[9] têm um mesmo CBC, contendo as seguintes matérias: Física, Química, Introdução ao Conhecimento da Sociedade e Estado, Introdução ao Pensamento Científico, Álgebra e Análise Matemática.

O CBC, se assim podemos comparar, cumpre um papel parecido ao dos cursos preparatórios para os vestibulares no Brasil (os conhecidos "cursinhos"), ou seja, é no CBC, possivelmente, no primeiro ano de estudos da universidade, que acontece a verdadeira seleção para um diploma de educação superior. Seria como se o "cursinho", que no Brasil está no âmbito privado (pago), funcionasse dentro da universidade pública (gratuito), adaptado aos currículos dos diversos cursos universitários, aberto a todos os interessados portadores de um certificado de conclusão de nível médio.

Mesmo que existam questionamentos ao funcionamento do CBC na Argentina, devemos olhar com atenção esta engenhosa maneira de ingresso, porque, diante de tanta exclusão (e/ou marginalização) no terceiro mundo, não se pode desprezar esse modo criativo de se saltar as ásperas "muretas" das universidades. De acordo com o professor e sociólogo Hugo Calello, então lotado no CBC da Universidade de Buenos Aires, "frente ao aumento da exclusão social, as universidades da América Latina devem mudar. E o Ciclo Básico Comum pode ser

---

[9] Engenharia em Informática, Engenharia Civil, Engenharia Elétrica, Engenharia Eletrônica, Engenharia Industrial, Engenharia Mecânica, Engenharia Química, Engenharia Naval, Agrimensura e Analistas de Sistemas.

fundamental na transformação da universidade pública" (Página/12, 28.01.2000, internet).

O CBC foi criado, logo após o fim do processo militar (1976-1983), com a finalidade de democratizar a entrada na universidade argentina. O professor Gigliotti destaca:

> O ciclo básico democratizou a universidade. Ainda que lutando contra a carência de recursos, a universidade pode receber em seu interior muitos jovens não atendidos pela sociedade. Pode ser que depois não terminem o curso, mas hoje veem o CBC como uma continuidade de seus estudos secundários. A universidade já não lhes parece uma torre de marfim, inacessível (Página/12, 28/0/2000, internet).

O ex-diretor do CBC, Alberto Fernandez, reconhece que o Ciclo Básico necessita ainda aperfeiçoar seus mecanismos de funcionamento:

> O CBC tem sido atacado a partir de diversas perspectivas (...). Pela direita, por ser demasiado permissivo. E, pela esquerda, por ser muito seletivo (...). Mas não é nem uma coisa, nem outra. (...) existem questões pendentes. (...) (Página/12, 28/01/2000, internet).

A esse respeito, acrescenta Hugo Calello, professor de Teoria Crítica, Teoria Social e Subjetividade na Faculdade de Ciências Sociais:

> Agora o ciclo básico deve modernizar-se para ir respondendo às necessidades das faculdades, ainda que sem se submeter a elas. O estudante não se forma em uma disciplina, senão em um espaço interdisciplinar. É um dos poucos lugares onde isto ocorre (Página/12, 28/01/2000, internet).

Assim, após essa vistoria ao *hall* da universidade argentina, onde se percebe que o problema da entrada nesse nível de ensino ainda não está definitivamente resolvido, apesar de termos percebido que as políticas neste âmbito são razoavelmente avançadas, é interessante, agora, voltar nossas vistas para a questão da evasão.

O alto índice de evasão verificado na universidade pública argentina deve-se a várias razões. Podemos arriscar a mencionar algumas: 1. a situação econômica do estudante-trabalhador (ou do trabalhador-estudante), que é obrigado a fazer opção pelo emprego; 2. a mobilidade interna de estudantes entre as carreiras universitárias, isto é, a ocorrência de "permuta de cursos", que possibilita aos estudantes, após entrarem na universidade, mudar o interesse na profissão e decidir por uma nova matrícula em outro curso universitário; 3. a implícita seleção de estudantes no CBC.

Dessa maneira, uma parte da evasão da universidade pública argentina poderia ser explicada, de início, pela situação econômico-social do estudante-trabalhador, que, premido por fatores conjunturais ou estruturais, necessita priorizar a atividade remunerada, ficando à mercê da "única opção" de abandonar, compulsoriamente, a universidade para, em contrapartida, poder trabalhar em período integral ou em um endereço geograficamente distante de seu registro acadêmico. O jornal *Página/12*, baseando-se em uma pesquisa conduzida por investigadores da UBA a respeito da situação do estudante nessa mesma universidade, destaca o seguinte:

> A porcentagem de alunos que trabalham já era alta em 1958: alcançava 64%. E subiu a 72%, em 1992. Logo, surpreendeu o descenso a 56%, registrado em 1996. "Podemos detectar que os 26% (sic) que não trabalhavam em 1996 estavam buscando trabalho – explica Abramzon. Eram desocupados de primeiro emprego, jovens entre 17 e 22 anos que nunca puderam entrar no mercado." E Romero aponta que "a universidade passou a ser uma usina geradora de recursos humanos para os processos de trabalho". Hoje, os alunos que não trabalham só são maioria nas faculdades vinculadas com a saúde (Medicina, Odontologia e Farmácia): são os últimos alunos *full time* (25/01/2000, internet).

Ademais, houve encurtamento do tempo dedicado aos estudos em função de um alongamento da jornada de trabalho. Revelam os dados:

> Ao mesmo tempo, nas últimas décadas, cresceu a jornada de trabalho dos alunos. Em 1959, somente 5% entre eles trabalhavam mais de 25 horas semanais. Em 1996, estes números chegaram a 68%. "Os alunos começaram a ser trabalhadores que estudam e é uma incongruência que as faculdades não gerem políticas específicas para atender essa realidade" – disse Toer. Deveriam ter uma política que permita aos alunos trabalharem em suas áreas de estudo. "É somente na área de Ciências Econômicas que muitos alunos (60%) têm vínculos empregatícios com afinidade com seus estudos. A proporção baixa para níveis entre 32% e 39% nas demais faculdades" (*ibid.*, 25/01/2000).

A evasão também se explica pela seleção que acontece no decorrer de um ano no interior do CBC, representando grande frustração a uma gama do estudantado.[10] Há, ainda, o fenômeno que seria uma "falsa evasão", já que normalmente ocorre a permuta de cursos no interior do sistema de educação superior e, assim, a mobilidade acadêmica (permuta) não poderia ser representada estatisticamente como evasão, porque, nesse caso, o estudante não estaria abandonando o sistema universitário, mas somente mudando o seu curso de graduação. Esta permuta de carreiras nada mais seria do que o desejo do aspirante ao diploma superior de buscar a sua futura satisfação profissional em um ramo de atividade diverso daquela preferência inicial.

---

[10] Ver, a respeito, VACCAREZZA, 2009.

3. Considerações finais

Verificamos que as universidades argentinas têm formas de ingresso que, em geral, podem ser classificadas como abertas. Tal postura faz com que na Argentina a taxa bruta de escolarização em nível superior alcance 34% dos jovens na faixa etária entre 18 e 24 anos, e as universidades públicas possuem 1.243.298 estudantes matriculados, o que corresponde a 81,07% do total de alunos. As instituições privadas respondem por 296.764 matrículas, significando que o sistema universitário argentino é majoritariamente público e pode ser classificado como de massas. Em comparação, no Brasil, as matrículas na educação superior alcançam a cifra de 4.880.381 estudantes. Desse total, 3.639.413 estudantes frequentam instituições privadas e 1.240.968 são alunos em instituições públicas (federais, estaduais e municipais). Ou seja, o Brasil e a Argentina têm, cada um deles, pouco mais de 1,24 milhão de estudantes em IES públicas; no entanto, a população brasileira é próxima de 200 milhões de habitantes e a Argentina possui quase 40 milhões.

Em especial, na Argentina, a evasão mostra-se como um problema delicado, pois mesmo com um crescimento significativo da população universitária – que passa de 661.315 estudantes, em 1989, para 892.759, em 1997 – o número de concluintes é estável ao longo desses nove anos. Em 1989, formaram-se 33.143 estudantes; em 1994, foram 35.995 graduados; em 1995, esse número alcançou 35.546 e, em 1997, o número de novos profissionais chegou a 34.503.

Os dados referentes ao período pós-menemista certificam que a tendência histórica de crescimento tanto das matrículas como dos egressados nas universidades nacionais continuaram a avançar. Em 1999, de 246.470 alunos que ingressaram, formaram-se, em 2004, seis anos depois, 62.271 estudantes, o que sinaliza para a diminuição da frustração de alunos com a evasão, troca ou abandono dos cursos superiores.

Como pudemos arrolar anteriormente, esta evasão pode ter várias causas, entre elas a própria condição de trabalhador de grande parte dos estudantes que, premidos pela situação econômica, abandonam a universidade ou, ao menos, protelam a sua conclusão, por meio de um escalonamento do cumprimento dos créditos disciplinares ou mesmo pelo trancamento da matrícula. Além disso, por ser a universidade argentina de ingresso aberto, há uma significativa seleção nos anos iniciais da graduação, principalmente no primeiro ano, a exemplo do CBC na UBA. Igualmente, o que se registra como evasão pode não sê-lo, já que muitas vezes ocorre a permuta de carreiras, ou seja, estudantes descontentes com a primeira opção de graduação, após uma primeira experiência/frequência, resolvem mudar os seus destinos profissionais, optando por um outro curso universitário. Essa "falsa evasão" seria, na realidade, uma busca da satisfação que esse fugaz estudante não havia encontrado em sua primeira escolha acadêmica.

As universidades nacionais argentinas, após a década menemista, continuam em situação de crise, diferente da época que precedeu as reformas operadas por Menem, com a Lei n. 24.521, de 1995, mas que não deve arrefecer o debate sobre o seu futuro. Pedro Krotsch, na apresentação ao número 12 (outubro, 2009) de *Pensamiento Universitario,* escreveu, em 14 de junho, que na Argentina "a última década esteve marcada pelo desenho de políticas plasmadas nos anos 1990 e cristalizadas na Lei n. 24.521. Dada a importância da relação entre universidade e Estado não podemos deixar de considerar algumas situações que correspondem a esta. A consolidação de organismos, como a Comissión Nacional de Evaluación y Acreditación (CONEAU), o Consejo Interuniversitario Nacional (CIN) e os Consejos de Planificación Regional de Educación (CPRES), pressupunha também modificações na trama de relações com a universidade, quer no espaço de gestão como no do desenvolvimento disciplinar. A distribuição de novas funções na cúpula do sistema e a rotinização de seus comportamentos pressupunham atribuir um papel promotor à Secretaría de Políticas Universitarias, em grande medida desenvolvido nesses últimos anos por meio de programas de melhorias" (KROTSCH, 2009, p. 4).

Com relação ao comportamento do sistema, Krotsch assinala dois aspectos relevantes: "por um lado, a criação de novas universidades e, por outro, a criação de novas carreiras em universidades atualmente existentes". Essas duas problemáticas que impulsionam o desenvolvimento da infraestrutura do sistema, entende o analista, encontram-se, em grande medida, "ligadas à demanda social por educação superior e incidem de maneira significativa sobre o futuro perfil de nossa universidade. No primeiro caso se trata, fundamentalmente, de demandas de criação de novas universidades em nível municipal, na área metropolitana. Tal demanda surge, geralmente, por um padrão tradicional de universidade de cunho profissionalizante, que impede a possibilidade de se pensar em novas ofertas inovadoras e experimentais ligadas às necessidades socioprodutivas da região. Por outro lado, o segundo aspecto, referido à dinâmica da criação de carreiras, apresenta um padrão similar tanto nas universidades públicas como nas privadas. São as carreiras tradicionais que, sob a forma presencial ou a distância, parecem constituir-se no fator que dinamiza a expansão do sistema e das instituições" (Krotsch, 2009, p. 4).

Suasnábar e Rovelli (2009) realizam considerações relativamente semelhantes, escrevendo que a diferenciação e a privatização do sistema de educação superior na Argentina, à semelhança de vários outros países da América Latina, tendem cada vez mais a se aprofundar. No caso argentino, a política pública em matéria de expansão do sistema "tendeu a bloquear o crescimento das instituições – em particular no âmbito público – , com exceção de determinadas conjunturas sociopolíticas em que se produziram aberturas explícitas. De toda maneira, e ainda que de maneira subreptícia, o sistema se complexificou e se tornou diferenciado, embora reproduzindo uma oferta tradicional e com escassa vinculação com um modelo de desenvolvimento e/ou com novas áreas de conhecimento" (Suasnábar e Rovelli, 2009, p. 15). Por outro lado, acrescentam: "a magnitude desse crescimento institucional nem sempre é acompanhada em dimensões equiparáveis em termos de matrícula" (Suasnábar e Rovelli, 2009, p. 16).

Pedro Krotsch aborda algumas outras dimensões que influenciam diretamente o "funcionamento" das universidades argentinas, refletindo na temática do ingresso nas instituições públicas de educação superior, em especial. Considera que, no plano institucional, "as grandes universidades se encontram, nos últimos anos, submersas em largos conflitos, produto em muitos casos dos debates levados a efeito pela reforma dos estatutos. A demanda prevalecente esteve centrada na democratização dos espaços de governo, ficando à margem problemáticas fundamentais para a universidade, como o papel da produção de conhecimento, a atualização curricular, a criação de novas carreiras de caráter interdisciplinar etc." (Krotsh, 2009, p. 4). Entende, ainda, que uma das recentes novidades mais significativas para o sistema de educação superior tenha sido a criação do Ministério da Ciencia, Tecnologia e Innovación Productiva. Nesse sentido, "cabe esperar que a nova legislação, que se propõe para a educação superior, garanta a necessária articulação entre a política científica e a política universitária, que, atualmente, dependem de ministérios diferentes (*ibid*, p. 4-5).

E Pedro, nessa apresentação ao número de outubro de *Pensamiento Universitário*, escrita 28 dias antes de sua morte, demonstra dúvidas acerca do que está vindo pela frente: "a discussão de projetos em torno de uma nova lei parece haver concitado uma adesão variável entre os distintos atores do sistema. Embora uma nova lei pudesse modificar o desenho institucional dos anos 1990, cabe perguntar pela viabilidade política de seu tratamento parlamentar na atual conjuntura, bem como até onde uma nova lei terá a capacidade de modificar a dinâmica e o perfil do sistema universitário argentino em vigor" (Krotsch, 2009, p. 5).

Bibliografia

ATTALI, Jacques. *Pour un modèle européen d'enseignement supériuer. Rapport de la Comission.* Paris: Éditions Stock, 1998.

AZEVEDO, Mário Luiz Neves de. "Os passos de Cavallo: dolarização, desvalorização e 'reargentinização' ou... esperando o 'golden-gol': a Argentina e a última jogada de Cavallo". In: Revista eletrônica *Espaço Acadêmico*, 09 dez. 2001. Disponível em: <http://www.espacoacademico.com.br/07azevedo.htm>. Acesso em: 11 dez. 2001.

AZEVEDO, Mário Luiz Neves de. e CATANI, Afrânio Mendes. O Menemismo como Política Econômica: a Argentina "segura" em âncoras. *Cadernos PROLAM/USP*, ano 2, vol. 2, p. 111-133, 2003.

AZEVEDO, Mário Luiz Neves de. Estudantes e Professores na universidade argentina em tempos menemistas (1989-1999): formas de ingresso, evasão, incentivo à pesquisa e dedicação exclusiva à docência. *Anais*. 24ª Reunião da ANPEd. Caxambu, 2001.

BANCO MUNDIAL/UNESCO. *La educación superior en los países en desarollo: peligros y promesas.* Washington (EUA), 2000 [mimeo].

CARULLO, Juan Carlos & VACCAREZZA, Leonardo. Silvio. *El incentivo a la investigación universitaria como instrumento de promoción y gestión de la I+D.* Documento de trabalho n. 3, Grupo REDES. Quilmes: Instituto de Estudios Sociales de la Ciencia y la Tecnologia, 10/04/1997 [mimeo].

CATANI, Afrânio M.; GUTIERREZ, Gustavo L. Estado e ensino superior na república argentina: algumas tendências atuais. In: *Cadernos Cedes* (Políticas educacionais na América Latina), 2.ª ed, Campinas-SP, Papirus, n. 34, p. 57-68, 1995.

CHIROLEU, Adriana R. Acceso a la universidad: sobre brújulas y turbulencias. In: *Pensamiento Universitario*. Buenos Aires: año 6, n. 7, octubre 1998.

GARCÍA de FANELLI, Ana María. La expansión de las universidades privadas en la Argentina. In: *Pensamiento Universitario*. Buenos Aires: año. 5, n. 6, p. 39-44, noviembre 1997.

GERCHUNOFF, P. & TORRE, J. C. Argentina: la política de liberalización económica bajo un gobierno de base popular. In: VELLINGA, Menno (coord.). *El cambio del papel del Estado en América Latina*. *México*: Siglo XXI, 1997.

GOMES, Alfredo M.; MORAES, Karine N. A expansão da educação superior no Brasil contemporâneo: questões para o debate. *Anais*. 32. Reunião da ANPEd. Caxambu (MG), 2009.

KROTSCH, Pedro. Presentación. *Pensamiento Universitário*. Buenos Aires: año 12, n. 12, p. 3-5, octubre 2009.

MINISTERIO DE CULTURA Y EDUCACIÓN (MCyE/SPU). *Anuario 1996 de Estadísticas Universitarias*. Buenos Aires: Secretaría de Políticas Universitarias, 1997.

_____. *Anuario 1997 de Estadísticas Universitarias*. Buenos Aires: Secretaría de Políticas Universitarias, 1999.

_____. *Anuario 1998 de Estadísticas Universitarias*. Buenos Aires: Secretaría de Políticas Universitarias, 2000.

_____. *Anuario 2007 de Estadísticas Universitarias*. Buenos Aires: Secretaría de Políticas Universitarias, 2009.

_____. *Guía de Carreras de Grado 1998*. Buenos Aires: Secretaría de Políticas Universitarias, 1998.

PÁGINA/12 (Jornal). *La masificacion y la salarizacion de los alumnos*. Buenos Aires (Argentina), 25/01/2000. Extraído do site http://www.pagina12.com.ar, em 25/01/2000.

_____. *El CBC como un arma para luchar contra el avance de la exclusión*. Buenos Aires (Argentina), 28/01/2000. Extraído do site http://www.pagina12.com.ar, em 28/01/2000.

PÁGINA/12 (Jornal). *El censo estudiantil de la* UBA. Buenos Aires (Argentina), 28/02/2001. Extraído do site http://www.pagina12.com.ar, em 28/02/2001.

REPÚBLICA ARGENTINA. *Ley de Educación Superior n. 24.521/95.* Sancionada em 20.07.1995. Buenos Aires: (Gráfica do) Ministerio de Cultura y Educación, 1997.

SUASNÁBAR, Claudio; ROVELLI, Laura Inés. *Mapeo del sistema de educación superior em el área metropolitana de Buenos Aires.* Algunas consideraciones sobre su expansión y coordinación. *Anales.* La Universidad como objeto de investigación (VI Encuentro Nacional y III Latinoamericano). Córdoba, Universidad Nacional de Córdoba, octubre 2009.

VACCAREZZA, Leonardo Silvio. Autonomia universitária, reformas y transformación social. *Pensamiento Universitário.* Buenos Aires: año 12, n. 12, p. 31-44, octubre 2009.

11. Democratizar la universidad: un ensayo permanente

Silvina Feeney[1]
Mónica Marquina[2]
Eduardo Rinesi[3]

1. Introducción

La última década del siglo pasado constituye un período sin duda singular en la historia del sistema universitario argentino, que en esos años conoció un rediseño formal y normativo y una expansión y diversificación muy considerables. Sobre estas cuestiones corresponde mencionar, primero, la creación de la vigorosa Secretaría de Políticas Universitarias, que impulsó un conjunto de medidas tan innovadoras como polémicas (sistemas de incentivos salariales a los docentes que aceptaran ciertas pautas de revisión de su trabajo de investigación,

---

[1] Licenciada en Ciencias de la Educación, investigadora-docente de la UNGS y Coordinadora General del Curso de Aprestamiento Universitario de la misma. E-mail: sfeeney@ungs.edu.ar.
[2] Licenciada en Ciencias de la Eduación, investigadora-docente y Coordinadora de la Licenciatura en Educación de la UNGS, integrante de la Red Interuniversitaria para el Estudio de las Políticas de Educación Superior en América Latina (RIEPESAL). E-mail: mmarqui@ungs.edu.ar.
[3] Doctor en Filosofía, Director del Instituto del Desarrollo Humano de la UNGS, integrante de la RIEPESAL. E-mail: erinesi@ungs.edu.ar.

mecanismos de evaluación institucional no siempre enteramente autónomos, programas de reformas sostenidos con fondos derivados de préstamos del Banco Mundial, etc.) y que, de manera más general, inauguró un activo estilo de definición de políticas públicas hacia el sector que la caracteriza hasta la fecha; y segundo, la sanción de la Ley de Educación Superior, que entre otras cosas facultaba a las Universidades a arancelar sus estudios de grado, creaba un sistema nacional de evaluación y acreditación de las carreras y tendía a volver bastante borrosas las diferencias de funciones, misiones y prerrogativas de las universidades públicas y privadas.

Pero es la segunda de las cuestiones mencionadas la que aquí más nos interesa. Durante los años 90 el sistema universitario (que en la década anterior había crecido mucho en cantidad de estudiantes, pero no de universidades ni de cursos) protagoniza un proceso de ampliación, diversificación y heterogeneización muy considerable, sostenido sobre una importante expansión del sistema de posgrados, un fuerte aumento de la cantidad de instituciones universitarias privadas y una gran desarrollo, también, del sistema de universidades públicas. Este último, en efecto, creció fuertemente en el interior del país (donde se crearon varias universidades nacionales) y sobre todo en el conurbano bonaerense, donde un conjunto de universidades nuevas (las de Quilmes, La Matanza, General San Martín, Tres de Febrero, Lanús y el ex partido de General Sarmiento) redefinirían seriamente el mapa universitario nacional, con estructuras organizativas distintas de las convencionales (la UNSAM se organizó en escuelas; la UNLM, en departamentos; la UNGS, en institutos), sistemas de ingreso en base a cursos de nivelación o aprestamiento, carreras bastante novedosas (y distintas de aquellas en las que tiende a concentrarse la matrícula en las universidades grandes) y conducciones de signo político diverso al que tendía a dominar en el conjunto del sistema.

Ubicadas (en general a impulso o por presión de las propias dirigencias políticas locales) en zonas a veces muy pobres de la periferia de la ciudad de Buenos Aires, y orientadas a una población estudiantil que hasta entonces había tenido pocas posibilidades de acceder a estudios superiores y difícilmente consideraba tal alternativa parte de sus opciones, y menos aún de sus derechos, muchas de estas universidades, casi independientemente de los múltiples motivos que determinaron su fundación (vocación descentralizadora, búsqueda de diversidad y de competencia…), se convirtieron en factores efectivos de democratización de la educación de calidad en contextos muy desfavorecidos, pudieron contribuir a mejorar también la enseñanza impartida en sus zonas de referencia más o menos inmediata por las instituciones educativas de los otros niveles (especialmente por las escuelas medias) y cambiaron de hecho, a veces muy significativamente, la relación de las poblaciones de sus áreas de referencia más inmediata con el sistema educativo y las representaciones de los jóvenes sobre su derecho a la educación. En general contribuyeron a eso proyectos iniciales desplegados con convicción democrática, inteligencia y decisión, y esquemas normativos y organizacionales que permitieron llevarlos adelante. El caso de la Universidad Nacional de General Sarmiento es posiblemente ejemplar, y de él queríamos ocuparnos a continuación.

2. La UNGS: perfil, estructura y vocación

La Universidad Nacional de General Sarmiento (UNGS) se creó por Ley 24.082, sancionada el 20 de mayo de 1992 y promulgada el 10 de junio de 1993. Dos conjuntos de factores favorecieron su nacimiento. Por un lado, los cambios en el propio sistema universitario y en el sistema científico-tecnológico en general, como consecuencia del desarrollo de políticas fuertemente inspiradas en un paradigma eficientista orientado a establecer vínculos entre los productos de la actividad universitaria y científico-tecnológica y las llamadas "demandas de la sociedad". Por otro lado, los antecedentes dados por las diversas iniciativas locales de creación de una universidad en el ex partido de General Sarmiento. Sin embargo, el proyecto institucional de la UNGS consiguió distinguirse muy nítidamente tanto del modelo universitario argentino más tradicional, proponiendo una manera diferente de concebir la articulación entre las funciones de formación, investigación y servicios y acción con la comunidad y un también novedoso encuadre político-institucional de todas ellas, como de las propuestas locales que aspiraban a la generación de una oferta de carreras (sobre todo de carreras "cortas") que diera respuestas inmediatas a las demandas de los jóvenes y de los actores económicos de la región y tendiera sobre todo a la generación de un tipo de titulaciones que garantizara la "salida laboral rápida" para los egresados.

A partir de esas expectativas, pero también trabajando sobre ellas con la convicción de que no se trataba de crear "una universidad pobre para pobres" y de que, como solía y suele decir el primer rector que tuvo la UNGS, en un contexto de pobreza y necesidades muy extremas una universidad pública no puede darse el lujo de no aspirar a una enseñanza del más alto nivel, las autoridades organizadoras de la Universidad lograron fraguar y llevar adelante un proyecto que, sin dejar de tener en cuenta las demandas de los actores intervinientes en su fundación, distinguía conceptualmente esas "demandas" de las "necesidades" locales (que buscó determinar a través de estudios de diagnóstico y prospectiva) y se preguntaba cómo responder a estas necesidades con formación e investigación de la más alta calidad. La vocación democratizadora de la UNGS aparece claramente, desde el comienzo, en esta orientación general, asociada con el propósito general de brindar formación de calidad a la población estudiantil de la zona (que desde el punto de vista de sus características socioeconómicas se cuenta entre las más deprimidas del conurbano bonaerense)[4] y de evitar la reproducción de la desigualdad social en el terreno de la distribución social del tipo de saberes y de competencias.

El conjunto de premisas y objetivos que orientaron los primeros desarrollos de la UNGS y dieron lugar a la definición de su misión y de sus objetivos, así como a la de las modalidades político-organizativas por medio de las cuales se buscaría alcanzarlos, está recogido en el artículo 1º del Estatuto General de la UNGS, que establece como propósitos de la misma:

> Acompañar los acontecimientos y cambios que se operan en la sociedad.
>
> Construir una Universidad democrática, hacia adentro y hacia fuera de los claustros, sosteniendo como valores: la realización de la persona en libertad, el respeto a la diversidad ideológica, cultural y de credos, el pluralismo político, la participación solidaria, la ética como legitimidad, la transparencia de los actos y de las actitudes y la autonomía responsable en un proceso de creación colectiva y consciente, y no colonizada por la sociedad de consumo.
>
> Desarrollar una Universidad que no excluye contribuyendo a disminuir las asimetrías: en la igualdad de oportunidades debería centrarse el dinamismo de las sociedades avanzadas. Se garantiza la gratuidad de los estudios en las carreras de pregrado y de grado: los recursos del individuo o de la familia no puede ser el factor que determine la realización de las inteligencias y capacidades.

---

[4] En efecto, el área de influencia de la UNGS integra lo que se llama el "segundo cordón" del conurbano (GBA2), que registra los niveles de pobreza e indigencia más altos del Gran Buenos Aires y del país. En octubre de 2002 el 64,7% de los hogares y el 74,4% de las personas del GBA2 se encontraba bajo la línea de pobreza, contra el 41,2% de los hogares y el 51,7% de las personas del GBA1 y el 45,7% y 57,5% de la población urbana total del país. Los niveles y años de escolaridad alcanzados por la población en dichos partidos es baja en términos relativos, siendo los jóvenes aspirantes a ingresar a la UNGS mayoritariamente provenientes de hogares cuyo clima educativo (definido por el nivel de educación alcanzado por el jefe de hogar y su cónyuge) era predominantemente bajo o muy bajo.

Aprender, participar e incidir en los esfuerzos que la comunidad realiza para su pleno desarrollo a través de la pertinencia de la investigación, la formación adecuada, la efectividad de los servicios y la flexibilidad en las estructuras universitarias. La acción local y el pensamiento universal son complementarios.

El conjunto de estos propósitos ha encontrado traducción en los proyectos y programas que ha motorizado la comunidad de la UNGS en los campos de la investigación, la formación y los servicios y acciones con la comunidad. En este sentido, el artículo 2º del Estatuto General, tras señalar como la primera de las orientaciones que definen la naturaleza y el espíritu de la Universidad "el cuidado del estudiante y del personal de la Universidad en su proceso de formación y en su vida social", apunta las siguientes precisiones:

* La actividad universitaria es concebida como la convergencia organizada de la investigación, la docencia y los servicios y la acción con la comunidad. La investigación y la docencia involucran a la totalidad de la Universidad, aunque su realización puede estar a cargo de las distintas unidades que la integran.
* La investigación deberá dar solidez a la formación, mantener actualizadas las menciones, sustentar los grados, y responder eficazmente a las demandas que se planteen en el trabajo de los Institutos involucrados.
* La atención y el seguimiento pedagógico de las actividades docentes deberán asegurar la implementación del proyecto universitario y establecer una nueva relación en el proceso de enseñanza y aprendizaje.

De estas orientaciones generales se desprenden las principales y más novedosas características del proyecto institucional de la UNGS. Primero, la estrecha asociación entre las tareas de investigación, docencia, gestión académica y servicios y acciones con la comunidad, desplegadas por "investigadores-docentes" (ID) con muy alta dedicación horaria a la Universidad. Segundo: esas distintas actividades se desarrollan en unidades académicas, los "institutos", no definidas (como suelen serlo las "Facultades" de otras instituciones) en función de un corte de tipo "disciplinar", sino en función de la identificación de un conjunto de *campos problemáticos* diversos. Tercero: los distintos institutos colaboran en la concepción y desarrollo de la oferta formativa de la UNGS, que de esta manera ve garantizado su carácter integral. Cuarto: las carreras se organizan en dos ciclos, uno de formación general y básica, a cargo de uno de los Institutos (el de Ciencias), y otro de formación específica profesional, a cargo, según la carrera, de uno de los otros tres.[5] Y quinto: el sistema de gestión de la UNGS es centralizado, procura potenciar la unidad de concepción y desarrollo de los programas y proyectos de investigación, formación y servicios y acciones con la comunidad, y requiere un alto compromiso de los ID en las tareas de gestión académica de la Universidad.

Así, la UNGS combina un sistema de gestión centralizado con una organización y un desarrollo de las tareas de formación, los programas y proyectos de investigación y las actividades de servicios y acción con la comunidad en los distintos institutos. El Instituto de Ciencias (ICI) está a cargo de la organización académica del PCU de todas las carreras de la Universidad, y despliega una cantidad de programas y proyectos de investigación en el amplio campo de trabajo de las múltiples disciplinas que integra: matemática, filosofía, física, química, historia, economía, sociología, etc. Los otros tres institu-

---

[5] El "primer ciclo universitario" (PCU) se estructura en cinco grandes orientaciones, cada una de las cuales se organiza alrededor de un número acotado de disciplinas, cuya selección obedece a los requerimientos formativos de los "segundos ciclos" de las distintas carreras. Esta estructura del PCU en grandes campos del saber, o "menciones", permite a los estudiantes madurar la elección de su carrera o eventualmente cambiar esa elección, sin grandes costos, sobre la marcha.

tos, como queda dicho, se organizan alrededor de grandes *problemas* que los estudios llevados adelante en los primeros tiempos de vida de la Universidad permitieron determinar como relevantes o prioritarios. Uno es el problema de la *industria*, en sus dimensiones técnicas, económicas y organizativas. Otro es el problema de los grandes conglomerados humanos en general, y del conurbano bonaerense en particular: el problema de la *ciudad*, en fin, considerada en sus facetas políticas, urbanísticas y medioambientales. Otro es, por fin, el problema del *desarrollo humano*, entendido como la preocupación por la dimensión humana de los procesos de modernización y crecimiento económico y social, que por su parte involucra los problemas de la educación, de la comunicación, de la política y de la cultura.

Alrededor del problema de la *industria* (del cambio tecnológico, la reconversión industrial, la innovación empresaria, las pequeñas y medianas empresas, la competitividad, el comercio exterior y los procesos de integración regional y subregional) se organizan las grandes áreas y líneas de investigación del Instituto de Industria (IdeI). El mismo se ocupa asimismo del dictado de los segundos ciclos de varias carreras de grado en el campo de la ingeniería y de la economía y de cursos y carreras de posgrado en esas áreas, y desarrolla una importante tarea de interacción con el medio a través de la prestación de servicios diversos a empresas industriales de la zona de referencia de la Universidad. Alrededor de la cuestión de la *ciudad* y sus problemas, y también en un fuerte vínculo con el entorno de la Universidad (en este caso a través, sobre todo, de activos intercambios con los gobiernos locales de la zona de referencia de la misma), se despliegan las actividades del Instituto del Conurbano (ICO), donde se dictan los segundos ciclos de cuatro carreras de grado altamente innovadoras: las licenciaturas en políticas sociales, en administración pública, en urbanismo y en ecología urbana, varias carreras de posgrado en los campos del urbanismo y de la política social, se desarrolla una vasta gama de servicios a la comunidad y se desarrollan importantes contribuciones en el hoy decisivo campo de los estudios sobre ecología y medio ambiente.

El Instituto del Desarrollo Humano (IDH), por su parte, investiga los problemas de la educación, la cultura, la política y la comunicación, y forma profesionales en esas cuatro áreas por medio del dictado de los segundos ciclos de otras tantas licenciaturas. Pero completa su trabajo en la primera de ellas –la de la educación– investigando también sobre los problemas disciplinares y pedagógicos de otros cinco campos (la matemática, la historia, la filosofía, la economía y la física), en los que ofrece los segundos ciclos de carreras de profesorado universitario. Así, el eje fundamental –aunque no el único– de su intervención en el medio social está asociado con su trabajo con los otros niveles del sistema educativo en general, y con las escuelas medias e Institutos de Formación Docente (IFD) en particular. De unas y otros proviene también la mayoría de los estudiantes de los cursos de formación continua y de las carreras de posgrado (en Filosofía Política, en Prácticas Sociales de la Lectura y la Escritura, en Nuevas Infancias y Adolescencias) que promueve, y en ellas realiza también la mayor parte de sus intervenciones en el campo de los servicios y acciones con la comunidad, como las que se llevan adelante en los campos de la articulación entre la Universidad y las escuelas medias, de la capacitación escolar en la problemática de los derechos humanos y del desarrollo de competencias sobre nuevas tecnologías informáticas y comunicativas en el sistema educativo.

Pero además de todo eso el IDH tiene otra función que aquí querríamos destacar, porque concierne centralmente al problema de este artículo y de este libro: es el responsable de la organización y del dictado del Curso de Aprestamiento Universitario (CAU), curso pre-universitario cuya aprobación es condición para el ingreso a las distintas carreras que ofrece la Universidad. Concebido como un curso compensatorio de los ya crónicos *déficits* formativos de la escuela media, el CAU es común para todos los estudiantes que aspiran a ingresar a la UNGS. A lo largo del tiempo ha asumido diferentes estructuras y lo han compuesto distintas asignaturas, pero desde hace ya varios años lo integran tres: Matemática, un Taller de Lectoescritura y un Taller de Ciencia. La gran cantidad de estudiantes que tiene el curso, al que cada año ingresan cerca de 3.000 jóvenes, ha exigido para el dictado de cada una de estas tres materias la formación de grupos numerosos de investigadores-docentes, cuyo principal desafío es facilitar el ingreso a la Universidad, con las competencias básicas que les permitan iniciar en ella un tránsito exitoso, de la mayor cantidad posible de esos aspirantes. No es fácil: desde hace años comprobamos la rigidez a la baja de nuestras importantes tasas de desgranamiento y de deserción. Pero estamos convencidos de que en este campo se juega una parte fundamental de nuestras posibilidades de estar a la altura del desafío de democratizar la educación universitaria de calidad que hemos decidido abrazar.

3. Revisando el camino

Las estrategias con las que la UNGS viene tratando de atender este desafío de democratizar la educación universitaria (siquiera en el sentido más primario y básico de permitir el ingreso, la permanencia y el tránsito exitoso por sus aulas de una cantidad de estudiantes que en condiciones de menos protección, o de menos preocupación por la peculiaridad de sus formaciones escolares previas y de las situaciones sociales, laborales y familiares en que desarrollan sus estudios, difícilmente podrían sortear los primeros obstáculos con las que estructuras universitarias más convencionales los enfrentarían) son variadas. Tal vez podríamos distinguir, acá, tres: las estrategias tendientes a facilitar la transición de la escuela media a la Universidad, las estrategias tendientes a mejorar el curso de ingreso a la Universidad y las estrategias de acompañamiento de los estudiantes a lo largo de sus estudios propiamente universitarios, y sobre todo durante el año que (de acuerdo a una tendencia que excede largamente a la UNGS, y que también se verifica en ella) se revela como más problemático, y en el que se concentra la mayor cantidad de fracasos y de decisiones de abandonar los estudios: el primero.

3.1. El trabajo con las escuelas medias

Por supuesto, no es que el trabajo de los equipos de la UNGS con la escuela media esté *solamente* asociado al interés por facilitar el tránsito de los estudiantes de esta última a la primera. En realidad, la Universidad ha asumido este amplio campo de trabajo como una de sus prioridades institucionales en el marco de sus compromisos y actividades de acción con la comunidad, desplegando diversas actividades tendientes a la mejora de la educación media y de los procesos de enseñanza-aprendizaje que se desarrollan en la misma, y participando activamente en todas las convocatorias que se realizan desde los distintos ámbitos institucionales y jurisdiccionales con este fin. Al mismo tiempo, nos anima en este movimiento una doble esperanza adicional. Por un lado, la de que este proceso de cooperación estimule y permita profundizar *nuestro* propio conocimiento sobre la realidad y los desafíos de la escuela media. Por el otro, la de que esta cooperación nos permita generar condiciones apropiadas para la realización de las prácticas docentes y pasantías académicas de los estudiantes de nuestros cinco profesorados universitarios, así como de las prácticas pre-profesionales (y luego profesionales) de nuestros estudiantes y graduados de la Licenciatura en Educación y de otras ofertas formativas pertinentes.

En este momento la UNGS sostiene vínculos de cooperación interinstitucional sistemáticos, en campos diversos de interés común, con más de 60 escuelas medias, en coordinación con cuyos equipos directivos desarrolla diversas actividades. Algunas de ellas están más específicamente dirigidas a un cierto sector de la comunidad escolar o universitaria (estudiantes, docentes, elencos directivos, grupos profesionales o técnicos); otras involucran a diversos sectores de ambas instituciones. Así, en los últimos años se han venido desarrollando jornadas de intercambio y reflexión con directivos de escuelas, actividades de cooperación de la Biblioteca de la UNGS con las de las escuelas, actividades del Museo Interactivo de Ciencia, Tecnología y Sociedad de la UNGS (en particular, programas como "La escuela va al museo" y "El Museo va a la escuela", o actividades de difusión como las "Mateadas científicas"), actividades de cooperación e intercambio de equipos orientadores, jornadas o seminarios conjuntos entre investigadores de la UNGS y profesores de IFD y de Escuelas Medias, actividades de perfeccionamiento para directivos, docentes y preceptores, "olimpíadas", concursos u otras actividades destinadas a promover el interés de los estudiantes de las escuelas medias en determinados campos disciplinares o temas relevantes, programa de salud sexual para docentes y para estudiantes, jornadas de cine y de teatro, visitas guiadas a exposiciones de artes plásticas en el Centro Cultural de la UNGS, etc.

En el marco de las relaciones que de esta manera han podido establecerse, la UNGS procura activamente facilitar a los jóvenes que deciden continuar sus estudios en la Universidad la transición hacia la misma. Para ello es muy decisivo poder comunicar a los equipos y a los estudiantes de las escuelas con las que trabajamos (y del conjunto de las escuelas medias de la zona) las características de nuestra oferta formativa, que, como queda dicho, es fuertemente innovadora, y se expresa en un conjunto de carreras bastante novedosas y en enfoques no tradicionales en el dictado de las carreras que sí son más convencionales y están más establecidas. Además, consideramos clave difundir entre los jóvenes que pueden aspirar a ingresar a nuestra Universidad las condiciones que ella brinda para facilitar el acceso y el desarrollo de los estudios universitarios. Para todo ello hemos desplegado en los últimos años tres tipos de actividades. Primero, programas de apoyo al último año de la escuela media. Segundo, actividades de difusión de las condiciones y facilidades que ofrece la UNGS para el acceso y desarrollo de estudios universitarios: visitas organizadas al *Campus*, visitas de equipos de la UNGS a las escuelas, "Expo UNGS" anual. Tercero, asignación –en consulta y colaboración con la dirección y/o los equipos de orientación de las escuelas– de becas de estudio para que estudiantes del último año o graduados de las escuelas medias puedan cursar el CAU.

3.2. Repensando el Curso de Aprestamiento Universitario

Hemos presentado más arriba el curso de ingreso a la UNGS, sus desafíos y sus problemas. Para tratar de abordar los mismos del modo más adecuado, el año pasado el equipo de coordinación del CAU introdujo en la organización del mismo una serie de novedades importantes, que en lo fundamental consisten en una ampliación de la cantidad de opciones ofrecidas para recorrerlo. En efecto, si antes el curso se ofrecía en una única modalidad cuasi-anual, dilatada entre mayo y noviembre y de bastante baja intensidad horaria de cursado, ahora tiende a privilegiarse una modalidad de cursada semestral, extendida entre marzo y julio, que por un lado permite que los estudiantes accedan antes a sus cursos de grado, por otro les propone un ritmo de estudio más congruente con el tipo de exigencias que encontrarán en ellos, y (fundamental en función de las preocupaciones y desafíos generales que estamos considerando aquí) tiende a reducir las que percibíamos como dos de las principales causas de abandono temprano de los cursos por parte de nuestros estudiantes: los lentos ritmos en los que se desplegaba el CAU, desalentando a quienes aspiraban a comenzar rápidamente sus estudios universitarios, y el importante *gap* de tiempo que se extendía entre el fin de ese curso de ingreso y el comienzo del PCU.

A esta nueva forma "semestral" de dictado del CAU se *suman*, sin embargo, en el modo en que actualmente se ofrece el curso (y por eso hablábamos recién de una *ampliación* de la cantidad de opciones con las que hoy cuentan nuestros estudiantes), otras tres modalidades adicionales. En primer lugar, una modalidad "extendida" (anual: como la que teníamos antes de este cambio que estamos presentando), que permite una cursada menos exigente para quienes, por la razón que fuera, la requieran, sea que se decidan por esta opción desde el comienzo o que la descubran preferible después de haber intentado una cursada más intensa en la modalidad semestral. En segundo lugar, una modalidad "complementaria", que se dicta en la segunda mitad del año y permite que el estudiante que no aprueba alguna de las tres materias del CAU pueda volver a cursarla antes de fin de año e ingresar al PCU a comienzos del año siguiente. Por último, una *segunda* opción "complementaria", en el verano del año siguiente, para quienes, proviniendo de cualquiera de las tres modalidades antes mencionadas (la semestral, la anual o la complementaria), aún deban, a esa altura de las cosas, aprobar alguna materia antes de ingresar, al comienzo del año lectivo, al PCU.

Este cambio de estructura del CAU presenta ya, visiblemente, algunas ventajas que pueden apuntarse. Primero, favorece una actitud positiva en los estudiantes del curso de ingreso, que encuentran un estímulo en la cercanía del momento del inicio de sus estudios universitarios. Segundo, acorta el tiempo total de su carrera universitaria a los estudiantes que pueden cursar el CAU semestral e ingresar al PCU inmediatamente. Tercero, amplía la cantidad global de opciones de cursada del CAU, volviéndolo más flexible y menos expulsivo. Cuarto, reduce las importantes tasas de deserción que tenemos en el curso (muy visiblemente, ya, entre los estudiantes que optan por la modalidad semestral de cursada, menos visiblemente si se consideran los valores agregados del conjunto de los estudiantes de las distintas modalidades). Y quinto, vuelve a la UNGS una mejor opción, una opción más seductora, para aquellos estudiantes que a la salida de sus estudios secundarios tienen un buen nivel general de conocimientos y pueden tal vez descartar la posibilidad de realizar estudios superiores en la UNGS porque consideran demasiado gravosa lo que no sin algo de razón perciben como la "pérdida" de un año en un curso de ingreso que tal vez no necesiten tanto como algunos de sus compañeros.

Junto con estos cambios en los modos de dictado del curso de ingreso a la Universidad, en 2008 se creó también un área de investigación adscripta a la coordinación general del CAU y dedicada al análisis de los problemas específicos de este curso. Se prevé que esta área de investigación del CAU, que ya ha comenzado a funcionar y a producir algunos primeros informes, trabaje en dos planos paralelos y complementarios. Por un lado, que pueda producir información útil para la gestión académica del curso y para la toma de decisiones que se propongan mejorarlo: análisis regulares de la información estadística disponible, estudios específicos que alimenten la toma de decisiones sobre el CAU en sus diversas modalidades de dictado. Por otro lado, el área de investigación del CAU debe generar conocimiento nuevo sobre la problemática del ingreso universitario, la retención y el progreso en los primeros años de la trayectoria estudiantil en la UNGS, por medio del desarrollo de investigaciones que entren en diálogo con otras muchas que se ubican en la perspectiva general del problema del pasaje de la educación secundaria a la superior y del rendimiento interno de la universidad.

3.3. Apoyo a los estudiantes de la Universidad

Para hacer accesibles (y factibles) los estudios universitarios a una amplia masa de jóvenes de la zona de referencia de la Universidad no basta con facilitar, a través de reformas como la que acabamos de presentar, el curso de ingreso a la misma. En la UNGS, como en muchas otras universidades públicas del país, tenemos una importante deserción en los primeros años de estudios (muy especialmente en el primero), y una correlativa necesidad de acompañar y "sostener" a nuestros estudiantes de modos muy diversos. En primer lugar, se trata de recibir a los estudiantes con información amplia y personalizada sobre las posibilidades que ofrece la UNGS, sus servicios, beneficios y actividades, así como las singularidades de los estudios universitarios, en los que los jóvenes que ingresan a nuestra Universidad tienen escasa o nula experiencia personal o familiar. En segundo lugar, se trata de acompañar a los estudiantes con un amplio sistema de apoyo material. Por un lado, la UNGS dedica una masa importante de recursos propios al financiamiento de becas de estudio, y además busca enriquecer este sistema complementándolo con las opciones que ofrecen los gobiernos nacional y provincial y otros oferentes. Por otro lado, la Universidad entrega de manera gratuita en algunos casos, y de modo ampliamente subsidiado en otros, buena parte de los materiales de lectura obligatoria en los cursos de los primeros años, adecuadamente editados en forma de libros en una colección de "Textos Básicos" de alta calidad.

Al mismo tiempo, la UNGS ha generado diversos dispositivos de información, orientación y apoyo para facilitar los procesos de aprendizaje de los estudiantes, quienes cuentan con tutores individuales y grupales, sistemas de asesoramiento a cargo de los investigadores y docentes, talleres sobre técnicas de estudios, amplios horarios de consulta y servicios de orientación general, vocacional y pedagógica. Es importante subrayar también el valor del conjunto de servicios con los que la Universidad trata de sostener el avance en sus carreras de los estudiantes. En primer lugar, hay que destacar la significación que tiene el extraordinariamente amplio sistema de préstamos de libros de la Biblioteca. En segundo lugar, el uso que dan muchos estudiantes al servicio de transporte circular –también subsidiado– de la Universidad. En tercer lugar, los distintos mecanismos de apoyo al esfuerzo de estudiantes con algún tipo de discapacidad (especialmente importantes han sido los avances realizados en la ayuda a estudiantes ciegos o con disminuciones o problemas severos de visión).

También hay que señalar la importancia del cuidado que tiene la Universidad en algunos temas de prevención de la salud (acuerdos diversos con asociaciones profesionales y organismos públicos permiten garantizar un sistema de consultas clínica y odontológica a todos los ingresantes a la Universidad y campañas de vacunación para los estudiantes y para el personal), en el auxilio a la búsqueda de empleo y en la organización de diversas actividades culturales, sociales y deportivas.

3.4. Revisión de la oferta formativa de la UNGS

Desde su origen la UNGS buscó dar un sello distintivo a su oferta formativa. Se enfatizaron criterios de calidad, pertinencia, relación activa con el entorno social y atención a sus necesidades, primacía de los estudios de grado y focalización de la oferta en algunos campos. Estas hipótesis de partida marcaron el desarrollo de la oferta de la Universidad y guiaron más de una década de crecimiento y asentamiento institucional. Durante ese período, se introdujeron distintos cambios que intentaron volver más adecuados los procesos formativos: se revisaron planes de estudio, se crearon nuevas carreras, se desarrolló la oferta de cursos y carreras de posgrado y se dio impulso a las actividades de formación continua. Pero en 2008 la Universidad decidió iniciar un proceso de revisión completa de su oferta formativa, con el doble propósito de preguntarse qué conviene cambiar en el modo en que se dictan los distintos cursos y carreras que hoy se ofrecen y de decidir en qué sentido debería ampliarse la oferta hoy existente. Semejante proceso excede, desde ya, el tema particular de estas notas, pero sin duda lo incluye decisivamente, toda vez que de lo que se trata es de actualizar el compromiso de la Universidad con el conjunto de principios que definen su vocación y su sentido en un contexto social distinto y con la experiencia que le dan tres lustros de existencia y de trabajo. De hecho, se trata de una tarea institucional de envergadura comparable a la que tuvo el proceso de planificación realizado en el momento inicial de la Universidad, con la diferencia de que hoy ésta la encara en mejores condiciones y con más recursos y experiencia.

Este proceso de revisión de la oferta formativa de la Universidad ha cumplido una primera etapa en 2009, y debe atravesar todavía varios pasos. A esta altura de nuestras discusiones, los distintos actores de la vida de la UNGS estamos de acuerdo en que se trata de preguntarse cómo articular mejor los distintos trayectos formativos que integran las carreras, cómo adecuar mejor los mismos a los requisitos de la formación establecida por los perfiles de las mismas, cómo ayudar a que la duración real de esas carreras se acerque siquiera un poco más a la expectativa teórica prevista en los planes de estudio (reiteradamente se ha planteado la necesidad de evaluar la incidencia de la estructura de esos planes de estudio en el lento ritmo de avance de los estudiantes y en muchas ocasiones en su abandono de los cursos y de la Universidad), cómo evaluar el impacto real que están teniendo las carreras que ofrecemos y con qué ofertas novedosas atender otras necesidades que no es difícil detectar, cómo aumentar la matrícula de la Universidad y amplificar el alcance de su trabajo formativo a otros universos de estudiantes. La UNGS tiene desde sus inicios, como venimos sosteniendo aquí, una marcada vocación por la democratización de la enseñanza universitaria del más alto nivel. Es con ese espíritu que debe encarar ahora, y que en efecto –nos parece– está encarando, la importante tarea de revisión y eventual redefinición de su oferta formativa en que se ha embarcado.

4. Los desafíos actuales

La UNGS atraviesa un período interesante de expansión y consolidación. Tras los años que solemos llamar "fundacionales", en los que recibió su forma, su espíritu y su misión, en los últimos años ha afirmado su perfil de universidad de investigación, fortalecido su arraigo como institución de referencia en la zona noroeste del conurbano bonaerense y conquistado una indudable visibilidad por muchas de sus realizaciones. Ha contribuido a ello un conjunto de condiciones generales (estabilidad monetaria, crecimiento económico, políticas públicas activas en terrenos como los de la infraestructura y el desarrollo del sistema de ciencia y técnica) y una gestión de la propia universidad que supo aprovechar esas condiciones y puede exhibir hoy una serie de resultados muy significativos: primero, el fuerte crecimiento y la consolidación de la planta de investigadores-docentes, que nos permite trabajar hoy en condiciones mucho mejores que las que teníamos poco tiempo atrás; segundo, el aumento de las actividades de investigación, estimulado por la abundancia de financiamientos que además suelen permitir la creación de redes interuniversitarias, el desarrollo de estudios de posgrado para investigadores *junior* y su incorporación a los equipos de la Universidad; y tercero, el importante crecimiento de su infraestructura. En efecto, junto a la calidad de sus equipos de investigación y docencia (concursados además en un porcentaje que es de excepción en el sistema universitario argentino) y a la dedicación y profesionalidad de sus equipos técnico-administrativos, las instalaciones de la UNGS constituyen una parte decisiva del activo con el que la misma está hoy en condiciones de encarar los desafíos que tiene por delante.

En estas notas hemos tratado de indicar cuáles son, a nuestro juicio, algunos de esos desafíos. Querríamos terminar apuntando, de modo muy sumario, dos. El primero es el de reducir las tasas de desgranamiento, fracaso y abandono entre nuestros estudiantes, lo cual —conjeturamos— es un reto compartido con el conjunto del sistema universitario público del país y tal vez de la región, pero no por ello constituye una tarea menos importante ni menos urgente. En efecto, no es posible, para ninguna de nuestras Universidades, y especialmente para las que, como la nuestra, han nacido y se han desarrollado afirmando su vocación por la democratización del conocimiento, resignarse ante la evidencia de que un porcentaje significativo de nuestros estudiantes no termina sus estudios. No es posible resignarse ante los números que dan cuenta de esta situación ni mucho menos naturalizarlos, ni atribuirlos a esta o aquella causa más o menos "contextual". Es necesario trabajar sobre este problema (que suponemos que nuestra Universidad comparte con muchas otras), porque en el empeño que pongamos en resolverlo, en la capacidad con que encaremos las soluciones y en el resultado que obtengamos se juega el propio sentido de universidades que, como la UNGS, se precian – sin duda con justicia – de contribuir a la democratización de la educación superior de calidad en países desiguales como el nuestro.

Por eso nos parecen muy importes los distintos trabajos desplegados en los últimos años por la Secretaría Académica de nuestra Universidad: investigaciones, reuniones de trabajo, documentos muy útiles que nos permiten tener hoy una idea bastante completa de las dificultades en el funcionamiento de nuestras carreras, la relación entre los dos ciclos que las integran, la estructura de sus planes de estudio y las naturalezas y desafíos de sus propuestas formativas. Por eso, también, hemos alentado y celebramos entusiastamente la convocatoria y la puesta en marcha del proceso de revisión de la oferta formativa al que nos referíamos más arriba. Por eso, finalmente, hemos tratado de impulsar, convencidos como estamos de que los problemas de abandono y también de ralentización del avance de nuestros estudiantes responden a un conjunto de causas que sin dudas es variado, pero entre las que tienen un lugar determinante algunas de tipo estructural (queremos decir: vinculadas con la estructura misma de los distintos tramos en los que se organizan las carreras, de los planes de estudio de las mismas y del diseño de los distintos cursos que las componen), un conjunto de reformas – a las que también nos referimos antes – en el modo de dictado del curso de ingreso a la universidad. La evaluación de los resultados que tengan las mismas nos indicará si vamos por el buen camino.

El segundo de los desafíos que hoy tiene por delante nuestra Universidad (y de nuevo, claro, no sólo ella) es el de mostrarse a la altura de los nuevos y enormes problemas que nos asaltan desde las más diversas esferas de la vida social, política y productiva del país, la región y el mundo: desde los extraordinarios retos que plantea la necesidad de sostener las condiciones que hagan posible el propio mantenimiento de la vida humana en el planeta (y que sin duda deben comprometer los mejores esfuerzos de nuestros científicos, nuestras instituciones y nuestras universidades[6]), pasando por las dificultades a la que nos enfrenta la crítica situación económica del mundo[7], y llegando a los múltiples problemas sociales, políticos, económicos, culturales y educativos que nos esperan todavía en el país y en la región. En todos esos campos nuestra Universidad tiene una responsabilidad enorme y la indudable capacidad para participar con fuerza en los debates. *Es necesario que lo haga*, porque también en eso se juega su función y su sentido. Y para ello es preciso profundizar mecanismos y dispositivos institucionales que ya existen, y entre los cuales, ya para terminar, nos gustaría presentar apenas, y decir sólo dos palabras, sobre tres.

En primer lugar, el que permite ofrecer un modesto estímulo a equipos de investigación jóvenes o con escaso desarrollo, que, por medio de pequeños subsidios (fondos "semilla", los hemos llamado en la UNGS) pueden así iniciar una trayectoria de trabajo que después pueda desplegarse en otras direcciones y aspirar a otras formas, menos acotadas, de sostén. En segundo lugar, el que sostiene la políticas de servicios y ac-

---

[6] Hemos mencionado más arriba la importancia que tienen en la UNGS los programas de investigación y los diversos trabajos y estudios sobre cuestiones medioambientales, a cargo sobre todo de las áreas de Química del ICI y de Ecología del ICO. Agreguemos el sistemático trabajo sobre energías alternativas que desarrollan algunos de los ingenieros del Idel y de los físicos del IDH.

[7] En el IDH hemos creado en 2008 el Pisco, Programa interdisciplinario para el seguimiento de las causas y del desarrollo de la crisis del orden económico mundial, que viene realizando un importante trabajo y ofreciendo sistemáticamente a la prensa los resultados de sus actividades.

ciones con la comunidad que tiene nuestra Universidad, y sobre todo, dentro de este campo, la posibilidad de financiar con fondos propios lo que llamamos "servicios no rentados" a terceros, es decir, servicios que se prestan a entidades (escuelas, organizaciones de la sociedad civil, instituciones públicas o privadas) que no son solventes desde el punto de vista económico, pero con los que se considera relevante, por las más diversas causas, interactuar. En tercer lugar, el que sostiene la política institucional de publicaciones, que no se reduce apenas a la producción de libros destinados a nuestros estudiantes, sobre la que ya hablamos, sino que involucra también la producción de libros científicos de diversas especialidades y la de libros que, sostenidos en las investigaciones y el trabajo de los equipos de la Universidad, aspiran a incidir en el espacio público alrededor de los temas de los grandes debates nacionales.

Son formas, todas ellas (y aquí nos detenemos, sin haber mencionado siquiera todo lo que la Universidad puede y debe hacer –y en parte ya hace– a través de su Centro Cultural, de su Centro de las Artes, de su Cinemateca, del Auditorio que en los próximos meses estará ya en funcionamiento, del Centro de Producción Mediática que nos debería permitir, a corto plazo, producir radio y televisión de excelente calidad y en gran escala), de democratización del conocimiento y de la propia vida de la Universidad pública. En el contexto de la preocupación general que inspira este volumen hemos querido presentar más bien los avances y los grandes desafíos que tenemos en la Universidad Nacional de General Sarmiento en materia de democratización de los estudios (y sobre todo de los estudios de grado: casi nada hemos dicho sobre los posgrados, en los que también hay algo hecho y mucho por hacer) y de las posibilidades de los estudiantes. Pero el desafío de profundizar la vocación democratizadora de la universidad pública en general, y de una universidad pública como la nuestra en particular, excede, como apenas hemos podido sugerir, esa cuestión, y se extiende en todas estas otras amplias y estimulantes direcciones.

Bibliografía

BUCHBINDER, Pablo (2005): *Historia de las universidades argentinas.* Buenos Aires, Sudamericana.

BUCHBINDER, Pablo y MARQUINA, Mónica (2008): *El sistema universitario argentino: 1983-2007.* Los Polvorines, Universidad Nacional de General Sarmiento y Biblioteca Nacional.

COLS, Estela (2008): *Saber aprender y estudiar en la universidad: una indagación desde la perspectiva de los estudiantes.* Universidad Nacional de General Sarmiento. Secretaría Académica. Equipo de Estudios y Evaluación Académica.

EZCURRA, Ana María (1998). *Qué es el neoliberalismo. Evolución y límites de un modelo excluyente.* Buenos Aires: Lugar Editorial.

_____. (2007). *Los estudiantes de nuevo ingreso: democratización y responsabilidad de las instituciones universitarias.* Universidad de San Pablo: Cuadernos de Pedagogía Universitaria.

UNGS. *Informe de Gestión.* Curso de Aprestamiento Universitario. Año 2008.

12. Inclusión en los estudios universitarios en el conurbano bonaerense – la construcción de una concepción integral desde una perspectiva de gestión

Carlos Mundt[1]
Celina Curti[2]
Cristina Tommasi[3]

1. Introducción

Este capítulo expone distintos aspectos del proceso de trabajo institucional que realiza la Universidad Nacional de Tres de Febrero desde sus inicios teniendo como meta la inclusión creciente de la población estudiantil que aspira a ingresar a sus carreras. Su abordaje presenta algunas dificultades ya que nos proponemos dar cuenta de diferentes tipos de políticas, acciones y estrategias institucionales que se han desarrollado a lo largo de tiempos distintos, secuenciados en algunos casos, simultáneos en otros. Las mismas han dado lugar a la concreción de procesos que generaron un importante

---
[1] Secretario Académico UNTREF; e-mail: cmundt@untref.edu.ar.
[2] Directora de Ingreso y Tutorías; e-mail: ccurti@ciudad.com.ar.
[3] Asesora Pedagógica; e-mail: ctommasi@untref.edu.ar.

y abundante caudal de información a través de cuyo procesamiento hemos podido evaluar y ajustar en forma sostenida su gestión e implementación. Procesos que fueron construyendo una trama entre las líneas de trabajo y sus diferentes etapas y que nos permitieron enriquecer, a partir de distintos modos de análisis y reflexiones, los supuestos y visiones iniciales hacia nuevas perspectivas que, a su vez, tuvieron un efecto de retroalimentación sobre las prácticas institucionales. Esta lógica reconoce tres momentos: *los primeros pasos* en la comprensión de la problemática, una *etapa de transición* durante la cual se formularon conceptualizaciones que derivaron en nuevas acciones y una etapa avanzada que se caracteriza por *la construcción de una nueva concepción* en las políticas de inclusión.

La presentación consta de distintos tipos de textos – cuadros, gráficos, relatos de acciones y experiencias – que en conjunto facilitan un abordaje de la complejidad de la red de políticas, acciones y estrategias desarrolladas, a través de distintos planos de lectura que habiliten los múltiples sentidos que la constituyen.

2. Una perspectiva histórico-política acerca de la inclusión

La apertura de nuevas universidades públicas en el territorio del conurbano bonaerense ha significado un desafío al papel de la universidad en nuevos contextos socioculturales. Las universidades nacionales de esta región absorben algo más de 100.000 alumnos que representan el 23% del estudiantado universitario del Gran Buenos Aires, área que nuclea a 12 millones de habitantes. De éstos, 10 millones residen en el Conurbano que rodea a la Capital y que se ha ido constituyendo con un perfil particular a lo largo de todo el siglo XX, a través de una historia de la cual los actuales estudiantes de nuevo ingreso son herederos y, a veces, víctimas.

Hasta 1930, el Gran Buenos Aires fue subsidiario de la ciudad de Buenos Aires, capital de la Nación, de menor población que ella y dependiente de su actividad portuaria y comercial como punto neurálgico del modelo agroexportador pampeano. A partir de la crisis mundial de 1930, el Gran Buenos Aires adquiere un desarrollo específico y autónomo y comienza a perfilarse como el principal centro productivo del país, polo de atracción de una importante migración interna desde todas las provincias argentinas. En él se originará y asentará el fenómeno de masas y de movilidad social más profundo de la Argentina contemporánea: el peronismo. La expansión industrial y la mejora en la distribución del ingreso catapultarán a este conglomerado urbano de sólida base obrera y nacientes clases medias a una enorme expansión económica, social y educativa que persistirá hasta la década de 1970. Un solo dato muestra esta realidad social en ascenso: entre 1947 y 1967, el porcentaje de propietarios en la región suburbana trepó del 27 al 67%.

Al agotamiento del modelo sustitutivo de importaciones ya en curso, se viene a sumar la política de concentración financiera y severa desindustrialización producto de la dictadura militar de 1976. Se asiste entonces a una creciente profundización y heterogeneización de la pobreza y a la pauperización de amplios sectores de las clases medias. Ambos hechos conducen a un quiebre estructural de la densa trama socioeconómica, cultural y política de la región suburbana. Las políticas neoliberales de la década de 1990 con su epílogo en la grave crisis política y económica del 2001 no hicieron más que ahondar el deterioro del contexto socioeconómico y cultural. Este proceso de fragmentación condujo al desarrollo de lógicas de separación y nuevas "fronteras urbanas" dibujando una geografía diferente de los centros y los márgenes. Al decir de Prévòt Schapira, a "un inmenso archipiélago formado por barrios poco integrados al resto del territorio". Un doble proceso de fragmentación social y de fragmentación espacial. Aquél en el que ha crecido la mayoría de los jóvenes argentinos menores de 30 años de este territorio. De esa realidad social y de esa historia de espacio urbano desarticulado y 35 años de deterioro socioeconómico provienen nuestros nuevos ingresantes.

En el imaginario popular de los jóvenes, la pobreza es inmovilidad. Frente al nosotros en el cual se incluye a los jóvenes de los sectores populares que pueden moverse y progresar, el pobre es quien está y continuará estando en su lugar, siempre en su mismo y eterno lugar, en lo bajo (P. Schapira, 2000, 420).

Esta lógica de estar *incluido* entre los que *pueden moverse y progresar* o *continuar estando siempre en un mismo y eterno lugar, en lo bajo*, cobra una dimensión práctica, cotidiana para aquéllos que recorren esos espacios fragmentados de realidades sociales contrastantes. Quizás, haya que ver, en ese escenario social, el real significado de la universidad en este territorio del cual ella estuvo ajena durante aquellos "30 años dorados" de los '40 a los '70. Los 35 años del posterior deterioro de esa realidad de horizontes abiertos marcan las vidas de dos generaciones de bonaerenses de este conurbano, ante los cuales la universidad se constituye en la puerta de entrada a la movilidad social, como antes de la década de 1940 lo fue para las clases medias de Buenos Aires y los grandes centros urbanos históricos.

En estas condiciones, para una institución como la universidad, el término *inclusión* tiene varios significados. *El primero de ellos, un tránsito o proceso que conlleva hacerse cargo de una historia. El segundo, un lugar o un espacio que apunta a una meta o propósito. El tercero, una política que expresa el deseo de incluir.*

La apertura de las nuevas universidades de la Región Metropolitana de Buenos Aires expresa esos tres significados. Si atendemos a la perspectiva de P. Schapira que desnuda ese doble proceso de fragmentación espacial y social de este territorio, se comprende que la instalación física (la inclusión en lo que podríamos llamar "una geografía a movilizar") a nivel zonal apuntala un primer intento de soldar esas fracturas. Expresa un real hacerse cargo de la historia que transitan los nuevos ingresantes, sus familias y sus núcleos de pertenencia social. Ayuda a su tránsito a una nueva realidad de realización personal. A *"no estar ni continuar estando en el mismo eterno lugar"*.

Al instalarse en la región, estas universidades *instalan en la región* otras metas, acercan horizontes antes geográfica, cultural e institucionalmente distantes. Lugares a los que muchos no se concebían convocados. Lugares que no eran para "ellos".

Los dos primeros significados se cumplen, respectivamente, a través de un modo físico, material: "estar ahí" y de un modo simbólico: "estar disponible". El tercero, el político debe tomar la forma de un modo institucional: "ser y hacer posible". Incluir es un concepto que se autodestruye en cuanto adquiere formas retóricas. Todo discurso sobre la inclusión que esté vacío del propósito y de la acción de incluir es excluyente. Y esa misión institucional de estas nuevas universidades es de una dimensión muchísimo más compleja que sólo levantar edificios e instalar imaginarios. A esa tarea hemos dedicado los últimos 5 años de la gestión académica de la UNTREF y de ese recorrido da cuentas este capítulo.

ACCIONES DE INCLUSION

DE LA FRAGMENTACIÓN .... A LA INTEGRACIÓN

Las acciones de inclusión

INGRESO RESPONSABLE

- **Nivel Medio - último año**
- **Acceso a la universidad Curso de Ingreso**
- **Primer año carreras de grado**

- de la articulación con el nivel medio – unimedia y apoyo – al plan integral de difusión institucional

- del curso de ingreso al taller de ingreso a los estudios universitarios

- de las acciones tutoriales específicas al programa institucional de tutoría

- de un ingreso específico por carrera a un ciclo común

¿QUIÉNES SON NUESTROS ESTUDIANTES?

3. Del curso de ingreso a la problemática del ingreso

La Universidad Nacional de Tres de Febrero (UNTREF) es una de las receptoras del interés por los estudios superiores de amplios sectores de la población que, hasta hace una década, no incluían esta alternativa de futuro en su imaginario social. Desde sus inicios en 1997, la UNTREF determinó que los aspirantes a ingresar a todas sus carreras debían cursar en forma presencial y aprobar un curso de ingreso consistente en tres asignaturas: Comunicación Oral y Escrita, Metodología de Estudio y Matemáticas. Se consideraba que los contenidos de dichas materias eran los conocimientos generales y básicos que todo ingresante a la universidad debía poseer, independiente de la carrera elegida.

Los resultados obtenidos durante los primeros años pusieron de manifiesto desajustes entre los contenidos de las materias propuestas y aquéllos más específicos necesarios para las carreras elegidas. Se iniciaron entonces algunos cambios; manteniendo dos de las materias comunes para todos (Comunicación Oral y Escrita y Metodología del Estudio) y estableciendo la tercera en función de cada carrera. Algunas carreras mantuvieron Matemáticas, mientras que para las del área de Salud se estableció un curso de Biología y para las humanísticas uno de Comprensión de Información Cuanti-Cualitativa. Aún intentando articular los contenidos, los resultados no eran los esperados.

La lógica de ingreso seguía repitiendo la mecánica de larga data establecida en las universidades tradicionales de la Argentina que respondía a otras realidades socioculturales y educativas. Se hizo necesario, entonces, emprender acciones complementarias que ayudaran a esos aspirantes a *poder desenvolverse mejor* en la institución universitaria, a través de: la información que se les brindaba; la enseñanza acerca *del cómo y cuándo obtener la información;* la habilitación de espacios de *clases de apoyo* para reforzar conocimientos y capacidades a la hora de enfrentar el examen final y el trabajo sobre *la elección de su carrera* mediante charlas informativas acerca del plan de estudios, el futuro profesional, el mercado laboral y ofertado para todos por el Servicio de Orientación Educacional, Vocacional y Ocupacional (SOEVO).

La UNTREF inició un seguimiento sostenido de sus cohortes de ingresantes a partir del año 2004. En la solicitud de inscripción los aspirantes respondían un cuestionario que abarcaba, además de la información general común a este tipo de formularios, una encuesta en la que se profundizaban algunos aspectos referentes a sus posibilidades de dedicación al estudio y sus compromisos laborales.

Los datos recogidos sobre 1120 alumnos inscriptos en 2004, 1677 en 2006 y 2312 en 2007 aportaron información para comenzar los análisis necesarios para ir definiendo con mayor especificidad a la población aspirante a ingresar a la Universidad de modo de pergeñar acciones tendientes a mejorar sus posibilidades de logro. Era necesario conocer algunos indicadores que nos sustrajesen de esquematizaciones rápidas de fácil empleo a la hora de caracterizar a los alumnos y sus resultados académicos, pero que reiteran el posicionamiento de la Universidad como *bastión a conquistar* por la sola superación de los parámetros de medición de conocimientos que ésta establece.

Sintetizando resultados de esos tres años, la primera diferencia notoria se encontraba en las horas que se habían propuesto dedicar al estudio los que luego ingresaron y los que no superaron las instancias de evaluación. El 58% de los ingresantes indicó en la encuesta más de 20 horas semanales de estudio, mientras que para quienes finalmente no aprobaron el ingreso ese guarismo descendía al 44%. Más de la mitad de este segundo grupo respondió que estudiaría menos de 20 horas semanales. Tomando ambos grupos, ese "techo" de menos de 20 horas semanales de estudio abarcaba al 40% del total de los aspirantes a ingresar. Más llamativa fue la respuesta de un tercer grupo, los que luego abandonaron el curso de ingreso sin rendir los exámenes de admisión: el 50% directamente no respondió esta pregunta y un 30% dijo que eran menos de 20 horas semanales. Comparando las 3 poblaciones (ingresantes, no ingresantes y abandonos), los datos aparecen invertidos. Aproximadamente el mismo porcentaje (60%) alegaba poder estudiar *más* de 20 hs. semanales entre los que luego ingresaron y *menos* de esa cantidad de horas entre los que abandonaron o no aprobaron el ingreso.

Respecto de su relación con el trabajo, aparecían datos llamativos que desdecían lugares comunes respecto de una incidencia casi determinante de este factor sobre las posibilidades para el estudio. El 45% de los ingresantes trabajaba más de 20 horas semanales y el 63% de los no ingresantes no trabajaba o lo hacía menos de 20 horas por semana. Aparecían de este modo disociados, para un número importante de aspirantes, los conocimientos necesarios para aprobar los exámenes y el tiempo necesario para adquirirlos a través del estudio.

A partir del análisis del conjunto de los datos, de la información y del conocimiento ya generado, propusimos dos nuevas acciones a incluir en el Curso de Ingreso a partir del año 2008: un *Taller de Ingreso a los Estudios Superiores y una modificación en los criterios de evaluación a través de la incorporación de exámenes parciales con promoción*.

La primera, el Taller, plantea como propósito central trabajar con los estudiantes aspirantes acerca del *significado de ingresar a estudios superiores universitarios* y en ese marco avanzar sobre propósitos más específicos; tales como analizar y reflexionar en forma grupal acerca de las derivaciones y consecuencias que tiene para la vida de cada uno dicho ingreso, así como también establecer un vínculo con la institución centrado en el interés de ésta de escuchar a sus estudiantes.

La realización del mismo transcurre durante la primera semana de clases, como primera actividad obligatoria para todos los aspirantes, en días y horarios prefijados dentro del cronograma de cada comisión, con registro de asistencia. De este modo, en cambio de *las primeras clases de cada una de las materias*, se propone como primer contacto para el estudiante trabajar y reflexionar sobre *la concepción de Universidad, de estudios universitarios: sus requerimientos, necesidades y exigencias novedosas en torno a la experiencia de los estudiantes.* Se les presenta *una Universidad con una preocupación central* en cuestiones referidas a la *calidad de las prácticas pedagógicas*; una universidad en la cual *los docentes sepan enseñar y los estudiantes quieran y puedan aprender.*

La dinámica de trabajo consiste en la realización de una serie de ejercicios grupales alrededor de las siguientes temáticas: *¿Cómo caracterizarían a un estudiante secundario?*, *¿Cómo se imaginan a un estudiante universitario?*, *¿Qué esperan de esta universidad?*, *¿Qué imaginan que les exigirá esta universidad?*, *¿Para qué les va a servir* el Curso de Ingreso?, *¿Cómo se imaginan estudiando* para el curso de ingreso?, *¿Cuándo van a estudiar?*

Una vez terminado el tiempo de las actividades grupales se inicia el intercambio entre aspirantes y docente en función de analizar y reflexionar sobre lo producido acerca de las consignas planteadas. Se trabaja sobre las regularidades, las diferencias, los impactos que dichas ideas tienen sobre su propio desempeño, así como sobre las cuestiones que la coordinación del curso de ingreso propone como concepción y objetivos de esta nueva relación que se comienza a establecer.

Con respecto a la incorporación de los exámenes parciales promocionales y ante esta primera experiencia, podemos afirmar que ha habido una respuesta positiva en cuanto a la actitud de los aspirantes con respecto al compromiso sostenido con el estudio desde el inicio del curso, lo cual ha redundado en la mejora, tanto de los procesos de aprendizaje como de los resultados obtenidos en la evaluación.

4. De las acciones tutoriales específicas al Programa Institucional de Tutoría

El proyecto de tutoría comenzó en el año 2005 como una acción de acompañamiento a los alumnos en cuatro carreras de baja matrícula teniendo como objetivo su retención a través del seguimiento en el curso de ingreso. Las acciones tutoriales se extendieron posteriormente a las carreras de grado, en la convicción que se debe atender a los estudiantes en las diferentes instancias de su carrera académica y no exclusivamente al inicio de la misma.

A lo largo de esta implementación inicial se fue reelaborando la concepción desde la cual se partió y adoptando una perspectiva de intervención integral y transversal que se denominó "Tutoría integral del primer año", asentada en la convicción de que el paso del alumno por la vida académica debe ser producto de un proceso de integración a la vida universitaria, con la acción comprometida de todos sus miembros.

Creemos que las acciones tutoriales promueven la construcción de una Universidad para todos, más accesible y humana, menos distante. Esto significa poner a disposición de los alumnos y de la comunidad toda recursos que faciliten y auspicien transiciones exitosas, acercando los alumnos a la alfabetización académica.

Por lo tanto, se define al tutor como aquel/la profesor/a que acompaña al estudiante en su acercamiento a la realidad universitaria desde las disciplinas que conforman la carrera elegida y considerando tanto las necesidades e intereses de los estudiantes como las circunstancias académicas y sociales en las cuales se sitúa. A partir de esta lógica el profesor que asume esta función debe poseer herramientas que le permitan abordar el acompañamiento y seguimiento de los aprendizajes, facilitando la motivación y el desarrollo de las potencialidades en cada uno de los estudiantes. Pensar en el desempeño de los tutores supone revalorizar la dimensión pedagógica en sus diferentes formas de abordaje lo cual implica atender las particularidades de las diversas etapas de la vida académica de los estudiantes, constituyendo un recurso más para su mejora.

Por todo ello, la tutoría es una variable de la calidad de la educación, un soporte del proceso educativo del alumnado y de los demás actores involucrados, *un espacio competente y dispuesto para estimular aspectos de desarrollo personal, académico y profesional.*

Se trata *de pensar la tutoría como una actividad promotora, preventiva* y no sólo paliativa o de resolución de conflictos. Proponemos un enfoque, llamado *"proactivo",* en el que el tutor interviene por propia iniciativa, anticipándose a los problemas y a las situaciones que los estudiantes deben enfrentar durante su carrera universitaria y lo diferenciamos del enfoque *"reactivo"*, en el que el tutor sólo interviene ante el problema ya ocurrido. En tanto la acción tutorial se orienta a mejorar el desempeño de los estudiantes, es concebida como respuesta pedagógica a problemáticas pedagógicas, evitando focalizar la mirada únicamente en las características personales de cada alumno y en su contexto social y familiar. Es decir el rol del tutor no es el de psicólogo ni el de trabajador social sino el de *un profesional de la enseñanza abocado a la orientación y apoyo de sus estudiantes.*

En el marco de las políticas de ingreso, retención y egreso de la Secretaría Académica para el logro de una mayor inclusión, equidad y calidad en los aprendizajes, se fue consolidando este espacio institucional de tutoría, concebido como nexo, como trama al interior de cada carrera en la que se articulan como ejes centrales *los alumnos, el equipo docente y el Plan de Estudios.*

El equipo de tutores así concebido conforma un grupo de trabajo integrado por un profesor tutor de cada una de las carreras, que se reúnen una vez por mes con cronograma anual preacordado y agenda de trabajo. Reuniones en las cuales construyen cooperativamente sus planes de acción, intercambian experiencias y evalúan en conjunto sus proyectos.

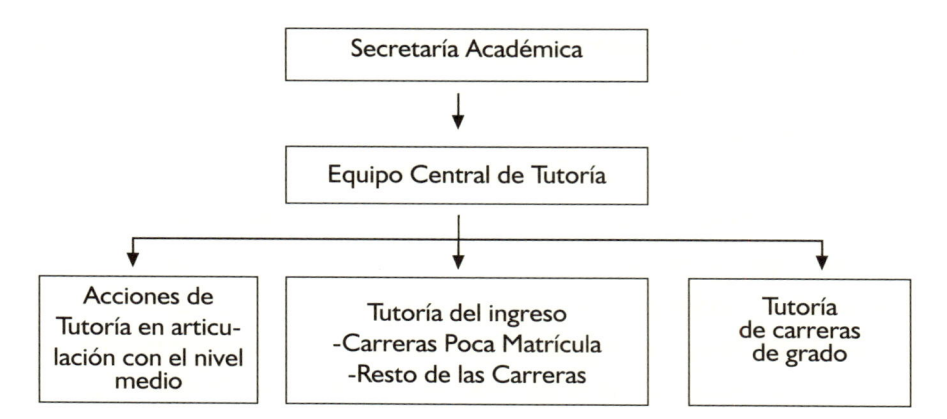

```
        Secretaría Académica
                 │
                 ▼
      Equipo Central de Tutoría
```

| Acciones de Tutoría en articulación con el nivel medio | Tutoría del ingreso
-Carreras Poca Matrícula
-Resto de las Carreras | Tutoría de carreras de grado |

Paralelamente, en el año 2007 se creó la Red de Universidades del Conurbano Bonaerense. La creación de un grupo específico de Tutoría al interior de dicha Red ha permitido intercambiar experiencias con el consecuente enriquecimiento que ello conlleva para el conjunto de los equipos de cada una de las universidades participantes.[4]

5. De la articulación con el nivel medio al Plan integral de difusión institucional

La Secretaría Académica y las áreas del Curso de Ingreso y el Servicio de Orientación Educacional, Vocacional y Ocupacional instrumentaron los ejes del Proyecto UNIMEDIA[5], que involucró centralmente a los estudiantes del nivel secundario de las escuelas de la región, así como también a los docentes y se propuso incluir a los preceptores y a los padres como otros participantes relevantes.

El primer eje se orientó al desarrollo de los vínculos interinstitucionales necesarios para que el proyecto estuviese firmemente asentado

---

[4] La Red de Universidades del Conurbano Bonaerense está integrada por las siguientes universidades nacionales: de La Matanza, de Lanús, de Quilmes, de San Martín, de Gral. Sarmiento y de Tres de Febrero.
[6] El Programa UNIMEDIA fue propuesto y auspiciado por el Ministerio de Cultura y Educación durante tres años, luego se discontinuó y la Universidad Nacional de Tres de Febrero decidió continuarlo con financiamiento propio dada la evaluación de su impacto.

como actividad institucional compartida por ambas partes: escuela media y universidad. En ese sentido, cabe destacar la enorme solidez que le daba a esta propuesta el trabajo interinstitucional realizado desde el año 2003 entre la Secretaría Académica de la UNTREF, las autoridades educativas provinciales y los directivos de once escuelas de nivel Polimodal.

En todo momento, quedaron claramente establecidos cuáles eran los canales de comunicación entre instituciones, las autoridades responsables de las convocatorias correspondientes y la participación de los diferentes equipos docentes en las tareas a realizar. El involucramiento directo, activo y sostenido de las autoridades de ambos espacios institucionales debe destacarse como un aval explícito a esos equipos antes citados, a su compromiso y a la continuidad de sus esfuerzos.

El segundo de estos ejes abarcó lo pedagógico-curricular y sus acciones fueron destinadas a jefes de departamento y docentes de las materias Lengua y Matemática en las escuelas intervinientes en el proyecto. El trabajo conjunto entre las instituciones se concretó en la producción de cuadernillos para docentes y alumnos de nivel medio en ambas asignaturas. Los materiales fueron editados por la UNTREF y difundidos en escuelas de la zona para su uso en los tres últimos años del nivel, hoy secundaria superior.

En consonancia con este espacio de integración interinstitucional, la UNTREF comenzó a participar del Programa de "Apoyo al ultimo año del nivel Medio / Polimodal para la articulación con el Nivel Superior" iniciado por el Ministerio de Educación de la Nación que se propone ofrecer capacitación extracurricular a jóvenes que estén cursando ese último año para facilitar un recorrido más fluido hacia el nivel superior.

Durante su desarrollo se pone a disposición de alumnos y docentes los textos y cuadernillos de trabajo elaborados por la Secretaría de Educación de la Nación. El dictado de los cursos está a cargo de profesores universitarios, de Institutos de Formación Docente y del nivel medio/polimodal designados por la universidad.

Como evaluación de los años de implementación ininterrumpida del Programa en el área del Gran Buenos Aires y en particular en la Universidad de Tres de Febrero, es interesante analizar algunos aspectos relevantes resultantes de la aplicación del mismo.

Los alumnos que concurren al curso son de polimodal o último año de la secundaria y adultos que pertenecen a una población de sectores sociales medios y medio-bajos. La expectativa que tienen ante el curso no es homogénea; algunos esperan conocimientos que les sirvan para el ingreso a los estudios superiores, otros sólo esperan poder finalizar el nivel medio y que el curso les brinde el apoyo que necesitan en algunas materias del último año.

El curso se desarrolla en la modalidad de taller a través de tres ejes: literatura, comprensión de textos y matemática. En cuanto a los dos primeros, los estudiantes se muestran motivados y sorprendidos al interpretar y reflexionar los textos, que los involucran en temas en los que no habían estado interesados. En cuanto al tercero, en la resolución de problemas, se evidencian dificultades ante procedimientos que ponen en juego otros modos de pensamiento y de acción más reflexivos.

Podemos destacar, entre los logros obtenidos para los alumnos participantes: la construcción de una relación de enseñanza y aprendizaje diferente con los docentes, la importancia que le otorgan al trabajo en taller y el descubrimiento del interés por participar, dado que el mismo es de carácter voluntario.

Por otra parte, la participación en este programa favoreció la vinculación entre docentes de nivel universitario y secundario, coordinadores académicos y autoridades involucradas, permitiendo encarar otras actividades conjuntas. El acercamiento de docentes de ambos niveles es importante: los pertenecientes al nivel medio desconocen muchas veces los saberes previos requeridos para la educación superior y los universitarios presuponen los conocimientos impartidos.

6. Plan integral de difusión institucional

La Universidad Nacional de Tres de Febrero ha logrado un importante nivel de conocimiento y de reconocimiento de su propuesta institucional, tanto en su zona de influencia directa, como en ámbitos de proyección provincial, nacional e internacional.

Por otra parte, se han consolidado, a través del trabajo sostenido de los últimos años, distintos tipos de acciones al interior de los diferentes espacios y áreas institucionales que han permitido avanzar en una concepción que sostiene la importancia de una *cultura de la integración como superadora de una cultura organizacional fragmentada*. En este marco, nos hemos propuesto seguir avanzando en la consolidación de la presencia territorial de la Universidad a partir de un *proyecto de difusión y comunicación integral* que trascienda la articulación entre las partes integrantes del sistema educativo formal y se asiente como una institución cultural con fuerte presencia y compromiso con la comunidad en la que está inserta.

En este contexto, se ha observado la necesidad de que la universidad como institución se acerque por un lado, de manera general y abarcativa, a los distintos sectores que componen dicha comunidad y por otro al conjunto del sistema educativo, focalizando en el nivel secundario y sus alumnos, para difundir información y conocimiento sobre: *¿Qué es una institución universitaria? ¿Qué es esta institución universitaria? ¿Qué se estudia en la UNTREF? ¿Qué brinda la UNTREF además de su oferta académica?*

7. De un ingreso especifico por carrera a un Ciclo común en primer año

Con el propósito de fortalecer el acceso e inserción de los estudiantes a sus carreras de grado, se desarrolla, durante el primer año, un área de estudios generales que tiene como meta elevar el capital cultural y simbólico de los recién ingresados. Esta área la integran cuatro cursos que apoyan su formación en temas fundamentales para la comprensión de la sociedad, la cultura y la historia, obligatorios para los estudiantes de todas las carreras. Uno de esos cursos es un Taller cuyo objetivo es abordar la problemática del Mundo Contemporáneo, trabajando con una metodología participativa que incentiva el trabajo grupal y la producción de conocimiento. Este espacio se creó con la finalidad de estimular y facilitar en los estudiantes una actitud creativa para el análisis reflexivo de la complejidad de la sociedad actual y del lugar que ocupan dentro de ella. Dicha actitud se fomenta a partir de un ejercicio crítico de apertura de campos problemáticos, por oposición a perspectivas que, ya sea desde la comodidad o desde la imposición, proponen una clausura dogmática y estereotipada del pensamiento a partir de la repetición de lugares comunes.

Tomando a la interdisciplinariedad como punto de partida, la propuesta buscó articular diversas perspectivas teóricas y prácticas desde las cuales reflexionar sobre los problemas sociales y culturales, tecnológicos y productivos, científicos, cognitivos y formativos, prestando particular atención a la capacidad de comprender, interpretar y aún producir conocimientos en términos críticos que debe desarrollar todo futuro profesional. En atención a esta última idea, las exigencias planteadas a los estudiantes apostaron a incentivar su capacidad de generar interpretaciones propias respecto de los acontecimientos que performan y conforman los espacios sociales dentro de los que se desenvuelven, así como también de reflexionar respecto de las diversas maneras en las que ellos mismos, asumiendo un rol activo, pueden influir en su presente. De allí que se pautaran instancias de evaluación basadas en la realización de actividades de investigación, análisis e interpretación – de manera individual y grupal – de los problemas de la compleja realidad de nuestro tiempo.

7.1 *Ingreso Responsable*

Como ya ha sido anteriormente mencionado, las universidades del Conurbano del Gran Buenos Aires comparten el objetivo de lograr que el tránsito de la escuela media a la universidad se realice en un marco deseable de sólidas decisiones ya tomadas por los estudiantes, articulación de saberes ya adquiridos en la escuela media con aquéllos por adquirir, de modo que les produzcan los menores obstáculos posibles en el ingreso a la vida universitaria y, por sobre todas las cosas, el convencimiento de que la formación universitaria mejorará el ejercicio pleno de la ciudadanía. Pero ese objetivo no se verificaba en un número importante de aspirantes. Por esa razón, nos interesó ahondar en los resultados obtenidos en varios años de implementación del curso de ingreso en busca de parámetros que nos permitiesen comprender los éxitos, dificultades y fracasos de esta nueva realidad socio-educativa. El interrogante que se abría era: *¿el ingreso universitario puede seguir siendo visto como el paso de la escuela media a la institución, carrera o espacio universitario? ¿No deberíamos pensarlo como un proceso más extenso en tiempos y actores que articule el final de la educación secundaria con una efectiva instalación en las aulas universitarias, su lógica, sus objetivos y sus exigencias?* Esto nos llevó, a partir de 2005, a visualizar el ingreso a la universidad más como una *etapa de transición* que como un momento entre dos instancias claramente diferenciadas y desvinculadas. Esta nueva perspectiva en el abordaje del problema generó una profundización, como ya hemos visto, de los proyectos de articulación con el nivel medio y de integración de conocimientos en el primer año de los estudios universitarios.

Esa *articulación* entre ambos niveles educativos puede ser comprendida como *espacio de articulación* por medio de una analogía de tipo biológica respecto de las articulaciones como puntos de movilidad entre estructuras óseas diferenciadas que necesitan acoplarse para ejercer el movimiento y la fuerza. Son, en ese caso, los puntos de movilidad, de conexión entre partes rígidas. Espacios de mutuo compromiso, no sólo de contacto. Si nos encontramos con un nuevo sector de la sociedad que se acerca a las aulas universitarias: ¿ello no instala la perentoria necesidad de *no* reiterar los funcionamientos con que antes, para otras realidades y sectores, la universidad estableció sus modelos de ingreso? Tendemos de ese modo hacia la creación de un espacio académico fluido que abarque los tres años que median entre el penúltimo año de la escuela secundaria y el segundo año de las carreras universitarias. *Un espacio de transición* que vaya conformando una *articulación entre saberes, metodologías, contenidos y lógicas institucionales.* Esa tarea, de muy difícil concreción, sólo puede desarrollarse en la medida en que el centro de atención y de interés se focalice en el alumno que hace ese recorrido y no en las diferentes instancias institucionales que debe recorrer para desprenderse de una etapa concluida e instalarse –no sólo estar inscripto– en otra de mayores responsabilidades.

Este propósito, sin embargo, significa un serio cuestionamiento hacia el interior de la universidad: si la tensión entre las falencias formativas y el capital social de esos posibles ingresantes y los niveles de exigencia para acceder al conocimiento en un ámbito universitario no está incrementada por nuestras propias falencias a la hora de pergeñar caminos posibles a la excelencia formativa para actores novedosos y no perpetuar modelos tradicionales. Nuestro modo de abordar estas cuestiones se fundamenta en una concepción acerca del ingreso a la universidad pública, entendido como *ingreso responsable*. Abordaje éste que se propone superar algunas lecturas simplistas desde instituciones que entienden su responsabilidad como un papel de custodia de la excelencia universitaria, lo cual deriva en exigencias exclusivamente dirigidas hacia los estudiantes, únicos receptores de esta demanda por un desempeño responsable.

Creemos que *ingreso responsable* es hacerse cargo desde la universidad de que los aspirantes han egresado de instituciones educativas de nivel secundario que tenían también una responsabilidad en su formación, la cual cuenta con el aval del Estado, sea por ejercicio directo en las escuelas públicas o por supervisión de la enseñanza privada.

Por otro lado, la universidad debe asegurar el ingreso a sus aulas y ello significa a las lógicas institucionales, los niveles de exigencia y los contenidos que permitan la transmisión de una formación universitaria por medio de la efectiva construcción de conocimiento por parte de docentes y alumnos. Y ésa es otra responsabilidad indelegable hacia la sociedad y una exigencia hacia sus estudiantes, sus docentes y sus autoridades. La conjunción de estas responsabilidades concurrentes han ido conformando el marco referencial de las acciones ya descriptas, tendientes a asegurar el ingreso y permanencia en las aulas universitarias.

El conjunto de las acciones implementadas en función de garantizar la inclusión en los estudios universitarios tuvo un efecto recursivo sobre la propia gestión institucional. La concreción de las acciones y la evaluación de sus resultados abrieron nuevos interrogantes que incrementaron la necesidad de una visión más profunda y compleja de la población estudiantil que aspira a ingresar a la universidad. Esos interrogantes toman forma a través de la pregunta "¿Quiénes son nuestros estudiantes?"

Consideramos imprescindible que la institución se posicione en ese lugar de la pregunta al enfrentar el desafío que instalan a su lógica académica los estudiantes de nuevo ingreso. Es al menos riesgoso soslayar la enorme importancia sociocultural que conlleva este fenómeno de ascenso social. De allí la centralidad que revisten los múltiples caminos conducentes a hallar una respuesta que derivará en la profundización del debate interno acerca de la misión y funciones de la universidad en sociedades mucho más complejas y dinámicas.

A partir del año 2006, hemos realizado un análisis cuantitativo más profundo que nos ha permitido ampliar los parámetros analizados para hacer una primera caracterización de todos los aspirantes en lo referente a tipo de escuelas de origen y nivel educativo de sus padres, diferenciando ambos sexos en 5 franjas etarias: 17-20 años, 21-25, 26-30, 31-40 y más de 40 años. Los datos obtenidos fueron volcados en 4 grillas diferentes cada año: total de los aspirantes, alumnos que abandonaron el curso de ingreso, alumnos que no aprobaron los exámenes y alumnos que ingresaron a la universidad.

En el juego de esas 4 grillas era posible visualizar la complejidad de la información disponible. De ellas surgen, entre otros, los resultados consignados a continuación.

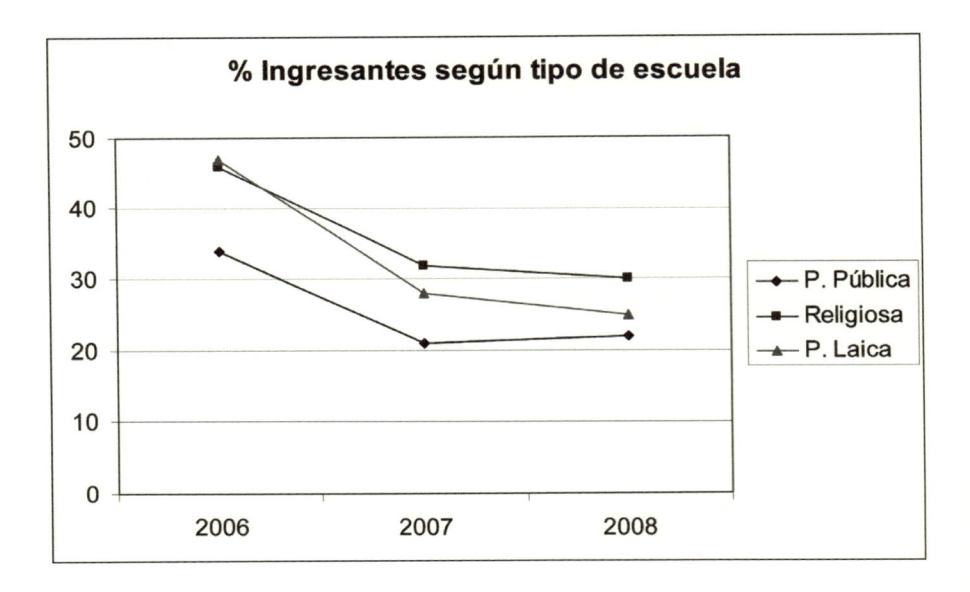

Según escuelas de origen: En este primer cuadro, se evidencia el mayor nivel de logro de los alumnos provenientes de las escuelas privadas (religiosas y laicas) sobre los de escuelas públicas. En las cohortes 2007 y 2008, los de escuelas religiosas, a su vez, superan a los de escuelas privadas laicas. Estos guarismos no significan *a priori* que unas escuelas sean mejores que otras, ya que esa información debe ser cruzada con otros parámetros y es a la conjunción de ellos que habría que referir conclusiones. Tomando el trienio 2006-08, el porcentaje de aspirantes cuyos padres tenían nivel educativo bajo era del 40% para los provenientes de escuelas públicas y del 25% para los egresados de escuelas privadas, tanto religiosas como laicas. En el caso de alumnos con NEF (nivel educativo familiar) alto, los valores eran del 24% para las privadas laicas, del 19% para las religiosas y del 12% para las públicas. En lo concerniente a escuelas de origen, el 55% proviene de escuelas públicas, 32% de escuelas religiosas y 13% de escuelas privadas laicas.

Según nivel educativo de los padres: Se consideraron tres niveles educativos de los padres: bajo, medio y alto que fueron establecidos según estos parámetros de referencia:

a) nivel bajo: ambos padres con nivel hasta secundaria incompleta
b) nivel medio: por encima de ese nivel y debajo del siguiente
c) nivel alto: ambos padres con nivel igual o superior a universitario incompleto

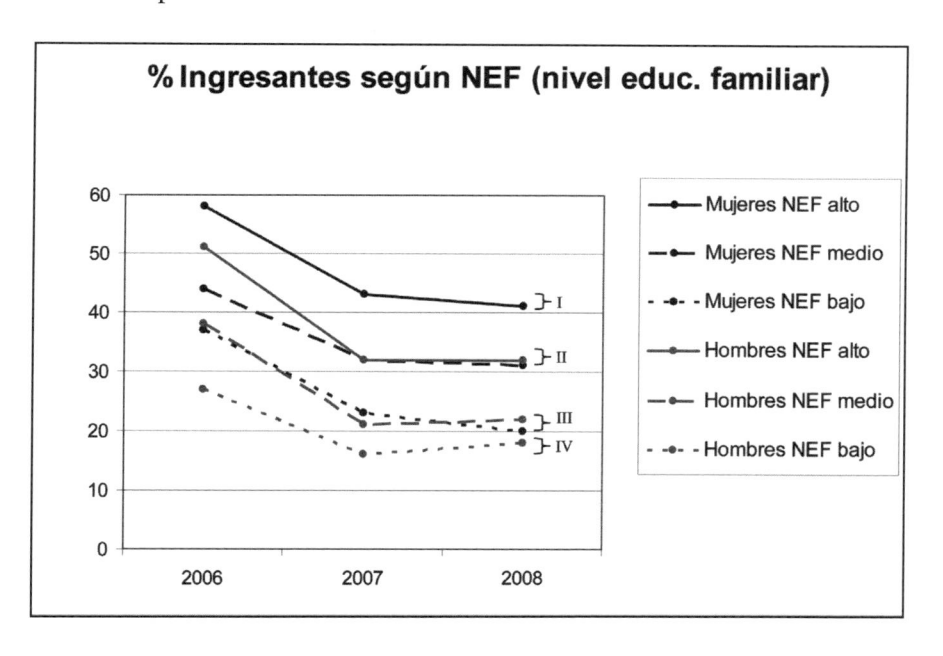

% Ingresantes según NEF (nivel educ. familiar)

En este segundo cuadro, se ven los resultados de ingreso para mujeres y varones en relación con este parámetro. En todos los casos, el porcentaje de ingresantes provenientes de familias con NEF alto es mayor que para los de NEF medio y de éstos sobre los de nivel bajo.

Sin embargo, pueden diferenciarse 4 poblaciones. La de mejores resultados en lo atinente a aprobación de los requisitos de ingreso corresponde a mujeres cuyos padres tenían NEF alto. El segundo grupo lo forman varones con NEF alto y mujeres con NEF medio; el tercero, varones con NEF medio y mujeres con NEF bajo y el cuarto, varones con NEF bajo. Las distancias entre los 3 primeros grupos son notorias.

Un dato interesante y llamativo es el del desempeño de las mujeres que, no sólo siempre superan a los varones de un mismo NEF, sino que además muestran este comportamiento notable: las mujeres de NEF medio se equiparan en resultados con los varones de NEF alto y las de NEF bajo con los varones de NEF medio. Creemos que este dato amerita una investigación en sí misma.

En lo relativo a porcentajes de aspirantes según NEF, éste ha sido estable en los tres años analizados. Un 34% corresponden a familias de NEF bajo, 50% de medio y 16% de alto. Este parámetro pareciera ser más significativo que el de escuela de origen para comprender los resultados obtenidos y permitiría cuestionar cualquier conclusión apresurada acerca de la calidad de las escuelas de origen, como ya lo indicáramos.

Podemos, así, resumir un perfil de los alumnos inscriptos al curso de ingreso de la UNTREF en los últimos 5 años con estos parámetros:

– provienen en partes casi iguales de escuelas públicas y privadas. De cada 6 aspirantes, 3 son egresados de la educación estatal, 2 de la privada religiosa y 1 de la privada laica

– un 70% de ellos trabaja y, entre los que trabajan, un 60-65% lo hace en forma permanente con semanas laborales de más de 35 horas y un 35-40% de modo temporario por debajo de esos valores

– el 85% son hijos de padres no universitarios, 11% tienen al menos un padre universitario y sólo en un 4% ambos padres universitarios

– tres cuartas partes de ellos no han tenido ningún tipo de orientación vocacional

Pero, *¿Quiénes son nuestros estudiantes?* significa también, plantearnos la pregunta acerca de para quiénes seleccionamos contenidos y diseñamos estrategias didácticas y metodologías; si es para estos alumnos que nos resultan novedosos, desconocidos y problemáticos o para aquéllos que en nuestro imaginario siguen apareciendo como los interlocutores que quisiéramos tener y que, muchas veces, somos nosotros mismos treinta años atrás. Esta pregunta, si bien incluye, también relativiza nuestra propia información de tipo cuantitativo. La complejidad de la problemática instala necesidades de causalidad e imaginarios sociales que no se pueden reducir a porcentajes y parámetros mensurables, por la sencilla razón que no alcanzan a ser explicativos. No, porque no sean valiosos. "Una correlación estadística no puede ser interpretada en términos de causalidad" (Charlot, 2007,41)

No nos alcanza, entonces, con clasificar a nuestros alumnos; tenemos que conocer sus motivaciones, dificultades, resistencias, incomprensiones porque en ellas pueden encontrarse señales acerca de deficiencias o errores en nuestras prácticas de enseñanza.

Éste ha sido el motivo de una línea de investigación con enfoque cualitativo sobre las representaciones sociales que los estudiantes tienen acerca de los estudios universitarios y sus perspectivas de futuro. Esas representaciones son forjadas en procesos de socialización signados por peculiares determinaciones sociales e históricas (experiencias educativas anteriores, evolución de la estructura familiar, lugares en los que ha vivido, historia psicológica personal, acontecimientos de importancia epocal, etc.) que, formando sistemas complejos, permiten determinados modos de participar en diversas conformaciones socio/históricas. Se expresan tanto en creencias y opiniones conscientes como en los hábitos y formas de organizar, mediante mecanismos muchas veces preconscientes, las conductas adecuadas y las formas de resolver los desafíos cotidianos. Dada esa definición, las representaciones sociales que nos ocupan serán estudiadas en las siguientes dimensiones y variables.

El "sí mismo", ideal del yo y yo ideal en su contexto actual y en el futuro, desde las perspectivas de su desempeño escolar y la valoración de lo aprendido y las posibilidades laborales y sus aspiraciones. Las redes de pertenencia familiares y de amistad y otras de importancia para su inserción social. La valoración del estudio en lo atinente a su significado, necesidad, utilidad, interés, tipo de recursos requeridos para poder llevarlo a cabo y su relación con esos recursos (poseídos, que pueden poseer, que les gustaría poseer).

La identificación con la comunidad universitaria, el tiempo que están o quisieran estar en la universidad, amistades construidas, relación con profesores, personal no docente, ámbitos estudiantiles. La relación universidad-trabajo. Las motivaciones para inscribirse en el curso de ingreso, para incluirse en estudios universitarios, cómo los imagina o imaginaba, sus posibilidades y aspiraciones, el modo en que creen que la universidad puede aportar en esos aspectos mediante su oferta académica, la relación entre ambas.

Su experiencia universitaria: las experiencias vividas en el curso de ingreso (C. I.) en sus relaciones con compañeros y profesores, las dificultades que encontró en el C. I, el modo de enfrentarlas y los resultados reales y posibles. La situación actual en lo referente a sus ocupaciones cotidianas, el lugar atribuido a los estudios en sus vidas actuales y futuras, la relación entre ellas y las ofertas y exigencias universitarias, cómo describe y enfrenta sus problemas.

Su visión de futuro: los problemas que cree que deberá resolver y cómo lo hará, el modelo de vida al que aspira, cómo cree que lo logrará y qué hace en ese sentido. Cómo describe a la Región de pertenencia, sus posibilidades de permanecer en ella y su deseo de hacerlo, la relación de sus estudios universitarios con esas percepciones. Su percepción del país y el mundo, las posibilidades de mejora de su situación en las actuales circunstancias.

8. En Síntesis

Un dato incontrastable de la realidad educativa del Gran Buenos Aires es que amplios sectores sociales que, hace poco más de una década no visualizaban los estudios universitarios en sus posibilidades de futuro, se vienen incorporado de modo creciente a estas nuevas universidades creadas en la década de 1990.

Afrontar una situación novedosa de esa magnitud supera en mucho al entusiasmo inicial por la idea de movilidad social que conlleva. Ese proceso de "ampliación de horizontes" encierra un significado más profundo que sólo hemos ido desentrañando en la medida que no nos encerrábamos en las antinomias de un modelo pensado para otras realidades.

De esa lógica que no renuncia a la tensión entre los fines históricos de la universidad y las demandas de la sociedad nació este recorrido vertebrado en torno a la idea de inclusión y las consecuencias derivadas de transformarla en hechos a través de acciones.

Por eso, fuimos construyendo un proyecto de gestión que articula la práctica docente, la atención a las características socioculturales de estos estudiantes de nuevo ingreso y la investigación-acción en una política institucional.

No hay modos simples de atender a realidades complejas. Si la perplejidad ante los nuevos escenarios sólo genera la reacción de recluirnos en nuestras respuestas habituales, siempre encontraremos una vía de escape haciendo a "otros" los únicos responsables de los nuevos interrogantes. De ese modo, corremos el riesgo de que ese inmovilismo de la institución haga realidad el aforismo de Nietzsche: "el hábito hace más diestra a la mano y más torpe a la cabeza."

Incluir significa expandir hacia afuera *y hacia adentro*. El ingreso no es un problema de admisión, no es una estación de peaje a la autopista universitaria. Es una cuestión académica, un proceso de transición a un horizonte cognitivo amplio, diverso, socialmente situado e institucionalmente organizado.

Bibliografía

ADELMAN, C. y otros (2002). *Nuevas miradas sobre la Universidad*. Buenos Aires: EDUNTREF.

ALTBACH, P. y MCGILL PETERSON, P. (2000). *Educación superior en el siglo XXI. Desafío global y respuesta nacional*. Buenos Aires: Edit. Biblos.

BRUNNER, J. J. (1990). *Educación superior en América Latina: cambios y desafíos*. Santiago de Chile: Fondo de Cultura Económica.

CALELLO, T. (2000). *Breve caracterización histórica de la Región Metropolitana de Buenos Aires*. Sao Paulo en perspectiva, 14(4).

CHARLOT, B. (2007). *La relación con el saber. Elementos para una teoría*. Buenos Aires: Libros del Zorzal.

CHAVES, P. (1999). *Construcción de identidad cultural*. Mendoza.

EZCURRA, A. M. (2008). *Educación universitaria: una inclusión excluyente*. 3er. Encuentro Nacional sobre Ingreso Universitario, UNRC. Río Cuarto.

FERNÁNDEZ LAMARRA, N. y COPPOLA, N. (2008). *La evaluación de la docencia universitaria en Argentina. Situación, problemas y perspectivas*. Revista Iberoamericana de Evaluación Educativa, vol.1, nº 3.

GARCÍA, R. (2006). *Sistemas complejos*. Barcelona: Gedisa.

GARCÍA DE FANELLI, A. M. (2006). *Acceso, abandono y graduación en la educación superior argentina.* SITEAL-UNESCO-OEI-IIPE.

KISILEVSKY, M. y VELEDA, C. (2002). *Dos estudios sobre el acceso a la educación superior en la Argentina.* Buenos Aires: IIPE-UNESCO.

MORIN, E. (2001). *Introducción al pensamiento complejo.* Barcelona: Gedisa.

MOSCOVICI, S. (1998). *Pensamiento y vida social. Psicología social y problemas sociales.* Barcelona: Paidós, vol.I, tomo II.

PÉREZ LINDO, A. (1998). *Políticas del conocimiento, educación superior y desarrollo.* Buenos Aires: Editorial Biblos.

PRÉVÔT SCHAPIRA, M. F. (2000). *Segregación, fragmentación, secesión. Hacia una nueva geografía en la aglomeración de Buenos Aires.* Economía, Sociedad y territorio, vol.II, n.7, 405-431.

RUNCoB – Red de Universidades Nacionales del Conurbano Bonaerense (2008). *Documento de los Secretarios Académicos.* Buenos Aires.

SALTALAMACCHIA, H. (1997). *El investigador, su cuerpo y sus indicios.* Jóvenes, vol.4. Cuarta época.

SOUSA SANTOS, Boaventura de (2004). *La universidad en el siglo XXI. Para una reforma democrática y emancipadora de la universidad.* Bogotá: Miño y Dávila.

TORRES, H. (2001). *Tres grandes procesos de suburbanización en Buenos Aires: 1904-1914, 1943-1947-1960 y 1991-2001.* Clase dictada el 23-06-01 cátedra de Geografía Urbana, Departamento de Geografía, Facultad de Filosofía y Letras UBA.

WALLERSTEIN, Immanuel (2005). *Las incertidumbres del saber.* Barcelona: Gedisa.

Impressão e acabamento
Gráfica e Editora Santuário
Em Sistema CTcP
Rua Pe. Claro Monteiro, 342
Fone 012 3104-2000 / Fax 012 3104-2036
12570-000 Aparecida-SP